정 치 적 으 로

올바르지 않은

페 미 니 스 트

정치적으로

A Politically Incorrect Feminist

올바르지 않은

Phyllis Chesler

페미니스트

필리스 체슬러

박경선 옮김

바다출판사

추천의 말

이민경

《우리에겐 언어가 필요하다》《탈코르셋》 저자

필리스 체슬러는 1970년대 미국에서 급진 페미니즘의 확산에 엄청난 영향을 준 인물이다. 그런 만큼 그의 회고록엔 걸출한 인물들이 연이어 나온다. 그러나 어쩐지 그가 드러내는 장면들은 하나같이 치부에 더 가깝다. 최근 페미니즘이 전폭적으로 확산된 한국 사회에서, 여성들 간의 잦은 소란 속에 이 기록을 읽는다면 과거와 같은 싸움을 답습하고 있다는 두려움을 안게 될지 모른다. 그러나 나는 되레 민망해지는 대신 이 무게감 있는 기록을 그저 유쾌하고 벅차게 읽었다. 반복은 역사에 기입되는 방식인바, 역사 없는 존재로 일컬어지는 여성에게도 반복이랄 만한 장면은 위안이 되기 때문이다. 살이 튼 자국을 실패라고 볼 수 없다면 이 책은 몇 없는 승리의 기록으로 읽혀야 한다.

김진아

《나는 내 파이를 구할 뿐 인류를 구하러 온 게 아니라고》 저자

우리가 흔히 말하는 정치는 남성형이다. 남성이 만들고 남성이 주도하는 정치. 그러니까 정치적으로 올바른지 검수하고 최종 승인하는 권리는 소수자 남성을 포함한 남성 전체와 남성을 대변하는(혹은 심기를 거스르지 않는) 여성이 갖게 된다는 뜻이다. 2세대 서구 페미니즘을 대표하는 아이콘 글로리아 스타이넘과 필리스 체슬러와의 관계, 두 사람의 행보는 결국 '(남성)정치적으로 올바르지 않은 페미니스트'가 된다는 것의 진실이 무엇인지 곱씹어보게 만든다. 어떤 이들은 2세대 여성주의자의 회고록이자 끝나지 않는 투쟁기인 이 책에서 4세대 한국 여성주의의 미래를 보고 싶어 할지 모른다. 그러나 내가 본 것은 필리스 체슬러와 그가 호명한 이름들의 어깨를, 한계와 실패까지 모두 밟고 올라선 지금 이곳의 새로운 가능성이다. 내가 기꺼이 '죽이고 싶은 여자가 되'도록 용기를 준 필리스 체슬러. 여든 살에도 할 말을 하고야 마는 뚝심과 체력을 본받아야지. 빨리 주위 모든 여자들에게 이 책을 읽힌 뒤 밤새 이야기하고 싶다.

1988년 여성 재생산권 수호 운동 현장에서(왼쪽에서 세 번째가 나 체슬러)

우리가 여성의 역사에 대해 무엇이라도 알았더라면
페미니스트 선배들에 대해 무엇이라도 알았더라면
정치인이나 이론가처럼 그들도
치열하고 또 비열하게 싸웠다는 사실을 알았더라면
여성의 어두운 심리를 이해했더라면
그다지 성스럽지 못한 이 내전에 좀 더 대비했을지도 모른다.

일러두기

* 원문에서 이탤릭체로 강조한 부분은 고딕체로 표기했습니다.
* 본문에서 '그'는 원문의 'she'를 옮긴 것으로, 간혹 남성 인물을 특정해야 의미가 분명해지는 경우 '그 남자'로 옮겼습니다.
* 본문의 주석은 내용의 이해를 돕기 위해 모두 옮긴이가 작성했습니다.

저자의 말

나는 지금껏 많은 책을 써 왔지만 이런 식으로 책을 쓴 건 처음이다. 각 장의 내용들이 한꺼번에 튀어나오는 바람에 가까스로 따라잡느라 애를 먹었다. 한참 앞서 일어났던 일에 대해 쓸 때면 책 후반부의 이야기들이 자꾸 내 집중력을 흐트려 놓았다.

이 책의 탄생 과정은 2세대 페미니즘second-wave feminism의 등장과 퍽 닮았다. 과거의 세상은 우리 같은 경우를 본 적이 없었고, 그건 우리끼리도 마찬가지였다. 어제까지만 해도 '씨발년' '미친년' '개 같은 년' '마녀' '창녀' '다이크dyke'[1]였던 우리가 갑자기 역사를 움직이는 주요 세력이 되었던 것이다. 세상은 더 이상 이전의 세상이 아닐 것이고 우리도 더 이상 이전의 우리가 아닐 것이었다.

나는 1940년 10월 1일 브루클린 버러파크에서 태어났다. 부

---

[1] 여성 동성애자를 일컫는 말로, 레즈비언을 호모포비아적, 여성혐오적 뉘앙스로 지칭했던 표현.

모님이 결혼한 지 정확히 열 달만이었다. 정통 유대교 가정의 첫째 딸이 으레 그렇듯, 나는 아들이었어야 했다. 그래서 여러모로 남자애처럼 굴었다. 어머니의 설거지를 돕기를 거부하고 펀치볼이나 스틱볼을 가지고 놀았고, 곧 다른 종류의 남자애들 놀이에도 끼어들었다. 나는 머리 좋은 애로 유명했고, 다섯 살 때 집을 뛰쳐나와 길 건너 이발소에서 바닥 청소하는 일자리를 구하는 조숙한 천방지축이기도 했다. (물론 나를 발견한 경찰이 다시 집에 데려다줬지만 말이다.)

오직 남자애들만, 그중에서도 특히 글을 쓰는 남자애들만 누리는 일들이 있었다. 여행을 떠나고, 도보로 미국을 횡단하고, 술을 마시고, 마약을 하고, 섹스를 실컷 하고, 해외로 나가 살고, 해군에 입대하는 것. 착한 유대계 여자애들, 특히 착한 미국인 여자애들은 그런 일들을 해서는 안 됐다. (우리 몇몇은 예외였지만.)

나는 전형적인 미국인 이민자의 딸이었다. 유대계 미국인, 그러니까 무수한 대학살과 유랑 생활에서도 살아남아 '학습'이라는 소중한 전통의 계승자였고, 나는 빈곤한 노동 계급의 자식, '대지의 딸daughter of earth'이었다.

당시 미국에서 태어났다는 것은 일류 교육을 받았다는 것을 의미했다. 내가 심리학과 여성학을 전공한 교수이자 열일곱 권의 책을 쓴 작가이자 페미니즘 리더가 될 수 있었던 것은 그런 행운을 바탕으로 최선을 다했기에 가능한 결과였다.

아버지 쪽으로 보자면, 나는 1세대 미국인이다. 내가 듣기로, 나의 아버지 리언은 1912년 우크라이나에서 태어났다. 그는 제1차 세계대전, 러시아 혁명, 내전, 대학살에서 생존한 아동이었다.

아버지는 이런 이야기를 단 한 번도 꺼낸 적이 없었다. 이렇게 중요한 일들에 대해 단 한 번도 터놓고 이야기 나눈 적이 없었다. 과연 내가 아버지의 이야기를 한데 엮을 수나 있을까?

내 아버지는 본인이 잘 알지도 못했던 자기 어머니 이름을 따서 내 이름—이디시어로 진주라는 뜻의 '퍼렐Perel'이다—을 지었다. 할머니는 아버지가 아직 젖먹이였을 때 본인이 운영하던 찻집에서 난도질당해 죽었다. 내 어머니는 자기 가족 중에 유일하게 미국에서 태어난 사람이었다. 외조부모와 이모들은 폴란드에서 태어났는데, 조부모는 영어를 배운 적이 없었기에, 어머니는 부모 생전에 늘 통역을 담당해야 했고 그들을 돌보는 유일한 사람이었다.

이 책의 초고를 쓸 때, 나는 마치 벽화를 그리는 기분이었다. 누가 옆에 있었다면 매일 스툴에 걸터앉아 일기나 편지, 스크랩북을 들춰 가며 기억이 맞는지 확인하는 내 모습을 볼 수 있었을 것이다. 그 벽화의 한 귀퉁이의 자그마한 한 곳을 손보느라 몇 주씩 걸리기도 했던 것 같다.

나는 페미니스트로 사는 내내 여기저기에 있었다. 1961년 카불에서는 가부장제에 대해 글을 쓰고, 1967년에는 전미여성연맹National Organization for Women(NOW) 회의에 참석하고, 1969년에 여성심리학회Association for Women in Psychology를 공동창립하고, 1970년에는 미국심리학회American Psychological Association 측에 여성들에 대한 배상으로 100만 달러를 요구했다. 최초의 여성학 과정 중 하나를 개설했으며, 1971년에 강간에 관한 최초의 급진 페미니스트 학술대회에서 기조연설을 하고, 1972년에는 《여성과 광기》를 출간했다.

우리 개척자들이 등장한 것은 1963년부터 1973년 사이였다. 우리 중 몇몇은 천재였고, 상당수는 위험하리만치 총명했으며, 대부분은 급진적인 생각을 하는 사람들이었다. 우리는 사사건건 따지고 들었고 이글대는 열정으로 서로 대립각을 세우곤 했다. 우리 중에는 어디서나 흔히 볼 수 있는 무뢰한, 사디스트, 깡패, 사기꾼, 거짓말쟁이, 외톨이, 무능력자들도 있었고, 고기능 사이코패스, 조현병 환자, 조울병 환자, 자살시도자들도 있었다.

나는 그들 모두를 사랑했다. 심지어 나는 내 자신도 사랑하기 시작했다. 페미니즘 운동이 아니었다면 나는 직업은 있어도 소명의식은 없었을 것이고, 책은 썼을지 몰라도 독자는 훨씬 적었을 테고 미친 영향도 훨씬 미미했을 것이다.

우리는 미국과 유럽의 페미니스트 선배 여성들에 대해 아는 바가 전혀 없다. 물론 서구권 이외의 페미니스트들에 대해서는 더 말할 것도 없다. 호주의 신학자 데일 스펜더는《생각하는 여성들 그리고 남성들이 그들에게 한 일Women of Ideas: And What Men Have Done to Them》에서 가장 뛰어난 페미니즘 작업이 반복적으로, 그리고 조직적으로 사라졌던 과정을 기록했다.

우리 이전의 페미니스트들이 18~20세기 서구 세계에서 여성의 권리를 위해 전투를 치렀다는 사실을 아는 사람은 거의 없었다. 페미니스트들은 성 노예제, 임금 노예제, 결혼, 기성 종교, 그리고 여성의 법·경제·교육·정치적 권리의 부재에 저항해 왔다. 그들의 기록은 영민하고도 맹렬했다. 그러나 매번 다음 세대에는 알려지지 못했다. 페미니스트들은 세대마다 매번 처음부터 다시 시작해야 했다.

　내 세대의 최정예 페미니스트들이 쓴 책은 10년에서 15년이 지나면 절판됐다. 대학교수들과 학생들은 대체로 우리가 한 일들 대부분을 잘 몰랐다. 우리가 제기했던 지난한 법적 소송들이나 우리의 용감한 활동들을 당연한 듯 받아들이거나 아니면 절망적인 구닥다리쯤으로 여겼다. 물론, 우리가 했던 일을 기억이라도 했다는 전제 하에서.

　우리는 일생 동안 우리의 선배들 같은 존재가 됐고, 먼지 덮인 채 잊힌 그 선배들과 운명을 함께했다. 하지만 나는 우리가 과거에 어땠는지 기억하고 있고 앞으로 어떨 것인지 안다. 우리는 정치적으로 그리고 성적으로 대담하고, 강렬하고, 놀라우리만치 생동감이 넘칠 것이다.

　내게 다양한 생각들로 가장 큰 영감을 주었던 몇몇 페미니스트들을 여러분은 잘 모를 수도 있다. 그러므로 지금 내가 여기에 적는 이야기가 그들이 했던 노력에 여러분을 좀 더 가까이 데려가 주기를, 여러분이 그 부분을 찾아내고 알아주기를 소망한다.

　나는 우리 페미니스트 몽상가들과 우상들 대다수와 가까이 지내 왔다. 내 글이 여러분에게 웃음도 주겠지만 충격을 줄 수도 있다. 페미니즘의 개척자였던 우리도 그저 보통의 인간에 불과했다. 다른 누구나처럼 흠이 있었다. 그들의 작품들은 예외였으니, 부풀려지기도 했고 특출난 것도 사실이었다.

　우선, NOW를 조직해 법, 재생산, 정치, 경제면에서 여성이 겪는 불평등에 대해 집단소송을 제기하고 시위를 벌였다. 20세기 들어 또다시 여성들(그리고 일부 남성들)은 여성의 권리를 위한 운동에 돌입했다. 이번에는 투표권 한 가지가 아닌 수없이 많은 사안들에 초점을 맞췄다.

그런 다음 피켓을 들고 행진하며 항의하고 연좌 농성을 했으며, 잘 알려진 대로 여러 사무실과 건물을 점거하기도 했다. 여성들이 낙태할 수 있게 도왔고, 의식 고양 모임들에 가입했으며, 오르가슴에 대해 배우고, 친족 성폭력, 강간, 성희롱, 가정폭력을 규탄하고 나섰으며, 발언할 자리를 만들고 상담 핫라인을 개설하고 매 맞는 여성들의 피신처를 마련했고, 레즈비언으로 커밍아웃하기도 했다.

마지막으로, 우리는 각자의 전문 분야에서 페미니즘 사상들을 구체적으로 실행함으로써 오늘날을 만든 변화의 첫발을 뗐다. 이는 2세대의 거대한 세 갈래 흐름이었다. 나는 그 세 곳 모두에서 헤엄쳤다. 머지않아 여성들은 이전까지 남자들만의 영역이었던 권력의 요새들에서 차별을 철폐해 나가기 시작했다. 우리는 예술가, 우주비행사, 회사의 중역, CEO, 성직자, 대학 총장, 작곡가, 건설노동자, 전기기술자, 소방관, 저널리스트, 판사, 변호사, 중간급 관리자, 의사, 조종사, 경찰관, 정치인, 교수, 과학자, 영세 사업자, 군인이 됐다.

급진적 사상과 행동주의는 마약과 비슷했다. 워낙 많은 여성이 동시에 고양되어 세계가 마치 각성한 것처럼 또렷해졌고, 실종됐던 모든 소녀들은 자기 자신과 서로를 찾아냈다. 이는 내 평생 처음 경험하는, 사상에 기반한 여성 연대였다. 그 경험은 놀라웠지만, 그게 다는 아니었다. 나는 페미니즘과 페미니스트에 관해 지나치게 이상적인 관점을 가졌던 터라, 페미니즘 리더들의 이해할 수 없으리만치 나쁜 행동을 접하면 뒤통수를 얻어맞은 듯한 충격을 받았다.

아마 다들 그럴 테지만, 다른 페미니스트들에게 너무 많은 기대를 품었던 탓에 나는 우리 스스로 세운 높은 기준에 부합하지 못하면 쉽게 배신감을 느꼈다. 그러다 정말로 배신을 당하면—중상모략을 당하고, 모든 지인에게 따돌림을 당하고, 아이디어를 도둑맞고, 원작자 자격을 부정당하고, 우리가 써 온 역사를 수정당하면—우리는 대체 무슨 일이 일어나고 있는지 마땅한 말을 찾지 못했다.

결국 우리가 트래싱trashing[2]이라 이름 붙였던 행태 때문에 괜찮은 페미니스트들이 무수히 떠나갔다. 트래싱도, 그 어떤 것도 절대 나를 멈춰 세우지 못했지만 타격은 있었다. 내게 가장 큰 위안과 힘의 원천이 일하는 것 자체—그리고 그 일이 여성들의 삶에 가닿아 변화시키고 있으며 심지어 그들을 구하기까지 한다는 사실을 알게 되는 것—였으니까.

이 회고록은 2세대 페미니즘의 역사가 아니다. 내 페미니즘 사상과 운동에서 가장 중요한 것들의 역사도 아니다. 이 책은 가난한 이주노동자의 딸이 어떻게 성공했고 다른 이들이 갈 길을 밝히는 데 도움이 됐는지에 관한 이야기다. 여기서는 교전 지역에서의 몇 가지 기억에 대해 이야기하려 한다. 내게는 중요한 이야기들이고 여러분도 관심을 보일 법한 이야기들이다. 이 책은

---

2   쓰레기 취급한다는 뜻으로, 개인에 대한 혹독한 비판을 의미. 심할 경우 인신공격과 운동 진영 내에서의 따돌림으로까지 이어짐.

우리 이후 세대의 페미니스트들에 관한 것이 아니다. 그들의 이야기는 그들의 몫이다.

나는 모든 면에서 축복받았지만, 힘들기도 했다. 자유를 위한 투쟁은 내게 중요했지만, 그 대가로 나는 내가 가진 전부가 뒤흔들리는 경험을 해야 했다. 나는 너무나도 순진했고 내 타고난 삶을 살 준비도 제대로 돼 있지 않았다. 천사들이 나를 굽어살폈던 것이 분명하다. 그렇지 않고서야 내가 어떻게 생존하고 잘 살아낼 수 있었는지 달리 설명할 길이 없으니까.

반세기 넘게 나는 전장의 병사였다. 모든 전사가 그렇듯, 나 또한 흉터들을 안고 산다. 우리 대부분은 매일 같이 쓰러졌다, 적군 그리고 아군의 총에. 그 모든 것에도 불구하고, 그 어떤 것에도 불구하고 나는 절대로 이 혁명을 놓치지 않을 것이다. 내 어린 시절의 삶으로부터 나를 해방시켰던 바로 그 순간, 바로 그 집단적 각성에 영원히 충성을 다할 것이다. 셰익스피어가 〈헨리 5세〉를 통해 들려준, 가장 기억에 남는 연설을 약간 바꾸어 읊어 보겠다.

오늘 살아남아 무사히 고향에 돌아가는 [여자는]
소매를 걷고 [자기] 상처를 보이며 이렇게 말할 것이다.
"이 상처들은……"
이 이야기는 오늘부터 세상이 끝날 때까지
훌륭한 [여자]로부터 [아이들]에게 전해질 테고……
이 이야기 속의 우리는 기억될 것이다.
우리는 한줌에 불과하나 행복한 자들이며
한데 모인 자매들이라고.

오늘 나와 함께 [자기] 피를 흘리는 사람은
다 나의 [자매]가 될 것이기 때문이다.
아무리 비천한 [여자]일지라도
이 날의 일이 [여자의] 여건을 고귀하게 만들 것이다.
그리고 지금 침상에 누워 빈둥거리는 [곳곳의 여자들은]
훗날 이 자리에 함께 있지 못했던 자신이
저주받았다 생각할 것이고
누군가가 우리와 함께 싸웠던 일을 이야기할 때마다
스스로의 [인간성을] 변변찮게 여기게 될 것이다.

차례

*

여자로 자란다는 것

내 인생의 첫 10년이었던 1940년대는 1960년 이후 출생한 이들이 경험한 첫 10년과는 사뭇 달랐다. 당시에는 텔레비전도, 컴퓨터도, 인터넷도, 비디오게임도 없었다. 관심사는 책이었다. 우리는 언제나 해야 할 숙제가 있었다. 비가 오면 모노폴리, 체커, 카드게임 같은 것을 하고 놀았다.

나는 두 살쯤 됐을 때 글을 읽기 시작했다. 세 살이 되던 여름, 오션파크웨이의 피터팬 유아원에 들어갔다. 오후 낮잠 시간이 되자 나는 눕지 않겠다고 고집을 부리며 이렇게 말했다고 한다. "우리 아빠는 나 여기서 공부하라고 돈을 많이 내고 있어요. 나는 자고 싶지 않아요. 잠은 집에서도 잘 수 있단 말이에요." 이 이야기는 우리 가족의 전설이 됐다.

어머니는 나를 데리고 맥도널드가에 있는 공공도서관에 갔다. 브루클린 고가철도 아래 어둑한 길로 아직 전차가 다니던 때였다. 책이 가득한 도서관 특유의 고요한 분위기가 너무 좋았던 나는 이렇게 적어 두었다.

나는 도서관을 늘 들락거린다. 읽는 게 너무 좋다. 항상 읽는다. 많이 읽으면 읽을수록 내 어린 시절 저 너머 세계가 반짝이며 자꾸 내게 손짓한다. 책에서는 무엇이든 가능하다. 책은 나를 구원하지만 그만큼 대가를 요구한다. 나는 자리를 박차고 일어나 아주 어린 나이에 가족을 두고 떠난다. 그 뒤로 나는 그 어떤 다른 가족도 절대로 내 가족이 될 수 없음을 알게 됐다. 아주 미국적인 슬픔과 성공의 이야기다.

세월이 흘러 교수가 된 나는 리처드 로드리게스의《기억의 허기: 리처드 로드리게스의 교육Hunger of Memory: The Education of Richard Rodriguez》을 학생들에게 읽도록 했다. 저자와 마찬가지로 나 역시 깨달았던 사실은, 책에 빠져들고 정식 교육을 받게 된 미국인 1세대는 상대적으로 문해력도 낮고 재산도 적은 가족들로부터 영영 떠나올 운명이라는 것이었다.

어머니는 한 번도 나를 칭찬한 적이 없었다. 내가 시험에서 90점이나 95점을 받으면 어머니는 이렇게 말했다. "이건 네가 더 잘할 수 있다는 증거일 뿐이야." 어쩌면 어머니는 자기 딸이 지적 성취를 추구하며 살도록 하는 데 천재였는지도 모르겠다.

어머니는 딸보다 아들을 더 좋아했다. 아들 가진 어머니가 된다는 것은 곧 구원을 뜻했으니까. 당신의 어머니가 줄줄이 딸만 낳았기 때문에 더욱 그랬다. 이런 아들 선호 사상은 당시 상황이 어땠는지를 여실히 보여 준다. 이는 개인의 문제가 아니었다. 내 세대 여자들의 이야기는 대부분 비슷할 것이다. 게다가 딸이 있다는 것은 골칫거리를 의미했다. 특히 그 아이의 기를 꺾어 놓지 못했다면 더더욱. 딸아이가 고분고분하지 않으면 나머지 식구들이 어머니를 탓했다.

어머니는 영국 여왕처럼 자신의 감정을 안에만 담아둔 채 내

보이지 않았다. 어머니는 나를 안아 주거나 입맞춤을 해 준 적이 한 번도 없었다. 이 문제에 관한 한 다른 누구에게도 마찬가지였다. "저들의 목을 베어라!"라고 소리친 적은 없었지만, 어머니는 정말로 하트여왕[1] 같았다. 나를 끊임없이 질책하고 내게 수없이 고함을 질렀으며, 가끔 손찌검을 했고, 아버지한테 일러 더 엄하게 다스리겠다고 으름장을 놓았다.

어머니는 발레리나가 되고 싶었지만, 발레를 단정하지 못한 헛짓거리라 생각했던 부모의 반대에 포기해야 했다. 대학 진학을 위해서도 싸워야 했고, 그 싸움에서 이겨 학교에 들어갔음에도 1년 만에 그만둬야 했다. 생활력 없는 늙어 가는 부모를 돌봐야 했기 때문이다. 어머니는 "그게 다른 무엇보다 중요한 의무였으니까"라고 말하면서 일말의 자기 연민도 내비치지 않았다.

아, 어머니에게 나는 얼마나 실망스러운 존재였을까! 나는 하루 빨리 집을 떠나고 싶었다. 그러지 않으면 어머니는 좌절당했던 자기 야망을 전부 내게 덧씌우며 내가 하려는 일마다 반대하려 들 것이었으니까.

1998년 어머니가 돌아가시고 나서야 나는 어머니가 생전에 내 모든 작품에 관한 소식들을 일일이 스크랩해 보관했다는 사실을 알게 됐다. 검소한 삶을 살았던 어머니는 내게 얼마간의 돈을 남겼다. 놀랐고, 고마웠으며, 어머니에 대한 존경심이 마음에 차올랐다.

---

1   루이스 캐럴의 《이상한 나라의 앨리스》에 등장하는 인물로, 폭정을 일삼고 참수형을 즐김.

그에 비하면 아버지는 한량에 가까웠다. 그는 내게 입맞춤과 포옹을 하거나 칭찬을 하고 내 말에도 귀 기울였지만, 갑자기 화를 내며 허리띠나 주먹으로 때리기도 했다. 한번은 아버지에게 눈을 맞아 멍이 드는 바람에 그럴듯한 이유를 둘러대며 다녀야 했다. 나의 부모는 체벌과 욕설이 아이를 사회화시키는 방법이라고 믿었다.

아버지는 이른 새벽에 일어나 집을 나섰다가 늘 이른 저녁 시간에 맞춰 귀가했다. 그는 탄산수 외판원이었다. 탄산수를 판매하는 일은 어머니 쪽 가업이었다. 훗날 내가 대학에 진학할 수 있었던 것은 아버지가 계단을 오르내리며 탄산수, 소다, 초콜릿 시럽이 담긴 무거운 상자들을 나른 덕분이었다.

우리는 배고픈 적은 없었다. 오히려 너무 많이 먹어서 탈이었다. 나는 물려받은 옷을 입고 다녔고 빈곤 가정 청소년을 위한 캠프에도 참석했다. 줄곧 공립학교를 다녔는데, 당시만 해도 공립학교들은 우수했고 무엇이든 하면 될 것 같던 시절이었다.

내 경우, 1940년대에 1세대 미국인으로 산다는 것은 어머니 쪽 친척 중에 전문 직종의 중산층은 아무도 없었다는 것을 의미했다. 다시 말해 그런 고위층과는 접점이 전무하다는 뜻이었다. 집안에는 변호사, 의사, 교수, 회계사가 한 명도 없었다. 박물관이나 클래식 연주회에 가 본 사람도 없었고, 정치적으로나 학문적으로 견지하는 의견 같은 것도 전혀 없었다.

내 윗세대 친척들이 아둔했다는 말이 아니다. 실제로 그렇지도 않았고. 다만 그들은 영어로 된 글을 읽지 못했고 정식 교육을 받지 못했다. 세속적인 면에서든 종교적인 면에서든 교화된 사람이 없었다. 광활하고 깊은 바다를 건넌 뒤 탈진한 채 물가로 밀려왔던 그들은 모든 에너지를 생존에 쏟아부었다. 그 엄청난 과업은 그들이 가진 모든 것을 집어삼켰다.

19세기 풍의 작은 마을에서 나는 여러모로 성장했다. 부모는 매일 밤 집에 있었고, 자신들끼리, 그리고 우리와도 맹렬히 싸웠다. 그러면서도 이혼 이야기는 꺼낸 적이 없었다. 주변에 이혼한 사람은 아무도 없었다.

내 어머니와 이모들, 그리고 그 친구들은 모두 집에서 일했다. 장을 보고, 요리하고, 청소하고, 바느질하고, 빨래하고, 다림질하고, 휴가 준비를 했다. 아이들을 치과를 비롯한 각종 병원과 학교, 과외 수업 등에 데려가고 끝나면 데려왔다. 그러면서도 매일 세 끼 식사를 꼬박꼬박 준비했다.

내가 만나 본, 집 밖에서 일하는 여자들은 치위생사, 소아과 접수원(이 경우에도 의사의 아내), 외판원(대부분 남편이 운영하는 가게) 정도가 전부였다. 보건교사들과 내가 다니던 공립학교의 교사들도 여성이었지만, 나는 그들을 '전문직 여성'이라고는 생각하지 않았다. 배우, 가수, 무용수 들을 빼면 그들이 내 유일한 롤모델이었던 셈이다.

어른들의 사회생활이란 유대교 명절 준비, 결혼식과 장례식 참석, 친구나 친척 집 방문 같은 것들로 이루어졌다. 어머니는 웃는 일이 별로 없었다. 간혹 토요일 밤에 친구들이 와서 커피와 케이크를 함께 먹을 때면 웃곤 했다. (친구들이 찾아오는 일은 아주 드물었다.) 나는 지금 그때의 어머니보다 훨씬 나이가 많지만, 그들은 나보다 영원히 늙은 사람인 것만 같다. 돌이켜 보면, 내 부모는 조부모 같은 모습이었고 조부모는 더 옛날 사람 같았다.

70년이 훌쩍 지난 지금, 나는 내 어린 시절을 되짚어 보는 중이다. 아마도 마지막 회고일 것이다. 나는 언제나 여자아이에게 일상적으로 쏟아지던 온갖 모욕, 금지, 불의에만 집중해 왔다. 이제 치우침 없이 좀 더 넓게 모든 것을 바라보려 한다.

나의 부모는 자녀에게 필요한 모든 것을 주기 위해 전적으로 자신을 희생했다. 우리는 그들이 가진 전부였고, 그들에게 가장 중요한 존재였다. 어머니는 늘 내가 어디 있는지 정확히 파악하고 있었다. 나 역시 어머니가 있는 곳을 알고 있었다. 어머니는 늘 내 곁에 혹은 옆방에 있었다. 나는 늘 적대감 섞인 감시를 받고 있다고 느꼈다. 하지만 이제 와 내 어린 시절을 부모 없는 아이들의 삶에 견주어 보면 감사할 줄 몰랐던 것이 부끄럽다. 나의 부모는 내가 제대로 먹고 자고 입고 치료받고 배우게 해 주었고 내 삶의 안전과 안정을 보장해 주었다.

그곳에서는 나를 위한 미래가 보이지 않았기에 나는 자유를 찾아 떠날 수밖에 없었지만, 너무 황급히 떠난 탓에 많은 것을 잃었다. 다들 그렇듯이.

1950년대 미국에서 10대로 산다는 것이 어떤 것이었는지 설명하기 막막하다. 나는 미국에서 자랐지만, 신체적, 심리적, 성적, 정치적, 지적으로 베일을 쓰고 있었다. 그 시절 10대 소녀에게 미국에서 사는 것은 근본주의 국가에서 사는 것과 비슷했다.

여자들은 모자, 장갑, 거들을 착용했고, 자기 딸도 나중에 당연히 그렇게 할 것이라 생각했다. 나는 머리를 부풀리기 위해 밤에는 분홍색 헤어 롤러를 달고 잤다. 여자로서 적합한 사람이 된다는 것은 곧 일찍부터 불편함을 감내한다는 의미였다. 넓적한 벨트로 허리를 조이고, 눈에 가짜 보석이 박힌 푸들이 그려진 펠트 치마 안에는 크리놀린²을 두 개 겹쳐 입었던 기억이 난다.

우리 집의 규칙은 엄밀히는 우리가 떠나온 나라와 다를 바 없이 엄격했다. 나는 바지를 입는 것도, 다리털을 미는 것도, 귀를 뚫는 것도 금지였다. 이른 통금시간도 있었다. 그런데도 부모는 내가 어디서 뭘 하다 왔는지 늘 꼬치꼬치 따져 물었다. 마치 범죄자를 취조하듯이. 나는 속이 부글거리고 분노가 치밀어 올랐다.

물론 그들이 교육을 중요하게 생각했기 때문이기도 할 것이다. 여자아이에게까지도 말이다. 그러나 그들은 교육보다는 순종과 정절을 훨씬 더 중요하게 여겼고, 나와 성에 관한 이야기를 나눈 적은 한 번도 없었다. 인간의 육체는 내게 완전한 미지의 영역이었다.

학교와 동네에서 나는 머리 좋은 애로 유명했지만, '잡년'으로 불렸다. 단지 가슴이 큰 데다 남자애들 못지않게 이성에 대한 호기심이 많다는 게 이유였다. 나는 남자애들에게 미쳐 있었다. 정말이지, 나는 모든 것에 욕심이 있었다. 남자애들, 그러니까, 사람들 모두가 그렇듯 말이다.

내 세대 백인 소녀들은 펭귄스의 〈Earth Angel〉이나 다이아몬즈의 〈Little Darlin'〉 등 주로 흑인 남성 그룹의 음악에 맞춰 춤을 추며 성에 눈을 뜨기 시작했다. 나는 1956년에 펠비스the pelvis³

---

2   치마가 불룩해 보이도록 치마 안에 입는 빳빳한 페티코트.

3   엘비스 프레슬리가 골반춤으로 유명해지면서 '엘비스'와 발음이 비슷하고 '골반'이라는 뜻을 가진 '펠비스pelvis'가 별명이 됨.

의 노래 〈Heartbreak Hotel〉부터 〈Love Me Tender〉 〈I Want You, I Need You, I Love You〉 〈Don't Be Cruel〉 등을 따라 불렀다.

부모는 나를 조금도 이해하지 못했다. 나는 남자애들에게 미쳐 있으면서도, 동시에 《이사야서》와 《예레미야서》 같은 예언서들을 공부하고, 시를 쓰며, 프로이트와 셰익스피어를 읽고, 헨리 스트리트극장에서 조지 버나드 쇼와 손튼 와일더의 연극 속 독백 대사를 읊어 댔으니 말이다.

내가 찾아낸 재즈클럽 버드랜드는 웨스트 52번가 근처 브로드웨이에 있었는데, 거기에는 나를 희롱하는 남자가 전혀 없었다. 다들 매혹적인 음악에 흠뻑 빠진 채 동행한 여성과 취해 있었고, 굳이 쓸데없는 일을 벌이지 않으려 했다. 그렇다 보니 다들 미성년자 나부랭이에는 관심조차 없었다. 버드랜드는 미성년자를 위해 술은 판매하지 않는 공간도 갖추고 있었다.

우리 가족은 돈이 필요했으므로 나는 열세 살 무렵부터 돈이 되는 일이면 무엇이든 했다. 유대계 학교에서 사무 보조도 하고, 치과 진료 접수나 배관 수리 보조도 했으며, 백화점에서 물건 판매도 했다. 대학 재학 중에는 서빙 일로 학자금을 마련했고 방학 때는 웨이트리스나 캠프 지도교사로 일했다. 10대 시절 그리니치 빌리지에서 웨이트리스로 일할 당시 남성 고용주들로부터 끊임없이 성추행을 당한 기억은 트라우마로 남아 있다.

페미니스트들이 직장 내 성희롱 문제를 폭로하고 집단적으로 규탄하기 시작했을 때, 그것이 나를 비롯한 우리 모두에게 미쳤을 영향을 상상해 보자. 숨통이 트이는 순간이었다. 우리는 어린 시절 이후 그야말로 처음으로 숨을 쉴 수 있었다.

우리에게는 하비 와인스타인 같은 순간들—그리고 빌 클린턴, 빌 코즈비, 빌 오라일리, 타리크 라마단 같은 순간들—도 있었고, 난생처음 이 문제에 대한 분노로 활활 타올랐다. 우리는 살면서 성희롱과 강간을 무수히 당했다. 그 남성들 중에는 유명인사만 있는 것은 아니었다. 하지만 성희롱 가해자들과 강간범들에 맞서 우리가 제기하는 그 모든 분석, 출간물, 법적 소송으로도 여성들을 여전히 괴롭히는 그 행위들을 절대 뿌리 뽑지 못했다.

　　만일 한 여성이 거짓 증언을 한다면, 우리는 전부 끝장이다. 한 남성이 범죄를 저질렀을 때는 보통 그의 범죄로 모든 남성을 판단하지 않지만, 여성이 범죄를 저지르면 그것으로 모든 여성을 싸잡아 판단하니까. 아주 혹독하게 말이다.

　　나는 내가 어떤 사람인지 혹은 어떤 사람이 될지 알지 못했다. 그저 대부분의 여자애들과는 다르다는 것만 알고 있었다. 여느 여자애들과 비슷해길 간절히 바랐지만 그건 불가능한 일이었다. 나는 엄청난 문제아, 개인주의자, 외톨이였다. 여자애들은 고자질을 하고 시키는 대로 고분고분했다. 여자애들은 잘 뭉치지 않았다. 고등학교 때 여자 선생님 두 분을 빼면, 내가 이런저런 생각에 대해 이야기를 나눴던 사람들은 대부분 남자들이었다.

　　여자든 남자든, 나보다 나이 많은 사람들은 그 누구도 내게 혼자 힘으로 살아남기 위해서 뭐가 필요한지 알려 주지 않았다. 여성은 억압당하거나 차별받는다고, 혹은 여성은 자유를 얻기 위해 싸운 역사가 있다고, 그 누구도 단 한 번도 말해 주지 않았다. 나는 미래를 위한 계획이 전혀 없었다. 그저 내가 아는 것이라고는 계속 읽어야 하고 가능한 한 빨리 집을 떠나야 한다는 것 정도

여자로 자란다는 것

였다.

19세기였다면 나의 부모는 좋은 부모였을 것이다. 나에겐 부족한 것이 없었다. 애정과 이해심, 아주 최소한의 친절, 사생활 존중이 없었을 뿐. 내가 집을 떠난 것은 어머니는 가혹하고도 냉담했고 아버지는 전혀 중재할 줄 몰랐기 때문이다. 부모는 내가 브루클린대학에 들어가 집에서 통학하기를 바랐다. 나는 거부했다. 입학 원서는 한 곳에만 냈는데, 거기에는 필수 과목이 없었기 때문이다. 1958년, 나는 집을 떠나 뉴욕 더치스카운티의 바드대학에 전액 장학금을 받고 입학했다.

브루클린에서 뉴위트레호트 고등학교에 다닐 때 스티브는 내 공식 남자친구였다. 스티브는 키가 크고 상냥했으며 키스를 잘했다. 그의 부모는 사탕 가게를 운영했다. 그는 최근 나를 찾아와 이렇게 말했다. "그거 알아? 네가 브루클린을 떠나 다른 동네에 있는 대학에 다니게 됐을 때 혼자 살겠다고 날 버리고 간 거." 그리곤 잠시 말이 없더니 사뭇 진지한 표정으로 덧붙였다. "하지만 난 알고 있었어. 당신에겐 따라야 할 운명이 있다는 걸." 그는 최고로 다정한 남자였다.

스티브는 내가 말 그대로 춤을 추며 거리를 걷곤 했다며 기억을 되살려 줬다. 그리고 항상 노래를 부르고 있었다는데, 이건 기억이 안 난다. 그는 내가 미처 알지 못했던 무언가를 이야기해 주곤 했다. 나의 아버지는 스티브를 한쪽으로 부르더니 이렇게 말했다. "네가 정말로 내 딸을 생각한다면, 저 애를 건드리지 않는 거야. 나한테 약속할 수 있지?" 스티브는 약속하겠다고 했고, 그 약속을 지켰다.

나의 첫 번째 기숙사는 블라이드우드의 보자르 저택이었다. 허드슨강의 근사한 풍경이 보이고, 이탈리아풍의 끝내주는 정원이 있는 곳이었다. 헨리 제임스나 이디스 워튼 소설 속 여자 주인공에게 어울릴 법한 환경이었다.

1940년대에 바드대학은 망명한 유럽계 석학들을 교수진으로 영입했다. 그들은 한나 아렌트의 남편 하인리히 블뤼허, 스테판 허시, 유스투스 로센베르크, 베르네르 볼프와 그의 아내 케이트 등이었다. 바드는 유럽에서 휴가를 보내는 부유층 자제들에게 보헤미안적 낙원으로 유명했고, '허드슨강가의 작은 홍등가'로 알려지기도 했다. 그런 곳에 난생처음 엄마의 날카로운 눈초리를 벗어난, 버러파크 출신의 제멋대로인 아이가 있었다. 한마디로, 교관도 매뉴얼도 없이 단독 비행을 시작한 셈이었다.

첫 겨울방학에 나는 비트닉beatnik 스타일4의 검은색 옷을 입고 그리니치 빌리지의 린치 카페에서 서빙 일을 했다. 현재 소호에 해당하는 프린스 거리의 임대아파트를 공동으로 사용했다. 나는 카페에서 시를 쓰면서 스스로를 파리에 살고 있는 외국인이라 상상했다. 적어도 머릿속 내 모습은 그랬으니까.

바드에서의 두 번째 학기가 될 무렵, 나는 한 남자를 만났는데 이 사람은 훗날 내 첫 번째 남편이 된다. 우리는 대학 내 커피숍에서 만났다. 그는 아프가니스탄 출신이었다. 내가 보기에 그는 너무나도 세련된 사람이었다.

---

4   1950~1960년대 비트 세대로 불리던 젊은이들이 즐겨 입던 패션 스타일. 단순하고 중성적인 느낌의 검정 스웨터나 베레 등이 특징이다.

그를 너무 매력적인 사람이라 생각했던 나는 유대 안식일에 그를 집에 데려갔다. 그는 10년 이상 미국의 명문 사립학교를 다녔다. 내가 얼마나 많은 매력적인 사람들을 만나고 다니는지, 그리고 그런 이들이 나를 얼마나 매력적이라 생각하는지 부모에게 제대로 각인시켜 주고 싶었다.

그러나 초대는 완전히 재앙이나 다름없었다. 우리는 일찍 자리에서 일어나 바드로 돌아왔다. 이날의 참사는 나를 곧장 그의 품 안으로 몰아넣었다. 우리 가족이 그를 내 친구로 받아들였더라면 이야기는 전혀 다르게 전개됐을지 모른다. 하지만 식구들은 나지막이 숙덕거렸다. "유대인이 아니야. 게다가 백인도 아니고!" 그러자 그는 내게 말했다. "너희 가족이 이렇게 편협하고 이렇게 촌스러울지 몰랐어." 그의 가족이 어땠는지 돌이켜 보면 그의 발언은 대단한 적반하장이었다. 2년 반 뒤 나는 그의 (훨씬 더 편협한) 가족들을 만나기 위해 카불로 향했다.

사람들은 1960년대 하면 무엇을 떠올릴까? 어떤 이들은 비틀스, 재니스 조플린, 자유 연애, 우드스톡, 섹스, 마약, 로큰롤 등을 떠올린다. 미국의 민권 운동이나 반전 운동을 떠올리는 사람도 있을 것이다. 미시시피와 앨라배마에서 민권 활동가들이 살해되기도 했고, JFK와 맬컴 X, 마틴 루서 킹, 로버트 케네디가 암살당했고, 학생들의 연좌 농성, 시위, 행진, 소요가 있었고, 흑표범당Black Panthers[5]과 영로드Young Lords[6], 민주사회학생연합Students for a Democratic Society[7]이 출범한 시기였다.

나는 그 전부를 기억하고 또 그 전부를 살아 냈지만, 가장 먼저 생각나는 것은 1961년에 내가 카불에 붙잡혀 있었던 다섯 달의 시간이다. 누군가는 고작 다섯 달이라 할지 모르지만, 내게는 하루하루가 한 달 같았다. 마치 10년은 포로로 잡혀 있었던 것 같았고 어떤 남자에게 사기 결혼을 당한 느낌이었다.

우리가 카불에 내리자 공항 관계자가 자연스럽게 내 미국 여권을 가져가 버렸고 그 뒤 나는 내 여권을 다시는 보지 못했다. 갑자기 나는 어느 나라의 시민도 아닌 상태가 됐고 일부다처제—가서 처음 알게 된 사실이었다—아프가니스탄의 부유한 대가족 소유 재산이 됐다.

거기서 나는 탈레반 이전 시대의 성별 분리 수준을 목격했다. 일부다처제와 퍼다purdah[8]가 있었고, 여성은 버스 맨 뒷좌석에 앉아야만 했으며, 사촌 간의 중매결혼이나 여자아이의 조혼, 명예 살인이 있었다. 그 이후로 나는 그렇게 야만적인 토착 관습이 서구 열강 탓은 아님을 알게 됐다. 미국의 내 세대 페미니스트들 가운데는 이 점을 제대로 파악한 사람이 드물었다.

그런가 하면 나는 이슬람교의 낡디낡은 종교 분리도 경험했다. 같이 살아야 했던 아프가니스탄 출신의 내 시어머니는 나를 이슬람교로 개종시키려 갖은 애를 썼고, 서구화되고 세련된 내 남편은 자기 어머니를 전혀 말리지 않았다.

5   1960~1980년대까지 활동했던 급진적 성향의 흑인 민권 운동 단체.
6   푸에르토리코 출신 청년들이 주도하여 미국 내에서 라틴아메리카계의 인권 및 지위 향상을 추구했던 급진 단체.
7   미국 신좌파의 한 갈래였던 학생 운동 조직.
8   이슬람권에서 여자들을 남의 눈에 안 띄게 격리하던 관습.

내가 마주했던 이 부족 사회는 극한의 기후 조건을 견뎌 낸 국가 안에 자리 잡은, 지리적으로 고립되고 종교적으로 광신적인 곳이었다. 당시 내 일기장을 보면 나는 아프가니스탄을 경찰국가로 묘사했다. 이상을 품고 있는 사람들을 죄다 짓밟아 버리는 곳이었다. 사상의 통제가 믿을 수 없는 수준으로 심각했다. 호메이니Khomeini의 이슬람 혁명 및 아프가니스탄 탈레반, 알카에다, 이슬람국가가 등장하기 한참 이전에 나는 아프가니스탄에 사상과 언론의 자유가 없다는 사실에 대해 애끊는 심정으로 글을 쓰고 있었다.

　그랬다. 카불은 내가 젠더 부정의gender injustice를 두 눈으로 똑똑히 목격하고 충격받았던 곳이다. 아이들이 구걸하고 하인 노릇을 하는 광경, 그들이 겪는 빈곤과 문맹, 위생 관념, 노예나 다름없는 수준의 노동 조건에 놀라움을 금치 못했다. 그들은 쉬는 날도 없었고, 바닥에서 잠을 잤으며, 가족도 거의 만나지 못했다.

　나는 어쩌다 가끔 감시를 받으며 시장에 갈 때가 있었는데, 한번은 시장에서 갈색 플라스틱 표지의 공책 한 권을 사 와서 일기를 쓰기 시작했다. 아직도 가지고 있는 그 너덜너덜해진 일기장 안에는 잉글랜드와 영국 제도 지도도 그대로 들어 있다. 그때부터 1980년대까지 계속 공책 여러 권에 진득하게 일기를 썼다.

　그 페이지들 속에서 젊은 나를 만나는 일은 마치 시간 여행 같아서 짜릿하지만 한편으로는 당황스럽기도 하다. 1960년대에 내가 쓴 일기를 보면 겁에 질려 있고 때로는 이해할 수 없는 내용의 글들, 구체적인 역사적 상황들, 문학계의 이런저런 이야기들이 한데 뒤섞여 있다. 페미니즘 운동이 시작되기 전부터 나는 이와 같은 관점을 지니고 있었다. 일찍이 미국에서 어린 여성으로서 겪었던 일들, 이후 아프가니스탄에 붙잡혀 있었던 경험은 여성이 처한 상황이 어떤 것인지 내게 똑똑히 알려 준 계기였다.

나는 간염에 걸린 뒤 이질을 앓았다. 당시 비슷한 간염 증세로 고생했던 외국인 중 절반가량은 혹독했던 그해 겨울을 나면서 이미 목숨을 잃었다. 1961년 12월 말, 아내 3명과 자녀 21명을 둔 말쑥한 내 시아버지는 나를 위해 아프가니스탄 여권과 6개월짜리 비자, 귀국 항공권을 구해 줬다.

나는 구조됐다. 자유였다. 당시 내 체중은 40킬로그램이 조금 넘었고, 임신한 상태였다. 그때 떠나오지 않았더라면, 나는 그 상태로 영원히 그곳에 갇혔을 것이다. 이질이나 간염으로 죽었을 수도 있고 한 번밖에 가 본 적 없는 그 열악한 산부인과에서 애를 낳다 죽었을지도 모른다. 비행기는 무사히 아이들와일드공항에 착륙했다. 나는 비행기에서 내려 땅에 입을 맞추었다. 도서관과 자유의 땅, 미국으로 다시 돌아온 것 자체가 마냥 기뻤다.

그렇게 나는 한때 이슬람 세계에서 살았고 예상치 못하게 카불에 붙잡혀 있었다. 당시 이야기는 《카불의 미국인 신부An American Bride in Kabul》에 썼다. 나는 비서구권 여성들의 삶이 훨씬 더 위험하다는 사실과 이슬람 사회의 명예 관습들, 무법자나 다름없는 자경단들, 만연한 부정부패, 여성에 대한 멸시를 목격했다. 아마도 내게 탑재된 미국인 페미니스트로서의 인식은 당시 부족 사회에 붙잡혀 퍼다를 목격했던 강렬한 경험으로부터 비롯된 것인지도 모른다.

내가 가부장제라는 단어를 처음 사용한 것은 1961년 카불에서였다. 그 단어를 어디서 찾아냈는지 모르겠다. "가족은 악랄한 제도"라고도 적었는데, 그때 내가 쓴 '가족'이라는 말이 부족 내 일부다처제 가족들을 말하는 것이었는지, 아니면 서구의 일부일처제 핵가족을 말하는 것이었는지는 지금은 정확하지 않다.

그럼에도 불구하고, 나 스스로는 다른 페미니스트들 없이 진화 중이던 페미니즘에 관한 관점을 가지고 있으면서도 일상적으로 반복되다 보니 정상처럼 돼 버린 성희롱과 부부 사이의 강간을 계속 견뎌 내고 축소하고 있었다. 그리고 이후에 사귄—헌신하지 못하고, 독신 상태에 대해 거짓말을 하거나, 지나치게 집착하거나 혹은 가학적 여성혐오자들이었던—남자친구들에게 어김없이 당했던 강간에 대해서도 마찬가지였다.

나는 길 잃은 영혼이자 떠돌이이자 스스로에게 실망해 버린 젊은 여자이자 아무데도 어울리지 못하는 사람이었다. 다시 만난 미국은 그동안 겪어 보지 않은 성 혁명sexual revolution[9]이 일어나기 시작한 상황이었고, 아프리카계 미국인들을 위한 민권 투쟁에도 뛰어들던 시기였다.

나는 마지막 학기를 마치기 위해 바드로 돌아갔다. 내가 무슨 말을 하고 있는지 아무도 이해하지 못했다. 친구들은 이런 질문들을 던졌다. "그래서 왕은 만나 봤어?" "그럼 지금 너는 공주 뭐 그런 거야?" "하인은 몇 명이나 두고 있었어?" 심지어 지도교수였던 하인리히 블뤼허도 그런 기억을 다 잊게 해 줄 만한 연애

---

9   기존의 성 관념에 반기를 든 사회 운동으로, 이 운동이 활발했던 1960~1980년대는 성 해방의 시대였다.

를 권하기도 했다. 그러다 문득 나는 이렇게 썼다.

나는 여자들 우정의 속성 그리고 여자들에게 주어진 듯 보이는 한정된 역할들과 씨름 중이다. 이슬람 사회에서 여성은 가치가 없다. 여성에게 구원과 피난처라고는 전통의 전파, 결혼, 가정생활뿐이다. 여성을 가치 없는 존재로 만드는 원흉인 전통이야말로 여성은 가치 없다는 논리적 귀결로부터 그들을 구해 낼 수 있는 유일한 방패막인 셈이다. 그러니 여자들은 남자들보다도 더 열심히 그 전통을 지킨다. 이렇게 말할 수도 있겠다. 어느 사회에서든 '법'을 지키자는 여성들의 주장은 그들의 무력함을 가장 확실히 보여 주는 증거라고.

그해 봄 학기가 끝나고 모두가 떠났다. 다들 벽에 붙여 놨던 포스터와 천 장식을 떼어내고, 작업하다 만 조각품이나 책, 존 바에즈 레코드 등을 넣어 짐을 꾸렸다. 내가 챙길 것이라고는 스탕달에 관해 쓴 내 학사 논문뿐이었다.

집 말고는 갈 데가 없었다. 자기 집이 도저히 참을 수 없는, 미친 집구석일 때 어린 여자는 무엇을 할 수 있을까? 어머니는 왜 내가 외출하는 것에 그렇게 화를 냈을까? 통금시간이나 남자 문제로 다투는 대신 왜 나를 쇠사슬에 묶어 두었어야 했을까? 어머니의 기이한 요구사항들과 밤마다 벌어지는 상황은 나를 미치지 않고서는 못 배기게 만들었다.

내가 있었던 곳은 브루클린인가 아니면 카불인가? 나는 내 타자기와 과제물, 그리고 옷가지를 챙겨 어머니의 집에서 나왔다. 갈 곳도, 가진 돈도 없다는 사실이 두려웠다. 가족과 연을 끊고 혈혈단신이 된 어린 여자에게 무슨 일이 일어날 수 있는지 식구들은 알았을까?

입에 풀칠이라도 하려면 일자리가 필요했다. 출판 일이 좋을 것 같아 바드대학의 문학 교수 디에고에게 도움을 청했다. 디에고는 남미 출신 남자였는데, 꼬챙이 같은 몸에 검은 눈과 펑퍼짐한 콧방울을 가지고 있었다. 마치 르네상스 시대의 사티로스 같았다. 우리는 점심 식사를 같이 했다. 그는 내게 일자리를 구해 줄 수 있는 위치라며, 여러 차례의 식사와 술자리를 가졌다. 나는 일부러 모른 척했던 것 같다.

그는 자기 아파트로 나를 초대하며 본론으로 들어가자고 했다. 내가 하버드 특별 연구원 자리를 원했던가? 아니면 그와 함께 여행하기를 원했던가? 자기 논문 쓰는 것을 도와달라고? 러시아 시인 옙투셴코를 내가 만나고 싶어 했던가? 그랬을지도 모른다. 다음 날 디에고는 파티를 열 예정이었으니까.

그러더니 그는 자기 아파트 주변에서 나를 쫓아다니기 시작했다. 말 그대로, 내 뒤를 쫓아다녔다. 나는 가쁜 숨을 몰아쉬며 말했다. "선생님, 저는 일자리를 원하는 거지, 연애를 원하는 게 아니에요." 대체 어떻게 그럴 수 있었을까? 나는 여러 해 동안 자기 제자였는데. 그는 내 학문적 가치를 잘 알고 있었다. 그는 자기 추천서는 없던 일로 할 것이며, 앞으로도 추천서를 써 주는 일은 결코 없을 것이라고 으름장을 놓았다. 나는 그의 아파트에서 도망쳐 나왔다. 그 뒤로 우리는 한 번도 말을 섞지 않았다.

처음부터 끝까지 신사다웠던 교수는 소설가 랠프 엘리슨뿐이었다. 내게 미국 문학을 가르쳤던 그는 늘 정갈한 페도라와 재킷, 타이 차림이었다. 《모비딕》의 인종차별주의에 대해 쓴 내 과제물에 그는 A를 줬는데, 나는 그 과제물을 아직도 소중히 간직하고 있다. 어린 학생치고는 고분고분한 편이 아니었던 내게 그는 굉장히 너그러웠다.

아슬아슬하게 사는 법은 터득했지만, 내가 계속 생계를 이어나갈 수 있을지는 별로 자신이 없었다. 대학 친구를 통해 시드 시저Sid Caesar의 스페셜 프로그램 〈시저의 시선As Caesar Sees It〉에서 2주간 비서로 일할 기회를 얻었다. 시드 시저는 희극 천재였다. 나는 데이브 개러웨이의 프로그램 〈우주탐사Exploring the Universe〉에서도 일했다.

가스라이트 클럽에서는 가수 겸 웨이트리스로 일했다. 망사 스타킹을 신고 프렌치컷코르셋 비슷한 옷을 입고 하이힐을 신었다. 게이 나인티스Gay Nineties[10] 스타일로 장식된 그곳의 분위기는 살짝 외설적인 구석이 있었다. (버튼 브라운이 가스라이트 클럽을 연 것은 1953년으로, 휴 헤프너가 플레이보이 클럽을 시작하기 7년 전의 일이었다.) 이후 나는 도심을 벗어나 좀 더 외곽에서 일자리를 찾았는데, 훗날 제리 사인펠트 덕분에 유명해진 탐스 레스토랑의 웨이트리스 일이었다.

나는 대학교수 겸 '빈의 주술사Viennese witch doctor', 즉 정신분석가가 되겠다고 마음먹은 뒤였다. 일과 저술 활동 둘 다 집에서

---

10 '방탕한 90년대'라는 뜻으로, 철도와 전화 등 새로운 교통·통신 수단이 등장하고 사람들이 유흥에 눈뜨기 시작하던 1890년대를 칭한다.

할 수 있으리라는 심산이었다. 대학 다섯 군데에 원서를 내고 장학금과 그 밖의 재정 지원을 요청했다. 내가 뉴욕의 뉴스쿨 사회연구대학원New School for Social Research의 심리학 박사과정을 선택한 것은 정규 야간 과정에 등록하고 낮에는 하루 종일 일을 할 수 있었기 때문이다. 나는《뉴욕 포스트》에서 급사로 일하며 노라 에프론, 시드 자이언, 잭 뉴필드 같은 저널리스트를 만났다. 웨스트사이드뉴스West Side News 부서에서 잭을 도와 원고를 썼다.

JFK가 암살당했을 때, 나는 생애 처음으로 텔레비전을 샀다. 내가 TV를 산 것에 잭이 굉장히 놀라기에 나는 이렇게 말했다. "다음에 혹시 또 암살이 벌어지면 내 TV로 보고 싶거든요. 길모퉁이 술집으로 달려갈 필요 없이." 시기상 정치적 암살이 여러 건 더 있을지 모른다는 확신이 들었기 때문이다.

1964년에는 저널리스트 리사 하워드를 인터뷰했고, 10대들이 보는 잡지《앤저뉴Ingenue》에 내가 쓴 인터뷰 기사가 나갔다. 한때 배우로도 활동했던 하워드는 ABC에서 미국 최초의 뉴스 프로그램 여성 앵커가 됐다. 하워드는 흐루시초프, 케네디, 애들레이 스티븐슨, 이란의 왕 샤Shah, 피델 카스트로, 체 게바라를 인터뷰했다. 미시시피 옥스퍼드에서 발생한 폭동을 보도하기도 했다. 나는 어떻게 그 모든 일을 해낼 수 있었느냐고, 소설을 쓰고, 배우가 되고, 여성단체에서 강의를 하고, 인터뷰한 인물들을 연구할 수 있었느냐고 물었다. 게다가 하워드는 아이가 둘 있는 엄마이기도 했으니까. 그런 그의 대답은 다음과 같았다. "갈고닦아야 할 자질을 꼽는다면 단연 자기 절제입니다. 원하는 것이 있다면, 그 목표를 향해 나가고 어떤 경우에도 굴하지 말아야 해요. 프로임을 증명하는 건 준비, 끈기, 인내죠. 남자들보다 뛰어나야 합니다. 열심히 하고 용감해야 해요." 인터뷰 기사가 보도되자 하워드는 내게 다정한 감사 편지를 보내오기도 했다.

1965년, 하워드는 ABC 방송사에서 해고되고 유산까지 한 뒤 10개월이 지나 자살했다. 불과 서른아홉의 나이였다. 앞서 1962년에는 서른여섯의 메릴린 먼로가 스스로 목숨을 끊었다. 두 사람 모두 1940년대와 1950년대에 성년이 된, 젊고 아름답고 재능 있고 독보적인 캐릭터로 성공한 여성들이었다. 그런데도 페미니즘이 확산되기 이전인 1960년대를 사는 여성에게 이런 일은 얼마든지 있을 수 있었다.

당시 나는 로어이스트사이드Lower East Side에서 복지 조사관으로 일하고 있었다. 나는 사람들에게 도움을 주는 일을 하고 있다고 믿었다. 그러나 이 얼마나 얼토당토않은 생각이었던가. 내 일이란 복지 수혜 대상자들을 좌절시키고, 처벌하고, 모욕 주고, 쫓아 버리는 것이었다. 나는 대상자들의 절망적이고 비참한 상황에도 충격과 슬픔을 느꼈지만, 그런 그들을 태연하게 모욕하는 관료 체제와 담당 공무원들 때문에 훨씬 더 큰 충격과 슬픔을 느꼈다. 복지 담당 공무원들은 모든 복지 수혜자를 사기꾼이나 거짓말쟁이로 간주했고, 실제로 그렇게 대했다. 85세의 장애 여성, 갓난아기를 혼자 키우는 어린 엄마, 한때 중산층이었으나 이제는 무직 상태인 중년의 여성 그래픽아티스트 같은 사람들을 말이다. 내 상사였던 감독관은 아주 소액의 돈일지라도 지급 거절 이유가 될 만한 허점만 발견했다 하면, 그 점을 찾아내 아주 기꺼이 그리고 단호하게 활용했다.

나는 인종평등회의Congress of Racial Equality 모임에 참석했고 북미학생운동Northern Student Movement에도 가입했다. 비폭력학생협력위원회Student Nonviolent Coordinating Committee를 위한 모금 활동을 하던 학생단체로부터 시작된 운동이었다. 북미학생운동의 분파였던 할렘교육프로젝트Harlem Education Project(HEP)와도 함께 일했다.

잭 뉴필드와 나는 147번가로 가 '치키Chickie'를 만났다. 매슈로도 알려진 이 사람은 거리의 갱단과 마약 중독자들 그리고 HEP 사이의 연락책이었다. 처음에 치키는 의심을 거두지 않은 채 이중적으로 접근하며 자기네 무리에서 가장 머리가 좋은 구성원을 시켜 HEP가 정말로 원하는 것이 무엇인지 알아내게 했다. HEP는 그를 남쪽으로 보냈다. 치키는 백인 애들이 민권 운동에 참여했다는 이유로 구타당하는 모습을 봤다. 본인의 표현대로, "그들은 목숨을 걸고 발언하고 있었다."

내 남자친구였던 데이비드는 내가 할렘에서 일하는 것에 반대했다. 그는 이렇게 말했다. "나는 네가 거기 안 갔으면 좋겠어. 전국에서 가장 위험한 데잖아. 젠장, 나는 내 옆구리가 적에게 노출되는 거 싫어."

우리는 싸웠다. 데이비드는 이렇게 덧붙였다. "너는 혁명의 길에 헌신할 수 없어. 넌 아직 연애 중이니까."

나는 맞받아쳤다. "혁명이라는 선택지가 있는데 네가 그걸 거부한다면, 네 연애 따윈 뭣도 아니라는 거나 알아 둬."

베티 프리단이 1963년에 《여성성의 신화》를 출간했지만 당시 나는 그 책을 읽기 전이었다. 나는 기혼 여성도 아니고 엄마도 아니었으며, 교외에 살고 있지도 않았다. 박사학위 취득, 생계 유지, 민권 운동이 내 우선순위였다. 하지만 나는 이미 일기에 페미니스트의 목소리로 여성들에 관한 글을 쓰고 있었다.

위대한 예술가들이 여성을 위해 남성의 나체를 심미적 혹은 관능적으로 묘사한 적이 있던가? 아니면 게이 남성들만을 위해서였던가? 우리 주위에는 온통 젊은 여성의 육체에 대한 관능적 과장뿐이다. 여성은 미적 대상으로서나 여성의 노골적 욕망의 자극제로 제시된 남성의 육체를 본 적이 거의 없다. 여자들은 결혼에 부자연스럽게 의존할 운명이다. 대부분의 남자들은 성적 매력이 있는 오직 어린 여자들─중년 여성은 제외─과의 관능적인 결합의 유혹으로만 빠져든다. 그래서 우리에게는 다음이 필요하다.

1. 양성 모두를 위한 인류의 해방
2. 다음 세대를 사회화할 새로운 방식
3. 새로운 공동체 조직

내가 원하는 것은 남편이 아니다. 나는 나 자신을 원한다.
실비아 플라스여, 당신은 왜 죽어야만 했나요?

데이비드와 나는 이스트 7번가에서 이스트 13번가로 이사했다. 한 달에 한 번쯤은 핑곗거리를 찾아 바로 길 건너편의 아파트 문을 두드렸다. 설탕이 필요했다. 혹은 커피가 필요했다. 나를 끌어당겼던 것은 거기 정기적으로 모이는 여성들이었다. 그중에는 극작가(《햇볕 속에 일어나다Raisin in the Sun》의 작가 로레인 핸스버리)도 있고 오페라 대본작가 겸 시인(훗날 〈블리커스트리트의 시인The Poet of Bleeker Street〉으로 이름을 알리고, 〈계시와 비밀의 노래들 Songs of Revelations and Secrets〉과 〈번들맨The Bundle Man〉의 가사를 쓴 일사 길버트)도 있었다. 샌드라 스코페톤과 루이즈 피츠휴(샌드라는 도심 번화가의 엘로이즈[11] 이야기를 담은 책《스즈키 빈Suzuki Beane》의 글을 쓰고, 루이즈는 그림을 그렸다. 그리고 샌드라는 레즈비어니즘lesbianism을 다룬 최초의 청소년 도서 중 하나로 꼽히는《해피엔딩은 다 비슷비슷해Happy Endings Are All Alike》와《네가 가진 모든 것은 나의 것Everything You Have Is Mine》 같은 하드보일드 탐정소설도 썼다), 그리고 조각가 겸 시인 프랜스 버크도 있었다. 다들 열정적이고 재미있는 여자들이었다. 아무도 따로 밝히지는 않았지만, 모두 레즈비언이었다. 하지만 가장 중요한 사실은 다들 예술가였다는 것이다.

프랜스는 나에게 반해 버렸는데, 당시만 해도 나는 이성애자였다. 나는 우리의 우정이 너무 좋았고, 나에 대한 관심도 좋았지만, 무엇보다도 우리가 나눴던 대화와 그가 새로 안착하게 된 세계가 참 좋았다. 프랜스의 아버지인 케네스와의 만남도 즐거웠다. 케네스는 미국의 저명한 문학평론가(인간의 최초 달 착륙 장면을 함께 본 남자였고, 우리 둘 다 흔치 않게 취한 상태였다)로 위대한 주나 반스를 미국에 소개한 주인공이기도 했다. 그리고 프랜스의 언니인 엘리너 리콕은 사회주의자이자 페미니스트 인류학자로, 당시 영화제작자 리처드 리콕과 결혼했다. 프랜스의 또 다른 언

---

11   1950년대에 인기를 끌었던 케이 톰슨의 엘로이즈 시리즈의 여자주인공 이름.

니이자 음악가인 진 엘스페스 채핀은 가수 해리 채핀의 어머니이기도 했다.

한마디로, 내게는 버크 가문의 그런 훌륭한 문화적 혈통과 뉴저지에 자매들이 각자 집을 두고 오랫동안 모여 살아온 모습이 인상적이었다. 식구들이 전부 예술가나 지식인인 대가족은 마치 고향처럼 편안한 느낌이었다. 다만 내 고향이 아니었을 뿐. 그 고향에 대한 접근권은 내가 프랑스와 사랑에 빠지느냐 마느냐에 달려 있었다. 우리는 함께 유럽 횡단을 했음에도 불구하고(이 여행은 완전히 별개의 이야기다) 로맨스는 있을 수 없었다. 당시까지도 나는 너무나 남자에 중독된 상태였으니까.

1965년경 나는 헤드스타트 프로그램 모니터링으로 연결되는 프로젝트 참여차 뉴욕의과대학 발달학연구소 연구원으로 일하고 있었다. 1967년에 나는 훗날 유명한 로이 존스E. Roy John's 뇌연구소의 전신인, 5번가의 플라워-피프스 애비뉴병원 산하 연구소에서 일하기 위해 그곳을 떠났다.

우리는 뇌 활동의 전기생리학적 상관관계를 연구하고 있었다. 대학원에서 나는 생리심리학 강의를 워낙 좋아했기에 나를 가르치던 교수 중 한 명인 오즈마 레이브와 함께 프린스턴에 있는 그의 연구실에서 함께 연구하기도 했다. 과학과 늦바람이 난 나는 의예과 수업을 몇 개 듣기도 하고 몇몇 뇌연구소에 구직 신청도 했다.

결국 나는 잡지《사이언스》에 연구 논문 두 편을 싣고 의과대학 연구원 자격을 얻었다. 하지만 나는 화학과 물리학 분야에 대한 배경지식이 너무 부족했다. 해부용 시신도 싫은 데다, 의대에 뿌리 박혀 있던 성차별 문화까지 더해져 나는 쉽게 나가 떨어졌다. 게다가 심리학 박사학위 취득을 목전에 두고 있는 때였다.

당시 나는 학구열과 야망이 있는 여성이었지만, 여성과 페미니즘의 역사에 대해서는 아는 바가 전혀 없었다. 당시 페미니즘 움직임에 대해서도 아직 인식하지 못한 상태였다. 그저 NOW를 창립한 이들 가운데 진 보이어, 캐스린 클래런바흐, 메리 이스트우드, 베티 프리단, 폴리 머레이 박사, 캐럴라인 웨어 박사 등이 있다는 정도만 어렴풋이 아는 정도였다.

나는 짐과 대단한 사랑을 나누고 있었다. 짐은 뇌연구소의 천재 남성 중 한 명이었다. 우리는 일터, 호텔, 심지어 짐의 요트에서도 사랑을 나눴고, 수학 과학 콘퍼런스에도 함께 참석했다. 나는 그에게 점점 더 깊이 빠져들고 있었다. 그러던 어느 날, 그는 불현듯 자신이 결혼한 상태라고 털어놨다. 그러면서 그건 중요한 게 아니라고, 자기가 결혼 생활을 지속하는 것은 단지 어린 자식이 있어서라고 덧붙였다. 나는 무너져 내렸고, 분노했다.

나는 짐을 떠나 의대 교수를 만났다. 내 생각에 더 적합해 보이는 사람이었다. 이제 짐이 눈물을 흘릴 차례였다. 자기 결혼 생활은 우리의 관계에 비할 바가 못 된다고 했지.

그런데 나는 또다시 나쁜 선택을 한 것이었다. 제대로 된 남편감인 줄 알았던 그 유대인 교수는 알고 보니 괴물이었고, 나를 처절한 고통 속에 몰아넣었다. 그는 진실한 사람이 아니었다. 그에게는 열 살 연상의, 그러니까 나보다 스무 살 많은, 오래된 정부가 있었다. 그 여자는 그의 모든 연구 논문를 타이핑했다. 그리고 그 여자 역시 유부남인 또 다른 애인이 있어서 일주일에 한 번씩은 그 남자가 사는 나라로 다녀오곤 했다. 나는 마치 사드 후작의 소설 속에 갇힌 신세가 돼 버렸지만, 그를 곧바로 떠나지 못했다. 왜 그랬는지는 나도 잘 모르겠다.

나는 점점 더 페미니스트의 목소리로 일기를 쓰기 시작했다. 하지만 통찰만 한다고 내가 해방될 수는 없었다. 나는 이렇게 썼다. "여자들은 경제적으로 그리고 자연히 심리적으로도 노예화되고 의존적인 상태이기 때문에 '로맨스'와 '욕망'에서 탈출구를 찾으려 한다. 여자들이 일단 여기서 경제, 사회, 심리적으로 해방되고 나면, '로맨스'와 일부일처 혼인관계에 덜 매달릴 수 있을 것이다." 로맨틱한 사랑은 강요된 선택이지, 자유의지에 의한 선택이 아니라는 주장을 하고 싶었다. 페미니즘 활동가이자 작가 슐라미스 파이어스톤(이하 슐리)은 훗날 출간한《성의 변증법》에서 사랑에 빠지는 것은 질병에 걸리는 것이나 마찬가지라는 급진적 분석을 제시한다. 나는 당시 경제적으로 독립된 여성에게는 결혼이 덜 중요할 수 있다는 이야기를 쓰고 있었다. 버지니아 울프의《자기만의 방》을 읽기 전이었다. 나는 이렇게 썼다.

여자가 옷을 차려입는 것은 '끝내주기' 위해, 질투를 불러일으키고 다른 여자들을 무너뜨리기 위해, 방 안에서 '스타'가 되기 위해, 남자를 통해 경제와 연애 면에서 '한몫' 잡기 위해서다. 다른 여자들의 아름다움을 개인적 모욕으로 받아들이는 여자들도 있는데, 이들은 처음에는 아무렇지 않은 듯 흘끗 보며 칭찬하고는 곧 어린 여자애처럼 삐죽거리곤 한다.

여자들이 나이 들어 가는 것에 대해 느끼는 이런 두려움은 종종 여자의 나르시시즘의 증표라도 되는 양 힐난의 대상이 되지만, 실은 그런 것이 아니다. 그 여자는 자신의 공인된 유통기한을 넘기고도 살아 보고자 필사적으로 애쓰는 중이다.

여자들이 자유로워지면 더 이상 의존적이거나 피학적으로 굴지 않을 것이다. 현재로서는, 자신들이 매달리는 노예 상태라는 문제에 있어 여자들은 남자들만큼이나 나쁘다.

어쩌면 내 자신에 대한 이야기를 하고 있었는지도 모른다. 그런 다음 나는 덧붙였다. "나는 성서의 룻 이야기를 특히나 좋아한다. 여자들 간의 사랑은 구원일 수 있었을 것이고, 그 결과 메시아의 시대가 올 수 있었는지도 모른다."

나는 왜 그때까지도 괴물 곁에 있었을까? 나는 왜 그대로 있었을까? 왜 그냥 떠나지 않았을까? 우리는 같이 살았다. 나는 달리 갈 곳이 없었다. 아파트를 알아보러 다닐 시간도 없었고 저축해 둔 돈도 없었다. 종일 일을 하고 있었고, 종일 박사학위 논문에 매달려야 했으며, 대학원 연구논문들도 마감해야 했다. 허드슨의 우리 아파트가 나는 편했다. 그 경치, 강변 공원, 그리고 나만의 침대. 그는 결혼하지 않은 유대계 의사였다. 내 유전자에 새겨진 프로그램이 나를 머물러 있게 했다. 그 괴물은 마치 엄마 같았다. 어쩌면 그래서 그를 떠나지 못했는지도 모른다. 한번은 그에 대해 이렇게 적기도 했다.

나는 말에 올라탄 이 가혹하게 아름다운 의사에게서 나의 어머니를 발견했다. 악마가 나를 찾아 달라난다. 성적 기만이라는 황

무지에서 어느 유대계 왕자가 자신의 아버지를 찾아 헤매는 중이다. 그는 여자들에게서 아버지를 찾지만, 거기서는 결코 찾지 못한다. 그는 늘 이 아버지들에게 실망하고 또 사로잡힌다. 그들은 어머니로 변하니까. 내가 그렇듯, 멍청하게도 다들 기쁘게 해주려 안간힘을 쓰니까. H.가 여섯 살이었을 때 아버지에게 버림받고 죽었던 자기 어머니처럼.

나는 큰일이 일어나기를 기다리고 있었다. 내게는 큰일이 일어나야 했다. 나는 큰일을 해야 했다. 남자들로 인한 이 고통을 지속할 수는 없었다. 이 문제, 아무런 이름조차 없던 이 문제는 사실 천 개의 문제였고, 전부 큰 문제들이었다. 그 문제에 맞서려면 무언가가 필요했다. 무언가 다른 것, 무언가 새로운 것, 그것은 어쩌면 기적일지도 몰랐다.

*

정치적으로 올바르지 않은
페미니스트

‘그 여자들’의 모임 이야기를 들은 건 뇌연구소에서 일하던 시절이었다. 나는 가운을 벗지도 못하고 그대로 뛰쳐나가 거리를 헤맸다. ‘그 여자들’을 찾기 위해서. 마치 외계인이 갑자기 지구에 출현했다는 소식이라도 들은 듯이.

　우리는 모두 꿈에 취해 있었다. 그동안 눈에 보이지 않았던 여자들이 이제 눈에 들어오기 시작했다. 과거에는 서로를 사악한 의붓자매 취급하던 여자들이 이제 신기하게도 동화 속 요정 대모 fairy godmother로 변신해 있었다.

　이성애자든 아니든, 우리는 부치에 가까웠다. 우리 중에는 흡연이나 음주를 하는 이들도 있었고, 모터사이클 부츠를 신고 가죽 재킷을 입고 화장은 하지 않은 이들도 있었다. 그런가 하면 깃털 장식과 보석을 달고, 부드러운 스웨이드 베스트를 걸치거나 나팔바지를 입고 짙은 화장을 한 사람들도 있었다. 우리는 집시나 매력적인 해적처럼 보였고 많은 일을 벌이고 다녔다. 어느 순간 우리는 벌어진 일들에 맞닥뜨리는 사람이 아니라, 직접 일을 벌이는 사람이 되어 있었다. 더 이상 누구도 우리에게 함부로 덤비지 않았다.

　내게는 꿈꾸는 젊은이가 가진 특유의 패기가 있었다. 우리(더 이상 나 혼자가 아니었고 이제 우리가 있었다)는 여성의 종속을 끝장내고 싶었다. 태어나면서부터 종속을 참고 견뎌 왔던 우리는 그것을 당장, 그럴 수 없다면 최소한 10년 안에는 확실히 끝장내고 싶었다. 그러나 이 일은 우리의 남은 일생을 차지해 버리고 우리 몫이라 주장할 만한 것이라고는 그저 투쟁뿐이지, 승리는 아니라는 사실을 우리는 아무도 알지 못했다.

내가 페미니스트로서 초창기에 주고받았던 편지들을 보면서 우리가 서로 얼마나 아끼고 사랑했는지 새삼 기억이 났다. 그 전까지 남자들은 우리의 이야기를 듣지 않았지만, 이제 우리는 우리 자신의 생각이 굉장히 중요하다는 사실을 깨닫게 된 것이었다. 스스로에게, 서로에게, 그리고 무수히 많은 다른 여성에게 중요하다는 사실을.

아, 얼마나 많은 페미니스트들이 내게 편지를 보낼 때 서명란에 "사랑을 담아"라고 덧붙였던가. 우리는 마치 친척이나 오래된 친구라도 되는 양 서로 포옹하고 입을 맞췄다. 그러나 사실 우리는 낯선 사이였다. 단지 그 순간에 같은 비전으로 함께 묶여 있었을 뿐이다.

나는 지금 역사적인 영웅들에 대해 쓰고 있다. 그들을 규정하는 것은 그들이 해낸 일이지, 그들이 저질렀던 지독한 실수가 아니다. 여성들은 대부분 성차별적 가치들을 내면화한다. 하지만 세상을 바꾸는 운동을 할 수 있게 만드는 건 그런 가치들이 아니다. 그러나 심리학적 관점에서 보면, 여자들은 여성 해방에 남자들만큼이나 큰 걸림돌이었다.

가령 우리는 너무나 근사하게 "자매애는 힘이 세다"고 선언했지만, 사실 그런 자매애는 존재하지 않았다. 여자들이라고 해서 언제나 서로에게 친절한 건 아니었다. 우리는 여성이고 페미니스트라면 다르게 행동하리라고 기대했지만, 페미니스트라고 해서 늘 서로를 존중과 연민으로 대하는 것은 아니라는 사실을 점차 깨닫게 되면서 충격을 받았다. 그걸 1967년에는 몰랐지만, 지금은 안다.

흔히 여자는 남자보다 연민이 많고 공격성이 낮다고 생각하지만, 이는 사실이 아니다. 우리 2세대는 아주 거세게 싸웠다. 이 투쟁을 본질주의에서 볼 것인가 사회구성주의에서 볼 것인가, 이것이 마르크스주의인가 자본주의인가, 개혁인가 혁명인가, 음란물을 포르노그래피로 볼 것인가 검열할 것인가, 성매매는 성을 파는 것인가 '성 노동자'가 될 수 있는 여성의 권리인가, 여성을 순진무구한 피해자로 볼 것인가 일의 행위자이자 책임 주체로 볼 것인가, 적(남자)과 동침하는 여자가 정말 페미니스트일 수 있는가와 같은 문제들을 두고 싸웠다.

페미니스트들은 자기와 생각이 다르거나 질투의 대상이 되는 여자를 헐뜯거나 따돌렸다. 남자들과는 달리, 여자들 대부분은 지독하고 노골적인 싸움에 심리적으로 준비된 상태가 아니었다. 여자들은 모든 갈등을 정치적이 아니라 개인적으로 겪어 냈다. 그리고 그런 경험은 때로 사람을 죽음 직전까지 몰고 가기도 했다.

이제야 우리는 모든 여성, 즉 백인 여성이든 다른 인종의 여성이든, 인종 차별을 내면화해 왔음을 이해한다. 또한 여성 역시 성차별주의자들이며 호모포비아라는 사실도. 그러나 성차별 반대 입장을 계속 고수하려면 매일 의식적으로 그것에 저항해야 하고, 완전한 극복은 없으리라는 사실은 여전히 이해하지 못한다.

오래전에 나는 모든 여성은 친절하고 다정하고 용감하며, 공격을 받아도 우아하게 대응하고, 엄마의 자질을 가진 존재라고 믿었다. 또 모든 남성이 여성들의 압제자라고 믿었다. 그러나 이상주의적인 소수 페미니스트를 제외한 모두가 알고 있었듯, 이는 사실이 아니었다.

나이를 먹게 되면서 비로소 알게 됐다. 남자들과 마찬가지로 여자들도 인간이라는 사실을. 잔인함과 질투심을 가졌음과 동시에 관대함과 연민을 지녔다는 사실을. 우리는 경쟁할 수도, 협력할 수도 있는 인간이었다.

1980년, 내 열 번째 작품《여자의 적은 여자다》에 관련된 조사를 시작했을 무렵, 무수한 페미니스트 리더가 그만두는 게 좋겠다고 조언했다. '그 남자들'이 역으로 이용할 것 같다는 게 이유였다. 몇 년 뒤 나는 슐리 파이어스톤과 이야기를 나누게 됐는데, 슐리는 이렇게 말했다.

"체슬러, 당신이 진작에《여자의 적은 여자다》를 썼더라면 그 책이 우리 페미니즘 운동을 구원했을지도 몰라요."

"나는 책이 그런 대단한 일을 할 수 있으리라고는 생각하지 않지만, 그렇게까지 말해 주다니 고마워요. 페미니스트 리더들과 그 지지자들이 내가 이 책을 쓰는 것에 얼마나 강력히 반대하고 나섰는지 알아요? 아마 그들의 비난이 내 손을 몇 년은 묶어 놨을 거예요." 나는 그렇게 대꾸했다.

"그럼 왜 그런 말들을 들어준 건데요?" 슐리는 약간 흔들린 눈치였다. 나는 그를 꼭 안아 줬다.

심리적으로 우리 2세대에게는 페미니스트 여성 선배들이 없었다. 어머니 또한 없었다. 우리에게는 오직 자매들뿐이었다. 우리가 여성의 역사에 대해 무엇이라도 알았더라면, 특히 페미니스트 선배들에 대해 무엇이라도 알았더라면, 정치인이나 이론가처럼 그들도 치열하고 또 비열하게 싸웠다는 사실만 알았더라면, 여성의 어두운 심리를 이해만 했더라면, 그다지 성스럽지 못한 이 내전에 좀 더 대비했을지도 모른다. 내전을 치르는 동안 우리는 절대 타협하지 않았고, 두 번 다시 서로 말을 섞지 않을 때도 많았다.

반세기가 지난 지금에서야 나는 여자들의 모임이 획일성이나 위계, 동조가 없는 자매애(누구도 다른 이들보다 더 많은 보상을 받지 않는 관계)를 요구하는 경향이 있음을 이해한다.

사람들은 말한다. "여자의 최악의 적은 여자다." 이 말에 나는 진저리를 친다. 늘 그런 것은 아니기 때문이다. 때때로 우리는 서로를 구원한다. 대다수의 여자들은 서로의 친밀한 관계없이는 단 하루도 살아낼 수가 없었다.

처음에 우리는 서로에게서 즐거움을 찾았다. 시집이나 자비 출판물에 추천사를 썼다. 마치 이 여자들이 이미 역사적 혹은 신화적 인물이라도 된 것처럼 말이다. 1969년에 이미 소설 한 권과 시집 두 권을 낸 작가였던 마지 피어시, 그리고 점점 유명세를 타기 시작했고 레즈비언 페미니스트로서 대단한 활동가이기도 했던 마사 셸리 둘 다 내게 시를 써 주었다. 식견이 높은 여자들, 진지하고 재능 있는 여자들에게 찬사를 받는다는 것은 정말 근사한 일이었다.

베티 프리단을 비롯한 여자들은 1966년 NOW를 창립했다. 뉴욕시 지부의 창립 소식을 접하자마자 나는 연맹에 가입하여 처음 제안받은 위원회에도 등록했다. 보육 위원회였다. 이 위원회를 이끄는 사람은 예상과는 달리 급진 페미니스트인 티그레이스 앳킨슨이었다. 티그레이스는 아프리카계 미국인 변호사이자 말장난의 귀재였던 플로 케네디와 가깝게 지냈다. 순발력 있게 맞받아치는 말재주가 좋았던 플로는 애정을 담아 나를 여러 별명으로 불렀다. 훗날, 플로와 글로리아 스타이넘은 함께 강연을 하게 됐다.

큰 키에 호리호리한 체격, 금발을 한 티그레이스는 이스트 79번가 아파트에 살았다. 그의 집 거실 벽은 커다란 사진이 점령하고 있었는데, 대각선으로 잘라낸 티그레이스의 결혼식 사진이었다. 그 아파트, 바로 거기에서 나는 일어서서 본격적이고도 열정적인 페미니즘 연설을 했다. 내 자신이 알고 있는지 모르는 것들에 대해 이야기했다. 우리는 더 이상 평범하지 않았다. 우리는 슈퍼히어로들이었다.

나는 NOW 회의에 참석했다. 거기서 케이트 밀럿을 처음 만났다. 커다란 검은 안경테를 걸친 케이트는 지적인 분위기가 풍겼고, 머리는 둥글게 말아 올렸으며, 말할 때 약간 영국식 악센트가 묻어났다. 옥스퍼드 출신이라는 사실을 짐작할 수 있는 대목이었다. 케이트는 약간 소심했고, 애써 겸손하려 들었고, 상당히 매력적이었다. 그리고 기혼자였다. 남편은 목소리가 나긋나긋한 후미오 요시무라라는 일본계 예술가였다.

밸러리 솔라나스가 자비로 출판한《SCUM 선언서》는 분노가 가득 담긴 전투적인 작품이었다. 대담하고도 명석했고, 전투를 부르짖었다. 그는 이 선언서에서 여성들에게 정부를 전복시키고 화폐 체계를 없애고 남성을 제거할 것을 촉구했다. 진짜 미친 선언서였다.

솔라나스는 아동기에 신체적인 학대를 당했고, 15세에는 친족 성폭력을 당했으며, 17세에 출산을 했다. 아이는 빼앗겼다. 그의 일대기는 '연쇄살인을 저지른 최초의 여성'이자 '히치하이킹 하는 창녀'로 알려진 에일린 워노스라는 여자의 삶을 닮았다. (나중에 나는 결국 이 사람의 사건에 관여하게 된다. 249쪽 '유색인 여성은 백인 남성을 정당방위로 죽일 수 있는가'를 보라.)

솔라나스와 에일린 둘 다 제시 제임스[1] 부류의 인물이 됐다. 이들은 범법자이기는 했지만 여성 범법자였고, 영화 속 델마와 루이스의 수준을 훨씬 능가하는 여성 인물이었다. 이들에게 매력을 느낀 수많은 이성애자 및 레즈비언 페미니스트 팬들은 여러 독창적인 영화나 연극, 책, 노래, 오페라와 같은 작품 속에서 그들을 묘사하기도 했다. 학계에서도 이 둘을 다뤘다. 솔라나스의 책은 10여 개 언어로 번역됐다.

솔라나스는 앤디 워홀을 죽이려 했던 여자로도 유명했다. 그는 자신이 쓴 극본 〈엿 먹어라Up Your Ass〉를 워홀이 영화화해 줄 것을 약속했다고 생각했다. 그러나 워홀은 이 영화를 끝내 만들지 않았고, 솔라나스의 머릿속에서 워홀은 자신의 경력을 망친 인간이 되었다. 올랭피아프레스의 모리스 기로디어스가 솔라나스에

---

[1]   미국 서부에서 은행 및 열차 강도, 살인 등을 저질렀던 전설적인 갱단 두목이자 무법자.

게 향후 작품을 출간해 주고 돈도 지급하겠다는 제안을 하자, 솔라나스는 기로디어스가 속임수로 헐값에 자신을 매수하더니 이제는 앞으로 쓸 모든 글까지 소유하려 든다고 판단했다. 어쩌면 앤디 워홀과 함께 자신을 상대로 음모를 꾸미고 있는지도 모르겠다고 생각한 것이다.

1968년 6월 3일, 솔라나스는 기로디어스를 총으로 쏘기로 결심했지만 그를 찾지 못하자 기로디어스 대신 워홀을 쐈다. 정신적으로 병든 여자의 행동이었다. 플로와 티그레이스는 솔라나스를 페미니즘 전투의 상징으로 받아들이고 당장 솔라나스의 편을 들고 나섰다. 그들은 솔라나스가 우리 편이라고 주장했다. 교도소로 면회도 갔다. 플로와 티그레이스 모두 NOW 활동을 했다. 정신질환을 앓는 범죄자를 페미니즘 영웅으로 만들려는 이들의 시도에 베티 프리단은 불 같이 화를 냈다. 베티는 솔라나스를 페미니즘 영웅이 아닌, 남성을 증오하는 미치광이라 판단했다. 그리고 NOW가 남성 살해를 지지하는 것으로 비춰질까 두려워했다.

물론, 솔라나스의 행위는 페미니즘적 의미로 해석될 여지도 있었고, 그 때문에 페미니스트들이 이를 이용하기도 했지만, 사실 솔라나스 본인은 페미니스트가 아니었다. 솔라나스의 행동은 목적이 없었고 비이성적이었다. 그가 대변한 것은 다른 누구도 아닌 오직 자기 자신뿐이었다.

솔라나스는 티그레이스와 플로가 자신을 이용해 유명세를 얻고 있다고 비난했다. 여러 해가 지난 뒤 에일린 역시 자신을 도와주었던 나를 비롯한 사람들을 같은 이유로 비난했다.

티그레이스는 NOW를 탈퇴했고 플로도 연대의 뜻으로 같이 그만뒀다. 플로는 페미니스트당을 창당하고 티그레이스는 10월 17일 운동을 조직했다. 솔라나스는 편집성 조현병 진단을 받아 정신이상 범죄자 수용시설에 3년간 입원했다. 그 후 1988년 샌프란시스코 텐더로인 지구의 어느 호텔 1인실에서 폐렴으로 사망했다.

에일린 워노스 사건에서 제기된 정당방위 문제에 공감했던 나는 처음에는 솔라나스를 지지했다. 그러나 솔라나스가 티그레이스와 플로를 공격하는 것을 본 뒤 나는 베티의 관점을 조금은 더 존중하게 됐다.

베티 프리단은 권력과 지위가 있는 여자들, 그리고 이왕이면 정직하고 권력도 있는 남자와 결혼한 여자들이 페미니즘 운동을 대표해 주기를 바랐다. 베티 프리단은 자신이 보기에 점잖고 합리적인 이 운동에 현실감각도 없는 아둔한 사람이나 혹은 예측 불가능하거나 지나치게 급진적인 사람이 연루된 모양새로 일반인의 눈에 비치기를 원치 않았다.

대학 시절 시몬 드 보부아르의 《제2의 성》을 발견한 나는 이 책을 남몰래 열렬한 마음으로 읽었다. 대학과 대학원에서는 내게 제인 오스틴, 브론테 자매, 콜레트, 조지 엘리엇, 버지니아 울프, 그리고 정신분석학자 카렌 호나이를 읽어야 했지만 유색인종 여성의 저술들에 대해서는 아는 바가 전혀 없었다. 나는 프레데릭 더글러스의 글은 읽었지만 해리엇 앤 제이콥스나 소저너 트루스의 글은 읽지 않았고, 랭스턴 휴스, 리처드 라이트, 랠프 엘리슨의 글은 읽었어도 재발견할 가치가 여전한 조라 닐 허스턴의 글은 읽지 않았다. 나는 그 괴물과의 동거를 선택한 사람이었으니까.

그런 선택을 한 내 자신만을 질책했다. 나는 스스로를 내가 속한 역사와 운명을 공유한 집단의 일원으로 여기지 않았다.

나는 중요한 페미니즘 영웅 빌 베어드에 대해 전혀 알지 못했다. 이 남성이 제기했던 법적 소송들은 여성의 피임권 인정이라는 성과로 이어졌다. 1960년대에 베어드는 낙태 및 피임에 관한 여성의 권리를 위해 싸웠다는 이유로 5개 주에서 여덟 차례 징역형을 받았다. 1972년, 그의 노력은 아이젠스타트 대 베어드 판결로 알려진, 비혼 커플과 싱글 여성을 위한 피임 합법화라는 대법원의 기념비적 판결을 이끌어냈다. 이 소송사건을 통해 확립된 사생활보호 권리의 개념은 1973년 로 대 웨이드 판결부터 시작된 일련의 소송들의 토대가 됐다.

좌파 페미니스트는 계급투쟁의 프리즘을 통해 현실을 본다. 레닌이나 마르크스 정도로 왼쪽이거나 그보다는 약간 오른쪽에 있는 사람들이다. 즉 자본주의 및 사기업에 맹렬히 맞서고, 목적이 수단을 정당화할 수 있다고 믿으며, 큰 정부를 믿기 때문에 스탈린, 마오, 피델의 전체주의 정권 및 고문을 자행했던 거대한 수용소들에 대해서도 그저 유감 표명 수준으로만 비판하고, 현재 상황을 변화시키는 일은 혼란스러울 수도 있다고 인정한다는 뜻이다. 좌파 페미니스트는 모든 여성이 전부 해방되기 전까지는 어떤 여성도 자유롭지 못할 것이고, 부와 기회를 대대적으로 재분배하지 않으면 그저 소수의 여성만이 부패한 체제에 합류하는 선에서 그칠 것이라 믿는다. 이들의 주장에도 일리가 있지만, 대부분 당위에 눈이 먼 나머지 실제 가능성을 보지 못한다.

1967년부터 1975년까지의 시기에 좌파 페미니스트는 가장 창의적인 활동가들이자 이론가들이었다. 가령, 1968년 워싱턴 D.C.에서 있었던 지넷 랭킨 행동단Jeannette Rankin Brigade의 반전 행진 중, 베트남전쟁에 반대하는 급진 페미니스트들은 얼링턴국립묘지까지 장례행렬을 이끌었다. 헤어롤을 주렁주렁 단 '전통적 여성상'을 한 금발 인형의 장례행렬이었다.

특히 《성의 변증법》을 쓴 활동가 슐리 파이어스톤, 케이시 새러차일드, 앤 포러, 캐럴 하니시 등은 당시 전설적인 단체였던 '레드스타킹스'와 '뉴욕래디컬위민'의 일원이었다. 이들은 정기적으로 모임을 가지며 '의식 고양'이라 이름 붙인 활동에 관한 지침을 책자로 펴냈다.

캐럴 하니시는 페미니즘 혁명에 골몰한 열정적인 활동가 단체인 레드스타킹스의 설립자였다. 하니시에게는 상당히 관심을 끄는 아이디어가 있었는데, 그것은 바로 1968년 9월 미스아메리카 선발대회가 열리는 애틀랜틱 시티에서 카니발 같은 시각적으로 독특한 시위를 조직하거나 동참할 페미니스트 수백 명을 모아 보자는 것이었다. 나는 당시 그 자리에 없었지만 거기 있던 내가 아는 여자들—재키 세발로스, 루신다 시슬러, 플로 케네디, 케이트 밀릿, 로빈 모건, 캐시 새러차일드, 앨릭스 케이츠 슐먼 등—이 그 소식을 내게 알려줬다.

여러분이 알아 둬야 할 이름들을 내가 지금 읊고 있는 이유는, 이 행사는 실제로 일어났고 또 중요한 일이었기 때문이다. 시간이 흐르면서 이 이름들 일부는 하나둘씩 사라지거나 그냥 잊혀졌다. 그 당시 내 상상력에 불을 붙여 준 사람들은 바로 이 여성들이었다.

400여 명의 페미니스트가 이런 팻말들을 들었다. '미스아메리카 소 경매에 오신 여러분을 환영합니다.' '여자는 사람이지 가축이 아니다.' '억압당한 우리의 상처를 화장으로 감출 수 있는가?' '모든 여성은 아름답다.' 이들은 남성 기자들의 인터뷰에는 응하지 않았다. 이는 몇몇 여성 저널리스트의 경력을 도약시키는 계기가 됐다. 이 페미니스트들은 브라를 태우지 않았다(당국이 무언가를 불태우는 것을 허락할 리 없었고, 산책로도 나무로 돼 있었다.)

그 대신 브래지어, 거들, 립스틱, 헤어롤 같은 물건들을 '자유의 쓰레기통'에 던져 넣었다. 그리고 살아 있는 양의 머리에 왕관을 씌웠다. 발코니에 들어갈 수 있는 티켓이 있었던 페기 도빈스를 비롯한 몇몇은 발코니에서 여성 해방이라는 문구가 적힌 현수막을 펼쳐 들었다. 산책로를 지나던 남자들은 비웃고 밀치고 가고 빤히 쳐다보고 주변을 서성거리며 대체로 부정적인 반응을 보였다. 엄청난 경찰 병력이 동원됐고, 취재 열기도 상당했다.

대다수의 시위 참가자들은 민권 운동과 반전 운동 등 여타 좌파 운동으로부터 나왔다. 한 달 뒤, 지옥에서 온 국제 여성테러음모단Women's International Terrorist Conspiracy from Hell은 월스트리트에 저주를 내렸다. 당시 시위에서 찍힌 로스 박산달의 사진 몇 장을 본 적 있다. 로스 역시 나와 마찬가지로 활동가이자 야심 있는 학자였다. 몇 년 뒤 나는 로스에게 편지를 보내 올드 웨스트베리의 뉴욕주립대학교에서 석학교수로서 자리 잡을 수 있도록 돕겠다고 했다.

1969년에는 1년간 모임을 가져 왔던 페미니스트 심리학자들이 여성심리학회를 공동 창립했다. 나도 그중 한 명이었다. 나는 나오미 웨이스타인과 호텔방을 같이 쓰게 됐다. 당시 나는 키가 164센티미터 정도 됐고, 나오미는 훨씬 작았다. 1968년에 나오미는 〈과학법칙처럼 여겨지는 아동, 부엌, 교회: 심리학이 여성적인 것을 구성하다Kinder, Küche, Kirche as Scientific Law: Psychology Constructs the Female〉라는 에세이를 출간했다. 그리고 여성들을 대상으로 여성의 몸 그리고 마르크스주의에 대해 기초부터 가르치는 단체였던 시카고여성해방연합Chicago Women's Liberation Union의 공동창립자이기도 했다. 우리는 페미니즘을 논했다. 하지만 늦은 밤이 되자 어쩐지 좀 수줍게 서로를 바라보기 시작했다.

나는 나오미에게 "당신이 그 ……의 나오미죠?" 하고 묻고는 《사이언스》에 게재된 그의 논문 하나를 인용하자, 나오미는 "당신은 ……의 체슬러죠?" 하고 되물었다. 그리고 마찬가지로《사이언스》에 게재된 내 논문 하나를 언급했다.

우리 둘 다 뇌 연구를 하고 있었지만 접근방식은 서로 달랐다. 호텔방에는 우리 둘 뿐이었는데도 우리는 주위를 둘러봤다. 빅 시스터가 듣고 있을지도 모른다는 두려움에서였다. 우리는 거의 동시에 물었다. "우리 뇌 연구 이야기 좀 해도 괜찮겠죠?" 그러고는 웃으며 각자의 연구 이야기를 나눴다.

나오미는 심리학자이자 세계적인 과학자였다. 그에 비하면 나는 생리심리학에 매력을 느껴 이제 막 발을 들인 사람에 불과했고, 첨단분야 연구소에서 일하며 의대 연구원 자격으로 있는 상태였다. 그런 가운데서도, 관찰을 통한 학습의 전기생리학적 상관관계—의식의 갑작스러운 깨달음의 순간aha moment—에 대해 기록하는 작업을 해 왔다.

사실 나오미는 그냥 보통의 심리학자가 아니었다. 작지만 터프한 코미디언이었고 시카고여성해방록밴드Chicago Women's Liberation Rock Band의 창립 멤버 중 한 명이기도 했다. 나오미는 여자들로만 구성되어 "그 누구의 비위도 맞춰주지 않는" 노래를 부르는, 거침없고 공격적인 아지트록agit-rock 밴드를 원했다. 그는 남성 로커들이 부르는 노래의 가사들은 "우리 여자들이 평생 얻고자 하는 것은 결국 남성의 학대라는 과장된 개념이 바탕에 깔린, 일종의 문화적 융단폭격"이라 간주했다. 얼마 지나지 않아, 록음악에 맞춰 춤추기를 즐기면서도 자신들을 업신여기는 가사에 불쾌함을 느꼈던 일부 여성들은 자신들만의 정치적 지향이 있는 록밴드를 꾸렸다.

그렇다, 우리에게는 너무 일찍 타올라 버린 위대한 재니스 조플린이 있었다. 하지만 그의 가사는 페미니즘과는 무관했다. 그는 블루스를 록 스타일로 소화했고 노래에서든 실제 삶에서든 자신을 거부하는 남자들을 계속 사랑했다. 우리에게는 터프하고 도도하고 자신감 넘치는 흑인 여성 블루스 가수들이 있었지만— 우리에게는 아레사가 있었다! 니나 시몬도 있었다!—터프한 백인 여자가수는 한 명도 없었다.

시카고 그리고 뉴헤이븐여성해방록밴드는 미국 전역 곳곳에서 공연했다. 그들은 가는 곳마다 관객들로부터 '거대한 황홀경massive euphoria'(나오미의 표현이다)을 이끌어 냈다. 여자들은 노래를 따라부르고, 손뼉을 치고, 눈물을 흘리고, 웃음을 터뜨리고, 밴드에게 계속 노래를 불러 달라고 요청하곤 했다. 때로는 웃옷을 전부 벗어던지고 다같이 둥글게 돌며 춤을 추기도 했다. 고등학교 시절 내내 나는 개인 성악 지도를 받았고 밴드에서 노래를 불렀었다. 브루클린에서 닐 세다카와 함께 즉흥 협연을 했고 대학에서는 오페라를 공부했다. 나는 음악이 정말 좋았다. 블루스, 재즈, 두왑, 가스펠, 포크, 브로드웨이, 오페라를 특히 좋아했고, 지금도 여전하다. 영광스럽게도 시카고여성해방록밴드와 즉흥 공연을 함께 한 적이 있다. 어찌나 황홀하고 짜릿하던지!

나는 지금 1970년대 초 이야기를 하고 있다. 그런 음악과 그런 밴드는 난생처음 보던 시절이었다. '비서' '낙태의 노래' '마녀 자매' '결혼 안 할 거야' '아빠' '산을 옮기는 날' 같은 제목의 노래들도 등장했다. 릭스 도브킨('라벤더 제인은 여자들을 사랑하네Lavender Jane Loves Women'), 마지 애덤('우리는 전진하리라We Shall Go Forth', 1977년 휴스턴에서 열린 전미여성회의에서 직접 부름), 홀리 니어('내 놀란 마음을 상상해 봐요Imagine My Surprise'), 크리스 윌리엄슨('바꾸는 자와 바뀌는 자들The Changer and the Changed') 등이 우리의 심장을 뒤흔들었다.

여성 친화적이고, 당차고, 갈수록 정신적인 성격을 띠는 그들의 사운드트랙에 맞춰 우리는 노래를 따라 부르고, 춤을 추고, 사랑을 나눴으며, 정치 혁명에 동참했다. 여자들은 각자 예술가, 배우, 코미디언, 감독, 극작가로서 자기 경험의 온전한 주인이 되어 그 경험들을 공유했다. 로이스 위버, 페기 쇼, 뎁 마골린 등이 창단한 스플릿 브릿치스의 작업을 직접 돕기도 했다. 스플릿 브릿치스나 메두사스 리벤지 같은 레즈비언 극단이 여전히 기억에 남는다.

그들은 유쾌하고 과감하며 유별난 사람들이었고, 각자의 일을 똑부러지게 잘했다. 로이스는 극도로 여성스러운 역할을 맡고 페기는 극도로 부치스러운 역할을 맡았으며, 뎁은 우주 최강으로 웃긴 코미디언이자 극작가였다. 이들 덕분에 우리는 심각한 문제들을 두고도 웃을 수 있었고(〈죽이는 여자Women Who Kill〉) 식민지시대 레즈비언의 사랑 이야기에 울 수 있었다(이저벨 밀러의 1969년 소설이 원작인 〈페이션스와 세라Patience and Sarah〉).

그 시절을 살아냈던 이들이 아니면 그 음악가들과 배우들이 우리에게 얼마나 중요했고, 그들의 음악과 연극이 우리의 꿈을 어떤 식으로 표현했으며, 어떻게 또 자유를 향한 길 위에서 큰 용기를 북돋워 주는 가장 진실한 벗이 되었는지 잘 모른다. 이 작곡가, 가수, 배우들은 맞서 싸우는 여자들이었다. 이들의 익살은 타인의 눈에 비치는 자신들의 모습을 스스로 비하하거나 폄하하는 방식에 바탕을 두지 않았다. 이들의 아이디어는 용기와 사랑이 가득했으며, 우리에게 영감을 불어넣었다. 그리고 계속 진화하고 있는 우리의 자아를 다시 비추며 격려했다.

내가 저널리스트 비비언 고닉을 만난 것은 그가 1969년 11월 《빌리지 보이스》에 실렸던 중요한 글 〈역사의 다음 위대한 순간은 그들의 것이다The Next Great Moment in History is Theirs〉와 관련하여 나를 인터뷰하는 자리에서였다. 우리는 죽이 잘 맞아 서로에 대해서 아무것도 모르면서 금세 친구가 됐다. 문학과 언어에 대한 상대방의 애정을 발견하고 즐거움을 느끼는 것만으로 충분했다. 흥분한 페미니스트들은 늘 그런 식으로 페미니즘에 기반한 우정을 싹틔웠다.

나는 맨해튼 1번가에 있는 비비언의 아파트에서 그와 첫 페미니즘 문학 살롱을 주최했고, 그 후 웨스트빌리지의 내 아파트에서 또 다른 모임도 시작했다. 비비언은 곧 유명세를 타게 된 자기 글의 일부 핵심 내용은 내게 배운 것이라며 공을 돌리기도 했다.

〈빵과 장미〉〈신여성: 여성해방에 관한 영감이 되는 선집The New Woman: A Motive Anthology on Women's Liberation〉〈여성해방운동의 문제점들Problems of Women's Lib〉〈레드스타킹스 선언Redstockings Manifesto〉〈여성: 참고문헌Women: A Bibliography〉〈여성해방운동을 향하여Toward A Female Liberation Movement〉〈첫 해의 기록Notes from the First Year〉〈두 번째 해의 기록: 여성해방Notes from the Second Year: Women's Liberation〉 등 독보적인 글들이 1968년과 1969년에 집중적으로 쏟아졌다. 나는 매일같이 폭발적으로 쏟아져 나오는 글에 취해 있었다.

슐리는 사랑에 빠지는 것은 질병이나 마찬가지라고 분석했다. 덕분에 나는 크게 웃었다. 나는 욕정에 쉽게 빠져들었고 또 금세 빠져나왔다. 슐리의 대담한 분석이 이상하게도 위안이 됐다. 그것은 온갖 동화와 영화 속 여자 주인공의 결말이 왕자와의 결혼 또는 죽음 중 하나였던 것을 해체해 버리는 관점이었다.

앤 코엣은 질 오르가슴 신화를 폭파한 인물이다. 이제 페미니스트들은 질 오르가슴을 느끼려 애쓰지 않았다. 질 오르가슴을 느끼지 못해도 자책하지 않게 되었다. 대신 쾌감의 근원지인 클리토리스에 관심을 집중하기 시작했다. 일찍부터 나는 내가 가르치는 학생들에게 집에 가서 그런 연습을 해 보도록 권했다.

'거의 모든 집안일을 여자들이 하고 있다'는 팻 마이나르디의 기록은 우리를 대변한 것이었다. 심지어 남편들보다 우리의 소득이 더 크더라도 집안일을 전담하다시피 했는데, 이에 대해 우리는 불평을 하거나 남편에게 싫은 소리를 하지도 못하고 그저 계속하는 수밖에 없다고 지적했다. 한편, 프랜시스 빌과 베벌리 존스는 흑인이면서 동시에 여성일 경우 빠지게 되는 '이중의 위험'에 대해 설명했다.

로빈 모건이 편집한 선집《자매애는 강하다Sisterhood Is Powerful》는 1970에 출간됐다. 1970년 이후 기사, 팸플릿, 등사물, 문집, 주석 달린 문헌 등의 형태로 등장하기 시작했던 초기 페미니즘 저작물들을 한데 모은 야심 찬 시도였다.

잡지《미즈》는 그로부터 2년 뒤인 1972년에 등장했다. 어쩌면 나 자체가 여성이 자기 자신을 해방시키려면 무엇이 필요한가에 관한 사례 연구인지도 모르겠다. 내가 비로소 가학적인 남자친구(그 괴물)를 떠날 수 있게 된 것은 페미니즘적 사상들과 멋있는 페미니스트 활동가들이 주변에 모여들고, 학위 과정을 마치고, 괜찮은 일자리를 잡고 그리고 나만의 공간을 임대할 경제적 여력이 생긴 뒤였다.

내가 그 괴물을 떠난 것은 정말로 박사학위를 취득한 바로 다음 날이었다. 나는 웨스트빌리지의 13번가에 있는 아파트를 찾았다. 그해 가을에 나는 조교수로 일을 시작할 예정이었다. 놀랍게도 그 괴물이 나를 찾아냈다. 그는 격분하여 부들부들 떨고 있었고, 자신의 특별한 숟가락 하나를 훔쳐 갔다며 나를 고발했다.

아무 데서도 그 숟가락을 찾을 수 없다고 했다. 나는 그를 집에 들여 찾아보라고 한 뒤 이제 나가라고 말했다. 그를 내보내고

문을 닫은 뒤 나는 내 인생의 그 부분에 대해서도 문을 닫았다.

미국 전역의 주요 도시마다 매일 밤낮으로 무엇인가 변화가 일고 있었다. 어떤 특정 사건—낙태에 대한 공개 발언—이 반향을 일으키리라는 것을 나는 직감했다.

낙태는 우리가 꺼내지 않는 주제였지만, 내가 아는 여자들은 모두 낙태 경험이 있었다. 내가 처음 낙태를 한 것은 아직 바드에서 학교를 다니던 19세 무렵이었다. 나는 혹시라도 죽을까 봐 겁이 났지만 펜실베이니아 애실랜드의 유명한 로버트 더글러스 스펜서 박사에게 진료받기로 예약을 했다. 그러나 병원에 도착했을 때 그는 이미 자리를 뜨고 없었다. 끊임없이 뒤를 쫓는 당국보다 한발 앞서 도망친 것이다. 나는 내 운명을 가늠해 보며 망연자실한 채 근처 공원 그네에 앉아 있었다. 날 도와줄 다른 사람을 찾아야 했다. 사실 그가 의사인지도 확실하지 않았다. 마취제도 쓰지 않았고 처치는 견딜 수 없이 고통스러웠다. 나는 섹스는 해 놓고 임신은 거부한 벌을 받는 중이었다.

두 번째 낙태는 카불에서 돌아온 뒤였다. 어머니의 주치의는 내가 앓는 정도를 봤을 때 분만 예정일까지 무사히 아이를 품고 있지 못할 거라고 잘라 말했다. 인공 유산 방식으로 낙태를 했다. 상당히 고통스러웠다. 두 번의 낙태 모두 그 아프가니스탄 남자와의 관계로 인한 결과였다.

1969년 3월, 레드스타킹스는 워싱턴스퀘어 연합감리교회에서 낙태를 페미니즘의 관점에서 발언하는 자리를 마련했다. 이 행사는 수많은 이들의 삶과 법을 바꿔놓았고, 글로리아 스타이넘을 비롯한 많은 저널리스트에게 영감을 주었다. 뉴욕에서 활동하던 급진 페미니스트 노린 코넬과 커샌드라 윌슨은 당시 행사를 이렇게 묘사했다.

12명의 여성이 의식 고양 기법을 이용하여 본인의 개인적 경험을 바탕으로 낙태에 관해 '증언'했다. 남녀 청중 300명 앞에서 말이다. 그날 저녁의 메시지는 '원치 않는 임신과 낙태에 있어 진정한 전문가는 오직 여자들뿐이며, 모든 여성에게는 아이를 낳을지 말지 스스로 판단할 고유한 권리가 있다는 것이었다.

내가 페미니스트가 되자마자 했던 활동은 여성들의 낙태를 돕는 일이었다. 나는 운동을 하면서 만난 친구 중 가장 오래된 바버라 존스와 함께 지하철 노선을 기준으로 있는 병원과 의사들에게 여자들을 보냈다. 부유한 여자들은 카리브해 연안 지역이나 유럽으로 갔지만, 가난한 여자들은 조금이라도 싼 곳을 찾아내 뒷골목에서 불법 낙태를 '견뎌 냈다.'

시카고의 페미니스트 비밀 낙태 조직은 '제인'이라는 이름으로 알려져 있었다. 그곳에서 여자들은 낙태를 위한 기금을 모았고, 그곳 의사들은 하도 과로한 나머지 이들에게 직접 낙태 시술 방법을 가르쳐 주기도 했다. 그곳에서의 낙태는 그야말로 첩보 작전 같아서, 발각당해 체포되는 사태를 방지하기 위해 여자들은 이집 저집 옮겨 다니며 시술을 받았다.

종교적 근본주의자들은 1973년 대법원이 로 대 웨이드 사건을 판결하던 순간부터 낙태 합법화에 반대하며 극렬히 맞섰다. 처음에 이 근본주의자들은 낙태 합법화에 찬성하는 여성들에게 망신을 주고 지지 세력을 끌어모으기 위해 전체주의적인 언어를 동원했다. 이들은 자신들의 낙태 반대 관점을 반여성이 아닌 '생명 지향' 관점으로 포장했다. 그런 다음 지지자들과 함께 낙태 시술을 한 의사들은 희롱하고 스토킹하거나 협박하고 심지어는 살해하기까지 했다. 병원에 화염병을 던지기도 했다. 생명을 지향한다면서 폭력을 자행하는 것이 자기네가 내세우는 이미지에 맞지는 않았으므로 곧 이 근본주의자들은 다른 방법을 찾았다. 각 주별 입법을 조금씩 방해하기 시작하여, 빈곤층 여성, 특히 농촌지역이나 소도시 여성 수백만 명이 낮은 비용으로는 괜찮은 수준의 낙태를 받지 못하게 만들어 버렸다.

지금까지도 몇몇 교회에서는 정기적으로 시위자들을 병원에 보낸다. 그들은 병원에서 "유아 살해자"라든가 "평생 이 일을 후회할 것이다"라고 외치며 내원하는 환자들을 괴롭힌다. 심각한 질환이 있는 태아를 임신하지 않기로 선택한 여성, 이미 자녀가 다섯이 있어서 아이를 또 낳아 기를 형편이 안 되는 엄마, 암 때문에 방사선 치료가 필요해 주치의에게 낙태 권고를 받은 여성, 강간으로 임신한 피해자, 아이를 낳아 기르면서 전일제 노동으로 여력이 없고 대학 진학 가능성도 있는 청년 여성, 이런 여성에게는 의학적 임신중절이 필요하다. 사실 구체적 이유가 무엇인지는 중요하지 않음에도 이 시위자들은 여성들이 병원으로 향할 때마다 신체 위협과 언어 공격을 가했다. 낙태 반대 활동가들은 거짓 광고로 여자들을 속여 교회 중심의 입양 서비스와 약속을 잡고는 해당 서비스를 통해 여자들이 임신을 끝까지 유지해 출산한 뒤 아이를 포기하게 설득하려 애썼다. 생모들은 대개 이런 일을 한

뉴욕 맨해튼에서 열린 낙태 권리 항의를 위한 시민 불복종 시위.
내 아들 아리엘, 멀 호프먼, 랍비 밸푸어 브리크너가 참여했다.

자기 자신과 화해하기가 힘들다거나 입양된 아이들은 다른 아이들에 비해 심각한 정신의학적 문제를 겪을 위험이 훨씬 더 높다는 사실을 근본주의자들은 여성들에게 말해 주지 않는다.

미국 최대 규모의 낙태 시술 병원인 초이시스 여성병원을 소유하고 있는 친한 친구 멀 호프먼이 내게 자주 하는 말이 있다. "낙태는 또 하나의 내전이라고들 하지. 실제로 그래."

미국 전역의 여성들은 무아지경 상태였다. 이들은 '숭고한 자매애'를 경험하는 데는 단 한 번의 공개 발언, 단 한 번의 행진, 단 하나의 의식 고양 집단이면 충분하다고 주장했다.

'개인적인 것이 곧 정치적인 것이다'라는 개념 덕분에 여자들은 어쩌면 사소한 것으로 치부됐을 불행들을 공유할 수 있었다. 우리는 모두 엇비슷하게 억압당했고 그것은 우리 잘못이 아니었음을 이해하게 됐다. 남편과 똑같이 10시간 동안 일을 하고 돌아와서도 집안일을 혼자 해야 하는 것은 부당하며, 우리의 권태와 쓰라린 마음은 이해받을 것이지, 우리가 모자라거나 이상하다는 증거가 아니었다.

그리고 집단들이 생겨났다가 다시 갈라지곤 한다는 것, 생각하는 여자들은 상대의 견해를 굉장히 진지하게 받아들인다는 것, 심각한 이견이 있는 경우에는 그 의견 자체를 각각의 개인보다 우선시한다는 사실도 나는 잘 알고 있었다. 레즈비언들은 레즈비언들끼리만 모이고 있었는데, 그런 모임 역시 곧 와해되었다. 정확한 이유는 지금도 모르겠다.

앞에서도 언급했듯이, 페미니스트들은 자신들의 운동을 혁명으로 볼 것인가 개혁으로 볼 것인가, 가부장제를 가차 없이 전복시킬 것인가 점진적으로 변화시킬 것인가, 레즈비언은 유일한 진짜 페미니스트인가, 이성애자 개혁가들의 노력을 망치는 남성혐오자인가, 인종 차별 문제를 어떻게 볼 것인가를 두고 상당한 갈등을 빚었다. 페미니스트들은 이 모든 싸움을 정치적 차이로서가 아니라 개인적 공격으로 경험했고, 많은 이들이 그 공격의 여파에서 헤어 나오지 못했다.

당시 나는 한 정신분석연구소에서 시간제로 치료 업무를 하고 있었다. 동시에 페미니즘 강의를 시작했고, 여성 심리 연구도 시작한 상황이었다. 1969년에는 스태튼 아일랜드에 있는 뉴욕시립대학교City University of New York(CUNY) 산하의 리치먼드대학 심리학과에서 조교수로 일을 시작했다. 첫해 내 연봉은 11,000달러였다. 당시 나는 엄청난 거금이라고 생각했다. 그곳 캠퍼스는

CUNY의 급진적인 구역으로도 유명했다. 나는 세 개의 강의를 맡아 학생들의 성적을 매기고 상담을 했으며, 교수 회의에도 참석했고 맨해튼에서 통근하느라 매일 편도에만 한 시간씩 썼다. 그래도 상관없었다. 나는 그 페리가 좋았다. 페리에서는 책을 읽었다. 스칸디나비아나 그리스 인근 바다를 다니는 배에 타고 있다고 상상하면서.

나는 당시 심리학과 최초이자 유일한 여성 교수였다. 1960년대와 70년대의 CUNY는 남자들이 장악하고 있었다. 총장을 비롯해 부하 직원 열여섯 명도 전부 남자였다. CUNY의 남성 학장은 아흔네 명, 여성 학장은 다섯 명이었다. 도서관장은 열다섯 명 가운데 열세 명이 남자였다. 여성 정교수나 부교수는 거의 없었다. 반면 비서는 전원 여성이었다. 여자들 대부분은 열등한 지위를 당연한 것으로 받아들이고 이에 저항하지 않았다. 어쨌든 일자리를 가진 것만으로도 감사히 여겼다. 여자들은 자신이 차별받고 있다는 생각조차 하지 못했다.

나는 CUNY에서의 하루하루가 얼마나 고통스럽고 불안했는지 잊으려 애썼다. 그러나 이 회고록을 쓰면서 그 시절을 기억하고 다시 겪어 내야 했다. 그 시절을 극복하기 위해서 나는 무엇이든 했다. 다른 여성들이 그랬듯, 불안정한 일자리를 가지고 살아가는 법을 배웠다. 이전까지는 남성이 독차지했던 일자리를 얻을 내 권리에 대한 끊임없는 도전을 받았고, 매일 같이 성차별을 겪었으며, 내 전문 분야에서의 성과에 대해 온갖 모욕과 멸시, 혹은 철저한 무관심, 심지어는 적대감을 겪었다. 또 마녀사냥과 성희롱을 일상적으로 당했으며, 결국에는 임신했다는 이유로 경제적, 사회적 징계를 받았다. 나는 어떤 선택의 여지도 없었다. 적대적인 환경에서 일하는 데 익숙해지는 수밖에.

당시만 해도(지금으로부터 그리 오래되지 않은 시점이다) 가부장적 질서에 편입된 학계에서는 비서직이 아닌 다른 직종에서 일하는 여성을 위험한 존재로 보았다. 우리는 업무적으로 괴롭힘을 당했다. 남성 다수의 반감과 공격의 대상이 됐고, 외모로 평가받았으며, '여성해방 지지자'인지 감별을 당했다.

남성 동료들은 내가 앞으로 승진하거나 종신 재직권인 테뉴어를 받을 수 있을지 결정하는 자리에 있었다. 그들은 여성에 관한 내 연구가 뇌에 관한 연구에 비해 중요도가 떨어진다고 말했다. 내가 고용된 지 3개월 반 만에 있었던 학과 회의에서 학과장이 다정한 말투로 말했다.

"비서들에게 줄 크리스마스 선물을 고르는 일은 선생님 뜻에 따를게요. 어떻습니까?"

그가 누굴 보고 이야기하나 싶어 주변을 슬쩍 봤다. 나였다.

"아, 저는 쇼핑하러 다니는 해맑고 귀여운 사람이 못 돼서요. 죄송해요."

나 역시 다정하고도 미안한 듯한 말투로 대답했다. 이 일은 내게 좋을 게 없었다. 학계 사람들이 그토록 맹렬히 싸웠던 이유는 자신의 몫이 너무 작기 때문이다. 이런 싸움은 여자들뿐 아니라 남자들끼리도 겨냥한다.

한번은 남성 동료 한 명과 같이 엘리베이터를 탄 적이 있었다. 얼마 전에 전미문학상을 수상한 동료였다. 그에게 진심으로 축하를 건넸다. 그러자 그가 울기 시작했다.

"제가 뭔가 기분 상하는 말을 했나요?"

"아뇨. 캠퍼스에서 제 성과를 인정해 준 사람은 당신이 처음이자 마지막이라서요."

이걸 어떻게 받아들여야 하나? 이렇게 이해해 보자. 교수들은 대개 질투심 많은 집단이다. 그들은 자기 스스로가 형편없어 보일까 봐 진정한 재능이나 외부의 인정을 경시한다.

하지만 교수들이 전부 그렇지는 않았다. 당시 내 가장 소중한 동맹은 바버라 존스였다. 그는 괴물이라 불리는 어떤 남자와 결혼한 적이 있었다. 바버라는 굉장히 유능한 여성이었다. 앞서 언급했듯이, 우리는 여성들이 낙태 시술을 받을 수 있게 도왔다. 웨스트 14번가 근처 무료 학교에서 수업을 하고 혁명을 계획하기도 했다. 바버라는 환각제의 일종인 LSD를 복용했고, 어린 아들이 둘 있었으며, 베드포드스트리트의 코뮌에서 살았다. 그는 대학원에서 인류학 박사학위를 받은 뒤 캘리포니아에서 대학의 한 학과와 박물관 하나를 운영했다. 유엔에서 같이 일하자고 내가 몇 차례 권유한 적도 있었다. 우리는 지금도 친한 사이다.

1970년 그레이트넥의 롱아일랜드포럼에서 바버라와 나는 동시대 페미니즘에 관해 끝내주는 강연을 했다. 처음으로 일반 성인을 대상으로 했던 이 강연은 강연장이 미어터질 만큼 많은 사람이 찾았고, 우리는 열렬한 박수갈채를 받았다. 지역 신문에도 소식이 실렸다. 이 강연을 계기로 새러로렌스대학교의 에이미 스워드로 교수는 페미니스트가 되었다고 고백하기도 했다.

강연에는 어머니도 참석했는데, 강연이 끝나고 어머니는 이렇게 말했다.

"별로 좋아 보이지 않더라. 닥터(의사)를 찾아가 보는 게 어떻겠니."

"바로 내가 닥터(박사)예요." 내가 대답하자 어머니는 이렇게 말했다.

"체슬러, 우리가 모든 생각이 다 맞을 순 없겠지. 하지만 그런 얘기를 그렇게 떠들어 대면 누가 너랑 결혼하려 들겠니?"

내가 남자들을 혐오한다고 누군가가 지적을 할 때마다 나는 웃음을 터뜨렸다. 그게 사실이라면 얼마나 좋겠나! 그렇다면 나는 선동적인 열혈 페미니스트가 됐을 텐데. 하지만 나는 남자 중독에 가까운 상태였다. 음, 그런데 그게 뭐가 잘못되었단 말인가? 언젠가 레즈비언이자 페미니스트인 한 친구가 이렇게 단언한 적이 있다.

"체슬러, 네가 남자들과 자는 이유는 여자들과의 잠자리가 너무 두렵기 때문이야."

"나는 남자들한테 끌린다고. 이건 화학 작용 같은 거야."

내가 사랑을 갈구한다고 생각했을지도 모르겠다. 헌신할 줄 모르는 남자들만 고르는 걸로 보였을 테니까. 물론 그것은 사실이었다. 페미니즘과 해방 투쟁, 책 쓰는 데 헌신해야 했으므로 남자 고르기로 시간 낭비할 수는 없었기 때문이다. 나는 그저 구하기 쉬운 남자들을 찾았을 뿐이었다.

나는 모든 면에서 정치적으로 올바르지 않았고, 지금도 그렇다.

*

재능 있는 여성을 공격하다

의식 고양 모임은 서로 초면이거나 집회 현장에서 잠깐 본 정도였던 여자들 7~10명으로 구성됐다. 누구나 제약 없이 가입이 가능했다. 치료를 위한 집단은 아니었다. 우리는 개인적인 문제들을 해결하고자 모인 것이 아니었으니까. 여성들 자신이 억압받고 있다는 사실을 인정함으로써 어떤 식으로든 정치적 활동에 참여할 수 있도록 돕는 것이 모임의 목적이었다.

한 사람이 신경을 곤두세운 채 쉬지 않고 말을 해 버리면 다른 사람들은 거의 말을 할 수가 없으므로, 모든 구성원에게 한 번씩 기회가 돌아가기 전까지는 각자 한 번만 발언할 수 있게 했다. 이야기가 한 바퀴 돌 때까지 본인의 경험에 대해서만 이야기했다. 조언은 되도록 삼갔고, 다른 사람의 이야기를 비판하지 않았으며, 절대 상대의 말을 끊지 않았다. 리더는 따로 두지 않는 것을 원칙으로 했다.

이야기 주제로는 어린 시절 겪었던 성별 분리 교육, 자기 부모의 유형, 가족 내에서 여아 교육을 중시했는지 여부, 성인이 된 이후 각자의 성적 경험, 자위 방법을 알았는지 여부(여성 대부분은 알지 못했으므로), 오르가슴 경험 여부(이 역시 여성 대부분은 경험하지 못했다), 강간, 낙태, 결혼, 남성과의 동거 여부 등이었다. 자녀가 있는지, 있다면 육아와 집안일을 도와주는 사람은 있는지, 다른 여성에게 끌렸던 적이 있는지, 직업이 있는 상태인지, 있다면 단순한 일자리인지 아니면 전문직인지 등에 대해서도 이야기를 나눴다.

새로운 모임은 계속 생겨났다가 흩어졌다. 사회주의자들은 다른 사회주의자들을 선택했다. 출판계 여성들은 출판계 여성들을 더 좋아했고, 레즈비언들은 레즈비언들로만 구성된 모임을 더 편안해했다. 이런 의식 고양 모임들은 수많은 여성을 현실에 눈 뜨게 했다. 이 모임들이 있기 전까지 우리 대부분은 우리 자신이 억압당하고 있고 경제적, 정치적, 법적, 성적, 사회적으로 차별받고 있다는 사실을 잘 알지 못했다.

그러나 의식 고양 모임의 일원들 중에는 성공한 여성들 혹은 단지 말을 잘하는 여성들에게 곱지 않은 시선을 보내는 이들도 있었다. 당시 나는 이 사실을 몰랐기에 모임에 그저 열성적으로 참여했다. 모임에는 아는 사람이 한 명도 없었다. 구성원은 여성 예닐곱 명이었는데 생활 환경이나 재능이 각기 천차만별이었다.

한번은 내가 7분을 지각했다. 이는 중죄였다. 여자들의 시간을 존중하지 않는다는 뜻이었으니까.

"본인이 특별한 줄 아나 본데, 당신 특별한 사람 아니에요."

"당신이나 우리나 똑같아요. 늦게 오는 건 용납 안 됩니다. 우리 모임의 원칙 중 하나라는 거 알아 두세요."

그러자 한 번도 따로 이야기 나눈 적 없었던 마지 피어시가 순간 갑자기 끼어들어 처벌을 중단시켰다.

"체슬러는 여성들이 살아갈 세상을 완전히 바꿔 버릴 책을 쓰고 있어요. 게다가 온종일 학생들을 가르치고요. 너무 그렇게 몰아붙이지 말죠?"

나는 이 여자가 너무 좋았다. 그 일 이후로 마지와 나는 몰래 따로 만났다. 하지만 이 모임에 수녀원의 규칙이랄지 마오쩌둥식 규칙같은 것들이 적용되는 것 같기도 해서 우리가 이렇게 만나도 되는 것인지에 대해 확신을 갖지 못했다. 아마도 집단적 연대에 도움이 되지 않는다는 이유에서 '사적 관계'는 금지였을 것이다. 마지는 우리의 우정에 대해 〈상호헌신으로 가는 덜컹거리는 길 The Bumpity Road to Mutual Devotion〉이라는 시를 한 편 썼다. 나는 여름에 시골집을 한 채 빌리자고 의식 고양 모임에 제안했고, 이 계획을 실행에 옮겨 뉴욕 힐스데일에 집을 하나 빌렸다. 멤버들은 남자친구와 더 좋은 구체적인 계획이 생길 가능성을 열어 둔 눈치였다.

다들 완벽한 남자가 제안하는 여름휴가 계획 같은 것은 생기지 않았고, 내가 빌린 그 집에 여자들이 하나둘씩 들어왔다. 나는 그들에게 말했다. "부탁하는데 저에게 요리를 해 주거나 하지 마세요. 계획을 짤 때 저를 포함하지도 마시고요. 저는 저만 챙길 겁니다." 나는 서재로 들어가 문을 닫고 글을 썼다.

저녁 즈음이 되면 누군가가 꼭 음식이 담긴 접시를 가지고 들어와 책상에 쾅 내려놓고 나갔다. 간혹 노크한 뒤 까칠한 목소리로 "저녁 준비됐는데, 방에서 드실래요, 아니면 여기로 나와서 우리랑 같이 드실래요?" 하고 묻는 이도 있었다. 마지는 거기 없었기 때문에 나는 늘 혼자였다.

나는 오직 글 쓰는 데 집중했다. 여름 동안 자매들 모임에 끼지 않고, 쇼핑, 요리, 정원 가꾸기, 꽃 꺾기 등 유대를 다지는 활동에도 참여하지 않았다. 그러다 보니 그들은 화가 나 있었고, 나를 엘리트주의자로 생각했으며, 나를 남자 취급했다.

이 모임의 많은 이들은 이후 페미니스트 치료사가 됐다. 나는 마지와 바버라 체이슨 외에는 아무와도 연락을 이어 가지 않았다. 여러 해가 지난 뒤 나는 심리치료사인 바버라에게 우리 의식 고양 모임에 대해 기억나는 게 있는지 물어봤다. 그는 이렇게 썼다. "당신이 대체 모임에 뭘 입고 올지 조마조마했어요. 그러다 당신이 《여성과 광기》로 유명해지니 사람들은 당신을 록스타처럼 대했죠. 사람들—여성들, 페미니스트들—은 당신의 성공을 질투했고, 나는 그 사실이 충격적이고 슬펐습니다. 나는 우리가 당연히 서로의 성공을 반가워할 거라 생각했으니까요."

방금 구글에서 '1960년대와 1970년대 그리니치 빌리지의 페미니즘'으로 검색을 해 보고 나서 우리 모두가 너무 빨리 사라져 버린 것에 놀랐다. 초기 보헤미안들, 아프리카계 미국인 예술가들, 재즈 클럽들, 비트Beat 세대의 시인들과 예술가들, 성 혁명, 포크 음악계, 반전 운동 등에 대해서는 수많은 정보를 찾을 수 있었지만, 우리 세대의 페미니스트들이나 레즈비언 페미니스트들에 대해서는 사실상 아무런 내용도 찾을 수 없었다. 베티 프리단과 글로리아 스타이넘을 언급한 글 한 단락만을 찾을 수 있었다. 둘 다 그리니치에 살았던 사람도 아니었고, 도심의 페미니스트 및 레즈비언 페미니스트 모임의 일원도 아니었다.

그러다 구글에서 '그리니치 빌리지의 게이 및 레즈비언 바'로 검색하니 게이 남성 전용 바와 클럽들에 관한 정보가 주로 나왔다. 내가 젊었을 때 레즈비언 바는 성적인 만남을 위한 장소인 동시에 정치적인 장소이기도 했다. 그곳에서 나는 급진적 상황 전개에 관한 중요한 정보를 얻곤 했다. 한때 알고 있던 것도 우리가 기억하지 않고 공유하지 않는다면, 그것은 영영 사라져 버릴 것이다.

1970년대 초, 급진 페미니스트들과 레즈비언 페미니스트들은 그리니치 빌리지의 주인이었다. 그야말로 우리 동네였다. 다들 1~2마일 거리에 살았다. 나는 맥두걸과 블리커, 그리니치 거리에 있는 오래된 커피하우스들에서 열리는 페미니스트 모임에 참석했다. 그리니치 애비뉴에는 내 에이전트였던 일레인 마크슨의 사무실도 있었다. 그런가 하면 시더 태번, 첨리스, 핑크 티컵, 화이트 호스 태번 같은 보헤미안이나 문학계 인사들의 아지트나 보니앤클라이드, 커비홀, 더치스, 헨리에타 허드슨 같은 레즈비언들의 아지트에서 페미니스트 친구들을 만나 술을 한잔하거나 저녁 식사를 하기도 했다.

앨릭스 케이츠 슐먼(《프롬 퀸이었던 여자의 회고록Memoirs of an Ex-Prom Queen》)은 워싱턴스퀘어 파크 바로 건너편에 살았다. 우리 모임은 책이 가득한 그의 서재에서 페미니즘 학술지《사인즈》를 창간하기에 이르렀다. 다들 너무 신난 상태라 화장실을 써야 할 때도 화장실에서도 대화를 계속 들으려고 문을 살짝 열어 둘 정도였다. 앨릭스는 엠마 골드먼 전공에 확고한 사회주의자였다. 광대뼈의 윤곽이 도드라져 하이패션 모델 같은 인상을 풍기는 아름다운 외모도 지니고 있었다.

바버라 존스(《바이크에 대한 열정: 할리스, 여성, 미국사회Bike Lust: Harleys, Women, and American Society》)는 베드포드 스트리트에 살았다. 그는 내가 지금껏 살면서 본 중에 가장 대담하고 가장 나쁜 이성애자 여성이었다.

비비언 고닉(《성차별적 사회 속의 여성, 맹렬한 집착: 어떤 회고록Woman in Sexist Society, Fierce Attachments: A Memoir》)은 이스트 12번가 인근 1번가에 살다가 7번가 인근 웨스트 12번가로 이사를 갔다. 비비언은 자기 어머니와의 관계가 전쟁 같았다. 하긴, 우리 가운데 안 그런 사람이 누가 있었을까? 비비언은 욤키푸르전쟁 당시 이집트에 있었다. 이집트를 비롯한 아랍의 여러 나라가 이스라엘을 공격하여 발발한 전쟁이었다. 비비언의 어머니는 하루가 멀다 하고 내게 전화를 걸어왔다.

"그 사람들이 우리 비비언을 죽일까요? 그 애가 유대인인 걸 그 사람들이 압니까?"

"고닉 부인, 비비언은 분명 무사해요. 굉장히 학식 있는 사람들이 있는 곳으로 옮겼거든요. 작가나 지식인들은 대개 사람을 죽이지 않아요."

비비언은 실제로 꽤나 잘 지내고 있었다. 사실, 그는 인생에서 가장 즐거운 시간을 보내는 중이었다. 귀국한 뒤 그는 이집트에서 보냈던 시간에 대해 아름다운 책을 썼다.

수전 브라운밀러(《우리의 의지에 반하여》)와 사회복지사 플로렌스 러시(《아무도 모르는 비밀: 아동 성 학대The Best Kept Secret: The Sexual Abuse of Children》)는 둘 다 제인 스트리트에 살았다.

《빌리지 보이스》의 칼럼니스트이자《레즈비언 네이션: 페미니즘적 해법Lesbian Nation: The Feminist Solution》의 저자인 질 존스턴은 찰스 스트리트에 살았다. 존스턴과 나의 관계는 의외로 오래 지속됐지만 바람 잘 날이 없었다. 여러 사안을 두고 사사건건 충돌했는데, 내가 납득 불가능할 정도의 이성애자 여성이자 "그들 중 한 명"—빌어먹을 정신과 의사—이라는 사실부터가 발단이었다. 정신과 시설에 여러 차례 입원했던 존스턴으로서는 정신과 의사들이 마음에 안 드는 존재들이었을 수 있다. 광기라는 주제는 절대적인 자기 영역이라 생각했던 그는 내가 광기에 관한 책을 쓰고 있다는 것을 달가워하지 않았다. 어쩌면 그가 "유대인들"이 페미니즘 운동을 접수한 것 같다고 믿던 시절에 내가 유대인이었기 때문인지도 모르겠다. 그럼에도 불구하고 늘 우리는 서로의 동행을 진심으로 즐거워했고 둘 다 신화와 시를 사랑했던 덕에 우리는 서로의 다른 점들을 견뎌 낼 수 있었다.

시인이자 소설가이며 레즈비언 페미니스트 활동가였던 마사 셸리(《비무장지대를 넘어Crossing the DMZ》, 《바다 한가운데의 왕좌 The Throne in the Heart of Sea》)는 스톤월 항쟁에 동참했던 몇 안 되는 여성 중 한 명이기도 했는데, 보워리에 살던 케이트 밀릿(《성 정치학》, 《비행》)과 캐서린 스팀슨(《클래스노트Class Notes》)과 마찬가지로 이스트 빌리지에 살았다. 엘런 프랭크포트(《질의 정치학Vaginal Politics》) 역시 가까이에 살았다. 엘런과 나는 친해졌다. 엘런은 《빌리지 보이스》에 여성건강 칼럼을 썼고, 지칠 줄 모르는 저널리스트이자 고통받는 여성들의 대변자였다.

늘 쾌활한 모습의 소설가 릴라 카프(《여왕은 쓰레기통 속에 있다The Queen Is in the Garbage》)는 우리의 페미니즘 투쟁에 관한 글을 읽자마자 영국에서 미국으로 다시 돌아온 사람이었다. 나는 릴라의 쾌활하게 탁 트인 매력을 사랑했다. 그리스 출신에 호감형인 레노스라는 남자와 결혼은 했지만 릴라의 마음은 우리와 함께였다. 소호에 있는 릴라의 집에서 보냈던 어느 추수감사절이 유난히 따스했던 기억이 난다. 거기서 우리―티그레이스 앳킨슨, 케이트 밀럿, 케이트 스팀슨, 나―는 다들 서로에게 가족이 되어 주려 했다. 물론 각자 자기 일을 하는 것 이상을 하기는 힘들었지만.

《신이 여성일 때When God Was a Woman》의 저자인 멀린 스톤은 수줍음이 많으면서도 매혹적인 은둔자 유형이었는데, 찰턴 스트리트 바로 아래 6번가에 살았다. 예상과는 달리 그의 아파트는 동전을 넣어 사탕을 뽑는 기계로 가득 차 있었다. 뉴욕페미니스트예술연구소New York Feminist Art Institute를 창립한 나의 좋은 친구 낸시 아자라는 오늘날 소호에 해당하는 지역에 살았다.

'여자들의 커피하우스The Women's Coffeehouse'는 크리스토퍼 스트리트 남쪽 7번가에 있었다. 건물은 준 아널드와 패티 보면 소유였다. 이들은 훗날 리타 메이 브라운의《루비프루트 정글》을 출간했다. 언제부터인가 버사 해리스(《연인Lover》,《레즈비언 섹스의 즐거움The Joy of Lesbian Sex》)도 그 커피하우스 위쪽에 살았다.

1972년, 돌로레스 알렉산더와 질 워드는 뉴욕시에 최초로 페미니스트 레스토랑을 열었다. 마더 커리지Mother Courage라 이름 붙였던 이 식당은 허드슨강에서 조금 내려온, 웨스트 11번가와 워싱턴 스트리트가 교차하는 모퉁이에 자리 잡고 있었다. 나는 자주 그곳에서 저녁 식사를 했다. 앨릭스 케이츠 슐먼, 수전 브라운밀러, 루시 코미사르, 케이트 밀럿과 함께 3주년을 축하했다. 잡지《피플》은 레스토랑 앞에서 케이트와 내가 즐겁게 대화 나누는 사진을 실었다. 안타깝게도, 자금도 너무 없었고, 은행에서 대출도 받지 못했고, 자원봉사자들의 노동력에 지나치게 의존했던 나머지 이 자그마한 천국은 1978년에 문을 닫고 말았다.

보니앤클라이드가 웨스트 3번가에 처음 문을 열었을 때는 게이바가 아니었다. 페미니스트 및 레즈비언 페미니스트를 위한 바 겸 레스토랑이었고, 아무도 젠더에 따른 역할극을 하지 않았다. 우리는 모두 다 같은 페미니스트였다. 성애적인 분위기가 아니었음에도 불구하고 짜릿한 흥분이 있었다. 2주가 지나자 그곳을 찾는 손님들은 여느 다른 레즈비언바에서 그랬듯 자기 역할—부치와 펨—에 따라 갈라졌다. 백인 여성들은 레스토랑 위층으로 올라갔다. 유색인종 여성들은 아래층 바에 남아 있는 것을 좋아했고, 아래층에는 당구대가 있었다.

당시 나는 알고 지내던 모든 페미니스트에게 페미니스트 정부에 대해 이야기하기 시작했다. 국제적인 독립체라는 구상이었다. 우리에게는 좀 더 페미니즘적인 정부, 좀 더 여성의 문제에 기민하게 응답하는 정부가 필요하다는 것은 명백했다. 마찬가지로 현실에서 그런 일은 일어나지 않고 있다는 것도 분명했다. 그러니 이 페미니스트 정부는 (적어도 내 머릿속에서만큼은) 수립 중인 동시에 망명 중인 셈이었다.

시인이자 민권 운동가였던 바버라 데밍(《프리즌 노트Prison Notes》)은 보니앤클라이드에서 나와 같이 저녁 식사를 했다. 바버라는 우리가 만난 기념이라며 내게 근사한 새 깃털을 하나 주었다. 그리고 망명 중인 페미니스트 정부라는 내 아이디어에 감탄했다. 바버라는 남부 교도소들을 수없이 들락거렸던 존경받는 민권운동가였으므로 이 자체가 내게 중요한 의미였다.

여러 해가 지나 내 50번째 생일에 절친한 친구 멀 호프먼이 티셔츠를 디자인해 손님들에게 한 장씩 나눠 줬는데, 그 티셔츠에는 한 손에 창을 들고 머리카락을 휘날리며 자기만의 든든한 언덕에 걸터앉아 있는 여전사 그림과 함께 페미니스트 망명 정부라는 글귀가 있었다.

보니앤클라이드에서의 나와 바버라의 만남에 수천을 곱한 만큼 상상해 본다면, 그리니치 빌리지의 페미니스트들이 주도하던 이 시대의 모습이 어느 정도 그려질 것이다. 이렇게 축복받은 동네에 살았고, 중요한 작업들을 했으며, 내게도 개인적으로 중요한 사람이었던 이들 하나하나를 나는 제대로 호명하거나 적절히 정체화하지 못했다. 그중에는 시드니 애벗(레즈비언 활동가이자 작가), 로스 박산달(작가이자 활동가), 필리스 버키(건축가), 앨리스 던햄(소설가이자 회고록 작가), 클라우디아 드레이퍼스(저널리스트), 베티 피셔(출판인이자 작가), 슐리 파이어스톤(작가이자 활동가), 버피 존슨(화가), 루시 코미사르(저널리스트), 바버라 러브(레즈비언 활동가이자 작가), 로빈 모건(시인이자 활동가), 앨리다 월시(조각가)도 있었다.

우리 중 몇몇(절반 이상)은 이성애자였고, 몇몇은 동성애자였으며, 몇몇은 양성애자였으나, 전부 백인이었다. 어쩌면 이 부분에 대해 비난할 수도 있겠고, 필요하다면 설명을 할 수도 있겠지만 어쨌든 이 같은 인구학적 현실을 부정할 길은 없다.

이 여성들이 인접한 지리적 세계―나의 우주―를 구성했다. 이 책을 쓰고 있는 시점 기준으로, 내가 언급한 사람들 가운데 스무 명이 이미 세상을 떠났다. 두 명은 자살했고, 한 명은 자신이 피운 불 때문에 일어난 화재 사고로 죽었으며, 한 명은 아마도 평생 시달렸던 알코올 중독이 원인이 되어 죽었던 것 같다. 사랑스러운 여자들이여, 이제 평안히 쉬기를.

최근에 있었던 시드니 애벗의 추도식에서 앨릭스 케이츠 슐먼은 내게 다가와 슬픔과 동시에 통찰이 묻어나는 목소리로 이렇게 말했다. "이제 우리는 온갖 추도식에서 서로 만나는 일이 훨씬 더 많아지겠죠."

아, 내 여름날의 소녀들이여, 우리가 찬란했던 날들이여, 우리의 정치적 청춘이여……

1990년, 《뉴욕 타임스》는 표지에 다섯 명의 페미니스트들과 함께 비비언 고닉이 쓴 〈우리가 한 건 혁명이 아니었다고 그 누가 말하는가? Who Says We Haven't Made a Revolution?〉라는 제목의 글을 실었다. 그 사진 속에는 나와 케이트 밀릿, 앨릭스 케이트 슐먼, 앤 스니토, 엘런 윌리스가 있었다.

비비언은 그 사진에 없었다. 나는 사진작가에게 비비언까지 우리가 전부 모인 사진을 찍어 달라고 부탁했다. 순전한 내 개인적인 소장 욕구에서였고, 나는 그 사진을 액자에 끼워놓았다. 다들 대화에 푹 빠진 모습이 담긴 이 사진은 우리 사이에 감돌던 활기와 대화의 밀도를 잘 포착하고 있다. 기사와 함께 실렸던 그 사진 속 우리는 마치 대법원 판사들처럼 정면 중앙부를 바라보며 포즈를 취했다. 평소 우리답지 않은 모습이다. 우리는 쉬지 않고 말하는 사람들이다. 요란하게 웃고, 아이처럼 자기 생각을 드러낸다. 우리의 대화는 평소에도 아주 진중하고 자신만만하다.

그곳에 우리가 있었다. 페미니스트로 모인 지 23년이 지나,

1990년 《뉴욕 타임스》 표지. 나, 엘런 윌리스, 케이트 밀릿,
앤 스니토, 앨릭스 케이츠 슐먼.(오른쪽 위에서 시계 방향으로)

우리 동네의 잡지 표지에, 동네의 그때 그 젊은 여성들이, 여전히
건재하고, 여전히 열정적인 모습으로 말이다. 나는 그게 좋았다.
오늘날 우리가 당연하게 여기는 것들 대부분은 5~60년 전쯤에는
귀띔조차 받은 적 없던 것들이다. 1950년대와 1960년대까지도
임상의들은 여성은 남근 선망penis envy에 시달리고, 남성보다 도
덕적으로 열등하며, 선천적으로 피학적, 의존적, 수동적, 이성애
적이며 일부일처제에 맞는 존재라고 교육받았다. 우리 역시 신경
증과 정신병을 유발하는 원인은 오직 어머니—아버지는 절대 아
님—라고 배웠다.

나를 가르쳤던 교수 중 어느 누구도 여성들(혹은 남성들)이 억압받고 있다거나—특히 그들의 고통이 본인의 탓으로 여겨지고 병리적 진단을 받았을 경우—그런 억압이 트라우마를 남긴다고 말한 적이 없었다. 정신건강에 대한 검사 방법에 대해 아무도 가르쳐 주지 않았다. 정신질환에 대한 검사만 가능했다.

나는 지금도 이를 정신의학의 제국주의라 생각한다. 대학원 시절 임상 인턴으로 일하던 당시에나 1960년대 말과 1970년대 초에 정신분석연구소에서 교육을 받던 당시, 나는 완전히 정상적인 사람의 트라우마 반응을 병리적이라 진단하기 위해 다음의 과정이 필요하다고 배웠다. 예를 들면, 정상적인 여성(이자 인간)의 친족 성폭력을 비롯한 성폭력에 대한 반응을 정신질환으로 간주하는 것. 그러니까 그런 여성은 유혹 성향, 이상 심리라는 결함이 있다는 것이었다. 혹은 그들이 여자들은 동정 어린 관심을 받거나 앙갚음을 하기 위해 친족 성폭력이나 강간이 있었다고 주장한다고 믿도록 교육받았다.

내가 젊었던 시절에는 여성을 어떤 식으로든 선천적으로 정신질환이 있는 존재로 간주하도록 배웠다. 여자들은 히스테리가 있고, 남을 비방하고 다니고, 어린애처럼 유치하며, 남을 조종하려 들고, 엄마로서는 냉정하거나 혹은 숨 막히게 굴고, 호르몬에 휘둘려 자제가 안 된다는 것이었다.

반면 남자들은 정신적으로 건강하다고 가정했다. 마약이나 알코올 중독인 남성, 여성을 구타하거나 강간하거나 심지어 살해한 남성에 대해서도 병리적으로 진단하거나 범인 취급하지 않도록 배웠다. 남성 범죄자나 소아 성애자에 대한 진단적 범주가 없었다. 정신의학 문헌에서는 사실상 그런 남성들을 미치게 만든 책임을 어머니에게 돌렸다.

다시 말해, 소위 전문 교육이라는 것이 기존의 문화 교육을 그저 답습하며 잘못된 방식으로 전문화하고 있는 수준이었다. 내가 배우는 내용이 틀렸다는 것을 나는 잘 알고 있었다. 당시 나는 3년 가까이 거의 쉬지 않고 페미니스트 모임에 참석하고 있었고 내 주변에는 나 못지않게 열정과 자신감 넘치고 목소리를 내는데 주저함이 없는, 학식 있는 여자들이 굉장히 많았다.

1969년에 나는 여성심리학회를 공동창립했다. 여성들이 매달, 때로는 매일 새로운 단체를 만들던 시절이었다. 페미니즘을 통해 용기를 얻은 우리는 우리 자신과 우리의 생각들이 환영받을 수 있고, 우리가 반드시 알아야 할 것들을 서로 가르치고 배울 수 있는 우리만의 조직을 만들었다. 그런 것은 다른 어디에서도 배운 적이 없었다.

나는 여자들이 심리치료에서 정말로 원하는 바가 무엇인지 조용히 연구 중이었다. 1970년 가을에 열린 미국심리학회 연례회의에서 연구 결과를 발표할 계획이었다. 정신건강 분야 전문가들은 대다수 여성에게 거의 도움을 주지 못했고, 여성들에게 징벌적인 꼬리표를 붙이고, 과도하게 진정시키고, 치료를 받고 있는 여성을 성적으로 유혹하거나 환자 본인도 모르는 사이에 입원을 시키고, 충격요법을 실시하고, 뇌엽절리술lobotomy[1]을 실시하며,

---

1   전두엽 부위를 제거하는 수술로, 한때 정신질환을 완화시킨다고 알려졌으나 부작용과 사망률이 높아 현재는 특별한 경우가 아니면 시행하지 않음.

무엇보다도 아무 이유도 없이 여성을 지나치게 공격적이거나 문란하거나 우울하거나 추악하거나 늙거나 화가 나 있거나 뚱뚱하거나 구제불능인 존재로 묘사함으로써 사실상 그들을 학대하는 데 가담해 왔다.

여성심리학회 공동창립자가 몇 명이었는지는 정확히 기억이 나지 않지만—아마도 8~10명 정도였을 것이다—우리는 전부 미국심리학회 연례회의에 참석했다. 도로시 리들과 내가 우리 전체를 대표해 발언하기로 한 상태였다. 내가 원래 준비했던 연설은 환자들이 남성 치료사를 원하는지 아니면 여성 치료사를 원하는지에 관한 연구를 바탕으로 한 것이었지만 나는 이 내용을 내다 버렸다.

나는 지금이 바로 그 순간임을 알았기 때문이었다. 정신질환자를 치료하는 의사들은 본인들이 자처하는 해방자이기는커녕 무지몽매한 성차별주의자들이라는 사실을 폭로할 최적의 순간이라는 것을 말이다. 여성 정신질환자들에 대한 학대에 대해 배상을 요구하고 그럼으로써 자유를 얻기 위한 여성의 투쟁을 억압받는 다른 집단의 투쟁들과의 동일선에 두던 순간 나는 뭔가 달라진 상태였다.

마이애미에는 심리학자 2천 명이 모여 있었다. 대부분 남성이었다. 도로시와 내가 무대에 올랐다. 객석에는 집중한 모습도 있었고, 약간은 지루한 모습도 보였으며, 다소 어수선하기도 했다. 우리 학회는 신생 단체였으므로 우리가 무슨 이야기를 할지 다들 아무런 예상을 하지 못했다. 내가 먼저 나섰다. 나는 정신건강 분야의 전문가들이 정신의학적으로 여성들을 낙인찍으며 그들을 형편없이 대하고 완전히 오해해 온 방식을 낱낱이 밝혔다. 나는 여러 해 동안 페미니즘과 정신분석적 사고에 몰두해 있었으므로 발언에 거침이 없었다. 어쩌면 그 순간을 위해 평생을 준비해 왔던 것인지도 모른다.

"여성을 대상으로 정신건강 검사를 한 뒤 정신적으로 건강하다고 판정해 본 적이 있습니까? 강간피해자, 친족 성폭력 피해자, 구타당한 아내를 이해와 존중으로 대해 본 적이 있습니까?" 나는 그들에게 질문을 던졌다.

그런 다음 나는 여성들이 입은 피해를 배상하고 정신의학적 망명에 대한 대안 수립 명목으로 1백만 달러를 요구했다. "도망쳐 나온 여성들을 위한 임시 거처, 다시 말해 새로운 유형의 지하철역을 생각하시면 됩니다."

청중의 반응은 뜨거웠다. 처음에는 한바탕 신경질적인 웃음소리부터 터져 나왔다. 그러고 나서 케네스 클라크 박사가 뛰어올라오더니 악을 썼다. "흑인 남성이 린치를 당할 때마다 백인 여성은 그 뒤에 있었습니다." 클라크 박사는 브라운 대 교육위원회 사건 판결에 결정적 역할을 했던 연구를 한 인물이었다.

내 요구사항이 인종차별의 참상과 무슨 상관이었는지 도무지 알 수가 없다. 백인 여성들은 압제자 계층에 속해 있으므로 억압받고 있지 않으며, 백인 압제자들이 감히 어떻게 피해자 지위를 주장하여 흑인 남성의 고통으로 향해야 할 관심을 빼앗아 가느냐고 말하려 했던 것 같다. 그런 다음—백미에 해당하니 기대하시라—심리학자들이 중얼거리는 소리가 들려오기 시작했다. "이 여자들은 남근 선망이 있구만."

나는 웃음을 터뜨리며 그 배상을 받기 전까지는 절대 미국심리학회에 돌아가지 않겠다고 맹세했다. 내 페미니스트 동료들은 전부 돌아갔다. 그들이 쓴 논문은 게재되고, 새로운 분과를 만들고, 연구도 잘했다. 나는 딱 한 번 복귀한 적이 있기는 했는데 엄마들 그리고 양육권 분쟁에 관한 레노어 워커 박사(《매 맞는 여자들The Battered Woman》)와 워크숍을 진행하기 위해서였다. 레노어 박사의 연구를 굉장히 존경하던 나로서는 그와 함께 일할 기회를 결코 마다할 수가 없었다.

나는 마이애미에서 뉴욕으로 향하는 여객기에서 《여성과 광기》를 쓰기 시작했다. 다음날 나는 미약하나 열렬했던 내 발언이 전 세계적 헤드라인으로 실렸다는 사실을 알게 됐다. 내 발언은 남미, 유럽, 호주, 중동, 그리고 미국 전역으로 퍼져나갔다. 전화가 쉴 새 없이 울려 댔고 출판사들의 출간 제안이 밀려 들어왔다. 열광적인 시작이었다. 우리 가운데 몇몇에 한해서, 운 좋았던 얼마 동안은.

여성심리학회는 끝까지 배상금을 한 푼도 받아내지 못했다. 그러나 나는 언론 덕을 봤다. 출판사 일곱 군데서 내 책을 내겠다고 달려들었지만, 어쨌거나 나는 그 이야기를 쓸 예정이었다. 거리에서 무료로 나눠 줄 예정이었다.

용기와 힘을 얻은 나는 여성학 과정이 학점으로 인정되게 만드는 데 필요한 모든 서류 작업을 했다. 이런 시도는 내가 최초였다. 막판에 학과장이 무산시키며 이렇게 말했다. "다음 학기에 다시 해 보면 어떻겠습니까?" 그는 내가 실망하는 모습을 고소해하는 눈치였다.

학점으로 인정은 되지 않아도 나는 꾸준히 학생들을 만나 페미니즘을 논의해 왔고 그들은 내 든든한 지지자가 됐다. 내 요청에 학생들 중 다섯 명이 힘을 보탰다. 새로운 강의 개설에 필요한 모든 서류 양식 작성을 마친 상태였다. 그런데 막판에 내가 맡았던 심리학 입문 강의의 후임 교수를 고용할 예산이 없다는 통보를 들었던 것이다. 우리는 학과장실로 들어가 그가 나가지 못하게 문을 잠근 뒤 자리에 앉았다. 내 수업을 이어받을 강사를 구하는 데 대학 측에서 부담할 비용이라는 것이 얼마나 미미한 금액인지—그런 강의를 운영하는 데 한 학기당 약 850달러가 든다—를 지적했다. 나는 주변을 둘러보며 이렇게 말했다. "만일 저 검은색 가죽 의자와 이 책상을 담보로 잡으면 강의 하나 담당할 교수를 구할 돈은 마련할 수 있을 겁니다."

우리는 여성학 강의를 개설하겠다는 학과장 승인 없이는 학과장실을 떠나지 않겠다고 못 박았다. 그리고 우리는 한 시간이 채 지나지 않아 이겼다.

돌이켜 보면, 내가 그때 한 일이 약간은 부끄럽기도 하다. 하지만 이는 당시 버클리, 컬럼비아, 소르본의 학생들이 하고 있던 것과 동일한 종류의 일이었다. 당시 학과장이 정말로 겁을 먹지는 않았기를 바라지만, 그가 겁을 먹었던 것은 확실한 것 같다.

때는 바야흐로 그런 일이 일어날 계절이었다. 역사적으로 그 당시 여성학은 미국의 황량한 서부와도 같았다. 남학생들이 있는 자리에서 여학생들이 특정 주제들에 대해 발언하도록 장려하는 교육과정이 마련돼 있지도 않았고, 일정한 기준이나 쉬운 방법이 전혀 없었다. 사실, 여학생들은 남학생들의 의견에 따랐고, 남학생들은 수업 중 토론에서 자기네가 특권을 가지는 것을 당연시했다. 남학생들은 먼저 그리고 자주 호명되는 것에 익숙했다. 여학생들은 빤히 보이는 곳에 숨는 데 익숙했다. 나는 온갖 방법을 다 써 보았다. 여학생들이 충분히 말할 기회를 얻을 때까지는 남학생들을 기다리게도 해 봤고, 섹스 같은 민감한 주제에 관해서는 남학생들에게 나와 따로 공부하는 방법도 있으니 고려해 보라고 요청하기도 했다. 마찬가지로, 여학생들에게는 남녀가 같이 있는 상황에서 자기 입장을 고수하는 법을 배워야 하며 강의실 안에서 그렇게 해 보는 것은 안전한 훈련의 장이 될 수 있다고도 말했다.

여성학 교수들은 각자 자기만의 강점을 십분 활용했다. 당시만 해도 여성학은 아직 학계에 속해있지 않았다. 찾아낼 수만 있다면 여성의 역사와 페미니즘 사상의 역사를 가르치고 여성에 의한 글쓰기를 가르치는 것은 급진적이고도 위험한 일로 여겨졌다. 나는 한 걸음 더 나아가 직원 및 학생들이 이용할 수 있는 탁아시설과 강간위기센터를 설립하고 부인과 진료의뢰 서비스를 운영하기 시작했으며, 체육과목 학점이 인정되는 여성 호신술 강의도 개설했다.

당시는 여성학이 젠더학으로 변화하고 이는 다시 LGBTQI 연구로 분화하여 탈식민주의[2] 및 포스트모더니즘 기조를 띠기 한참 전이었다. 아이비리그 대학에서조차 여성학을 부전공 또는 전공으로 마련하기 여러 해 전이었다.

나는 여성학을 별도의 학과로 상상하지 않았다. 다른 학문

---

2   기존 페미니즘이 서구 여성들의 경험에만 기반하고 있다고 지적하는 흐름.

분야들로부터 동떨어진, 일종의 게토가 될까 봐 두려웠기 때문이다. 내가 상상한 그림은 우리가 개발 중인 커리큘럼을 다른 여러 학과에 통합시키는 것이었다. 내가 개설한 이 여성학 강의는 이후 부전공 분야가 됐고 뉴욕주립대학교에서 여성학 분야 다른 모든 강의에 대해서도 학점을 인정하게 된 토대가 됐다. 동시에, 미국 전역에서, 주로 주립 단과대학이나 2년제 대학의 다른 교수들도 나름의 프로그램을 개설하기 시작했다.

1970년은 뉴욕시에서 급진 페미니즘이 전성기를 맞은 해였다. 《뉴스위크》의 여성 저널리스트들이 《뉴스위크》를 상대로 집단 소송을 제기했다. 내 대학 동기 중 하나도 소송에 참여했고, 훗날 내가 함께 일하게 된 또 다른 여성 한 명도 참여했다. 《뉴스위크》가 점점 거세지는 페미니즘 운동을 표지 기사로 내보냈던 바로 그날, 그곳의 여직원 46명은 기자회견을 열어 성차별로 회사를 고소한다고 발표했던 것이다. 명석하고, 학식 있고, 야망 있는 여성들이 직접 기사를 쓰지도, 서명 기사를 내보내지도 못했다. 그저 자료 조사나 분류, 우편물 정리 같은 작업만 담당했다.

페미니스트들은 좌파 성향의 지하 언론 매체였던 《랫 서브터레이니언 뉴스RAT Subterranean News》를 인수하여 《위민스 리버레이션Women's LibeRATion》으로 탈바꿈시켰다. 또 《레이디스 홈 저널Ladies' Home Journal》의 사무실을 점거하고 당시 편집장이던 존 맥 카터를 11시간 동안 인질로 붙잡아 뒀다. 내 친구 바버라 존스를 포함한 100여 명의 여성이 함께 《여성해방 저널Women's Liberated Journal》 실물 모형을 내밀며 요구사항들을 제시했다. 요구사항으로는 여성 편집장을 고용할 것, 유색인종 여성들을 고용할 것, 사내에 보육시설을 제공할 것, 남성의 편견을 배제한 진중한 기사를 작성할 것, 여성을 폄하하는 광고를 거부할 것 등이 있었다.

그로브 프레스Grove Press의 직원들은 노동조합 결성을 시도했다는 이유로 해고당했다. 그러자 이들은 사무실에 침입하여 안에서 바리케이드를 친 뒤 그로브 프레스의 노조 분쇄 그리고 그로브의 '성애적' 서적과 기타 노골적인 성적 표현이 담긴 서적 속의 여성에 대한 성적 착취에 항의하는 연좌 농성을 벌였다. 그로브에서는 헨리 밀러, D. H. 로런스, 장 주네의 책을 출간했고, 영화 부서에서는 〈나는 궁금해I Am Curious(Yellow)〉를 배급했다. 시위대의 요구는 수익금을 그런 포르노그래피 때문에 피해를 입었던 여성들에게 이익이 되는 방향으로 쓰라는 것이었다. 또한 그로브 프레스가 맬컴 X의 저작을 출간해 벌어들인 수익은 흑인 커뮤니티에게도 돌아가야 한다고 주장했다.

마사 셸리, 티그레이스 앳킨슨, 로빈 모건 등 시위 참가자들은 체포된 뒤 교도소 이곳저곳을 전전하며 수감됐다. 담당 변호사였던 플로 케네디와 에밀리 제인 굿맨이 그들을 찾을 수 없게 하려는 조치였다. 몇몇은 알몸 수색을 당하기도 했다.

내 친구들이 이런 현장 곳곳에 있었기에 나는 《레이디스 홈 저널》 연좌 농성에서 물리적 폭력을 가하겠다고 협박한 페미니스트들 그리고 알몸 수색을 당한 뒤 트라우마에 시달리는 또 다른 페미니스트들에 관한 모순되면서도 중첩되는 이야기들을 들을 수 있었다.

그 시절에 여자들 대부분은 자기 몸에 대해 아는 것이 거의 없었다. 월경, 성교, 성적 쾌감, 피임, 성병, 유방암 및 자궁암, 임신, 출산, 모유 수유, 폐경에 대해 교육을 받은 사람은 거의 없었다. 여자들이 두통이나 어지러움, 복통을 호소하면 의사들은 대개 안정제를 줬고, 신경이나 위장 쪽 검사도 하지 않았다. 여성이 겪는 대부분의 고통을 "신경과민" 탓으로 치부했기 때문이다.

우리의 몸을 되찾는—알아가는—것은 개인적으로도 정치적으로도 짜릿한 경험이었다. 페미니스트들은 자기 자신의 자궁경부를 난생처음 보았고, 자궁 흡인 중절법menstrual extraction이나 낙태 시술 방식을 배웠으며, "우리의 몸, 우리 자신"에 관해 쓰고 말하기 시작했다. 이는 보스턴 중심으로 활동하던 어느 여성건강 공동체에서 1973년에 펴낸 책의 제목이 되기도 했다.

내가 좋아하는 친구이자 여성건강 전문 저널리스트였던 바버라 시먼은 사실상 혼자 힘으로 페미니즘에 입각한 건강 운동을 시작했다. 그는 경구피임약의 위험성에 대해 여성들에게 경고하고 나섰다. 1969년에 쓴 책《피임약에 대한 의사의 반대 의견 The Doctor's Case Against the Pill》에서는 당시 경구피임약에 들어 있는 다량의 에스트로겐은 특히 심장마비, 뇌졸중, 혈전 생성을 유발할 가능성이 높다고 주장했다. 이 책으로 인해 1970년 넬슨 상원의원이 주도한 피임약 청문회가 개최됐고, 이후 약에는 경고 문구를 부착하고 각 패키지마다 복용 시 환자들이 알아야 할 내용을 담은 사용설명서를 반드시 넣도록 했다. 제약회사들은 보복에 나섰다. 그가 필진으로 있던 여성 잡지들은 그를 해고한 뒤 블랙리스트에 올렸다. 이 잡지들은 제약회사 광고에 의존하고 있었기 때문이다. 1975년, 바버라 시먼은 국립여성건강네트워크National-al Women's Health Network(NWHN)를 창립했다(나도 공동 창립자다). 이

단체는 지금도 맹활약 중이다.

미 서부 해안 쪽에서는 다른 식의 각성이 진행 중이었다. 빌리티스의 딸들Daughters of Bilitis은 미국 최초의 레즈비언 인권 및 참정권 운동 단체였다. 1955년 샌프란시스코에서 창립됐으며 레즈비언들이 마피아 소유의 술집이 아닌 곳에서 모여보자는 취지로 구상됐다. 빌리티스는 그리스의 시인 사포Sappho의 여성 연인들 중 한 명의 이름을 따온 것이다. 1967년 초, 이 단체 모임에 참석해 봤지만, 정치적으로 급진적이지도, 페미니즘적이지도, 보헤미안적이지도 않은 분위기를 느꼈다.

때문에 나는 1970년 거만하고도 극렬한 '라벤더 메너스Lavender Menace'[3]의 등장을 즐거운 마음으로 지켜봤다. 여성연합 제2차 대회Second Congress to Unite Women에 참석해 앉아 있었는데 갑작스레 암흑과 침묵이 우리를 에워쌌다. 곧 불이 켜지고 라벤더 메너스라 쓰인 라벤더색 티셔츠를 입은 레즈비언들이 거침없이 통로로 밀려들어오며 청중들의 동참을 유도했다. 그러고는 레즈비어니즘에 관한 즉흥 발언을 이어갔다. 이피Yippe 느낌의 이 유쾌한 악동들 중 몇몇─리타 메이 브라운, 칼라 제이, 바버라 러브, 마사 셸리─은 이후 금세 나와 친해졌다.

이 레즈비언 친구들이 라벤더색 티셔츠를 입은 것은 베티 프리단이 자신이 상상하는 최악의 악몽─페미니스트가 곧 남성을 혐오하는 레즈비언들, 즉 라벤더 메너스를 가리키게 되는 것─이 현실화되면 NOW는 미국 다수 대중의 지지를 잃게 될까 봐 두렵

---

3   '라벤더색 위협'이라는 뜻으로, 당시 라벤더색은 성소수자 인권 운동을 상징.

다고 했던 발언 때문이었다.

저널리스트인 수전 브라운밀러와 루시 코미사르가 유명세를 얻기 위해 운동을 이용하고 있다며 대회 참석자들에게 비난을 받을 때 나는 화장실에 갔던 것이 틀림없다. 참석자들 중 시비 걸기 좋아하는 이들은 중앙위원회가 페미니즘 운동에 관한 모든 글을 평가해야 하며 이 작업에는 절대 서명해 줘서는 안 된다고 믿었다.

재능 있는 여성들을 공격하는 것은 페미니즘 운동의 고질적인 문제였다. 기량이 뛰어나고 표현에 능통한 여성들—유명하고, 기명 기사를 쓰고, 출간 계약을 하고, 그야말로 어떤 것이든 능력 있는 여성들—은 혁명에 대한 반역자라는 공격을 받았다. 이는 내게도, 케이트 밀릿에게도, 나오미 웨이스타인에게도 일어났던 일이다.

*

여성들이 강간에 대해
말하기 시작했다

페미니즘이 있기 전 강간은 늘 여성의 잘못으로 인식됐다. 성폭력 피해자가 성폭력을 유발했고, "해 달라고 했고", 본인도 원했고, 즐겼다고 여겼다. 그리고 여성이 강간당했다고 경찰에 신고하면, 자신을 차 버린 연인 또는 조용히 입 다무는 대가로 요구했던 돈을 주지 않은 기혼 남성에게 앙갚음하려는 의도로 해석됐다.

정신건강 분야의 전문가들, 가족들, 경찰관들 모두 강간은 드문 일이고 대개는 낯선 사람에게 당하는 것이라 믿었다. 고용자, 연인, 이웃, 삼촌, 아버지, 급우, 지인, 남편에 의한 강간이라는 개념 자체가 없었다. 경찰은 피해자를 시큰둥하게 대하거나 외설적인 호기심을 가지고 심문했다. 간혹 피해자에게 성관계를 하자고 제안하는 경찰관도 있었다.

강간 피해자는 스스로가 불결하고 더럽혀졌다고 느꼈고 본인에게 잘못이 있다고 생각하고 자책했다. 강간 신고를 한 여성의 말을 수사당국이 믿는 경우는 거의 없었다. 담당 변호사마저도 피해 여성을 마치 창녀라도 되는 양 성적 매력이 지나친 사람으로 대했다. 우울감에 빠져 헤어 나오지 못하는 강간 피해자에게는 이겨내라는 말뿐이었다.

강간 피해자가 고소장을 제출하여 실제 재판으로 이어질 경우, 고소당한 강간범이 아닌 피해 여성이 법정에 세워졌다. 검사와 변호인 측은 통상적으로 강간 피해자에게 사건 이전의 성생활에 대해 묻곤 했다. 처녀였는지, 낙태를 한 적이 있는지, 돈 받고 섹스를 한 적이 있는지, 강간범이라 주장하는 상대방과 이전에 섹스를 한 적이 있는지, 피임을 했는지, 정신과 진료를 받은 적이 있는지 등에 대한 질문이 줄줄이 이어졌다.

배심원들, 특히 여성 배심원들은 고소당한 강간범을 측은하게 여기는 경향이 있었다. 그의 인생이 이제 파탄 날지도 모른다는 이유에서였다. 반면, 그 강간범에게 강간당한 피해자에 대해서는 무조건적으로 안타까워하지는 않았다. 어쨌든 살아 있는 것은 확실하고, 징역형에 처할 것도 아니며, 영구적인 피해를 입지도 않은 것으로 보인다는 이유에서였다. 그리고 어쩌면 이 여자가 거짓말을 하거나 과장하고 있을 수도 있다고 생각했다.

강간당한 경험이 있는 여자들은 그 이야기를 잘 하지 않았다. 가족에게도 하지 않았고 다른 여자들에게도 하지 않았다. 그러니 용감무쌍한 페미니스트 집단이 1971년에 강간에 관해 발언하는 자리를 최초로 마련한다고 공표했을 때 우리가 얼마나 흥분했을지 충분히 짐작될 것이다. 그 최초의 행사는 세인트 클레멘트 극장가에 있는 동성애자 및 여성 친화적인 영국성공회 교회에서 열렸다. 이 행사를 조직한 뉴욕래디컬페미니스트New York Radical Feminists는 "공개적 반란 행위"라 표현했다.

역사상 최초로 페미니스트들이 성적 가학증에 대해 공개적이고 집단적으로 발언하고 나서기 시작했다. 이전까지 성적 가학 문제에 대해 전 세계 여성들은 책망 받고 모욕당했으며 침묵을 강요받았었다. 이 폭력—그리고 이로 인해 우리가 살해당하고, 임신을 당하고, 질병에 감염되며, 심리적 트라우마에 시달리고, 정신병리적 문제가 생긴다는 사실—을 폭로하고 비판함으로써 우리는 강간범은 기소하고 여성들은 그간의 혐오 섞인 관음적 시선 대신 연민 어린 대우를 받게 하는 첫 걸음을 내디딘 셈이었다. 그들의 증언은 사람들에게 충격과 경각심을 안겼고, 슬프게도 비슷비슷했다. 그중 몇몇의 목소리를 들어 보자.

어느 겨울날, 시설group home로 돌아오는 길이었는데, 시설에 있는 남자애들 여섯 명이 나를 에워쌌습니다. 손에는 칼을 들고요. 걔네들 전부와 성관계를 하도록 강요당했어요. 다음날 나는 남자친구를 찾았고 그 애가 나를 지켜 주게 됐지요. 남자친구가 생기고 나서는 추행이나 강간을 당하지 않았습니다.

그 경찰관은 백인이었어요. 예전에 나를 강간했던 다른 3세계인을 경찰에 넘긴 제 잘못일 거예요. 만일 내가 경찰서로 갔다면, 그들은 아무것도 안 하려 들었을 테고, 내가 그를 경찰에 넘겼다 한들 그 남자는 또 돌아와서 나를 덮쳤겠지요. 나는 너무 겁이 나서 혼자서는 어디에도 갈 수가 없었어요. 나는 무방비 상태였고 겁에 질려 있었습니다.

저더러 조용히 하라고 했어요. 안 그러면 아무도 모르게 여기 파묻어 버릴 거라면서요. 자기네가 자주 하는 일이라고 했습니다. 보통 때는 여러 명이 더 있다고도 했고요. 한 명이 다시 저를 강간하려 들었는데, 제가 기절한 척 하니 포기했어요. 도망쳐 나왔습니다. 강간당했다고 신고하고, 일관된 진술을 했는데 경찰 반응은 이랬어요. "굉장히 확신하시네요? 어떻게 그렇게 일일이 다 이야기하는 게 가능해요?" 그 경찰관은 저를 범죄자처럼 대하더군요.

5년 전쯤 어느 날 밤 잠에서 깨니 입이 틀어 막혀 있었어요. 가죽 장갑을 낀 누군가가 내 손을 결박하고 목에 면도칼을 들이대고 있었습니다. 얌전히 그대로 있고 그 남자가 나를 강간하게 두는 편이 낫겠다는 판단이 들었어요. 경찰이 도착한 것은 새벽 3시쯤이었고, 다들 호기심이 발동한 채 들이닥쳤습니다. 그저 강간 피해자가 어떤 모습인지 보려고 말이에요. 간신히 의사를 찾았는데, 그는 보고서를 작성하려면 내가 옷을 다 벗어야 한다더라고요. 그러더니 나를 성폭행하려 했습니다. 내가 마지막으로 본 경찰관은 내가 봐도 모르겠는 남자들 사진을 몇 장 들고 왔고 내게 데이트 신청을 했어요.

나의 좋은 친구이자 그날의 강간 폭로 행사의 기획자이기도 했던 릴리아 멜라니 교수는 굉장히 화가 난 상태로 집까지 운전해 돌아갔던 기억이 난다고 했다.

뉴욕 래디컬 페미니스트는 그다음에는 워싱턴어빙고등학교에서 강간에 관한 콘퍼런스를 개최했다. 강당은 사람들로 꽉 찼고, 손에 잡힐 듯한 흥분이 고스란히 느껴졌다. 하루 동안 진행된 이 한 번의 행사는 1년짜리 최고 수준의 개인적 치료보다도 치유의 힘이 컸다.

패널 중 한 명이었던 플로렌스 러시가 아동의 성적 학대에 대해 발언했다. 나는 성폭력 측면에서 여성에 대한 정신의학의 편견 그리고 여성 환자들에 대한 심리치료사들의 심리적, 성적 학대에 대해 발언했다. 우리는 워크숍 중 어느 의식 고양 모임이 강간에 관해 논의하는 것을 들었다.

헬렌   강간 사건에 대해 보고하실 생각인가요?

리타   안 할 것 같아요. 천 건 중 한 건만 유죄 판결이 난다면, 그 모든 고통을 왜 감수하겠어요?

코니   제 남자친구가 경찰관이에요. 강간 같은 일은 없다더군요. 여자가 무의식적으로 해 달라고 하는 거래요.

팸   강간당하고 나서 병원에 갔는데, 같은 시간에 어떤 남자가 기절한 채로 응급실로 실려 왔더라고요. 간호사들이 저한테 막 화를 냈어요. 그 남자 환자를 봐야 하는데 나 같은 히스테리 환자가 정신없게 만들었다고요.

팸   저는 남자들을 전부 혐오할 마음의 준비가 안 돼 있어요.

마지   당신은 남자들을 전부 혐오하는 게 아니에요. 그 남자들이 당신에게 저지른 잘못을 미워할 수 있는 것뿐이죠.

수전 브라운밀러와 저메인 그리어도 이 콘퍼런스에 참석했다. 4년 뒤인 1975년, 브라운밀러는《우리의 의지에 반하여》를 출간했다. 그리어는 1970년에 출간된 작품《여성, 거세당하다》로 이미 유명해진 인물이었다.

콘퍼런스 일정이 끝날 때쯤 나는 어느 여성 무술 시범 행사에 초대됐고, 이후《데일리 뉴스》기자와의 인터뷰에서 "범죄자로부터 무기를 빼앗아야 한다"고 말했다. (다른 표현을 다시 생각해 봤지만 찾지 못했다.) 남자들은 빗자루나 깨진 유리병으로도 강간을 한다. 무기는 강간범의 정신 속에 자리 잡고 있는 것이다. 기사가 나간 뒤 나는 난생처음 살해 협박을 받았다. 이날 하루는 여러 사람의 삶을 변화시켰다. 브라보, 뉴욕 래디컬 페미니스트. 브라보! (이날의 콘퍼런스 내용을 정리한《강간: 여성을 위한 첫 번째 자료집Rape: The First Sourcebook for Women》은 NOW의 뉴욕 지부장이자 상임이사가 된 노린 코넬과 공저자이자 편집자인 카산드라 윌슨 덕분에 출간될 수 있었다.)

내가 글로리아 스타이넘을 처음 만난 것이 언제던가? 세월 속에 희미해진 탓에 정확히는 기억나지 않는다. 그가 1964년 잡지《쇼》에 기고한 플레이보이클럽 버니의 삶을 다룬 폭로기사가 기억에 남아 있다. 하지만 그 훌륭한 취재 기사는 아무런 운동을 촉발하지 않았고, 내가 보기에는 완벽하게 가꾼 여성스러운 외모를 유지해야 한다는 가혹한 압력으로부터 글로리아 본인을 해방시키지도 못했다.

글로리아는 사람들로 하여금 그를 돕거나 신경 쓰고 싶게 만드는 '길 잃은 어린 소녀' 같은 매력이 있었다. 나도 그런 면에 영향을 받았다. 그는 나를 믿는다는, 그리고 심지어 약간은 무력한 듯한 표정으로 이따금씩 쳐다보곤 했고 이는 사람을 매혹시켰다. 어쩐지 마음이 편치 않은 동시에 우쭐한 기분도 들게 만드는 효과가 있었다. 가끔씩 토론 주제로 삼아 봤지만 우리 둘 다 레즈비

언은 아니었다. 레즈비어니즘은 좀 더 완벽한 형태의 페미니즘이
거나 혹은 일종의 과도한 남성혐오라는 이야기를 우리는 줄곧 들
어온 터였다.

내가 난생처음 어떤 여자에게 끌렸을 때(딱히 어떤 식으로 진
전이 이루어지지는 않았지만) 그 이야기를 곧바로 글로리아에게 털
어놨다. 마치 그 일이 어떤 돌파구라도 되는 양 말이다.

글로리아는 한숨을 쉬며 물었다. "그런 일이 나한테도 언젠
가는 일어날 거라고 생각하는 거야?"

글로리아는 다운타운 맨해튼 쪽 페미니스트는 아니었다. 글
로리아가 활동하기 이전에 이미 낙태 및 강간에 관한 혁명적인
폭로들, 연좌 농성과 행진, 시위 등이 있었고, NOW의 창립 그리
고 쏟아져 나왔던 수많은 페미니즘 기사, 작품, 사상들이 있었다.
또한 베티 프리단의 《여성성의 신화》를 비롯하여 시몬 드 보부아
르의 《제2의 성》, 케이트 밀릿의 《성 정치학》, 슐리 파이어스톤
의 《성의 변증법》, 저메인 그리어의 《여성, 거세당하다》, 줄리엣
미첼의 《여성의 지위》 등 대단한 페미니즘 작품과 기사 수백 편
이 나왔다. 글로리아는 조금 늦게 합류했지만, 그 속에 온전히 어
울리기를 갈망했다.

벨라 앱저그는 글로리아를 전미여성정치회의National Women's
Political Caucus에 데려갔다. 벨라는 민권 변호사였고 평화를 위한 여
성파업Women Strike for Peace 소속의 반전 및 반핵 활동가이기도 했
다. 본래 페미니스트로서 활동을 시작한 것은 아니었지만 그는
습득이 빨랐다. 여성 그리고 정치인—투사—으로서 동등한 권리
를 얻기 위한 여성 투쟁의 서막을 직시했다. 1970년에 미 하원 의

원으로 당선됐다.

벨라는 글로리아에게 모든 것을 가르치는 중이었다. 어딜 가든 글로리아를 데리고 가서 모든 이들에게 그를 소개시켰다. 글로리아는 가는 곳마다 카메라와 웃음을 몰고 다녔으므로, 영리한 선택이었다. 벨라는 덩치가 컸고, 글로리아는 그런 그가 데리고 다니기 좋은 미모의 소유자였다. 벨라는 우렁차게 말했고, 글로리아는 사람을 매혹시켰다.

벨라는 뉴욕스러운 독특한 인물이었다. 약간은 데먼 러니언 같기도 하고, 약간은 몰리 골드버그 같기도 하고, 어쩌면 메이 웨스트 같기도 했다. 벨라는 예쁜 얼굴에 유대인의 폐와 뉴욕인의 배짱을 갖춘 인물이었다. 큰 덩치에도 불구하고 늘 특유의 모자를 쓰고 화려하고 근사한 옷을 기막히게 입었다.

글로리아는 공개 석상에서 발언을 하기 시작했는데 대개 아프리카계 미국 여성들과 함께였다. 함께 발언했던 이들 중엔 도로시 피트먼 휴즈, 플로 케네디, 마거릿 슬로운 헌터 등이 있었다. 글로리아가 아프리카계 미국 여성들과 주로 어울렸던 것은 나름의 원칙에 입각한 행동이었다. 비록 상징적인 차원에 불과했을지는 몰라도, 당시 의식 고양 모임이나 행진, 그리고 백인 여성과의 협력에 아프리카계나 소수 인종 출신의 여성이 너무 없는 현실을 최대한 개선해 보려는 노력이었다. 심리학적 관점에서 보면, 글로리아는 어쩌면 본인은 생존을 위해 아프리카계 미국 여성들이 갖춰야 했던 만큼의 강인함이나 요령도 없고 그만큼 세상 물정에 밝지도 않다고 느꼈었는지도 모르겠다. 내가 보기에 그는 그런 유형의 보완이 필요하다고 느꼈던 것 같다.

글로리아는 튜더시티에 있는 브렌다 파이건의 아파트에서 있었던 모임에 나를 초대했다. 몇 년 뒤, 파이건은 글을 통해 1960년대 중반 하버드로스쿨에 재학하던 당시 형편없는 대우를 받았다고 털어놓았다. "저절로 페미니스트가 되게 만든 경험"이었다고 했다. 당시 하버드에서 체육시설이나 회식 자리에 여성은 출입 금지였다. 졸업한 뒤에는 법률사무소들마다 "여자는 채용하지 않는다"는 이유로 면접 자체를 거부했다. 그는 포기하지 않고 루스 베이더 긴즈버그와 함께 미국시민연맹American Civil Liberties의 '여성 인권 프로젝트'를 이끌었고, NOW 측에 낙태 권리 및 평등권 수정조항 관련 자문을 담당했다. 또한 전미여성정치회의의 창립 멤버이기도 했다.

브렌다는 기업가와 결혼하여 딸을 한 명 낳았고, 이혼 후에는 여자들과 어울렸고, 로스앤젤레스로 이사한 뒤 연예계전문 변호사로 활동했으며, 영화 〈네이비 실Navy Seals〉을 제작하기도 했다. 2000년에는 《소년이 아닌 페미니스트로 산다는 것Not One of the Boys: Living Life as a Feminist》이라는 수작을 출간하기도 했다.

한번은 새로운 페미니즘 잡지를 창간하느냐 마느냐 하는 문제로 브렌다의 집에서 모인 적이 있었다. 방 안에는 재력가 남편이나 아버지를 둔 여성들이 가득했다. 여성들 본인도 변호사, 작가, 여성잡지 편집자였다. 잡지 《뉴욕》의 편집자였던 클레이 펠커는 조력자 역할을 자처했던 남성으로, 사실 1971년 말에 《뉴욕》의 별책부록으로 《미즈》를 파일럿호로 출간해 본 경험도 있었다.

당시는 페미니스트들이 사방에서 각종 모임, 단체, 학술지,

경제적 네트워크, 신용조합(오래 가지는 못함), 여성 전용 은행(이역시 오래 가지 못함)을 만들고 있던 시대였다.《미즈》역시 또 하나의 무모한 모험이었는데, 나는 어쩐지 이 잡지가 마음에 들었다. 하지만 창간호가 얼마나 성공할지, 이 잡지를 지속적으로 펴내기 위해서 글로리아가 얼마나 열심히 일해야 할지, 페미니스트 작가들은 얼마나 까다롭게 굴지, 얼마나 많은 작가들이 (자기네 동의 없이 표현을 수정했다거나 고료 지급이 늦었다는 이유로) 부당한 대우를 받았다고 느낄지 나는 예상하지 못했다. 특히, 글로리아의 존재가 이 잡지를 통해 어떻게 소비될지도 예상하지 못했다. 이 잡지는 점차 글로리아의 정체성이자 브랜드가 되어갔다.

좋아! 당시 나는 그렇게 생각했지만 다른 한편으로는 이런 생각도 들었다. 그들이 원하는 건《뉴욕 타임스》1면에 실을, 서로 손잡고 길게 늘어서 있는 민권운동 스타일의 여성들 사진이다. 맨 왼쪽에는 환하게 웃는 앤절라 데이비스가 있고, 이 보기 드문 로키츠 라인 Rockettes line[1]의 반대쪽 끝에는 해피 록펠러Happy Rockefeller[2]가 있는 것이다. 요점은, 자매애는 계급, 인종, 이데올로기를 끝내 이긴다는 것. 근사한 얘기다. 하지만 그게 정말 가능한 얘길까?

저널리스트 질 존스턴은 레즈비언계의 피리 부는 사나이였다. 어딜 가든 다이크들을 몰고 다녔다. 한편 그는 일종의 케루악적 인물이기도 해서 언제나 길 위에 있었다. 여기 왔구나 싶으면, 어느새 가고 없었다.

---

1   뉴욕시 라디오시티에서 공연하던 여성 무용단에 빗댄 표현.
2   자선사업가이자 넬슨 록펠러의 아내였던 마가레타 록펠러의 애칭.

질과 나는 각종 그리스 신화와 정신분석적 해석에 대해 이야기했다. 우리는 서로 성적으로는 끌리지 않았다. 적어도 나는 그랬다. 하지만 나는 그의 정신에 매료됐다. 나중에 우리는 편집자들, 출판계약 선지급금, 그리고 다른 작가들의 이상한 점들에 대해 폭풍 수다를 떨어 댔다.

질은 《빌리지 보이스》의 지면을 통해 커밍아웃을 한 상태였다('로이스 레인[3]은 레즈비언이다Lois Lane Is a Lesbian'). 질은 자신이 그렇게 해야 한다고 느낄 수밖에 없었던 이유가 대체 무엇이었는지, 이성애자인 내게 끊임없이 물었다. 그리고 내게 속마음을 털어놓기도 했다.

"유대인들이 우리 운동을 장악하고 있는 것 같지 않아요?" 그는 내게 물었다.

"왜 그렇게 생각하는데요?" 그의 질문에 대한 내 나름의 대답은 전형적인 유대인다운 반응이었다.

"뉴욕시에는 워낙 시끄럽고 저돌적인 유대계 페미니스트가 많잖아."

"지금 무슨 말을 하고 있는 건지 알고는 있어요?"

질은 본인이 반유대주의자는 아니라고 주장하며 이렇게 덧붙였다. "나랑 제일 친한 친구 샤인드도 유대인이라고."

"친구, 지금 점점 더 본인 무덤을 파고 있는 거예요"라고 나는 맞받아쳤다.

나는 그의 말을 인종차별적이고 반유대주의적이라 생각했

---

3   미국 DC코믹스에서 출간한 만화 속 여성 등장인물.

다. 그리고 처음으로 이스라엘에 가 봐야겠다고 결심했다.

질은 뉴욕 뉴팔츠에 있는 자기 집에 매력적인 손님들을 몇 초대하여 파티를 여는 것으로 이날의 대화를 만회하고자 했다. 파티 때문에 잔뜩 긴장했던 질은 취하도록 술을 마셔 버린 탓에 운전을 할 수가 없었다. 파티 음식도 살 수가 없는 상태여서 내가 오는 길에 질 대신 사 왔다.

내가 도착하자 질이 말했다. "체슬러, 당신이 마사 셸리를 만나 봤으면 좋겠어. 마사는 유대계 레즈비언이야. 당신을 위해 초대했다고."

마사는 시인이자 래디컬 레즈비언스 및 게이 해방 전선의 일원이기도 했다. 그는 페미니스트들의 《랫 서브터레이니언 뉴스》 인수나 그로브 프레스 연좌 농성, 라벤더 메너스 행동 등에도 동참했다. 마사는 그야말로 정통 레즈비언 페미니스트였다. 질이 초대한 파티에서 마사와 나는 한쪽 구석에 서서 한 시간 정도 혁명적인 정치에 관해 이야기를 나눴다. 이따금씩 우리는 다른 여자들을 둘러보고는 다들 취한 채 페미니즘 이야기는 하지 않고 있다는 사실을 눈치 채고 웃음을 터뜨렸다.

"여기서 우리 둘만 유대인인 거예요? 정말? 비유대인들은 술에 취해서 같이 침대로 가는데, 유대인들은 분석하고 계획 짜고 그러고 있는 건가?"

그건 아니었다. 수전 손택도 거기 있었으니까. 수전은 문학계의 어둠의 군주Dark Lady of Letters로 알려져 있었고, 온통 남자들뿐인 맨해튼 상류층 사교계에 유일하게 이름을 올린 여성이기도 했다. 긴 검은 머리 위로는 흰 머리 한 갈래가 근사하게 드러나 있었다. 1964년,《파티잔 리뷰Partisan Review》를 통해 그의 글 〈'캠프' 에 관한 단상Notes on 'Camp'〉을 발표하기도 했다. 몇 년 뒤, 이 잡지 의 공동편집자였던 이디스 커즈웨일은 내게 그 글은 엄청 손을 본 거라서 문학계에서 돌풍을 일으키리라는 예상은 아무도 못했 다고 했다.

수전을 처음 만났을 때 나는 그가 평판에 비해 페미니즘에 대해 거의 아는 바가 없다는 사실에 충격을 받았다. 아마 나는 그 를 대단한 사람으로 대하지 않은 유일한 사람이었는지도 모른다. 나는 그에게 이렇게 말했다. "음, 당신이 쓴《해석에 반대한다》를 읽어 봤어요. 너무 좋았어요. 그런데 지금 여기 계시네요. 저보다 그다지 연배가 위인 것 같지도 않고. 게다가 당신은 엄청 순진해 요." 그러자 그는 당장 이렇게 답했다. "저기, 우리 약속을 잡는 게 어때요. 그러니까, 그냥 만나서 얘기를 해도 좋고 아니면 영화를 보러 가거나 음악을 듣거나 아무튼 좋으신 대로요." 그로부터 그 의 제안을 받아들이기까지 1년이 걸렸다.

한번은 수전이 패널로 여성 권력에 관해 발언하고 있었다. 그는 내게 마거릿 대처가 여성 입장에서 긍정적 권력을 표상할 수 있다고 보느냐고 물었다. 나는 페미니스트가 아닌 여성이 총 리가 되는 경우라 할지라도, 심리학적으로는 그 여성 총리의 성 취가 여성들이 힘을 부여받은 느낌을 받고 남성들은 여성도 권력 을 가질 수 있음을 이해하게 된다는 관점에서 보면 무의식적 차 원에서라도 긍정적인 영향을 미칠 수 있다고 답했다. 수전은 이 부분에 대해 생각해 봐야겠다고 했다.

그는 자기 연인이던 마리아 아이린 포네스라는 쿠바 출신의 극작가에게 나를 소개시켜 줬다. 1977년, 나는 마리아의 연극 〈페푸와 친구들Fefu and Her Friends〉을 보러갔었다. 배우들은 똑같은 장을 세 번 반복하는 동안 관객들은 작은 무대 하나에서 또 다른 무대로 자리를 옮겨야 했다. 이런 일을 누가 대체 잊겠는가? 매력적인 연극이었다.

몇 년 뒤 수전과 나는 칼 드레이어가 1928년에 감독한 명작 〈잔다르크의 수난The Passion of Joan of Arc〉 상영관에서 우연히 마주쳤다. 우리는 걸음을 멈추고 미소를 지으며 서로 아는 척을 했다. 수전이 말했다. "역시, 당신은 올 줄 알았어요."

"음, 당신도요." 나도 대꾸했다.

아마도 수전은 영화제작자 혹은 영화비평가 자격으로 그곳에 왔을 것이다. 그러나 어쩌면 그 역시 나와 마찬가지로 여성의 모습을 한 투사, 남자 옷을 걸친 여성, 자신이 구해 낸 왕에게 배반당한 불운한 선지자에게 마음을 빼앗겨서 온 것이기도 했을 것이다.

나는 이미 수차례 연사로 초청을 받고 있었다. 1970년대 초, 워싱턴 D.C.에서 열린 어느 정신의학 학회에 초청받기도 했다. 나는 정신건강 분야의 젠더 편향gender bias과 정신과 및 심리치료 분야의 여성 환자 학대 문제에 관한 바로 그 전문가로 금세 알려지기 시작했다.

어느 강연에서 나는 여성을 오진하고 성적으로 학대하는 심리치료사들에 관해 논의한 적이 있었다. (오랫동안 사실이 아니라고 극구 부인되다가 마침내 사실임이 인정되고 많은 학자들이 연구하기 시작한 주제였다.)

여성들은 본인이 원하지 않는데도 정신 병동에 감금당하고 담당 의사가 내보내 주기 전까지는 그곳을 떠날 수 없던 시절이었다. 그 때문에 나는 여성들이 공립 정신병원으로부터 퇴원을 '쟁취'하기 위해 해야 할 일에 대해서도 발언했다.

환자들은 자기 외모에 신경 쓰고, 직원들에게 감사 인사를 하며, 대체로 순종적이고 소녀답게 행동하기 시작해야 했다. 때로는 담당 정신과 의사를 위해 무급 종업원처럼 일을 해야 하기도 했다. 나는 담당 의사들을 위해 정신병원 구내 사택에서 진공청소기를 밀고 먼지를 털고 세탁을 해야 했다고 털어놓은, 시설에 수용됐던 여성들을 인터뷰해 오고 있었다. 그들은 그런 일을 함으로써 "적절히 적응"하고 있고 소위 "가석방" 자격이 생겼음을 입증할 수 있다고 했다.

이후, 어떤 여성이 나를 찾아와 귓속말로 털어놓았다. "선생님이 지금 하시는 이야기들 진짜예요. 제 남편이 정신과 의사인데, 저희 집에는 항상 대외비인 하인들이 있었으니까요." 나는 그에게 이름을 물어보고 왜 귓속말로 이야기하느냐고 물었다. 그는 자기 이름은 바버라 시먼이고 직업은 작가이자 페미니스트 보건활동가라고 말했다. 그 순간부터 2008년 그가 세상을 떠날 때까지 우리는 둘도 없는 친구로 지냈다. 우리는 함께 어울리고 함께 일하기 시작했다.

바버라는 맨해튼 상류층 사교계 인사들과 더불어 성장하고 긴밀한 관계를 유지하며 파티에서 어울리곤 했다. 거기에는 출판 에이전트, 편집자, 작가, 저널리스트, 영화배우, 영화제작자, 음악가, 정치인 등 각 분야의 다양한 유명 인사들이 모여 있었다. 바버라는 알고 보니 내가 아는 페미니스트 중에 가장 너그럽고 가장 질투가 없는 사람이었다. 파티에서 그와 함께 어울리다 보면 대단한 "내부인"이 된 기분이 들었고 내가 속한 세계의 주인들 몇몇과 알고 지내는 사이라는 환상을 품게 됐다.

나는 바버라 같은 여자들, 다이크들, 급진 페미니즘 활동가들, 그리고 그 밖에 전문직 여성들 사이에서 가교 역할을 했다. 그리고 모든 전문가들을 경계했던 바버라는 본인처럼 전문가들—특히 의사들과 나처럼 박사 학위가 있는 여성도 포함한다—을 불신하던 페미니스트 보건 활동가들과 나를 이어 주는 가교이기도 했다.

NWHN는 바버라의 아이디어였다. 바버라가 낳은 자식이나 마찬가지였다. 벨리타 코윈, 메리 하월 박사, 앨리스 울프슨과 함께 1975년에 우리가 설립한 이 단체는 이후 40년 넘도록 활동을 이어갔다. NWHN은 생식을 비롯한 여성의 건강 문제에 대한 바버라의 열정이 고스란히 반영된 결과물이었다. 그리고 바버라는 복용 시 암에 걸릴 확률을 높일 수 있는 경구피임약 같은 약품을 광고하면서도 아무 제약 없이 이윤만 추구하는 제약회사에 대해서도 문제를 제기하고 나섰다. NWHN은 건강을 인간의 기본권으로 간주하고 소비자와 정책입안자 모두를 대상으로 건강 관련 문제에 대한 핵심적 분석을 진행하고 홍보하고 있다.

바버라는 여성 건강 운동은 페미니즘 운동에서 "가장 건강한" 부분이라고 늘 말했다. 이는 그에게 만트라였고 그는 집요하게 매달렸다.

미국의 대다수 페미니스트들은 여성의 권리는 보편적이라

고 믿는다. 그러나 그들은 서구 외 지역이나 다른 부족의 문화권 혹은 이슬람 문화권에 살아 본 적이 없다(나는 살아 본 적이 있다). 때문에 파키스탄의 이슬람교도 병사들과 근본주의 무장조직의 일원들이 오늘날 방글라데시에 해당하는 지역에서 1971년에 이슬람교도 여성들을 집단 강간했다는 글을 읽었을 때 격분했다. 그런 식으로 공공연하게 되풀이되는 집단 강간은 여성들을 자살로 몰아가거나 그들의 가족에게 명예 살인을 당하게 유도하려는 의도였으므로 그들이 자행하고 있는 짓을 나는 '젠더 말살gender cleansing'이라 명명했다. 나이를 막론하고 수천 명이 이런 운명에 처해 있다는 사실이 분명히 드러나기 시작하던 때였다.

곧 나는 다른 페미니즘 리더들과 생각을 공유하기 시작했다.

"가족들이 그 여자들을 죽이거나 그 여자들 스스로 목숨을 끊을 겁니다. 만일 임신이라도 되면, 죽은 목숨이죠."

"우리가 어떻게 도울 수 있을까요?"

"우리는 군사적인 방식으로 그들을 구조해야 합니다. 페미니스트 공군이 있나 모르겠네요. 그런 다음 그들 편에서 정치적 망명을 신청해 주는 거죠. 당사자들이 올 의사가 있다는 전제에서요."

잠시 침묵이 흐르고 다소 신경질적인 웃음도 일부 뒤따랐다.

"지금 비유적으로 이야기하는 거죠?" 한 여자가 물었다.

"아니요, 저는 현실적인 이야기를 하고 있는 겁니다."

1990년대 중반에 나는 페미니즘 잡지 《이슈즈On the Issues(O-TI)》를 대표하여 워싱턴 D.C.에서 열린 페미니스트 머조리티Feminist Majority 콘퍼런스에 참석했고, 페미니스트 리더들이 모인 비공개 회의 자리에서 아프가니스탄의 여성들에 관해 비슷한 이야기를 했다.

"만일 우리가 위험에 처한 여성 개개인을 일일이 물리적으로나 군사적으로 구조하지 않는 상태에서 정치적 망명이나 시민권 부여 등의 방식으로 개인을 후원한다면, 그 여자들은 한 명씩 죽어갈 겁니다." 절망 섞인 한숨이 이어졌다.

나는 전 세계 언론에 보도되고 대형 출판사와 계약해 책을 쓰는 페미니스트였으므로, 뉴햄프셔 피터버러에 있는 맥다월 콜로니MacDowell Colony의 특별연구원 자격을 부여받았다.

나는 그곳에서 두 해 여름을 연이어 머물면서《여성과 광기》를 먼저 집필한 뒤 아마존 전사들에 관한 에세이를 썼다. 글로리아 스타이넘과 함께 쓴 원더우먼 만화에 관한 책에 들어갈 글이었다. 내 에세이는 그리스의 신화, 희곡, 예술, 역사를 기반으로 했다. 학계에서는 아마존 전사들의 역사적 존재를 기록해 왔지만, 나는 무장한 여전사들이라는 환상에 대한 인간의 상상에 미치는 심리적 영향 때문에 이런 기록의 의미가 퇴색돼 왔다고 생각한다.

나는 맥다월 콜로니에서 멋진 시간을 보냈다. 예술가들은 깊은 숲속에 저마다 머물 작은 집이 하나씩 있었다. 누군가가 말없이 피크닉 바구니에 점심 식사를 담아 현관에 두고 갔다. 그곳에는 전화도 없었고, 갑자기 찾아올 손님도 없었다. 작업을 마무리하지 못할 핑계가 단 하나도 없었다. 바로 그 점이 견디기 힘들어서 어느 날 갑자기 떠나 버리는 예술가들도 있었다. 나는 어땠을까? 나는 그 침묵을 사랑했다. 다들 식당 테이블에서 저녁을 먹는 밤 시간에 만났다. 2명, 4명 혹은 6명씩 앉을 수 있게 돼 있었다.

시인 빌 노트는 별난 외톨이였다. 그는 당시 성 게라우드 Saint Geraud라는 필명으로 활동하며 이미《나오미의 시들The Naomi Poems》을 썼던 인물이었다. 그는 보통 저녁 먹을 때도 혼자 앉았다. 나도 가끔은 그랬다. 그럴 때면 수다를 떨어야 한다는 부담 없이 책을 읽을 수 있었다.

어느 날 저녁 빌이 페미니스트로서의 내 명예를 옹호하고 나섰다. 누군가가 그에게 말했다. "저기 봐요, 체슬러는 자기가 빌 노트인 줄 아나 봐요." 그러자 빌이 고함을 쳤다. "그거 아주 형편없는 성차별적인 발언이군요. 체슬러는 자기의 방식대로 그러는 거지, 나를 따라하고 있는 게 아닙니다." 감동을 받은 나는 과감하게 언제든 내 테이블에 함께 앉자고 청했고 대신 대화는 하지 않겠다고 약속했다.

극작가 로뮬루스 리니(로라 리니의 아버지)는 늘 나를 따라다녔다. 레너드 번스타인은 마치 오페라 가수처럼 흰 스카프를 뒤로 넘기고 전원이 남성인 수행단을 이끄는 멋진 모습으로 눈길을 끌었다. 나는 그중 몇몇 여성들과 친해졌는데, 그 가운데는 소설가 앨리스 데님과 화가 유니스 골든도 있었다. 골든은 일종의 페미니즘 선언으로서 남성 누드를 그렸다. 가끔은 풍경 화가인 마조리 포트노의 긴 오후 일과에 동행하기도 했는데, 그가 장엄한 들판을 캔버스 위에 옮겨 놓으며 그 시간과 공간을 영원히 기억하게 만드는 과정은 조심스럽고도 마술에 가까웠다.

축복과도 같았던 그해 여름이 끝나고 나는 다시 학생들을 가르치는 일상으로 돌아갔다. 절친한 페미니스트 학생들과 좌파,

게이, 페미니스트 동료 교수들 모두 한목소리로 내가 집필 중이던 책《여성과 광기》를 문제 삼으며 나를 공격했다.

"체슬러, 이 책을 정말 낼 생각이라면, 차라리 익명으로 내는 게 좋을 거예요"라고 그중 누군가가 내게 귀띔을 했다. 이를 거절한다면 나는 혁명에 반대하는 이기주의자이자 혁명을 위해 내 자신을 희생할 줄도 모르는 사람이 될 판이었다. 그들이 생각하는 혁명은 자아와 정체성을 파괴하고 모든 것과 모든 사람을 분쇄함으로써 누구나 평등하고 완전히 동일한, 새롭고 완벽한 유토피아를 만들어 낸다는 개념이었다.

어느 동료 교수는 내게 이렇게 물었다. "교수님, 버는 돈은 전부 좀 더 큰 혁명에 쏟아 넣으실 거잖아요, 그렇지 않나요?" 그리고 또 다른 누군가는 이렇게 물었다. "정말 본인 이름으로 그 책을 출간하시겠다는 얘기예요? 반혁명적인 일 아닐까요?"

나는 앨리스의 반대에도 부딪쳤다. 앨리스는 내가 가르친 학생 중 한 명으로, 내가 출강했던 대학의 또 한 명의 학생이자 1978년에 《비만은 페미니즘의 주제다 Fat Is a Feminist Issue》를 출간하고 이후 다이애나 비의 섭식 장애 치료사가 됐던 수지 오바크와도 함께 일했던 제자다. 앨리스는 무척 화를 냈다. "교수님 실명으로 내신다고요? 그럼 지금까지 저희에게 가르치셨던 모든 내용에 배치되는 거예요. 저는 선생님을 정말 좋아했는데, 이렇게 배신을 하시다니요. 그 책이 성공하고 그 공을 다 가져가신다면 저는 다시는 선생님을 절대 믿지 못할 겁니다."

그는 정말로 괴로워 보였다. 또 다른 학생 클라우디아는 내 책 작업을 돕는 유급 연구 조교였다. 나는 이 책에 대해 클라우디아가 기여한 바를 분명히 밝혔다.

여자가 무언가를 성취하여 유명해지는 것을 아무도—여성 혐오자든 소위 혁명을 한다는 페미니스트든—원하지 않는다는 사실을 나는 일찍부터 알고 있었다. 이유는 다양하지만 양쪽 집단 모두 여성이 지워지기를 바랐다. 익명이 곧 여성이던 시절에 대한 이 희한한 갈망은 기이했지만, 나는 그런 일이 벌어진 것 자체에 감사했다. 덕분에 나는 중국 문화 대혁명이 미국 페미니즘판에도 얼마나 침투해 있는지 알 수 있었으니까.

급진 페미니스트들은 내가 바리케이드를 치워 버렸다고 생각했고, 기득권층에서는 나를 도가 지나친 정치적 활동가로 취급했다. 50년 가까이 지나서 보니, 한때 고통과 분노를 안겼던 일들이 이제는 참담하고도 약간은 우스꽝스럽게 느껴진다.

나는 두 살 반 때부터 늘 무언가를 읽고 있었다. 여덟 살부터는 글을 쓰기 시작했다. 열여섯 살에는 시에서 주최한 백일장에서 상을 탔고, 고등학교 졸업앨범과 문예지 편집장이기도 했다. 당시 나는 대학을 최고 수준의 학문에 대한 헌신과 성실을 상징하는 곳이라 생각했다. 학계라는 전설의 숲속에서 내가 부당한 대우—표적이 된다는 것이 어쩌면 더 적절한 표현일 수 있겠다—를 받을지도 모른다는 상상은 전혀 하지 못했다. 여자라는 사실이 전문가로서의 내 경력에 걸림돌이 되리라고는 생각하지 못했던 것이다.

당시에는 몰랐던 사실이지만, CUNY의 다른 여성 교수들과 마찬가지로 나 역시 남성 교수들에 비해 현저히 적은 보수를 받고 있었다. 1973년, 노동 전문 변호사 주디스 블랙은 우리를 대표하여 집단소송을 제기했다. 10여 년 뒤 법원은 우리의 손을 들어 줬다. 그러던 중 주디는 내 정치적 신념, 즉 페미니즘 때문에 받은 차별을 근거로 나 한 사람만을 위한 단독 소송을 별도로 시작하고 싶어 했다. 하지만 나는 이 소송은 하지 않기로 했다.

앞에서도 언급했듯이, 내가 일을 시작할 당시 대학에서 페미니즘은 경멸과 공포의 대상이었다. 기존에 전부 남성으로 구성돼 있고 상당히 가부장적인 분위기였던 교수진은 페미니즘 사상에 반대했다. 나는 남성이 아닌 여성을 연구했다. 나는 우리 학과에서 남자들보다 여자들을 더 많이 고용하도록 도왔다. 이후 새로 고용하는 모든 인력은 페미니스트였다.

그리고 나는 정신과 치료 및 심리치료를 받는 여성 환자들을 위한 배상을 요구함으로써 전 세계 언론의 헤드라인을 장식한 사람이었다. 남성 동료들은 아마도 나를 미워했을 것이다. 그들은 어떻게 해서든 내게 불이익을 주곤 했다.

매년 우리 학과의 남성 교수진은 나를 중범죄 및 경범죄 혐의로 고소할 학생들을 찾았다. 어처구니없이 매년 나는 마녀사냥을 당했다. 어느 해에는 학생 두 명을 종용하여 '내가 여성 해방에 집착하고(이건 사실임) 강의 준비를 하지 않은 채 항상 지각하고 남성을 혐오하며 저속한 언어를 사용한다(이건 전혀 사실이 아님)'는 이유로 나를 고발하는 기소장을 쓰게 했다.

그렇게 마녀사냥을 당할 때마다 나를 구명해 줄 탄원서를 여러 학생과 내가 아는 모든 주요 페미니스트에게 받으러 다녀야만 했다. 신경이 곤두서는 작업이었다.

하지만 대응을 안 할 수는 없는 노릇이었다. 그해 마녀사냥을 주도한 행정처장은 남자였다. 그리고 둘 다 페미니스트인 교수 한 명과 학과장 한 명은 그가 여자친구에게 폭언을 퍼붓는 것을 목격하고 그 자리를 뜬 적이 있었다고 내게 이야기해 줬다. 그는 내 심문관이었다.

그는 내 동료인 사회학과 교수 조지 피셔와 잠시 같이 살고 있었다. 조지 피셔는 한때 나와 자고 싶다고 했다가 내가 거절하자 굉장히 화를 냈었던 사람이었다. 그는 1968년 컬럼비아에서 학생 시위에 참여했다. 조지는 이미 두 명의 WASP 아내들을 분명 양날의 검으로 상처 입힌 적 있는 유대계 남성이었다. 나는 조지에게 전화를 걸어 도움을 요청했다.

나는 조지에게 내가 남학생들에게 저속한 언어를 쓰거나 차별을 가한 적이 없음을 알고 있지 않느냐고 말했다. 무조건 먼저 호명하거나 또는 여학생의 말 중간에 끼어들게 두는 방식으로 남학생들에게 특권을 부여하지 않았을 뿐이었는데, 남학생들이 이를 불공평하다거나 심지어 학대라고까지 느꼈는지도 모르겠다. 전에 내가 같이 자지 않겠다고 해서 나를 돕지 않을 생각이냐고 물어봤다.

그는 꽤나 시큰둥한 어조로 대답했다. "좋을 대로 생각해요. 완벽한 사람은 세상에 없으니까."

그다음 나는 조지에게 어느 남교수들이 여학생들과 잠자리를 같이 하고 있는지 알고 있으며 그 학생들에게 대학 행정당국에 진상 조사를 요구하는 투서를 하도록 부탁할 수 있음을 상기시켰다. 이 협박은 효과가 있었다. 그는 나를 돕겠다고 했고 그 뒤로 더 이상 무더기 고소는 없었다.

나는 일을 그만두고 싶지 않았다. 종신 재직 교수가 되고 싶었다. 안정된 일자리와 안정된 수입을 원했다. 수많은 페미니스트 활동가들과는 달리, 나는 막연히 페미니즘적 이상만으로 먹고 살 수 있으리라 생각하지 않았고, 그렇다고 해서 끊임없이 여기저기 유료 강연을 하고 다니며 살고 싶지도 않았다. 어느 정도 원하는 상태가 되니, 남자와의 원나잇 스탠드도 즐기지 않게 됐고, 유료 강연 다니는 일에 대해서도 같은 시선을 가지게 됐다.

하지만 다른 많은 여성과 마찬가지로, 나 역시 처음에는 테뉴어를 얻기 위해, 그다음에는 그 자리를 지키기 위해 열심히 싸워야만 했다. 학계에 자리가 넘쳐날 때였는데도 그랬다. 교수진이나 대학 당국은 끊임없이 내 자리에 시비를 걸었다. 나는 급여 인상을 위해서는 매번 싸워야만 했다. 연구 프로젝트 보조금을 받으려 할 때마다 CUNY 측으로부터 번번이 거절당했다.

당시 여성 교수들 대부분은 이런 대우를 받았다. 타 대학이나 전문 콘퍼런스에서 강연을 하고 초창기에 TV와 라디오에 출연했던 이력은 오히려 나를 공격하는 데 이용됐다. "그런 걸 전부 하면서 어떻게 학생들까지 가르칠 수가 있죠?"

하지만 나는 그럴 수 있었고 그렇게 했다. 나는 학생들을 사랑하기도 했고, 학생들도 나를 좋아했다. 그것 역시 문제의 소지가 있었다. "선생님은 학생들과 너무 가까이 지내요. 학생들한테 그게 좋을 리가 없어요." 학생들을 앉혀 놓고 일괄적으로 교과서를 큰 소리로 읽어 주며 수업을 하고, 여학생들을 유혹해서 관계를 맺었다 떠나 버리고, 자기 분야에서는 이렇다 할 성과도 없는 교수들이 꼭 이런 소리를 했다.

여러 해가 지나, 학계 소속도 아닌 학과장이 또다시 내 테뉴어와 승진을 가로막으려 했다. 도무지 알 수 없다는 표정으로 그는 이렇게 말했다. "그런데 이 분은 여자들만 연구하는군요. 이게 대체 뭐 하자는 겁니까?"

나는 결국 CUNY의 대학원에서는 강의하지 못했다. 석학교수도 끝내 되지 못했다. 즉, 내 급여나 연금은 늘 얼마 되지 않는 수준에 머물렀다. 무엇보다도 중요한 것은, 나는 논문심사 위원회에도 들어갈 수 없었고 가장 열성적인 학생들을 지도할 수도 없었다는 사실이다.

나는 학생들을 정말로 사랑했다. 복학한 나이 많은 여성이나, 이민자, 소수민족 출신의 학생들, 그리고 내 수업을 잘 소화하는, 스태튼아일랜드 출신의 어린 가톨릭교도 학생들에게 특히 애정이 있었다. 비서들은 친절했고, 학점을 따기 위해서든 돈을 벌기 위해서든 혹은 순전히 연구가 좋아서든 어쨌든 연구를 도와주는 학생들과도 아주 좋은 관계를 유지했다.

내가 가르치던 학생 중 하나가 내 남성 동료 교수 중 한 명과 잠자리를 같이 했다. 학생은 임신이 됐고 자궁 외 임신으로 거의 죽다 살아났다. 의지할 사람이 전무했던 그 학생에게 연민을 느낀 나는 병원으로 병문안을 가서 퇴원하면 내 집에서 같이 지내자고 제안했다. 나는 그 학생을 돌보아 주었다.

어느 날 그 학생이 회복되어 활기찬 모습으로 부엌에서 분주히 돌아다니고 있었다. 권력을 남용해 임신시킨 그 작자를 위해 저녁 식사 요리를 하고 있다는 것이었다. 그러면서 구구절절 변명을 늘어놨다. "그 사람은 병원이 무섭대요. 어머니가 병원에서 돌아가셨거든요. 그래서 그때 한 번도 저를 찾아보지 못했던 거래요. 오늘밤 그가 저를 찾아온다니 너무 설레요."

나는 충격과 분노에 휩싸였고, 가슴이 아팠다. 그런 인간이 이 어린 여성의 어리석은 마음을 얻을 수 있다는 사실에 슬퍼지기도 했다. 학생은 자신을 곤경에 빠뜨리고는 떠났던 그 남자를 위해 음식을 준비하느라 행복해하면서도, 자신을 들여보내 줬던 여성 스승에게 감사를 어떻게 표해야 할지는 전혀 모르고 있었다. 아마 꽃 한 다발로 내게 감사를 표하거나 하는 데까지는 전혀 생각이 미치지 못할 눈치였다. 이런 행동은 마치 어머니가 우리에게 날마다 뭘 해 주든 당연한 것으로만 여기고 감사해야 한다는 생각을 전혀 못 하는 것이나 마찬가지였다. (이 부분에 있어서는 나 역시 대역죄인이다.)

나는 가부장제와의 싸움은 너무나도 치열한 전투라는 결론에 도달했다. 여자들 역시 남자들만큼이나 성차별적 이중 잣대에 물들어 있다는 이야기다. 나는 그 학생에게 그 남자의 집으로 이사하라고 했다. 그 학생은 강요를 당한 것은 아니었다. 내 기준에서는 학대로 보이는 자기 교수와의 관계를 중요하게 생각하는 눈치였다.

남자들은 성애적 기회를 얻어 내는 일에 자기 권력을 동원하기를 밥 먹듯이 했다. 여자들은 이런 일을 예나 지금이나 변함없이 세상 돌아가는 이치라고 받아들이도록 길들게 됐다. 공개적으로 꺼낼 만한 이야기가 아니었다. 여자들은 수치심이나 자책감을 속으로 삭여야만 했다. 우리 대부분은 선택의 여지가 없었다. 내부고발자들은 해고당했고 경력이 망가지는 일도 흔했다. 때로는 목숨을 잃기도 했다.

나는 자기 상관이 정당 당원들에게 어린 여자들, 술, 마리화나를 제공했다고 폭로한 여성을 면담한 적이 있었다. 이 여성의 업무는 어린 여성들을 모집하고 보고서 내용을 조작하는 것이었다. 직속 상관을 찾아가 눈물을 흘리기도 했다. 기자가 이 사실을 발견하고 폭로했을 때 이 용감한 여성은 일자리를 잃었을 뿐 아니라, 상사였던 남자가 보복으로 꾸민 계획에 의해 자녀 양육권까지 잃고 말았다.

당시 나는 유명해지기 전이었지만, 몇몇 특정 분야에서는 점점 인지도가 높아지고 있었다. 초청받는 행사가 점점 늘면서 어느 순간 전부 참석하기가 불가능해졌다. 가끔 판단을 잘못해서 엉뚱한 파티를 골라 가기도 했다.

전국흑인페미니스트조직National Black Feminist Organization을 창립한 마거릿 슬로운 헌터와 관련된 경우도 그에 해당했다. 플로 케네디는 그를 글로리아의 대담자로 추천한 상황이었다. 마거릿은 여러 차례 스태튼아일랜드까지 와서 내 수업을 청강하고 내 강의에 거침없이 의견을 쏟아냈다. 그러다 보니 마거릿이 나를 파티에 초대했을 때 경계할 이유가 전혀 없었다.

나는 어퍼웨스트사이드로 친구 몇을 데리고 갔다. 동행한 친구들은 페미니스트 변호사이자 훗날 판사가 된 에밀리 제인 굿맨과 그의 연인인 마사 셸리였다. 우리가 파티에 도착한 직후부터 여자들은 끊임없이 이야기를 하는 중이었는데, 별안간 발가벗은 한 백인 여성이 무리에서 뛰쳐나오더니 커다란 바이브레이터를 꺼내 자위를 시작했다.

대화는 끊겼다. 마거릿은 그 여성을 빤히 바라보다가 가슴에다 얼굴을 대고 속삭이면서 애무를 했다. 에밀리는 충격을 받았는지 혼란스러운 표정이었다. 나 역시 당황해서는 이렇게 말했다. "이건 중요한 정치적 발언일 수도 있어. 저런 여자들이 예전에는 남자들 좋으라고 갑자기 케이크에서 튀어나오고 그랬었지. 근데 지금 저 여자는 여기 와서 여자들을 흥분시키려고 하잖아."

오르가슴의 횡포란 참 대단한 것이다. 그 노출주의자가 오르가슴에 도달하기 전까지 어느 누구도 감히 그 자리를 떠나지 못했으니까. 그러나 딱히 흥분된 사람은 없는 듯 보였다. 역겨워진 나는 최대한 서둘러 자리를 떠났다.

1971년과 1972년 겨울방학과 봄방학에 나는 뉴욕 로몬트빌에서 혼자 살면서 《여성과 광기》의 마지막 부분을 집필했다. 질 존스턴이 자주 놀러왔다. 그는 가끔 전화를 먼저 걸어와서는 자고 가도 되냐고 물으며, 자신은 잔다르크이고 왕의 부하들이 자기를 쫓고 있어서 숨어야 한다고 했다. 거짓부렁치고는 매력적이라고 생각했으므로 나는 언제나 그러라고 했다. 그러면서도 내침실 문은 잠그곤 했다.

나는 구제불능의 이성애자였다. 뭐, 수많은 이성애자 여성이 그렇듯 '가장 혁명적인 페미니스트들은 레즈비언'이라는 주장에 납득했으니, 어쩌면 구제불능까지는 아니었을 수도 있겠다. 이게 사실이기만 하다면야! (사실이 아니지만.)

나는 질을 신사 같다고 생각했다. 그는 무용수처럼 길고 가느다란 다리를 가진 영국식 키다리 느낌이었다. 본인도 나중에 알게 된 사실이지만, 왕족은 아니지만 왕족에 가까운 영국 남성

1971년 나는《여성과 광기》를 집필 중이었다.

의 사생아 출신이었다. 그러다 보니 가부장제 타도를 외치면서도 아버지가 자신을 인정해 주면 좋겠다는 마음을 가지고 있었다. 그는 결혼을 한 적이 있었고 남성 동성애자 집단이 으레 그렇듯 숨겨 뒀던 아이도 둘 있었다. 당시에 나는 알지 못했지만 그의 표현을 빌리자면 가끔씩 "나갔다 왔다"고 했다. 정신이 나가서 정신 병원에 가야 했다는 이야기였다.

질은 매주 자기가 속한 소모임에 관한 칼럼을 썼는데, 한번은 나와 춤을 추는 것이 어떤 느낌이었는지를 묘사하기도 했다. 한눈에 보기에도 난 흐물흐물한 모습이었다. 당황스러워 해야 할지 아니면 기뻐해야 할지 알 수가 없었다.

질은 모든 친구와 지지자에게 무력한 모습을 드러냄으로써 그들이 자신에게 아무 대가 없이 봉사하도록 만들었다. 자신을 위해 전화를 걸게 하고, 자신이 곤경에 처했을 때 빠져나오도록

돕게 만들었으며, 연인이나 출판사, 편집자, 페미니즘 운동의 주
요 인물들, 영화나 식당 선택, 그리고 자신이 생각하는 것이면 무
엇이든 관련해서 급히 필요한 조언을 구하곤 했다.

　　머지않아 나는 그를 누군가에게 소개시켜 줬고 둘은 연인이
됐다. 나로서는 일종의 자기 방어 행위였지만, 대체로 나는 운동
진영의 커플 메이커였고 오래 가는 커플 여럿을 맺어 줬다.

*

여성과 광기에 관하여

겨울방학이 됐다. 나는 안티구아에 있었다. 바람이 세차게 부는 해변, 에메랄드빛의 나지막한 산들, 넬슨 조선소, 태평한 관광객들이 있었다. 그리고 상상할 수 있는 가장 고통스럽고 절망적인 빈곤이 거기 있었다.

나는 뉴햄프셔 출신의 내 어린 연인 닉을 위해 돈을 쓰는 슈가마마sugar mama[1]였다.《여성과 광기》의 집필 마무리를 자축할 겸 짤막한 휴가를 즐기기 위해 이곳에 왔다. 호텔 식사는 야외에서 제공됐고, 거기서 우리는 가장 신선한 과일, 가장 달콤한 페이스트리, 가장 진한 커피로 저녁 식사를 했다. 같이 수영을 하고 일광욕을 하고 춤을 추기도 하고 사랑을 나누고 섬 곳곳을 다니며 관광을 했다.

골칫거리는 금세 나를 찾아왔다. 한 영국 청년이 LSD에 취해 고래잡이에 쓰는 작살포로 자기 여자친구를 공격하려 한 일이 있었다. 어쩌다 보니 그 여자친구가 물에 흠뻑 젖은 채 흐느끼면서 우리 숙소 문 앞에 나타났다. 아마도 누군가에게 내가 심리학자라는 이야기를 들은 모양이었다.

"제발 크리스가 잡혀가지 않게 해 주세요. 걔 착한 남자예요.

---

1   자신보다 한참 나이 어린 연인에게 경제적 지원을 하는 여성.

그냥 약에 취했던 거라고요. 저는 고소할 생각도 없는데 경찰이 그 애를 쫓고 있어요."

나는 비키니 위에 원피스를 걸쳐 입고 영국 영사관으로 향했다. 그리고 영사를 만나 말했다. "영사님, 이 섬은 정신과 환자에게 과도하게 투약하고 충격요법을 과하게 실시하는 것으로 유명하지요."

이런 식의 접근은 모두 유럽이 원조였지만, 안티구아에서 정신질환자는 지나치게 낙인을 찍었다. 안티구아 의과대학 최초의 정신과가 개설된 지 불과 5~6년밖에 되지 않았으니 말이다.

"일단 그 청년을 찾게 되면 엄청난 충격부터 가할 테고, 그러면 그 청년은 회복 불가능해질 겁니다. 도와주실 수 있습니까?" 영사관에서는 관여하기를 거부했다.

겁에 질린 그 여자친구는 크리스를 내게 데려왔다. 그는 제정신이 아니었다. 자기가 어디에 있는지도 몰랐고 무슨 짓을 했는지도 기억하지 못했다. 나는 가지고 있던 신경안정제를 그에게 건네고 내 호텔방의 샤워 칸막이 안에 몸을 숨기게 했다.

내가 알던 정신과 수용시설이나 충격요법—사람들이 장기 및 단기 기억을 모두 상실하는 경우가 많았음—을 감안할 때, 내게 선택지는 둘 중 하나였다. 내가 아는 바를 따라 행동하거나 아니면 외면하는 것. 그러나 한 영혼을 구할 기회가 있는데 그 기회를 그대로 날릴 이유가 없다는 게 내 지론이었다. 잠시 후 경찰이 도착해서는 크리스를 봤냐고 내게 물었고, 나는 눈을 휘둥그레 뜨며 못 봤다고 답했다.

나는 그들과 함께 공항으로 가서 크리스의 상황을 설명하고 도움을 구할 만한 영국인 조종사를 찾았다. 그 조종사는 내가 히드로까지 동행한다면 그를 태워 주겠다고 했다.

"저는 동행할 수가 없지만, 크리스의 여자친구가 동행할 겁니다. 런던에 있는 크리스의 어머니에게 전화를 해 뒀으니 그분이 공항에서 앰뷸런스와 함께 대기하고 있을 거예요. 약 때문에 완전히 진정된 상태니까 아마 자리를 벗어나는 것조차 못할 겁니다." 나는 그렇게 양해를 구했다.

닉은 "당신 사정"이라면서도 내가 그 일에 그토록 많은 시간을 들인 것에 화가 나 있었다. 고맙지만 성가신 사람이었다.

글로리아와 나는 가는 곳마다 인터뷰 요청을 받았다. 우리는 TV나 라디오 프로그램에서 자주 만났다. 1972년에 글로리아는 내게 〈데이비드 프로스트 쇼The David Frost Show〉에 같이 출연하자고 제안했다. 다른 사람들에게도 동반 출연을 제의한 상태였는데 그중에는 미국 최초로 국회의원으로 선출된 여성, 즉 여성참정권에 찬성표를 던질 수 있었던 유일한 여성이었던 지넷 랭킨, 당시 뉴욕시 인권위원회장이었던 엘리너 홈즈 노턴, 영국 출신의 페미니스트로 《여성의 지위》를 쓴 줄리엣 미첼, 《미즈》 소속 저널리스트였던 제인 오라일리, 가수 주디 콜린스도 있었다.

글로리아는 유쾌하고 엉뚱한 사람들과 함께 있을 때 가장 편안해했다. 그는 공개 석상에서 발언하는 일에 굉장히 긴장하곤 했다. 나는 다행히도 무대공포증은 없었다. 몬태나 출신의 랭킨은 조지아 애선스의 농장을 소유하고 있었다. 정신과 진료에 대한 나의 페미니즘적 비판에 감명을 받았던 그는 내게 애선스에

1972년 글로리아의 사무실에서.

있는 자기 소유의 땅을 여성들을 위한 정신병원 부지로 사용하라
고 내주었다.

"훌륭한 생각입니다. 정말 감사해요. 하지만 저는 사실 행정
실무나 자금 조달을 하는 사람이 아니라서요. 이런 일에는 그런
역할이 필요하죠." 나는 그렇게 답했다.

나는 더블데이에서 케이트 밀릿 담당 편집자였던 베티 프래
시커와 함께 일하기로 한 상태였다. 케이트가 《여성과 광기》를
읽자마자 지지의 뜻을 표한 것이 나는 굉장히 기뻤다. 그리고 신
기했다. 여성들이 서로의 책을 칭찬하고 추천하여 출판계를 주목

시킬 수 있다니. 나는 케이트에게 전화를 걸어 감사를 전했다. 우리는 힘을 합칠 계획을 세웠다.

뉴욕 포키프시 인근 케이트의 농장으로 찾아갔다. 케이트는 19세기 같은 방식으로 매입한 그 땅을 유일한 믿을 구석으로 여겼다. 케이트는 크리스마스 트리를 키워 판매한 돈으로 세금을 내고 수리 비용을 충당할 계획이었다. 해당 부지에는 유지보수가 필요한 커다란 건물 세 개가 있었다. 케이트는 그 공간을 여성 예술가들을 위한 여름 휴양지로 구상했다. 하루 중 절반은 풀을 베고, 식물을 심고, 뭔가를 만드는 등 농장 일을 하고 나머지 절반은 각자 개인 작업의 시간을 가지면 어떨까 생각했다.

케이트와 나는 근사한 저녁 시간을 보냈다. 그는 그릴에 두툼한 스테이크를 굽고 와인을 줄줄이 땄으며 "우리의 운동" 이야기를 하며 함께 웃어 댔다. 대학 기숙사에 있는 것 같기도 했고 친자매가 생긴 기분이기도 했는데, 이는 이전의 내가 전혀 알지 못했던 어떤 것이었다.

우리는 꽤 늦게까지 깨어 있었다. 케이트는 이렇게 말했다. "그 사람들은 어쩌면 자기네가 이미 모든 걸 봤다고 생각할지 모르지만, 그들이 당신을 제대로 보려면 아직 멀었어. 당신은 뭔가 다르다고." 우리 모두와 친했던 린다 클라크 또한 "체슬러는 곧 정상까지 치고 올라갈 거야"라는 케이트의 말을 전하기도 했다.

페미니즘 최초의 아이콘이 속한 여성들만의 모임을 기약할 수 있다니 나는 이루 말할 수 없이 기뻤다. 아이콘은 사람을 매혹시킨다. 케이트는 그 지점에 먼저 도착했고, 《타임》 표지에 실렸다. 케이트는 여자들을 부릴 줄 알았다. 하지만 케이트는 우리의

죄를 위해 죽은 사람이었다. 그가 누굴 괴롭혔다 한들 반페미니
즘 진영에서 케이트를 노골적으로 조롱하거나 레즈비언 페미니
스트들이 그를 못살게 굴며 바이섹슈얼 내지는 레즈비언이라고
커밍아웃하게 만들었던 것에는 비할 바가 아니었다. 케이트 본인
도 유명인이라는 이유로 분노, 질투, 심지어 혐오의 대상이 되어
고통 받았다. 이 내용은 그가 다음에 쓴 책《비행》에도 나온다.

1년이 지난 어느 날 우리 담당 편집자였던 베티는 화장실까
지 나를 따라와서는 케이트에게 '레즈비언에 관련된 모든 내용'
을《비행》에서 빼도록 설득해 달라고 부탁했다. 그런 내용이 포
함돼 있으면 그 책은 더블데이에서 성공하기 힘들 것이라는 이유
에서였다. 나는 거절했다. 베티는 레즈비언 관련 내용이 책의 앞
길을 가로막을까 봐 걱정이 됐을지도 모른다. 게이와 레즈비언의
운동이 곧 평등을 위해 싸우는 가시적이고 중요한 세력이 될 줄
그때는 알지 못했으니까. 또한 베티는 제멋대로에다 드세기까지
한 그 책의 목소리 역시 마음에 안 들었는지도 모른다. (나는 제임
스 조이스적인 그 목소리에 감탄했지만.)

1973년, 내 친구 에리카 종의 유머러스한 소설《비행공포》가
출간됐다. 이 소설은 존 업다이크의 흥분 어린 찬사를 받았고 베
스트셀러 반열에 올랐다. 케이트는 더블데이와 결별하고 크노프
의 로버트 고틀립에게 갔다. 1974년에 크노프에서 출간된《비행》
은 대히트를 쳤다. 나는 두 책을 모두 사랑했다.

1970년대 이전까지 출판계에서 일하는 여성 대부분은 비서
직이거나 보조 편집자였으며, 형편없이 적은 돈을 받았고, 어린
남자들이 줄줄이 편집장으로 승진되는 것을 지켜봐야 했다. 남성

저자의 책에 비하면 여성 저자의 책들에 대한 서평 자체가 드문데다 긍정적인 평가도 받지 못했다. 주류의 학술 매체에서 서평을 쓰는 이들도 여성보다는 남성이 많았다. 결국 페미니스트들이 문제를 제기했고 어느 정도 진전이 있었으나, 남성 편집장들은 이데올로기적으로 앙숙인 페미니스트들을 골라 서로의 작품을 비평하게 만들기 시작했다. 그들에게는 마냥 신나는 일이었다.

1960년대에 여자들은 페미니즘 책을 쓰지 않았다. 여성 저자의 베스트셀러들도 간혹 있었지만 여성 해방에 관한 것이 아니라 주로 요리나 섹스에 관한 책이었다. 헬렌 걸리 브라운의《섹스와 싱글걸 Sex and the Single Girl》, 윌리엄 매스터스와 버지니아 존슨의《인간의 성적 반응 Human Sexual Response》은 엄청난 화제가 됐다. 이제는 이정표가 된 베티 프리단의《여성성의 신화》는 즉각 베스트셀러가 된 것은 아니었다.

그러나 1970년부터 1975년까지 "춤추는 개" 같은 페미니스트들(신시아 오지크의 표현)은 줄줄이 책을 펴냈다. 우리는 여기저기서 연락을 받고, 정신없이 글을 써 대고, 인터뷰를 했으며, 허튼 짓은 전혀 할 수가 없었다. 갑작스럽게 우리의 작업물이 칭송을 받았고, 출판사나 동료 작가들이 출판기념회를 열어 줬다.

앨릭스 케이츠 슐먼이 1972년에 쓴 소설《프롬퀸이었던 여자의 회고록》출간 기념 사인회에서, 비비언 고닉은 허둥지둥 어쩔 줄을 모르고 가쁜 숨을 몰아쉬며 내게 달려왔다.

"그 여자는 내게 뭘 원하는 걸까? 나는 어떡해야 하지?" 비비언은 내게 조언을 구했다.

'그 여자'는 레즈비언 활동가인 리타 메이 브라운(이하 리타 메이)이었다. 그 순간 리타 메이는 아무렇지 않은 표정으로 지나가며 말했다. "고양이처럼 아름다운 그 여자의 초록색 눈동자를 봐. 눈을 뗄 수가 없더라고."

리타 메이는 자신이 당황스러움을 유발하고 있다는 사실을 까맣게 모르는 눈치였다. 가난한 집 딸이었던 그는 《루비프루트 정글》까지 펴냈고, 테니스 스타였던 마티나 나브라틸로바와 짧게 동거한 후 남부 시골에 정착해 여우 사냥을 하고 반려묘 스니키파이브라운과 지내며 베스트셀러가 된 탐정소설 여러 편을 썼다.

나는 글로리아가 마침내 의식 고양의 경험을 해 볼 수 있도록 모임을 조직했지만 소용이 없었다. 우리는 내 아파트와 글로리아의 집에서 몇 차례 모였다. 그러나 글로리아는 장기간 성실히 참여하기 힘든 유명인 친구들(말로 토머스와 주디 콜린스)을 초대했다. 어쨌든 둘 다 영민하고 따뜻했으며 가장 급진적인 페미니즘 사상에 열린 태도를 지닌 사람들이었다. 말로 토머스는 연예계 최초로 실험적인 사업을 시작한 상황이었다. 미즈 재단Ms. Foundation과 손잡고, 성차별적 요소가 배제된 다양한 이야기와 노래를 수록한 아동용 책과 음반을 제작했다. 노래나 낭독은 앨런 앨다, 시슬리 타이슨, 캐럴 채닝, 마이클 잭슨, 다이애나 로스 등 유명인들이 맡았다. 이들의 목표는 아이들이 젠더 고정관념gender stereotype으로 인한 제약을 느끼지 않게 가르치는 것이었다. 축구 영웅 로지 그리어가 '울어도 괜찮아It's All Right to Cry'를 불렀다. 앨범 〈너는 너이고 나는 나일 자유Free to Be You and Me〉는 남자아이들도 원하면 인형을 가지고 놀 수 있다고 격려했다. 이 앨범은

TV 특집 프로그램으로 제작되어 상을 받기도 했으며 지금도 종종 방영되고 있다.

질 존스턴은 이 의식 고양 모임에 참석한 적이 한 번 있었다. 한바탕 울고 난리를 피운 다음 (감자칩을 던졌다) 나가 버리더니 다시는 안 오겠다고 했다. 질은 자신이 중심에서 주목받지 못하는 상황을 견디지 못했다. 글로리아 역시 미즈 소속 여성들을 초대했다. 당연히 글로리아의 부하 직원들이거나 추종자들이었다. 이 여자들은 글로리아에게 진실을 말하지 못했을 것이다. 아첨을 하고 거짓말을 했다. 그리고 글로리아는 그들에게 굳이 고함을 지르거나 하지 않았을 것이다. 그러니 어떻게 됐겠는가!

결과적으로 글로리아는 자신이 갈망한다던―자기 분노를 직접적으로 표현하는 방법을 가르쳐 줄―그 의식 고양의 경험을 한 번도 하지 못했다. 본인은 그 방법을 꼭 배워야 한다고 내게 늘 말하기는 했지만 말이다.

《미즈》는 《여성과 광기》에서 두 장을 발췌해 실었다. 1972년 6월, 《뉴욕》은 환자와 치료사 간 섹스에 관한 내용을 표지 기사로 실었다. 《여성과 광기》에서 해당 주제를 다룬 장을 인용했다. 헤드라인은 "관능적인 정신과 의사들"이었고 부제는 "일단 누워서 어디가 아픈지 말해 봐요"였다. 표지에는 늙은 남자와 젊은 여성 환자가 정신분석 의자psychoanalytic couch 위에서 포옹하고 있는 모습이 실렸다. 마음에 안 들었지만 그 표현 방식까지 내가 제재할 도리는 없었다.

페미니즘적 관점에서 그런 관계들을 폭로한 것은 내가 최초였을 수 있다. 페미니스트들은 내게 응원을 보냈고, '치료적 강간'

을 당한 수많은 여성 환자들이 내게 전화와 편지로 감사의 뜻을 전해 오기 시작했다. 그 가운데는 내가 그들을 대신해 증언을 해 주기 바라는 이들도 있었고 내가 자신의 치료사가 돼 주었으면 하는 이들도 있었다.

처음에는 반페미니즘적 정신과 의사들로부터 엄청난 공격을 받았다. 그들은 그런 여자들은 거짓말을 하고, 과장을 하거나 제정신이 아니며, 담당 치료사를 유혹했다가 치료사가 자신과 결혼을 하지 않으려 하자 이에 항의한 것이라고 주장했다. 이는 환자들이 아동기에 성적 학대를 받았던 경험에 대해 말하고자 할 때 임상의들이 한때 했던 말 그대로였다.

《여성과 광기》를 출간한지 10~15년이 채 지나지 않은 시점에, 비윤리적인 방식으로 여성 환자들을 성적으로 이용하는 남성 치료사들의 행태는 일종의 가내 공업화됐다. 주디스 허먼 박사, 케네스 포프 박사, 내니트 가트렐 박사, 애니트 브로드스키 박사 등 저명한 연구자들이 내 연구 결과가 사실임을 확인해 주었고 이 문제를 더 깊이 파고들었다.

나는 환자와 치료사 간의 섹스(취약한 환자에 대한 성폭력이라는 편이 더 맞을 것이다)를 친족 성폭력과도 같은, 남성 권력의 남용으로 간주한다. 당시에는 이 같은 특정한 형태의 권력 남용에 길고 추악한 역사가 있다는 것도, 수많은 "위대한 남자들"이 한 번씩은 환자에 대한 가해에 탐닉한 적이 있다는 것도, 그리고 한 위대한 남자가 또 다른 위대한 남자를 덮고 넘어가곤 했다는 것도 나는 전혀 알지 못했다. 칼 융, 오토 그로스, 빌헬름 슈테켈, 오토 랭크 모두 이 대목에서 유죄였다.

어느 정신과 의사가 나와 뉴욕에 대해 1천만 달러 손해배상 소송을 걸었다. 가운데 이름의 이니셜이 빠졌다는 것이 이유였다. 사연은 이렇다. 1966년, 정신과 의사였던 제임스 L. 매카트니는《성 연구저널Journal of Sex Research》에 〈공개적 전이Overt Transference〉라는 글을 실었다. 그는 환자와의 성관계를 공개적 전이라 설명하며, 자신은 여성 환자들과 그런 식의 공개적 전이를 수백 차례 즐겼다고 주장했다. 그는 미국정신의학회American Psychiatric Association에서 제명됐다.

그러나 나를 고소한 것은 이 매카트니가 아니었다. 매카트니에게는 이름이 같고 가운데 이름의 이니셜만 다른 아들이 있었다. 그 역시 정신과 의사였고 당시 사건으로 자기 아버지와는 절연한 상태였다. 그는《뉴욕》에 발췌 인용된 글 때문에 자신이 곤경에 처했다고 판단했다. 사람들이 자기 자신과 아버지를 혼동할 수 있고 환자와 동료들에게 "공개적 전이"를 실행한다는 인상을 줄지 모른다는 이유였다. 편집 과정에서 그 아버지 매카트니의 중간 이니셜이 빠지는 바람에, 아들 매카트니가 소송을 거는 근거가 됐다.

만일 우리 측이 소송에서 지면, 그는 내 책과 음반들을 다 가져가려나? 내가 가진 다른 재산은 없었으니 말이다. 나는 그 아들 매카트니에게 연락을 취해 점심 식사라도 대접하며 상황을 풀어나가고 싶었다. 근사하게 차려입은《뉴욕》의 임원들은 내게 이렇게 말했다. "그 사람과는 타협의 여지가 없을 겁니다."

그들은 나 그리고 잡지 측 입장 모두를 대변하고 있었을 것이다. 그러니 내게는 그들의 조언을 따르는 것 말고는 선택지가

없었다. 변호사들은 진술 녹취록을 작성했고, 시간이 흘러 1975
년의 재판이 코앞으로 다가왔다. 문득 나는 이 아들 정신과 의사
가 가장 피하고 싶은 것은 아마도 이목이 더 집중되어 받게 되는
고통일 것이라는 생각이 들었다. 나는 몇몇 저널리스트 지인들에
게 부탁하여 그에게 전화를 걸어 재판 내용을 보도할 생각임을
밝히고 인터뷰를 하고 싶다고 말하게 했다. 여기에는 약삭빠른
계산도 담겨 있었지만 연민 때문이기도 했다. 재판 전날 아침 즈
음, 원고 측은 1달러에 합의했다.

앞서 언급했듯이, 나는 홀트, 라인하르트 앤 윈스턴에서 출
간될 예정이던, 1940년대 원작을 바탕으로 만든 원더우먼 만화
모음집 관련해 글로리아 스타이넘과 공동 작업을 했다. 《미즈》
최초 단독 특집호의 표지에 원더우먼이 등장한 이후 편집자인 매
리언 우드는 글로리아에게 접근해 왔다. 반면, 글로리아는 내게
접근했다. 글로리아는 내가 《여성과 광기》에서 아마존 전사들 이
야기를 썼던 것을 알고 있었다. 나는 만화를 함께 선별하고 서론
부분 작성에 글로리아를 돕기로 했다. 해설 및 참고 문헌 부분도
작성할 예정이었다.

아마존 전사들―가부장제 입장에서는 악몽일 수밖에 없
음―은 젊은 페미니스트에게는 꿈같은 환상이다. 1960년대 말,
최고의 말 조련사들이자 기마병이었던 이 전사들은 실제로 내
꿈에 나타났다. 그 뒤 나는 도서관으로 달려가 1930년에 헬렌
다이너가 이들에 관해 쓴 놀라운 책 한 권을 찾아냈다. 책 제목
은 《엄마들과 아마존 전사들: 최초의 여성문화사 Mothers and Ama-
zons: The First Feminine History of Culture》였다.

나는 역사적 인물로서든 신화적 인물로서든 아마존 전사들에 관해 아는 일은 여성을 심리적으로 강화시켜 준다고 믿는다. 그러나 정작 원더우먼 캐릭터를 탄생시킨 윌리엄 몰턴 마스턴은 "자유 연애" 지향의 일부다처주의자이면서도 여성에게 롤모델은 없다고 봤던 것 같다. 1943년, 내가 세 살이었을 때, 마스턴은 이런 글을 썼다. "우리가 구축한 여성적 원형에 힘, 위력, 강인함이 없으면, 소녀들조차도 소녀가 되길 원하지 않는다."

　원더우먼이 처음 등장한 것은 1940년대 초였다. 1940년대 말에 이 만화들을 정신없이 읽었던 기억이 난다. 어렸을 때는 원더우먼이 백인이라는 것도, 원더우먼이 묶여 있는 장면이 많이 나왔다는 것도 알아차리지 못했다.

　글로리아와 나는 그리스식 투구를 쓴 모습을 제시했지만, 그런 사진은 결국 쓰지 못했다. 그리스식 투구를 쓴 아마존 전사들은 그럴싸하지 않다고 생각했거나 어쩌면 그런 사진은 잘 나온 사진처럼 보일 리 없다고 생각했는지도 모르겠다.

　몇 년 뒤, 히스토리채널에서 아마존 전사들 관련 인터뷰 요청이 들어와 응했는데, 그 프로그램이 방송됐을 때 나는 실망했다. 그 프로그램 속 아마존 전사들은 투박했고, 전투 기술은 아마추어 수준이었기 때문이다. 나는 그저 낭만적으로 생각했었던 것 같다.

　나는 어느 세기에 살았어도 내 첫 책은 썼을 것 같다. 다만 그 책을 읽어 준 독자층이 있었고 그 독자들이 그 개념들을 바로 받아들여 줬던 것은 당시 2세대 페미니즘이 미국 전역에서 탄력을 받기 시작하던 시기였던 덕분이다.

자기 주변인들을 이해해 보겠다고 어느 날 갑자기 벌떡 일어나서《여성과 광기》라는 책을 쓰는 사람이 또 있을까. 왜 다른 주제가 아닌 이 주제였을까? 내 주변에 정신질환자가 있었을까? 물론이다. 그때 대체 누가 제정신으로 살아갈 수 있었을까?

《여성과 광기》가 서점에 도착하기 전 그해 여름에 내가 뭘 했었는지 정확히는 모르겠다. 몇 주간 맥다월 콜로니에 머물면서 아마존 전사들의 역사 심리학psychohistory에 관한 해석적 에세이 한 편을 마무리하고 있었던 것 같다. 또 그해 여름 막바지에 나는 애쇼칸댐Ashokan Dam에서 별로 멀지 않은 뉴욕 로몬트빌의 집을 한 채 렌트했던 것으로 기억한다. 나는 혼자 사는 것이 너무 좋았다. 나 혼자만의 시간은 신성했다. 그 집에서《여성과 광기》서문을 탈고했고 어느 날 한밤중에 집 밖으로 나와 달을 바라봤다. 그때 나는 내가 이 세상을, 그리고 내 세상까지도 바꿀 수 있다는 것을 깨달았다.

1972년 10월 1일, 출간일이 됐다. 담당 편집자 베티는 붉은 가죽을 덧댄 양장본으로 나온 내 책을 한 권 보내왔다. 그 책은 지금도 갖고 있다. (내가 쓴 책마다 가죽 양장본으로 만들고 싶었지만, 돈이 너무 많이 든다.)

바드대학과 뉴스쿨, 이후 리치먼드대학에서도 함께 있었던 주디 쿠퍼스미스가 내게 깜짝 생일파티를 해 주었다. 그때 찍었던 사진들을 보면 눈가가 촉촉해진다. 여기 포크를 높이 들고 고개를 젖히고 있는 쾌활한 모습의 앨릭스 케이츠 슐먼이 보인다. 청바지 차림으로 바닥에 앉아 우리 머리를 쓰다듬고 있는 글로리아도 있다. 동성애자들을 위한 동료 상담peer counseling을 처음 시도

했던 아이덴티티 하우스를 창립한 티나 맨델도 있다.

글로리아는 아테나 여신이 그려진 그리스 동전으로 만든 반지를 내게 주었다.《여성과 광기》에서 신성神性을 여성형으로 새롭게 제시한 것에 여성들의 반응은 뜨거웠다. 심리학적으로 어떤 힘을 불어넣었던 것 같다. 사람들이 한때 여신을 숭배했었으며, 신성은 남성인 동시에 여성이며, 신은 여성인 혹은 여성적인 측면을 지니고 있다는 사실을 알게 되는 일은 여성의 자존감과 여성에 대한 시선 그리고 경험에도 변화를 가져왔다.

캐서린 스팀프슨은 문학 교수였고 맹렬한 페미니스트 학자이기도 했다. 스팀프슨은 바나드에서 학생들을 가르치고 케이트 밀릿과 가까이 보워리에서 살았다. 스팀프슨은 학술지 〈사인즈〉의 초대 편집자이기도 했다. 현대언어학회Modern Language Association의 회장, 맥아더 지니어스상MacArthur Genius Awards의 고문, 뉴욕대학교 대학원장을 역임하기도 했다. 스팀프슨은《여성과 광기》출간 기념 파티를 열어 주겠다고 은근히 고집을 부렸다. 케이트가 그랬듯, 내가 뜨고 있었기 때문이었다.

파티는 순식간에 지나갔다. 작가는 자신의 책 출판기념회에 거의 있지를 못한다. 선거철 정치인처럼 모든 사람을 반갑게 맞으리라는 기대를 한 몸에 받게 되기 때문이다. 스팀프슨의 집은 어둡긴 해도 널찍했다. 내 책에 대한 서평을 쓸 만한 비평가들 몇 명도 와 있었고 내 담당 편집자 베티도 거기 있었다. 내 가족과 전애인 두 명도 참석했다. 친지들은 뻣뻣한 자세로 모여 앉았고, 여자들은 핸드백을 움켜잡고 있었다.

파티는 페미니스트들 천지였다. 나와 절친한 바버라 존스,

바버라 체이슨, 주디 쿠퍼스미스가 와 있었고, 배우이자 영화광인 안셀마 델롤리오, (훗날 나와 함께 책을 쓰기도 했던) 변호사인 에밀리 제인 굿맨, 심리학자 리 말로위와 일레인 스토커, 그리고 리치먼드대학 심리학과의 페미니스트 동료들도 전부 와 있었다. 질 존스턴은 밖에서 피켓을 들고 서 있었다. 정신이상 인증CERTI-FIED INSANE이라고 쓴 샌드위치 광고판을 걸치고 있었다. (질은 의사들이 정신질환에 대해 글을 쓰는 것 자체에 질색했다.) 그의 행동을 말릴 수는 없어서 그저 안으로 들어오라는 말밖에 할 수 없었다.

남부 출신의 작가이자 술꾼 레즈비언이었던 버사 해리스 (1976년에 쓴 소설《연인》은 주나 반스의 작품과 비슷한 느낌)는 술에 취해서는《새터데이 리뷰》에 실을 서평을 위해 내 책을 살펴보고 있던 살 마디 박사에게 주먹을 날렸다. 잘한다, 자매들.

한번은 여성과 정신건강에 관한 래드클리프 콘퍼런스와 하버드 대학원의 지역사회 정신의학 프로그램에 연사로 초청을 받은 적이 있었다. 당시 나는 내가 남자였다면 교수직을 제안 받았을 수도 있었겠다는 생각을 했다. 강연 후 일주일이 채 지나지 않아 여성 내과의사 4명이 정신과 실습을 그만뒀다. 그들은 내 강연이 자신들의 인생을 바꿔놨다는 편지를 내게 보내왔다. 나는 캠브리지의 찰스강이 내려다보이는, 폴 로젠크란츠 박사와 부인 바버라의 아파트에서 열린 파티에 참석했다. (폴은 하버드와는 관련이 없었지만, 바버라가 과학사 부교수였고 1974년에는 하버드 최초로 여성 사감이 되어 폴과 공동 사감 역할을 했다.) 잉 브로버만 박사와 함께 폴은 정신질환 진단의 성 역할 고정관념화 문제를 기록한, 중요한 연구 결과를 발표했으며, 나는 그 내용을《여성과 광기》

에 인용했다.

그날 처음 만나게 된 시인 에이드리언 리치는 갑자기 내 앞에 와서 서더니 이렇게 말했다.

"당신은 여성들의 정신건강에 대변혁을 가져온 겁니다. 존경하는 마음을 전하고 싶었어요."

나는 이렇게 말했다. "《뉴욕 타임스》는 제 책을 소개하지 않았고 아마 앞으로도 하지 않을 거예요. 적어도 제 담당 편집자 생각은 그렇더라고요."

"아, 그런가요. 뭐, 좀 더 지켜보죠." 그는 그렇게 말했다.

11월 말, 그는 《뉴욕 리뷰 오브 북스》에 미지 덱터의 《여성 해방에 반대하는 새로운 정절 그리고 그 밖의 다른 주장들The New Chastity and Other Arguments Against Women's Liberation》을 신랄하게 비판한 글에서 내 책을 언급했다.

(말로 토머스와 훗날 결혼하는) 필 도나휴는 당대의 오프라 윈프리 같은 남성이었는데 특별 대담 시간에는 나 같은 페미니스트들을 출연시켰다. 그는 뛰어난 인터뷰어였다.

여성들이 내게 편지를 보내오기 시작했다. 또 서평이 《커커스 리뷰》 《퍼블리셔스 위클리》 《라이브러리 저널》의 간행물, 그리고 《새터데이 리뷰》 《사이컬러지 투데이》 《빌리지 보이스》 《뉴 리퍼블릭》에 실리면서 내 책은 한 달간 품절 상태였다. 그때까지도 《뉴욕 타임스》는 아직 내 책을 소개하지 않은 상태였다.

《뉴욕 타임스》를 통해 유명인들의 호평을 받는다는 것은 신에게 인정받고 입맞춤을 받는 것이나 다름없는 일이었다. 여성이 쓴 책, 특히 여성이 쓴 페미니즘 책은 여전히 거칠고, 남성혐오적이고, 히스테리적이며, 춤추는 개가 일으키는 소동이나 다름없으며, 고전이 될 만한 수준이 못 된다고 여겨지던 시절이었다.

몇몇 다른 페미니즘 서적들이 페이퍼백 판권으로 10만 달러 단위의 금액을 받던 시절에, 《여성과 광기》는 그러지 못했다. 더블데이 측에서는 굵직한 매체에 서평도 실리지 않고 이렇다 할 판매실적도 없으면, 사람들의 관심이 멀어지기 전에 페이퍼백 경매를 하겠다는 영리한 계획을 세워둔 상황이었다. 더블데이는 즉각적이었다. 더블데이에서는 내 페이퍼백 판권을 노래 한 곡에 팔았다. 아마도 개중 최고의 혹은 유일한 제안이었을 수도 있다. 아무리 그래도 너무 심란했던 나는 한밤중에 담당 편집자 베티에게 전화를 걸어 흐느껴 울었다. 앞이 캄캄했다. 다양한 페미니즘 의제에 기부할 계획이었는데 그럴 수 없게 됐으니까. 매일 더 분명히 깨닫게 되는 것은 내 일자리를 잘 붙들고 있어야 한다는 사실이었다. 그렇지 않으면 집필이나 여타 활동에 드는 비용을 감당할 수 없을 것이 분명했다.

한 달쯤 지날 무렵, 《여성과 광기》에 대한 에이드리언 리치의 극찬이 담긴 긴 서평이 《뉴욕 타임스 북 리뷰》 표지에 실렸다. 내 세대에 그토록 화려한 칭찬을 받은 페미니즘 작품은 처음이었을 것이다. 판매 부수가 급증했고 담당 편집자는 승리의 냄새를 맡았다. 그렇다. 신문 하나가 그 정도의 결정권과 영향력을 지니고 있었다. 그건 지금도 마찬가지다. 그런 이유로 나는 에이드리언에게 이 말을 꼭 전하고 싶다.

에이드리언, 당신이 어디에 있든, 나는 당신에게 빚을 지고 있습니다. 삶이 변화된 수백만 명의 여성들이 그렇듯이요. 당신이 쓴 서평 덕분에 그들은 내 책을 읽게 됐을 테니까요.

그로부터 20년 뒤 《뉴욕 타임스 북 리뷰》 지면에 주디스 루이스 허먼의 대표 작품 《트라우마》를 소개하면서 나는 마음의 빚을 갚았다.

한 달 만에 《여성과 광기》 서평이 보스턴, 노스캐롤라이나 샬럿, 시카고, 신시내티, 클리블랜드, 캘리포니아 롱비치, 뉴욕시, 필라델피아, 피닉스, 피츠버그, 샌프란시스코, 시애틀, 밴쿠버를 비롯한 수십 개 지역 신문과 《타임》 및 《가디언》에 실렸다.

강연 중개 에이전트들은 나와 일하겠다고 난리였고, 대학생 단체들의 강연 요청은 줄을 이었다. 이런 일회성 행사 요청은 많았지만, 학생(대다수가 학생인 여성들이었고, 남학생이나 남성 교수진은 소수에 불과했다) 수천 명이 내 이야기를 듣기 위해 아무리 몰려들어도 그 대학들 중 어디에서도 나를 정식 교수로 초빙하는 일은 영영 없을 것이었다.

나는 유명해지는 중이었다. 실제로 유명했다. 유명세는 타기 시작했지만, 골치가 아팠다. 나는 그에 따른 고독감, 요구사항들, 질투 같은 것이 싫었다. 어쩌면 한낱 유명세는 권력과는 달랐기 때문인지도 모르겠다. 유명세가 집필과 강연 경력에 도움이 되는 것만큼은 확실했다. 그것은 때로 길에서 사람들이 나를 알아본다거나, 페미니스트 모임에서 인정받는다는 이야기이기도 했다. 낯모르는 사람들이 마치 나와 절친한 사이인 양 내 이야기를 했다. 나를 알던 사람들은 나를 떠나갔다. 내가 다른 유명인들을 사귀느라 자신들을 버린—혹은 곧 버릴—것이라고 느꼈는지도 모르겠다. 스쳐 지나가는 성공 때문에 어떤 식으로든 내가 "그들을 난처하게 만든"탓에 그들 자신이 덜 중요한 사람으로 여겨졌을 수도 있다. 그들은 인정받지 못하고 있는데 내가 인정받았으니 나를 용서할 수 없었을 수도 있다. 케이트 밀릿은 당시만 해도 아직 출간 전이었던《비행》에 이 현상에 대해 적고 있다.

길 위의 삶에서 나는 칭찬을 받기 보다 희롱당하는 느낌을 받았다. 젊은 여성들이 내 침대에 뛰어들려 할 때마다 특히 그런 느낌이었다. 나는 술을 마실 수밖에 없었다. 몇 년간은 술을 마셔야만 모텔이나 호텔 방에서 잠이 들 수 있었다. 나는 집으로부터 멀리 떨어져 있었다. 물론 그곳이 곧 내 집이었지만, 나는 나를 떠받드는 이들로부터 지독히 혼자였고, 지독히 동떨어져 있었다. 나는 그들에게 속해있지 않았다. 나는 희생 제물이었다. 유명세에 대한 당시 내 심정을 마사 셸리의 시구로 표현하자면 되돌리기에는 너무 늦었으나 더 나아진 것인지 알 수 없는 기분이었다.

리치먼드대학에서 내 자리는 위태로웠다. 대중적 명성이 나를 위험한 상태로 몰아넣었다. 나는 아직 테뉴어를 받지 못한 상태였고, 여성학은 가부장적 학계에 아직 녹아들지 못한 상황이었다. 우리는 학계에서는 여전히 적절한 지식의 영역으로 인정받지 못하고 있었고, 활동가로서는 아웃사이더인 동시에 왕좌를 탐하는 이들이었다.

하지만 종국에 나는 실제로 테뉴어를 받은, 그리고 그것을 사수한 몇 안 되는 급진 페미니스트 교수 중 한 명이었다. 그런 소중한 입지를 구축해 낸 우리 대부분은 비슷한 시련을 견뎌 냈다. 그런 시련을 겪는 자매들 가운데는 심리학자 폴라 캐플란(온타리오교육학연구소), 내과의사 메리 하월(하버드의학전문대학원), 신학자 메리 댈리(보스턴대학)도 있었다. 폴라는 이후 이 주제를 다룬 명저《깃털 1톤 들어올리기: 여성이 학계에서 살아남으려면Lifting a Ton of Feathers: A Woman's Guide to Surviving in the Academic World》를 썼다.

우리, 그러니까 주요 직무 명세에 애초에 그 일을 맡은 것에 대한 정당성을 끊임없이 입증할 의무가 포함된 우리는 모임을 조직하고, 행진하고, 연좌 농성을 하고, 말 그대로 우리가 사는 세계를 바꿔놓았다 해도 과언이 아닌 기사와 책을 쓰는 일에 자신의 풋풋한 젊은 시절을 바쳤던 그 모든 급진 페미니스트들보다는 훨씬 더 운이 좋았다. 자신에게 어쨌든 본업이 필요하다는 사실을 그들은 너무 늦게 깨달았다.

내가 아직 잘 팔리는 동안 돈을 벌겠다고 마음먹고 나섰을 수도 있었겠다 생각해 본다. 하지만 그런 삶은 대체 뭘까? 연극 혹은 서커스 같은 삶 내지는 떠돌이의 삶이려나? 내가 노동자 계급 출신임을 생각하면, 내게 필요한 것은 공무원의 월급 같은 안정이었다. 나는 읽고 쓰고 싶었다. 하지만 늘 길 위에만 있으면서는 그럴 수가 없었다. 평생 글을 쓰는 작가는 규칙적인 일정이 필요하다. 일정한 장소에서 하루하루 작품에 몰두할 필요가 있다. 그래야 혹시라도 영감이 나를 찾으려 할 때 내가 어디 있는지 정확히 알 테니까.

나는 제대로 된 결정을 내렸다. 그 자리에 남아 내 일자리를 지켜 내기로 마음먹었다. 그 후로 다른 대학에서는 (테뉴어에 해당하는 장기적인) 일자리 제안을 한 번도 받은 적이 없었다.

1972~73년 겨울방학 동안 나는 처음으로 그리스와 이스라엘에 갔다. 그리스는 내가《여성과 광기》에서 토대로 삼았던 극,

시, 신화가 탄생한 곳이다. 가서 나의 지적 조상들에게 감사를 전하고 싶었다. 아테네의 국립박물관에 있는 여신들을 나는 사랑했다. 청동 혹은 대리석을 입고 빛나는, 키가 3미터쯤 되는 그들이 거기 서 있다. 나의 아마존 전사 중 한 명은 말에 올라탄 채 프리지아 모자Phrygian cap[2]를 쓰고 있으니, 그는 바로 에피다우루스Epidaurus 출신이다. 고대 그리스의 선원들이 항해를 앞두고 신에게 술을 바치던 수니온을 방문했다. 바위투성이 곳, 거센 바람, 망망대해가 나를 들뜨게 했다. 시와 여성 편력의 신인 바이런이 여기 내 앞에 있었다. 그는 자기 이름을 길이 남을 기둥 하나에 새겨 넣었다.

내가 가장 사랑한 것은 델포이였다. 나는 시빌의 바위 근처를 서성였다. 너무도 절묘하게 산과 바다의 중간에 걸쳐 있는 곳이었다. 아테네에서 비행기를 타고 이스라엘로 갔다. 진작 가 봤어야 했다. 나는 하이파, 예루살렘, 네게브 사막, 텔아비브, 레호보트, 에일라트에 들렀다. 긴 속눈썹의 아랍 남자들이 에일라트에서 나를 슬쩍 보며 미소를 지었다. 산호의 근사한 분홍빛이 감도는 곳인 동시에 디스코테크들의 번쩍이는 네온 불빛과 소음이 가득한 곳이기도 했다. 아카바만의 마이애미 해변 같았다.

나는 내가 머물던 텔아비브 호텔에서《타임》을 집어들었다가《여성과 광기》서평을 보고 충격을 받았다. 부정적인 평가여서가 아니라 서평 뒤에 실린, 노골적으로 반유대주의적이라 느껴

---

2   본래 고대 소아시아 국가였던 프리지아에서 쓰던 원뿔 모양의 모자로, 고대 로마에서 노예가 해방되면 썼던 데서 유래하여 프랑스 혁명 당시 시민군의 상징이 되어 자유의 모자로도 불림.

지는 만화 때문이었다. 그 만화에서는 프로이트를 코가 큰 피그미족으로, 프로이트의 내담자는 다리가 길고 금발인 (한눈에 보기에도) 비유대계인 여성으로 묘사하고 있었다.

어쨌든《여성과 광기》는 1주일 만에 2천 부가 팔려 나갔다. (이후 350만 부 판매 기록을 세우게 된다.) 약속된 강의가 있어 아쉬움을 뒤로 하고 이스라엘을 떠났다.

자매애가 할 수 있는 것

나는 미국에 돌아오자마자 풀타임 강의와 콘퍼런스를 진행했다. 각종 회의와 출판기념회, 언론 인터뷰에 참석했으며, TV와 라디오 프로그램에도 나갔다. 내 인터뷰와 서평은 수많은 매체에 실렸다. 이건 시작에 불과했다. 일이 쌓이다 못해 넘쳐흘렀다. 나는 회전목마에 올라탄 채 대책 없이 돌고 있었다. 정말이지 정신을 차릴 수 없었다.

TV에 출연하자마자 북미 전역의 여성들로부터 편지가 날아들었다. 주로 남편에 의해 정신병원에 감금됐던 이야기였다. 편지들을 읽으면서 과연 이들을 구할 수 있을지 자문했다. 이들을 정신병원에서 구출하고, 자신을 학대한 그들을 고소하도록 돕고, 법정에서 이들을 위해 증언하고, 이들의 고통을 책으로 펴내도록 도울 수 있을지 말이다.

편지 중에는 타자기로 친 것도 있었고, 꽃잎이나 나뭇잎, 귀여운 동물이 그려진 편지지에 손으로 적은 것도 있었다. 편지 하나하나가 자신을 구해 달라고, 아니 기억이라도 해 달라고 애원하는 것 같았다.

마지 피어시는 시 〈편지 속 여성들Women of Letters〉에서 이 순간을 포착한 바 있다.

체슬러가《여성과 광기》를 쓴 뒤로
그들은 여러 상자에 담긴 편지를 가져왔다…….
피에 절여진 머리카락 뭉치가 상자마다 가득했다…….

편지 속 목소리는 세월이 흘렀음에도 여전히 생생하다.

저는 마흔다섯이고 아이가 열 명 있습니다. 남편에게 다른 여자
가 생겼는데, 남편은 제가 편집증 환자라 치료가 필요하다면서
정신병원에 넣으려 해요. 치료를 조금 받았지만 달라진 건 없어
요. 남편은 저를 계속 속이며 이혼을 원하고 있고요. 만일 아이들
과 떨어진다면 저는 죽을 겁니다. 당신의 도움이 필요해요.

—매사추세츠에서

절망스럽지만 희망을 붙들고 편지를 씁니다. 저는 다정한 남자
와 결혼했는데, 남편을 너무 사랑해서 문제예요. 박사님, 제가 전
적으로 의존하고 있는 이 결혼 생활을 어떻게 하면 깨지 않을 수
있을까요? 저는 몇 년 동안 정신과 치료를 받았습니다. 답변이든
질문이든 통찰이든 좋으니 해 주실 말씀 있을까요?

—뉴멕시코에서

바람둥이 남편이 제 사망 보험금 얘기를 자꾸 하네요. 제가 남편
보다 교육도 더 많이 받았는데, 전 재산을 그 사람이 관리해요.
남편이 절 죽일까요? 저는 어떻게 해야 할까요?

—아이다호에서

남편은 출근해 있는 낮 동안 저를 가둬 놔요. 제가 어쩌다 불평하면 그는 화를 냅니다. 같이 TV를 볼 때 매력 있는 배우를 바라보기만 해도 저를 때리고요. 지금 저는 담배를 피우고 있는데, 두통이 심하네요. 제가 어떻게 해야 하는지 제발 알려 주세요.

—메인에서

남편들은 새 여자가 생기면 아내를 정신과 의사에게 데려갔다. 그 시점부터 아내들은 무너지기 시작했다. 술을 마시고, 약을 먹고, 폭식하고, 잠을 자지 못하던 이들은 머지않아 가혹한 정신의학적 진단 기준에 부합했다.

이들이 바로 1950년대의 여성이었다. 이들은 자기 권리가 무엇인지 알지 못했다. 아니, 이들에게는 권리랄 것이 거의 없었다. 양육권을 얻기 위해 가방 하나 들고 떠돌거나 친척 집을 전전해야 했다. 친척의 도움을 받을 수 있다면 운이 좋은 것이었다. 그들은 편지를 통해, 면허만 있을 뿐 가학적이고 무능한 정신과 의사들, 심리치료사들, 그리고 사기꾼들을 폭로했다.

선생님 덕분에 제 동생이 20년간 앓았던 정신질환에 대해 새롭게 알게 됐어요. 그 애의 병이 남성 지배적인 결혼 생활에 대한 저항 때문에 생겼다는 것을요. 동생은 정신뿐 아니라 신체적으로도 이상 증세가 생겼는데, 담당 의사는 그 증상이 전부 동생 머릿속에만 있는 것이라고 단언했어요. 그 뒤 동생은 진단도 치료도 받은 적 없었던 암으로 죽었어요.

—위스콘신에서

제 룸메이트 엘런은 일주일에 5일을 권위 있는 의학박사에게 치료받고 있었습니다. 그 애의 증상이 심각해졌을 때 그 박사에게 연락하려다가 말았어요. 그러다 그날 엘런이 기차에 뛰어들었죠. 나중에 알고 보니 다른 친구가 박사에게 연락했는데, "엘런은 자기 문제에 아주 잘 대처하고 있어요. 신경 써 주셔서 고맙습니다"라며 친구를 안심시켰다는 겁니다. 그 비극이 있고 나서 엘런의 남자 형제가 그 박사와 이야기를 나누는데, 그땐 이렇게 말했다더군요. "죄책감 느끼지 마세요. 어쨌든 그 일을 해결할 수 있는 사람은 아무도 없었습니다."

—노스캐롤라이나에서

나는 수천 통의 편지에 파묻혔다. 내가 책에 썼던 모든 내용이 사실임을 증명하는 편지들이었다. 편지의 주인공들이 겪지 않아도 되는 고통을 겪는 것에 화가 났고, 그들이 내게 보내는 신뢰와 찬사에 겸허해졌다. 아름다운 글도 많았다.

책을 써 주셔서 감사합니다. 당신의 책은 험한 바다에서 환영과 같은 기슭을 향해 헤엄치던 제게 구명 뗏목이나 마찬가지였어요. 서러운 감정을 견디고 그 기슭으로 다시 헤엄칠 힘을 주었지요. 작가님이 계신 정신건강 페미니즘 연구소의 지역 소장이 되고 싶어요.

—인디애나에서

어느새 나는 고통스러운 여성들의 해결사, 페미니스트 디어

애비Dear Abby가 돼 있었다. 내 글로 이들은 해방감을 느꼈지만, 나는 책임감에 짓눌렸다. 또 책은 성공했지만 풍족하게 먹고살 수 있는 건 아니었다. 나는 네 가지 일을 동시에 했다. CUNY에서 학생을 가르치고, 미국 전역을 다니며 유료 강연을 하고, 시간제 심리치료사로 일했으며, 다음에 출간할 책을 썼다. 덕분에 나는 나를 도와줄 사람을 고용할 수 있었다.

페미니스트들은《여성과 광기》를 읽으면서 그 안에 없는 온갖 다양한 의미를 부여했다. 분명히 밝히지만, 나는 정신질환이 실제로 있다고 믿는다. 그러나 여성은 결코 건강한 정신상태를 진단받을 수 없었다. 그 기준이 남성에 맞춰져 있었으니까. 여성은 자신에게 할당된 성 역할에 저항할 경우, 정신감정을 통해 처벌받아 왔다.

모든 억압과 혐오(성, 인종, 계급차별 및 호모포비아)는 그 피해자의 스트레스와 트라우마를 유발한다. 그 증상은 보통 과각성hypervigilance, 해리, 불안, 불면증, 편집증, 각종 공포증 등으로 나타나고 '정신질환'으로 진단된다. 가해자들의 물리적 혹은 성적 폭력의 무게는 대부분 축소된다.

페미니즘은 특정한 상처들을 치유할 수 있다. 페미니즘 서적을 읽는 독서치료도 도움이 된다. 강인하고 독립적인—다름을 견딜 뿐 아니라 기뻐할 수 있는—자아 형성이 중요하기 때문이다.

글로리아 스타이넘은 분노를 표현하는 법을 터득할 수 있게 도와달라고 지속적으로 내게 부탁했다. 그는 내성적이었지만 극도로 정중하고 상냥한 사람이었다. 이 다정함 때문에 사람들은 그를 경계하지 않았다. 내가 보기에 이것은 그가 가진 엄청난 강점이었다.

그러나 글로리아는 다른 사람이 자신을 좋아하지 않는 것을 견디지 못했다. 그는 절망하며 말했다. "이런 것 때문에 베티 프리단이 나를 미워하는 거예요. 나랑 말도 안 하려고 한다니까요. 한번은 크리스마스를 맞아 쇼핑을 하던 중에 우연히 베티와 마주쳤는데, 내가 인사했더니 나랑 말 섞을 생각 없다면서 가 버리더라고요."

베티는 글로리아가 언론의 집중 조명을 받는 것에 분노했다. 글로리아가 부당하게 관심을 훔치고 있다고 생각했기 때문이었다. 게다가 그는 글로리아가 결혼한 적도, 자녀를 낳은 적도 없으므로 미국 중산층을 대표할 수 없다고 생각했다. 또한 글로리아를 '남의 비위나 맞추는 비굴한 사람, 뒤늦게 들어와 숟가락만 얹는 사람, 흉내쟁이'로 취급하며, 페미니즘 기초를 설파하기에 적합한 사람이 아니라고 생각했다. 그렇게 몇십 년이 지났고, 우리 중 대부분은 질린 채로 진영을 떠났다.

베티는 글로리아가 CIA 첩보원이라는 비난까지 했다. 그의 생각으로는, 급진적이고 통찰력 있는 페미니스트 활동가들이 전부 사라진 것으로도 모자라 자신마저 언론의 조명에서 밀려난 것이 정부의 거대한 음모가 아니면 대체 무엇이냐는 것이었다.

베티는 여전히 영향력을 가지고 있었다. 언론과 정계에서는 계속 그의 의견을 구했고, 그를 중심으로 한 파벌에서는 아직도 그를 찬양했다. 그의 상처는 정치적인 것이면서 심리적인 것이었다. 그는 자매애로 모든 차이를 극복할 수 있으리라는, 지나치게 감상적인 글로리아의 믿음에 동의하지 않았다.

글로리아는 이 밖에도 다른 고민을 하는 눈치였다. 내게도 여러 차례에 걸쳐 약간씩 다른 표현으로 그 고민을 털어놓곤 했다.

"베티나 당신이나 알아주는 책을 썼잖아요. 그런데 나는 아니에요. 그런 일은 영원히 못 할지도 몰라요. 나는 당신처럼 지적인 사람이 아니거든요. 나는 마감일을 놓치고, 미뤄요. 난 나를 체계적으로 도와줄 사람들이 필요해요."

"글로리아! 난 선거운동 같은 건 못할 사람이에요. 페미니즘 잡지 제작비를 마련하거나 모임에 참석해야 하는 부담도 짊어질 생각 없고요." 내가 대답했다.

글로리아는 학자는 아니었을지라도, 다른 부분에서 무척 뛰어난 사람이었다. 그의 사교성은 가히 최고였다. 부르는 곳이면 어디든 가서 멍청이들을 상대로 강연을 했다. 극심한 무대 공포증을 극복했기에 가능한 일이었다. 그가 가진 모든 능력과 재능을 생각하면, 나는 어쩐지 마음이 편치 않았다. 글로리아 같은 여성이 자기 자신이 아닌 다른 누군가가 되고 싶어 한다니.

나는 어떤 사안을 두고 나와 반대 입장인 사람들과 토론할 일이 많았다. 1972년에는 세계적으로 유명한 정신과 의사 R.D. 랭과 대담 방송을 녹화한 적이 있었다. 반정신의학antipsyhiatry[1] 입장이던 그는 조현병을 비롯한 정신병 환자에게는 약물과 입원 치료 대신 마음이 맞는 사람들로 이루어진 공동체가 필요하다고

---

1   정신과의 충격요법과 약물치료에 반대하던 기조.

주장했다. 그은 런던 킹슬리홀에서 환자와 담당 치료사들이 함께 거주하며 진행하는 프로그램을 열었다. 랭은《분열된 자기》와《정신, 광기 그리고 가족Sanity, Madness and the Family》을 출간했고, 나는 이 책들이 다룬 여러 개념을《여성과 광기》에서 반박했다.

녹화는 알곤킨호텔에서 진행됐다. 우리의 대담은 마치 연극 같았다. 이를 두고 훗날 일부 페미니스트들은 내가 성차별주의자 남성과 대담을 나눴다는 이유로 나를 비판했다. 그러나 내 생각과 일치하는 사람들하고만 이야기를 나누는 것이 대체 무슨 의미가 있단 말인가?

또한 나는 성차별주의자 여성들과도 이야기를 나눴다. 바로 마거릿 미드와의 일화다. 5년 후, 나는 위대한 인류학자 마거릿 미드와 토론을 하기 위해 눈보라가 휘몰아치던 신시내티로 날아갔다. 그는 사모아 섬에서의 기념비적 연구로 가장 잘 알려진 인물이었는데, 당시만 해도 그는 너무 급진적이어서 받아들여지기 어려운 페미니스트였다. 그가 쓴 책 중에는《사모아의 청소년》과《세 부족사회에서의 성과 기질》이 있었다. 미드는 뉴욕시의 미국 자연사 박물관 내 사무실을 계속 운영 중이었지만 집필을 위해 자주 신시내티대학교에 들렀다.

토론에서 미드는 페미니즘에 반대했다. 잔뜩 기대하며 모인 천여 명의 페미니스트로서는 분통 터질 일이었다. 미드는 내가 발언을 시작한 지 15분이 지났을 무렵 자리에서 일어나 지팡이에 몸을 의지한 채 천천히 걸어오더니, 나를 팔꿈치로 슬쩍 밀고는 말했다.

"우리 젊은 여성분은 분명 명석한 사람이죠. 하지만 당신이

하는 그 운동에 당신 같은 사람이 몇이나 더 있습니까?"

필패의 순간이었다. 물론 나는 내가 그에게 각인되었다는 사실에 흥분할 만큼 기뻤지만, 동시에 그가 이 운동을 공개적으로 깎아내린 것에 당황했다. 나는 맞받아쳤다.

"미드 박사님, 지금 저는 무슨 말을 하든 진퇴양난이네요. 만일 당신 생각에 가치 있는 운동은 존재하지 않기 때문에 제가 그런 운동에 몸담고 있지 않은 거라면, 결과적으로 저는 그다지 똑똑하지 않다는 얘기가 되니까요. 그렇죠?"

우리는 함께 웃었지만 곧 몇 가지 근본적인 차이에 부딪혔다. 그는 "여성들은 강간당할 만하며, 본인들이 금기를 깨지만 않는다면 그런 일은 절대 발생하지 않는다"고 주장했다. 그 자리에 있던 페미니스트들은 원래 우리 둘과 함께하는 환영회를 준비했지만, 이 발언을 듣고는 그를 오지 못하게 했다.

녹화가 끝나고 나는 미드와 함께 저녁 시간을 보냈다. (이제와 생각해 보니, 당시 미드는 76세였다. 지금 이 글을 쓰고 있는 내 나이와 비슷한 때였다.) 그런데 아이러니하게도 미드는 수십 년간 '젠더는 유동적이고, 문화가 젠더 역할에 영향을 미치며, 소위 원시적이라고 하는 일부 사회에서는 소녀도 소년과 다를 바 없이 성적으로 자유롭다'는 견해 때문에 맹비난을 받아 왔다. 신시내티의 페미니스트들이라면 그와 같이 갈 수 있을 듯했지만, 강간에 관한 그의 관점이 틀렸기 때문에 그럴 수 없었다. 비난받아 마땅한 관점이었다.

그 이후로 미드와 나는 친한 동료가 됐다. 그는 내 책《남자들에 관하여About Men》에 추천사를 써 주고 싶다면서 그 대신 '강

간에 관해 쓴 두 쪽 분량의 내용을 삭제해야 한다'는 전제를 달았
다. 나는 이렇게 말했다.

"제가 그럴 수 없다는 거 아시잖아요. 책을 읽어 주신 것은
고맙습니다."

그해 늦가을에 미드는 임신 7개월에 접어든 나를 만나러 오
겠다고 고집을 부렸다.

"임신한 사람은 늙은 사람보다 더 약한 상태니까요. 그런데
젖꼭지는 어떻게 할 거예요?"

내 친엄마도 이런 질문은 한 적이 없었다. 그러더니 이렇게
말했다. "거칠거칠한 마른 수건으로 문지르고 꼬집어서 단단하게
만들어야 해요." 미드는 직설적이고 강단 있었다. 그리고 믿을 수
없을 정도로 다정했다.

우리는 야심 차고 지적인 여성이 엄마가 되기로 결심한 뒤
마주하게 되는 문제들을 가지고 한참을 이야기했다. (그는 내게 일
단 큰 집을 산 다음 이미 자녀가 있고 거처와 가족이 필요한 엄마를 찾으
라고 조언했다. 집안 살림에 어떤 위기가 닥치든 간에 절대 일을 놓지 말
라는 것이었다.)

나는 강간에 관한 그의 의견은 이해할 수 없었지만, 미국에
서 그토록 유명한 할머니가 몸소 나를 찾아와 엄마가 되기 위한
마음가짐을 알려 주는 것이 얼마나 큰 행운인가 생각했다. 그가
암에 걸렸다는 사실을 그때 나는 몰랐다.

앞서 나는 미국 페미니즘계의 문화대혁명이라 지칭한 현상
에 대해 설명한 바 있다. 이런 사실에 분노한 사람이 누구든 그보

다 더 재능 있고 눈에 띄고 외모가 예쁘다고 인식되는 페미니스트에게 적대감과 분노가 쏟아지던 경향 말이다.

수많은 페미니스트는 페미니즘적 사고와 활동은 어떤 개인, 즉 그 글을 쓰거나 해당 시위를 조직한 페미니스트에게 속한 것이 아니라 그 '운동 자체'에 속한 것이라 믿었다.

우리 운동을 도둑질한다. 이 문구는 급진 페미니스트들의 비통하고도 성난 심정을 대변하는 구호였다. 누군가 기사를 쓰고, 신조어를 만들고, 새로운 조직(의식 고양 등)을 제시하거나 발언 자리를 기획하면, 자매들, 즉 경계 없이 하나 된 우리의 소유로 간주되는 지적 재산을 도둑질했다는 비판을 받았다.

공을 가로챘다는 비난을 가장 많이 받았던 페미니스트는 로빈 모건이었다. 그의 친구이자 동지였던 나는 그런 비난에 동조하지 않았다. 로빈은 자신이 편집한 선집 《자매애는 강하다》에 글을 실은 55명의 작가와 15개의 단체에 인세를 나눠 지급하고자 했다. 독창적이었지만 어딘가 불편한 구석이 있는 방식이었다. 여기엔 로빈이 미리 봐 둔 특정 단체에 저자들이 자발적으로 인세를 기부하겠다고 밝히는 걸 전제로 했으니까.

1973년에 루신다 신디 시슬러(이하 신디)는 로빈과 랜덤하우스를 고소했다. 로빈이 자신의 〈페미니즘 및 재생산권에 관한 참고 문헌Bibliography on Feminism and Reproductive Rights〉을 표절했다는 이유였다. 그것은 행간 여백도 없는 36쪽짜리 문서였는데, 신디는 수년간 각종 콘퍼런스와 길거리에서 그 문서를 팔아 밥값을 벌고 있었다. 로빈은 나를 비롯한 주변 사람에게 "신디는 미친 여자"라고 말했다. 신디가 자신을 맹렬히 헐뜯어 무너뜨림으로써 우리의 운동을 망가뜨리려 한다고 말이다.

공황에 빠진 로빈은 신디와의 일을 중재해 달라며 내게 도움을 청했다. 로빈은 인세가 운동하는 데 들어가기를 바랐지만, 너무 늦은 상황이었다. 랜덤하우스는 이미 합의하기 위해 제안서를 작성했고, 신디가 그 제안을 받아들인 상황이었다. 랜덤하우스가 로빈에게 지급할 인세를 신디와의 합의금과 소송 비용으로 써 버리는 바람에 '자매애는 강하다 기금'은 파산 상태가 됐다. 로빈은 기금을 해체했다. 이때 나는 로빈의 말을 믿었다.

그로부터 43년이 지난 지금, 나는 역시나 행간 여백이 없는 20쪽짜리 〈여성운동 보고서 Report to the Women's Movement〉를 들고 있다. 1974년 로빈이 쓴 문서다. 그는 이것을 페미니즘 단체 수백 곳과 개인 페미니스트들에게 우편으로 발송한 듯싶었다. 그는 이 책을 출간하지는 않았지만 이 문제는 페미니즘계에 알려졌다. 그동안 이 책이 회피적인 여성성을 드러내는 것 같아 읽지 않았던 나는 읽기 시작했다. 손이 떨렸다.

이 책에서 로빈은 소정의 보조금(180~500달러)을 받기로 했던 페미니즘 단체 115개를 밝히고 랜덤하우스가 신디 측과 합의하면서 기금이 해체됐다고 설명하고 있다. 로빈은 자신이 연락처를 가지고 있는 모든 페미니스트 개인과 단체에 일종의 공개 고발장을 보낸 것이었다.

로빈의 말에 따르면, 신디는 여러 페미니즘 운동 단체를 상대로 소송을 제기해 교묘하게 돈을 갈취했다. 설령 신디의 작품이 표절당했다는 말이 옳았다 하더라도, 소송까지 할 필요는 없었는데 말이다.

로빈은 이렇게 말했다. "6개월 전에 우리 진영에 이 이야기를 터뜨렸어야 했는데. 여기에서 그 여자를 '처리'하게 말이에요."

처리하다니? 어떻게 처리한다는 말인가? 런던타워에 묶어 두려고? 아니면 목을 베기라도 하려고?

케이트 밀릿은 우리 중에 가장 먼저 유명해진 사람이었다. 나는 캘리포니아로 날아가서 내게 언니와도 같은 존재이자 페미니스트의 아이콘이었던 케이트에게 다음에는 무슨 일이 벌어지는지 물어봤다. 우리는 샌프란시스코에 있는 플로 케네디의 아파트에 머물고 있었다.

우리는 종일 플로를 따라다니다가 가장 먼저 앤절라 데이비스를 만났다. 앤절라는 좌파 인사들과 흑인 민족주의자들, 페미니스트들 사이에서 존경받는 유명한 인물이었다. 앤절라가 법정 총격 사건에 연루되어 뉴욕시 여성구치소에 갇혀 있을 당시 나는 그를 위한 행진에 참여한 적이 있었다. 앤절라는 샌프란시스코 연방정부 빌딩에서 운디드니Wounded Knee[2] 관련 기자회견을 하고 있었다. 그런 다음 아동 복지 예산 삭감에 항의하는 기자회견장으로 갔다. 이시마엘 리드가 저돌적으로 유혹하며 내게 추파를 던졌다. (이 일은 기억이 거의 안 났다가 내 일기장에 적힌 메모 덕분에 생각이 났다.)

솔레다드 형제는 교도관을 살해한 혐의로 수감된 재소자들이었다. 앤절라는 기소되어 수감된 형제 중 한 명인 조너선 잭슨

2   미국 사우스다코타 주 남서부 마을. 1890년 백인들에 의해 원주민이 학살됐다.

이 캘리포니아 법정 무장 점거 당시 사용했던 총기들을 사들였다. 4명이 목숨을 잃은 사건이었다. 배심원단은 앤절라가 그 무기들을 구입했다고 해서 해당 범죄에 협력했다는 뜻은 아니라고 판단했다. 당시 흥분된 분위기 속에서 앤절라는 일종의 문화적 영웅이 됐고 롤링스톤스, 존 레넌, 오노 요코, 케이트 밀릿, 로빈 모건 등의 지지를 받았다. 앤절라는 공산당에 가입하고 쿠바와 소련을 방문했으며, 그곳에서 레닌상을 받기도 했다. 여성학과장으로 있었던 산타크루즈 캘리포니아대학교에서 교수로 정년퇴직했다.

플로는 내게 슈퍼마켓에 같이 가 달라고 부탁했다.

"이 자몽 좋은 거 같아요?" 레토르트의 왕인 나에게 물었다.

"모르겠는데요." 나는 대답했다.

"나 바닥 닦을 걸레가 필요한데, 뭐가 좋아요?" 플로가 또 물었다.

"지금 저 놀리는 거죠? 저는 커피는 맛있게 만들어도 쇼핑은 젬병이라고요."

그렇게 페미니즘 진영의 두 시한폭탄이던 우리는 어느 토요일 밤에 샌프란시스코 슈퍼마켓에서 자몽과 걸레 이야기를 열심히 하고 있었다.

쾌활하고 영리한 플로는 변호사로서 탄탄대로를 걸었어야 했지만 그러지 못했다. 1960년대는 여성이 변호사로 활동하기 어려운 시기였다. 게다가 흑인 여성이면 배로 어려웠다. 플로는 이곳저곳에서 강연했지만 여유롭게 살지는 못했다.

2000년, 임종을 앞둔 플로를 보러 갔다. 그동안 그 앞에서 한

플로 케네디와 함께

번도 노래를 부른 적이 없었던 내가 카바레 스타일의 사랑 노래를 부르니, 그는 고마워하며 미소를 짓고 웃음을 터뜨렸다.

플로는 내가 아는 여성 중 두 차례의 추도식과 경야經夜를 치른 유일한 사람이었다. 플로의 친자매들뿐 아니라 플로를 사랑했던 여자들은 사사건건 싸웠다. 정확히 무슨 일들이었는지는 고소당할까 봐 여기에 쓰지는 못하겠다. 여자들은 추도식에 참석하기 위해 서로 싸웠고, 어떤 이들은 돈을 내기도 했다. 플로는 아프리칸 퀸³처럼 누워 있었다. 나는 경야에 참석했고, 세인트존더디바인 대성당에서 열린 첫 번째 추도식에 참석했다. 어퍼이스트사이드에서 있었던 두 번째 추도식에도 참석했다. 이를 두고 일부 페미니스트들이 피켓을 들고 항의하기도 했다.

백인 페미니스트들은 플로가 가장 사랑했던 사람이 누구였

---

3   백인 여자애들과 함께 쇼핑하는 흑인 동성애자.

자매애가 할 수 있는 것   185

는지, 그리고 장례식에는 누구의 사진과 물건들을 진열할 것인지, 플로가 보관하고 있던 기록들에 대한 소유권은 누구에게 있는지를 두고 싸웠다. 플로가 이 상황을 보면 뭐라고 이야기할까. 보나마나 짓궂고 익살스러운 말을 했겠지.

하지만 그로부터 여러 해 전 샌프란시스코에서 플로는 자기 아파트에 머물던 케이트와 나를 두고 나가면서 대마초 흡연 같은 불법적인 일은 절대 해서는 안 된다고 주의를 줬다. 물론 우리는 화장실 문을 걸어 잠근 뒤 한 모금씩 들이마시며 키득거렸지만.

갑자기 케이트가 나를 더듬거리며 자신이 나와 사랑에 빠졌으니 연인이 돼야 한다고 말했다.

"케이트, 나는 이성애자예요. 남자를 좋아한다고. 이건 내가 원하는 게 아니에요. 나는 지금 페미니즘 문제로 여기 와 있는 거라고요."

내가 정색하며 말했지만 그는 고집을 부렸다. 나는 화가 났지만 겁도 났다. 그는 내게 '언니'이자 페미니즘계의 아이콘이었으니까. 일방적으로 나와 사랑에 빠진 케이트는 이후 꽃을 보내고 음성 메시지를 남겼다. 나는 그를 피해 다니면서도 완전히 관계를 끊지는 않았다. 지적, 정치적 친분만 유지한 채 지냈다. (아무래도 케이트가 나의 양성애 성향을 10년쯤은 지연시켰던 것 같다.)

사실 나는 그를 사랑했다. 성적으로 사랑한 것이 아니었을 뿐이다. 나는 그의 생각들과 그로 인해 생기는 에너지를 사랑했다. 나는 극히 명석한 두뇌를 가진 여자들에게 사족을 못 쓰는 사람이었다. 반짝이는 대화를 위해서라면 그들의 싫은 면도 참곤 했다.

존 레넌, 오노 요코, 앤절라 데이비스, 그리고 케이트까지 전부 빌 쿤슬러가 마이클 X로 알려진 트리니다드인의 사건을 맡아 주기 바랐다. 케이트는 그의 사건을 영국의 토론모임인 옥스퍼드 유니언에 제기하겠다고 했다. 나는 왜 이 사건에 시간을 들이고 있는지 이해가 안 간다고 케이트에게 말했다. 이 일이 대체 여성의 권리와 무슨 상관이 있다는 말인가?

마이클 X는 자칭 흑인 혁명가였지만, 사실 그는 범죄자였다. 본명은 마이클 드 프레이타스였는데, 스스로 마이클 압둘 말리크 또는 마이클 X라 불렀다. 그는 "흑인 여성에게 손을 대는 백인 남자는 무조건 죽여야 한다. 백인 남자들은 영혼이 없다"고 주장했다. 그는 1969년 런던에 흑인 권력 공동체인 블랙하우스를 세웠다.

이 블랙하우스 일원 두 명이 돈을 갈취하는 과정에서 어느 유대계 사업가를 잔인하게 구타하고 고문했다. 이후 1971년, 블랙 하우스는 알 수 없는 이유로 불에 탔고, 마이클 X는 금품 갈취 혐의로 체포됐다. 존 레넌이 마이클 X의 보석금을 내준 덕분에, 그는 트리니다드로 날아가 그곳에서 다시 블랙하우스를 세웠다. 그러나 그곳 역시 알 수 없는 이유로 불타 버렸다. 현장을 조사하던 경찰은 야트막한 무덤에서 시신 두 구를 발견했다. 모두 난도질당한 상태였다. 그 후 마이클 X는 가이아나를 거쳐 런던으로 인도되어, '지역 경찰서를 공격하라'는 본인의 명령에 따르지 않았다는 이유로 구성원을 살해한 혐의로 유죄 판결을 받았다.

그러나 존 레넌, 딕 그레고리, 플로 케네디, (레넌이 고용한) 빌 쿤슬러 등은 마이클 X의 편에 섰고, 말릭구조위원회를 구성했다. 쿤슬러는 선처를 호소했지만 1975년 마이클 X는 처형됐다.

자유 페미니즘 세력의 용감무쌍한 리더를 사로잡고 있는 것은 바로 이런 것이었다. 이것이 흑인 범죄를 정당한 저항으로 간주하는 유럽식 좌파 정치나 죄책감 지닌 백인 래디컬 시크radical chic[4]의 사례에 해당하는지는 잘 모르겠다. 케이트의 경우 단지 광기의 발현이었을 수도 있다. 죽음과 고문이라는 주제에 천착한 그는 《지하실The Basement》이라는 고통스러우면서도 강렬한 책을 썼다. 실비아 라이컨스라는 16세 미국인 소녀가 고문과 살해를 당한 사건을 다룬 책이었다. 또 다른 책《정치의 잔인성The Politics of Cruelty》에서는 국가의 고문에 대해 전반적으로 다뤘다.

케이트는 캘리포니아에서 자기 침대에 불을 지르고 나서 강제로 입원했다. (그를 입원시킨 게 남편 후미오라는 이야기가 있고, 연인 마리아라는 이야기도 있다.) 케이트는 내게 전화를 걸어 정신병원에서 꺼내 달라고 부탁했다. 자기 어머니와 자매들이 예전부터 자신을 이곳에 끊임없이 집어넣었다고 했다. 케이트 주변에는 현실 감각 없는 박애주의자 변호사들이 많았다. 그는 사흘에 걸친 정신감정을 끝낸 후 정신과 시설에 다시 수용됐고, 원하지 않는 약물치료를 받아야 했다. 심각한 밀실 공포증을 가진 그는 작은 방 안에 갇혀 있어야 했다.

"친구, 와서 말 좀 해 줘요. 광기 같은 건 존재하지 않는다고. 당신 전문가잖아. 그 빌어먹을 책도 썼잖아!"

나는 케이트 같은 사람을 본인의 의지에 반하여 감금하는 것은 본인에게 아무 도움도 되지 않는다고 설득하고자 애썼다. 케

---

4   자기 지위를 유지하기 위해 급진 좌파 이념을 이용하는 상류층을 비꼬는 말.

이트는 분명 도움이 필요한 상태이기는 했지만, 그를 가둬 놓는 것이 그에게 도움이 되지는 않았기 때문이다.

케이트는 수화기 너머로 마이클 X, 아일랜드 사람들, '그 수감자들', '억압받는 여성들'에 대한 정치적인 이야기들을 끊임없이 쏟아 냈다.

"케이트, 당신은 심각한 문제가 있어요. 그 점을 진지하게 받아들이고 해결해야 해요."

"아니 대체 왜 당신은 여기 안 오는 거야? 왜 나를 위해 증언하고 꺼내 주지 않는 거냐고? 아, 당신은 나를 사랑하지 않으니까? 운동하느라 너무 바빠서 못 오시는 게지. 당신은 유대인 공주야. 정신질환자들, 여자들, 흑인들, 원주민들 몫을 도둑질하고 있다고."

수화기 너머에서 케이트가 먹던 초코바를 한입 베어 물어 나에게 건네자(비유적 표현이 아니다) 비로소 겁이 덜컥 났다. 하지만 나는 그를 돕기 위해 할 수 있는 일은 뭐든 힘닿는 데까지 했다. 글로리아를 통해 변호사를 여러 명 더 구한 것도 그중 하나였다.

마침내 케이트는 풀려났다. 그때 나는 반정신의학 계열에 있던 닥터 피터 브레긴을 만나기 위해 워싱턴 D.C.로 가 있었는데, 케이트가 나를 찾아 그곳까지 왔다. 그는 최고급 호텔의 가장 비싼 스위트룸을 잡았고, 나에게 전화하느라 200달러나 썼다.

"케이트, 당신은 지금 나를 학대하고 있어요. 제정신이 아니야."

"만약 내가 미쳤다면 당신들 전부 나를 이해해야 해. 버리면 안 된다고."

"나는 당신 의사가 아니고 당신은 내 환자가 아니에요. 나를 사랑한다는 이유로 당신은 모든 상황을 아주 곤란하게 만들고 있다고요."

이후 내가 그의 전화를 피하자 그는 자동응답기에 폭력적인 메시지들을 남기기 시작했다. 한번은 우리 둘을 아는 친구 릴라 카프가 한 일화를 들려줬다. "케이트를 해변에 데려간 적이 있었는데, 오는 길에 완전히 맛이 가서는 주유소 직원들에게 소리를 질러 댔어. 그 해변이 유대인들 때문에 더러워졌다고. 그리고 아일랜드인들은 늘 유대인들이 남긴 오물을 치워야 한다고 말하더라고."

하! 대체 무엇이 미친 천재를 탄생시키는 것일까? 케이트의 친구들과 추종자들은 이 천재의 광기를 참고 견뎠고, 결과적으로 광기를 부추겼다. 혁명의 일부가 되기 위해 그들이 기꺼이 지불한 대가였다. 아무도 케이트와 연을 끊으려 들지 않았다. 그의 광기를 악화시키던 주요 인물이 나를 찾아와 도움을 청하기 몇 년 전의 일이었다.

나는 케이프코드 웰플리트에 있는 마지 피어시의 집에서 그와 시간을 보냈다. 그 근처에 있는 집을 구해 글을 쓰던 때였다. 내 일기 일부를 타이핑하는 중이었고 《여성, 돈, 권력Women, Money, and Power》이라는 가제로 새 책 집필을 시작한 상태였다. 쉴 때는 마지와 함께 시간을 보냈다.

에리카 종이 그릴에 구운 커다란 생선을 들고 왔다. 머리카락이 흘러내려 큰 안경을 덮은 모습이었다. 마지와 나는 페미니즘 운동의 중요 인물로 유명해진 상태였는데, 에리카는 우리의 유명세를 부러워했다.

젊은 시절의 에리카는 지나치게 열정적이었고, 어색하리만치 진지했다. 동시대의 많은 여성이 그랬듯, 에리카 역시 메릴린 먼로처럼 보이고 싶어 했다. 디자이너가 만든 비싼 옷을 입고, 비싼 신발을 신고, 비싼 향수를 뿌렸다. 또 돈 많은 사람과 결혼했으면서도 자유로운 보헤미안이라 자부했다. 훗날 에리카는 내게 자신이 우울했고, 연애로 너무 많은 고통을 받았으며, 결혼 생활은 다 엉망이었다고 털어놨다. 하지만 에리카는 자신이 사랑하는 이들에게는 다정하고 관대했다. 내게도 마찬가지였다. 그는 좋은 시인이자 대단한 문학적 상상력을 지닌, 재기 넘치는 극작가였다.

나는 에리카의 소설을 좋아했는데, 《비행공포》를 비롯해 《패니Fanny》와 《샤일록의 딸Shylock's Daughter》을 특히 좋아했다. 다만, 에리카의 소설 속 주인공들이 마지막에 항상 믿음을 저버리고 타협을 하는 것은 아쉬웠다. 그의 소설 속에서 소녀는 소년과 결혼하고, 아내는 남편 곁에 머물며, 다들 행복하게 산다. 에리카는 늘 섹시하고, 유쾌하고, 탄탄한 동화를 계속 쓸 것이다.

나는 여러 세계에 속해 있었다. 학계, 여성계, 정신분석계, 여러 종교계, 출판계 등을 자유롭게 오갔다.

경기가 호황이던 시절 맨해튼의 출판계를 기억한다. 작가들은 포시즌스 같은 좋은 곳에서 마티니를 석 잔쯤 곁들이며 점심을 즐겼다. 선지급금을 받으려면 편집자와 회의한 뒤 2~3쪽짜리 문서만 작성하면 되었고, 원고를 완성하지 못하거나 작업물이 거절당해도 선지급금을 갚지 않아도 됐다. 마감은 무한정이었다.

보스턴, 시카고, 디트로이트, 로스앤젤레스, 필라델피아, 시애틀, 샌프란시스코, 워싱턴 D.C. 등에서 저자가 탄 항공기나 기차 편에 맞춰 마중 나온 여성들(우리 책을 들고 있었다)에 대한 기억은 훨씬 더 아련하다. 그들은 라디오나 TV 방송국 이곳저곳을 들르고도 씩씩하게 혹은 체념한 듯 "서점 딱 한 군데만 더" 함께 다니곤 했다.

그리고 페미니즘 서점들이 거의 매일 같이 우후죽순 생겨났다. 앤아버, 애틀랜타, 오스틴, 보스턴, 브리지포트, 케임브리지, 시카고, 게인즈빌, 미니애폴리스, 뉴욕시, 포틀랜드, 샌프란시스코, 시애틀, 톨레도, 투손에서 꾸준히 새로운 서점이 문 열기 시작했던 것을 기억한다. 대부분 소액의 자금과 자원봉사 인력으로 운영됐다. 한때 미국에 100곳이 넘었던 페미니즘 서점은 2014년 12곳만 남은 상황이었다.

역마다 보안 설비가 마련되기 이전 시절에 책 한 권을 이야기하러 TV나 라디오 프로그램에 출연했던 것을 기억한다. 사람들이 춤추듯 가벼운 발걸음으로 들어왔던 것도. 캐나다 및 영국, 프랑스, 독일, 이탈리아, 네덜란드, 스칸디나비아 등 유럽 전역 토크쇼 진행자와 인쇄 매체의 저널리스트들이 얼마나 지적이었는지 까지도.

무엇보다도 그 수많았던 출판기념회—크리스마스 케이크들, 수많은 작가, 편집자, 저널리스트, 에이전트, 그리고 가능성으로 넘치던 약속이 있던 곳—가 떠오른다. 나는 엄청나게 성장한, 핵심 인사가 된 것 같았다. 거의 매일 밤낮으로 페미니즘 혁명 생각뿐이었는데도 그랬다.

나는 1973년 12월 24일 결혼했다. 그 남자를 만난 곳은 이스라엘 에이라트 공항이었다. 우리는 이스라엘에서 근사한 하룻밤을 보낸 뒤 헤어졌다. 그 남자를 다시 만나리라고는 전혀 생각하지 못했는데, 계속 전화하고 편지를 보내던 그 남자가 어느 날 나에게 온 후로 돌아가지 않았다. 우리는 서로 사랑했던 걸까? (아마도.) 결국 그는 그린카드(미국 영주권)를 원했던 건 아닐까? (그랬다.)

그 남자는 자기 어머니를 통해 자신이 유대 신비주의 종파의 창립자인 바알 셈 토브Baal Shem Tov(훌륭한 이름의 소유자라는 의미)의 9대손이라고 말했다. 나보다 어리고 예쁘장한 남자였다. 내가 회의를 마치고 집에 돌아오면 그 남자는 늘 나를 기다리고 있었다. 그건 꽤 기분 좋은 일이었다. 그리고 나를 위해 요리를 했고 그러다 이런저런 잡일을 시작했다. 나는 이 남자에게 직업적 선택지들에 대해 알려 주기 시작했다. 그렇게 7개월이 지났고 12월 24일에 우리는 결혼을 약속했다.

결혼식 사회자로는 샐리 프리샌드를 선택했다. 샐리는 유대교 신학대학에서 임명한 최초의 미국계 여성 랍비였다. 결혼식 전날 밤 어머니에게 전화가 왔다.

"지금도 늦지 않았다. 진짜 랍비를 찾아."

"엄마, 나는 수천 년간 랍비를 기다려 왔어요. 이제야 진짜 랍비를 찾은 거고요."

여성법률센터Center for Women and Law의 발기인인 에밀리 제인 굿맨은《뉴욕 타임스》에 신부보다는 신랑의 사진이 나오게 해 달라고 전화를 하려 했다. 나는 에밀리를 타일렀다. "에밀리, 사진도 기사도 없어요. 이건 개인적인 예식이지, 정치적인 선언이 아니니까요."

"우리 무슨 옷 입어요?" 신랑이 물었다.

"뭐든지 우리가 원하는 걸로요."

"흰색 롱 드레스 입어 볼래요?"

"그럼요, 못 입을 게 뭐 있어요?" 나는 그렇게 답했다. 그리고 층층이 레이스를 덧댄 멕시코 스타일의 웨딩드레스를 입어 봤다. 하지만 우리는 웃음을 터뜨린 뒤 내게는 어울리지 않는 드레스라는 데 동의했다.

나는 르네상스 시대 왕자처럼 부드러운 검은색 스웨이드 블라우스와 바지를 입고 긴 가죽조끼를 걸쳤다. 여기에 터키석 빛깔의 긴 스웨이드 부츠를 신었다. 남편은 연파란 슈트를 입었고 타이는 매지 않았다.

우리는 완벽했다. 결혼식은 그리니치 빌리지의 이스라엘 식당에서 했는데, 직원들은 여성 랍비를 보더니 성호를 긋는 시늉을 했다.

*

국경 없는 페미니즘

1974년 당시 나는 박물관이나 극장에 갈 시간이 거의 없었다. 하지만 브루클린 음악원에서 열린 연극 〈옌틀〉의 첫 저녁 공연은 예외였다. 〈옌틀〉의 줄거리는 이렇다. 여자인 옌틀은 당시 남자 유대교인만 들어갈 수 있었던 학교 예시바의 자습실에 들어가기 위해 남장을 한다. 그리고 거기에서 자신과 함께 토라 공부를 하던 남자와 사랑에 빠진다. 그러나 옌틀은 여자와 결혼해야 했고, 결국 그렇게 한다.

공연이 끝난 뒤, 나는 굳은 채로 꼼짝없이 의자에 앉아 있었다. 〈옌틀〉은 다름 아닌 내 이야기였다. 그리고 나와 똑같이 한참을 자리에 앉아 있던 열 명 남짓의 여성 관객들의 이야기인 것도 분명했다.

리아 나폴린이 쓴 이 극은 신비롭고 불가사의했다. 정치적이지도, 성적이지도 않았다. 나는 리아를 축하하기 위해 점심 식사를 마련했다. 우리는 그리니치 빌리지의 8번가에 있는 식당에서 만났다. 당시는 바브라 스트라이샌드가 〈옌틀〉을 영화화하기 한참 전이었는데, 이 바브라가 마치 환상처럼 우리 앞에 나타났다. 이 작품을 부활시킨 공로를 인정받을 자격이 정말 충분한 사람들이었다.

"작가님의 작품에 건배하죠." 내가 리아에게 말했다.

리아는 활짝 웃더니 오하이오에서 내 강연을 듣고 영감을 받아 옌틀의 이야기를 할 수 있었다고 말했다. 그 말에 나는 놀랐고, 전율했다. 그리고 이 말이 떠올랐다. 물 위에 빵을 던지면 훗날 열 배로 내게 돌아온다는.

1973년이었나 74년이었나, Z라고 불리는 친구 주전너 부다페스트Zsuzsanna Budapest는 캘리포니아 산타모니카에서 '수전 B. 앤서니 코번 넘버원Susan B. Anthony Coven Number 1'을 열었다. 여성들만 모인 최초의 페미니즘 위카Wicca 주술집회였다. 비기독교적 영성에 여신이 중심인 종교를 혼자 힘으로 미국에 들여온 것이다. 이듬해 Z는 함정수사를 벌이던 여성 경찰관에게 타로점을 봐 준 혐의로 체포됐고, 점술 예언이라는 명목으로 유죄 판결을 받았다. 그러나 캘리포니아 대법원은 결국 판결을 번복했다. "위카는 종교이며, Z는 미국인으로서 마땅히 누려야 할 종교의 자유를 빼앗겼다"는 Z의 변호인 측 주장을 받아들인 것이다.

한번은 그가 약간의 장난기와 추파가 담긴 시선으로 내게 이렇게 말한 적이 있었다.

"나의 여왕이여(이건 Z가 내게 한 말 그대로 적은 것이다), 당신은 길고도 끔찍한 잠에서 나를 깨웠어. 《여성과 광기》에서 여신들과 아마존 전사들의 사진을 봤을 때, 나는 여성의 얼굴을 한 신이 다시 내게 다가오고 있다는 걸 알았어. 나는 바빠졌지."

그는 소작농이자 여성 사제였다. 캘리포니아 베니스에 작은 위카 소품 가게를 열고, 그곳에서 타로점을 봐 주고 양초와 오일 등을 팔았다. 그 소품 가게는 전형적인 캘리포니아의 분위기이면서도 이교도적 향기가 감도는 매혹적인 곳이었다. 가게는 사랑에 빠진 이들로 북적였다. Z가 말했다.

"블레이저 입은 다이크들(학계에 있거나 부유한 여성들)은 내가 지금 하는 일을 비웃으면서도 뒷문으로 연애운을 보러 오고 사랑을 이뤄 주는 부적을 가져간다고."

Z는 《빛과 어둠의 페미니즘 책 The Feminist Book of Lights and Shadows》과 《시간의 할머니 The Grandmother of Time》을 비롯해 많은 책을 쓰기도 했다.

70년대 말, 유대계 레즈비언 셋이 Z의 집 앞에서 피켓 시위를 했다. Z가 '홀로코스트'를 존중 없는 태도로 다루어 왔다는 이유에서였다. Z는 일전에 중세 유럽의 종교재판소에서 3세기에 걸쳐 수백만 명의 여성을 마녀로 몰아 학살했던 일을 '홀로코스트'라 표현한 적이 있었다.

당시 캘리포니아에 있던 나는 도와달라는 Z의 요청을 받고 오클랜드에 있는 그의 집으로 갔다. 그는 침실에서 훌쩍거리고 있었다. 나는 이 문제를 그에게 설명했다. '홀로코스트'라는 용어는 나치가 5년간 유대인 6백만 명을—단지 그들이 유대인이라는 이유만으로—조직적이고 산업적으로 행한 집단학살을 의미하게 됐다고 말이다. 사실 Z가 이 둘의 유사점을 지적한 것은 옳았다. 유대인도 여성도 모욕당하고 고문당하고 살해당했으니까. 종교재판소에서 마녀사냥을 자행했던 이들과 마찬가지로, 나치 역시 희생자들의 집과 논밭, 공장을 비롯해 모든 소유물을 몰수했으니까. 그러나 이 끔찍한 두 범죄는 엄연히 달랐으므로, 표현할 단어를 찾아야 했다. 나는 Z에게 말했다.

"우리는 다른 이들의 비극에 편승해서는 안 돼. 그렇다고 우리가 겪는 비극을 간명하면서도 세세하게 설명하지 못해도 곤란하지."

Z는 반성했다. 나는 밖으로 나가 시위자들과 이야기를 나눴고, Z보다 더 거물급 인물을 골라 보는 게 어떻겠냐고 제안했다. "피켓 들고 바티칸으로 가는 건 어때요? 아니면 홀로코스트를 부정하는 대표적인 사람을 찾아간다든가?"

그들은 약간 뉘우치는 기색이더니 결국 자리를 떴다. 나는 페미니스트 여성들이 더 영향력 있고 더 위험하고 더 가부장적인 적을 상대하는 대신, 서로를 공격하는 모습을 끊임없이 목격했다.

80년대 중반 Z가 산호세 공립도서관에서 공개 강연을 한 적이 있는데, 기독교인들이 몰려와 "마녀는 지옥 불에 떨어지라"며 Z를 저주하고 협박했다. 종교의 자유를 믿는 나는 Z를 지지했다. 우리는 경찰의 보호를 받으며 뒷문으로 빠져나가 1마일 떨어진 식당으로 피신했다. Z가 말했다.

"러시아 탱크가 부다페스트까지 밀고 들어올 때도 이렇게까지 무섭지는 않았어."

신학자 메리 데일리가 보스턴대학에 있는 자기 강의실을 비우는 것을 도와달라고 부탁한 적이 있었다. 강의실을 모든 여성에게 개방했더니 집이 없거나 성매매를 하거나 정신질환을 앓는 페미니스트들이 점령해 버렸다고 했다. 나는 거기 모여 있던 이들과 시시덕거리며 그들의 마음을 사로잡은 뒤 메리 교수는 예수회 계열 대학에 영원히 시달리는 신세이니 그를 좀 봐주자고 호소함으로써 메리를 괴롭히던 문제를 해결했다.

메리는 지적으로 거침없고 용감한 사람이었지만 인간관계 맺는 데엔 젬병이었다. 가령 콘퍼런스 같은 자리에서 한번 단상에 오르고 나면, 그의 말을 끊기가 어려웠다. 시간이 촉박해도, 다음 연사가 기다리고 있어도, 관객들이 몸을 점점 뒤척거리기 시작해도 소용이 없었다.

나는 1998년에 낸《젊은 페미니스트에게 보내는 편지Letters to a Young Feminist》(한국어판은《죽이고 싶은 여자가 돼라》)의 참고문헌에 메리의 작품 두 권을 넣었다. 그러자 메리는 불같이 화를 냈다. 왜 자기 작품의 모든 판본을 넣지 않았냐는 것이었다. 그러더니 자신의 전작 제목을 적은, 아찔하게 긴 목록을 팩스로 보내왔다.

아, 우리 여전사들은 대체 얼마나 심각한 중상을 입은 상태였던가! 우리는 얼마나 간절히 관심받기를 바랐던가! 얼마나 기억되기를 원했던가! 우리는 밥 먹듯이 공격을 당했고, 이내 사라져 버렸으며, 금세 잊혔으니, 메리가 그럴 만도 했다.

역사적으로 여자들은 창녀, 미친년, 나쁜년 취급을 받아 왔다. 그리고 마녀 취급도 당해 왔다. 기근, 흉작은 물론이고 남성의 발기불능을 불러일으키는, 성적으로 위험한 마녀 말이다. 만일 15세기에 쓰인《마녀를 심판하는 망치Malleus Maleficarum》를 읽는다면 내 표현은 절제되었다고 느낄 것이다. 마녀사냥을 당한 이들은 체포되어 화형에 처해졌고, 그들의 재산은 그들을 고발한 이웃이나 고문을 자행한 교회 측에 넘겨졌다.

1972년 포르투갈의 페미니스트 세 명이《포르투갈의 새 편지들Novas Cartas Portuguesas》을 출간했다. 마리아나 알코포라두 수녀가 썼다고 전해지는 17세기 고전《포르투갈 수녀의 편지Letters of a Portuguese Nun》에서 영감을 받은 작품이었다. 마리아나는 가족의 강요로 16세에 수녀원에 들어가야 했고, 몇 년 뒤 그곳에서 과거 자신에게 사랑을 맹세했지만 버리고 떠난 프랑스인 기사에게 편지를 썼다(현재는 이를 대체로 허구의 이야기로 본다).

《포르투갈의 새 편지들》의 저자는 '세 명의 마리아(마리아 테레사 호르타, 마리아 이사벨 바레노, 마리아 벨로 다 코스타)'다. 이들은 아버지와 남편, 형제를 비난하고, 결혼, 모성애, 가부장적 사회 질서를 거부하고 성적으로 자유롭게 사는 여성들의 이야기를 썼다. 그리고 진정한 여성해방은 모든 육체적, 심리적 착취를 의식적으로 변화시킬 때에만 이루어진다고 봤다. 이들의 관점에서 여성은 여전히 '최후의 식민지'다.

이 책은 포르투갈에서 풍기를 어지럽히고 언론 자유를 모욕했다는 이유로 금서로 지정됐고, 재고는 압수됐다. 작가들은 마녀 취급을 받으며 투옥되어 비밀경찰의 심문을 받았다. 경찰은 특히 책에서 성애적인 부분을 세 마리아 중 누가 썼는지 알아내려 했다.

전 세계 페미니스트는 곧 이들을 지지하는 운동을 벌였다. 우리는 미국, 브라질, 벨기에, 프랑스, 독일, 스웨덴, 영국의 여러 도시와 포르투갈대사관 앞으로 모였다. NOW의 각 지부는 뉴욕, 보스턴, 휴스턴, 로스앤젤레스, 워싱턴 D.C. 시위를 조직했다. (마지 피어시와 내가 작가들을 지지하며 쓴 글은 널리 퍼져 2010년에는 해설이 포함된 포르투갈어판으로 다시 출간되기도 했다.)

세 마리아에 대한 재판은 1974년에 시작된 이후 끝도 없이 늘어졌다. 마르셀루 조제 다스 네베스 알베스 카에타누 정권이 4월에 무너지자, 재판부는 비로소 "해당 작품의 문학적 가치를 인정한다"며 소송 자체를 기각시켰다.

카불에 붙잡혀 있었던 이후로 나는 페미니즘 문제를 국제적인 시각으로 보게 됐다. 오랫동안 페미니즘 망명 정부에 대해 말해 온 나는 페미니즘에 국경이 없다고 믿는다. 서로 다른 대륙에 살고 다른 문화권에 속한 여성들이 필요에 따라 페미니즘의 개념들을 변형시키는 점도 이해한다. 세 마리아 지지 운동은 미국과 유럽의 수많은 페미니스트가 여성 관련 사안에 영향력을 발휘한 최초의 사례 중 하나였다. 여기에는 정부나 유엔의 지원도 없었다.

1975년에는 남아프리카 출신의 미국인 사회학자 다이애나 E.H. 러셀과 벨기에 출신의 니콜 판 데 번이 브뤼셀에 대단한 재판소를 설립했다. 바로 국제 여성대상범죄 재판소International Tribunal of Crimes Against Women였다. 이들은 재판 절차들을 손보는 콘퍼런스를 마련했는데, 이 전례 없는 자리에 참석하기 위해 40개국에서 2천 명이 넘는 여성이 모였다.

이 콘퍼런스를 계기로 전 세계는 여성에 대한 신체적 폭력, 강간, 여성 할례, 페미사이드femicide(여성혐오에 의한 여성 살해), 강제 불임수술, 낙태 불법화, 레즈비언 박해, 모성 강요, 성매매, 포르노그래피, 이주 여성 및 유색인종 여성에 대한 두세 배의 억압에 대해 눈을 뜨게 됐다.

1976년 그 재판 절차가 공표됐을 때, 그와 관련하여 나는 이렇게 썼다. "수천 년 만에 처음으로 전 세계 여성들이 강요당하던 침묵을 깼다. 그들의 증언은 객관적이고, 무시무시하며, 이루 말할 수 없이 감동적이다." 또 시몬 드 보부아르는 이 재판소에 대해 "여성들의 급진적 탈식민지화의 시작"이라 묘사하기도 했다.

다이애나 박사는 그는 폭력, 특히 성폭력에 관한 세계 최고의 페미니즘 전문가 중 한 명이다. 70년대부터 여성에게 자행된 강간과 학대를 비롯해 포르노그래피, 페미사이드에 대한 기념비적 연구를 시도한 개척자였고, 그런 범죄에 맞선 활동가였다. 또 1970년 밀스대학에 최초로 여성학 과정을 개설한 인물이기도 했다.

남아프리카에서 태어난 다이애나는 백인우월주의적 아파르트헤이트 정권을 무너뜨리기 위해 사보타주를 행하는 지하 혁명 조직인 아프리카저항운동African Resistance Movement에 참여하기도 했다. 그가 쓴 책《용기 있는 삶: 새로운 남아프리카를 위해 싸운 여성들Lives of Courage: Women for a New South Africa》은 데스몬드 투투 대주교와 올리버 탐보의 극찬을 받았다.

앤드리아 드워킨이라는 젊은 인재가 페미니즘계에 새롭게 등장했을 당시, 나는 이미 페미니즘 리더로 불리고 있었다. 내가 그를 처음 만난 것은 1974년이었다. 출판사와 더불어 위기에 처한 그는 내게 도움을 청했고, 그 일은 30년이 넘도록 우리 관계의 본질로 남았다.

앤드리아는 케이트 밀릿과 슐리 파이어스톤처럼 천재였다. 또 그들과 마찬가지로 열정적이었고, 편집증과 자기 파괴의 성향도 있었다. 그를 따르는 이들에게 두려움과 경멸과 오해—그러면서도 동시에 진심 어린 존경과 열정적인 사랑—의 대상이기도 했다. 앤드리아는 페미니즘을 설파하기 위해 지옥에서 온 페미니스트 같았고, 여성 성폭력에 반기를 든 기수 같았다. 또《여성 혐오 Woman Hating》《교전 지역에서 온 편지들 Letters from a War Zone》《포르노그래피》와 같은 중요한 책을 남긴 재능 있는 에세이스트이자 소설가였다.

우리는 각자 가진 펜의 힘으로 세상을 당장 바꿀 수 있기를 기대하지만, 막상 책이 좋은 평을 받지 못하거나 혹은 아무런 평도 받지 못할 때, 크게 당황한다. 자신의 야망은 말할 것도 없고 마치 혁명에 실패한 것 같은 처지가 된다.

앤드리아는 1974년 첫 책《여성혐오》를 출간했을 때, 출판사 사장에게 책을 확실히 띄워 달라고 요청했지만 설득할 수 없었다고 했다. 사장은 제삼자를 통해 앤드리아에게 이런 말을 전했다.

"아니, 필리스 체슬러처럼 중요한 페미니스트들도 이 책을 안 좋아하는데, 내가 어쩔 수 있나요?"

나는 이 책을 좋아하지 않는다고 말한 적이 없었다. 심지어 아직 읽지도 않은 상태였다. 나는 앤드리아에게 전화를 걸어 왜 나에게 직접 확인하지 않았느냐고 물었다. 그의 대답은 충격이었다.

"음, 제 책에 대해 선생님이 그렇게 말씀하셨을 수도 있겠다고 짐작했어요. 선생님 책들은 다 너무 훌륭하니까요."

이후 나는 앤드리아의 책을 읽고 출판사 측에서 활용하여 반향을 불러일으킬 수 있는 추천사를 정성껏 써서 그에게 건넸다. 그럴 자격이 충분한 책이었다.

앤드리아와 나는 친구가 됐다. 물론, 우리는 여러 사안을 두고 언쟁을 벌였다. 하지만 늘 화해했다. 나는 우리의 우정이 특별한 행운이면서도 깨지기 쉬운 것이라 생각했고, 여러 난관을 극복하고 그 우정을 소중히 여겼다.

앤드리아가 내 어머니를 처음 만난 순간을 잊을 수 없다. 어머니는 늘 농부처럼 오버롤 차림이던 앤드리아에게 이렇게 말했다. "그런데 당신은 누구예요? 청소부 아저씬가?" 그리고 서먹한 분위기를 깬답시고 덧붙였다. "사실 내 딸도 당신과 별반 다를 게 없어요. 교수처럼 옷을 안 입어. 대체 그 모임에 있는 여자들은 뭐가 문제죠?"

앤드리아가 답했다. "부인, 체슬러는 우리 진영에서 가장 화려한 축에 속하는 여자예요."

그가 내 차림을 눈여겨보고 있었을지 누가 알았겠는가? 나는 내가 화려하다고는 생각하지 않았지만, 후줄근해 보이지 않으려 신경 썼다. 그 때문에 가끔 페미니스트들이 내 외모를 문제 삼을 때도 있었다.

내가 남자와 결혼한 것을 두고 반감을 가지는 자매들도 있었다. 70년대 중반에는 호주의 어느 레즈비언 학자 모임에서 나를 초청했는데, 내가 남자와 결혼했고 그 남자와 호주 동반 여행을 계획한 사실을 알고는 초청을 취소했다.

그러자 호주의 한 급진 레즈비언 분리주의 록밴드가 나를 옹호하고 나섰다. "체슬러가 누구와 잠을 자든, 그는 여전히《여성과 광기》의 작가이며 우리는 그의 이야기를 듣고 싶다."

정말이지 사랑스러운 여자들이 아닐 수 없다.

*

여성 간의 잔인성은
어떻게 설명해야 할까

1960년대 중반 미국에서 아프리카계, 히스패닉계, 토착 원주민 및 백인 청년 활동가들은 민권, 언론의 자유, 학문의 자유를 쟁취해 나가는 구심점이 됐다. 미국의 청년들은 각종 선언, 콘퍼런스, 토론회에서 베트남전, 자본주의, 인종차별에도 반기를 들었다. 결국 몇몇은 폭력도 불사하자는 방향으로 흘렀다. 대부분 남성이었던 지도부는 사회주의 대 공산주의, 전체주의 대 민주사회주의, 그리고 냉전 및 핵무기경쟁의 책임은 소련과 미국 중 어느 쪽에 더 있는가를 두고 싸웠다. 하지만 걸핏하면 싸우는 남성 사회주의자들, 블랙 파워[1], 토착 원주민 및 라틴계 활동가들은 이런 논쟁 속에서 대다수 여성은 배제시켰다. 1965년과 1966년 당시 운동권의 남성 지도자들은 여성이 자신들에게 커피를 타 주고, 문서 복사를 해 주고, 섹스를 해 주는 존재라 생각했다.

　　페미니즘 사상이 확산되면서 좌파 여성들은 이런 식으로 취급당하기를 거부했고 자체적인 선언서를 작성하기 시작했다. 이들은 곧 경멸의 대상이 됐다. 일부 남성들은 이들을 모욕했다. 민주사회학생연합 소속이던 메릴린 웹이 여성해방에 대해 발언하려 하자, 남자들이 고함을 질렀다. "저 여자 끌어내려서 따먹자!"

1　　아프리카계 미국인들이 주축이 됐던 흑인 지위 향상 및 세력화 운동.

민주사회학생연합은 웨더언더그라운드Weather Underground[2]로 변해갔다. 빌 아이어스, 캐시 부딘, 버나딘 도른, 마크 러드 등이 주축이 되어 상업시설 및 정부청사 건물을 폭격하고 은행을 털 계획을 세우기 시작했다. 이들은 브링크스 장갑차량을 탈취한 뒤 경찰관 1명을 살해했다. 몇몇은 실수로 자폭했다. 살아남은 이들은 지하로 숨어들었다.

FBI는 마틴 루서 킹의 비폭력 민권운동, 흑표범당 및 민주사회학생연합 뿐 아니라 웨더 언더그라운드에 대해서도 비밀 감시를 했다. 기이한 일이지만, FBI는 비폭력 계열의 페미니즘 단체 및 모임들에도 잠입했다. 정보원 및 공작원들이 당시 작성하여 제출한 보고서들은 훗날 다수의 페미니스트가 정보자유법Freedom of Information Act에 의거해 입수할 수 있었다.

FBI는 여성 급진 좌파 수배자들을 찾느라 히피 및 레즈비언 페미니스트 공동체들을 뒤지고 다니던 상황이었다. 그들은 아무도 찾지 못했다. 그러다 1974년 잡지《미즈》로빈 모건과 연락한 적 있던 웨더 언더그라운드의 수배자 제인 앨퍼트가 자발적으로 모습을 드러내고 FBI와 접선했다. 제인은 남성 좌익 인사들을 비판할 태세를 갖춘 상태였다. 그는 페미니스트가 돼 있었다.

1969년 제인은 뉴욕시의 청사와 상업시설 8곳에 대한 폭격에 가담한 바 있었다. 이 폭격으로 인한 사상자는 없었다. 제인은 27년형을 선고받았다. 곧이어 FBI는 수배자 다섯 명을 추가로 체포했는데, 모두 제인과 함께 살거나 동행한 적 있는 페미니스트

2   1960년대말부터 1970년대까지 활동했던 미국의 극좌파 무장조직.

들이었다. 로빈은 새로 잡혀 들어간 여성들이 적절한 사전 조치를 하지 않은 탓이라고 비난하며 제인을 감쌌다.

제인은 수감되기 전 소망이 하나 있었다. 자신이 그간 읽어 왔던 작품을 쓴 페미니스트들을 만나고 싶어 했다. 우리는 케이트 밀릿의 집에 모였다. 제인이 들어오자, 플로 케네디와 티그레이스 앳킨슨이 화를 내며 요란하게 나가 버렸다. 그들은 제인이 이름들을 대는 바람에 숨어 지내던 동료 중 한 명이 체포됐고 페미니스트 여러 명이 수감됐다고 믿었기 때문이다.

1974년,《미즈》는 글로리아가 소개한 제인의 '모권에 바치는 노래Ode to Mother-Right'를 실었다. '모권'은 여자들은 태생적으로 온정적이고 양육을 잘하는 존재라고 주장하는 이론이었다. 여자는 자기들끼리 전쟁을 일으키고 여성을 공격하여 희생양 삼는, 가부장적인 남자들과는 생물학적으로 다를 뿐 아니라 더 우월하다는 이야기였다.

당시 나는 이 이론이 사실일 수도 있다고 믿고 싶었다. 하지만 그렇다면 아동, 남성을 향한, 그리고 여성 간에 표출되는 여성의 잔인성은 어떻게 설명해야 할까?

로빈은 제인을 지지하는 모임을 꾸렸는데 여기서는 페미니즘 운동을 흥측한 방식으로 양분했다. 가부장제를 믿거나 안 믿거나, 계급투쟁을 믿거나 안 믿거나, 그리고 제인과 로빈을 측은히 여기거나 변절자로 간주하거나 둘 중 하나라는 이야기였다.

페미니스트들은 기존 시스템에 맞선 계급투쟁 또는 기존 시스템의 개혁 둘 중 어느 것이 대다수 여성을 해방시킬 것인가를 두고 예전부터 싸워 왔다. 레즈비어니즘과 정체성 정치는 페미니즘의 최전선에 있는 것인가 아니면 수구적이고 자기도취적이며 자멸적인 입장인가를 두고도 싸워 왔다. 유색인종 여성들이 우리 무리와 함께하지 않는 현실에 백인 페미니스트들은 끊임없이 자책했다. 우리 가운데는 유색인종 여성들을 우리 운동에 동참하도록 독려하고자 진심으로 다가가는 이들도 있었고, 노력하는 시늉만 하는 이들도 있었다. 예외적인 개별 사례들도 많았지만, 대다수 유색인종 페미니스트들은 다른 유색인종 여성들과 함께 여성의 권리를 쟁취하기 위해서 혹은 유색인종 남성 및 여성 모두와 함께 소수 인종의 권리를 쟁취하기 위해 나서 싸웠다.

제인과 로빈은 글로리아의 지지를 얻었다. 로빈이 글로리아를 설득하여 제인의 글을 소개하고《미즈》에서 중요한 지면도 내어 주는 방식으로 제인의 입장을 옹호하게 만든 덕분이었다. 이로써 페미니스트들 사이에 대대적인 분열이 야기됐다. 우리끼리 서로에 대해 최대한 나쁘게 해석하기 시작했다. 이 일은 악마들을 풀어놨고, 단층선을 드러냈으며, 포르노그래피, 성매매, 검열에 맞서는, 훗날 대대적인 페미니즘 성 대립feminist sex wars[3]으로 알려지게 된 전쟁의 훈련장이 됐다. 내가 당시에도 한 이야기지만, FBI는 우리를 그냥 내버려뒀으면 세금을 아낄 수 있었을 것이다. 페미니스트들은 우리를 처리할 청부업자 따위는 필요 없었다. 그런 거라면 우리끼리도 알아서 꽤나 잘했으니까.

제인-로빈 중심의 분열은 도시 안에서도 나를 내내 따라다

---

3   페미니즘 진영 내부에서 포르노그래피와 성매매 문제를 두고 1970년대 후반부터 찬반
     양론으로 갈라진 집단적 논쟁.

넜다. 언젠가 버스를 기다리느라 그리니치 빌리지 길모퉁이에 서 있었는데 갑자기 여자 둘이 도시의 매연 속에서 불쑥 나타났다. 나는 모르는 이들이었지만 그들은 나를 아는 눈치였다. 한 명은 내 앞에 섰고 다른 한 명은 내 오른쪽에 섰다. 둘 다 내게 지나치게 바짝 붙어 서 있었다.

나와 한판 붙자고 나타난 여자들이었다. 그들은 내가 제인을 지지하는 쪽과 반대하는 쪽 중 어느 탄원서에 서명할 생각인지 어서 말하라고 다그쳤다. 나는 답을 거부했다. 그들이 어느 편인지도 알 수 없었을 뿐더러, 그들은 그저 나를 괴롭히고 겁주려 한 것이지 대화를 나누러 온 것이 아니었으니까.

대부분의 페미니스트들이 그렇듯, 나는 오래된 정치적 동맹을 약속하고 유지했을 뿐이다. 나는 로빈이 친구인 제인을 보호하려 애쓰고 있다고 생각했고, 그 점은 높이 샀다. 하지만 학자로서 나는 《미즈》 측이 제인의 '모권' 주장을 수용한 것에 대해 불편한 마음이 있었다. 이 부분에 대해서는 티그레이스와 플로가 실질적이고도 우려되는 몇몇 지점을 이미 지적했다고 판단했다.

공론가들조차도 글로리아와 관련된 일에 대해서는 적당히 절충적이고 실용적인 태도를 취했다. 플로는 제인을 이기적인 욕심쟁이라 여기면서도 글로리아가 제인과 로빈을 지지한다는 이유로 유대를 끊지는 않았다. 나는 성매매의 어떤 측면도 처벌 대상에는 넣지 말자던 케이트의 초기 입장이나 성매매를 계속 옹호했던 플로의 입장에 동의하지 않았지만, 어느 쪽과도 관계를 끊지는 않았다.

몇 년 뒤, 제인 앨퍼트는 자서전에서 로빈을 비난했다. 수배

된 상태로 지하 생활을 할 당시에도 관능적이었던 본인을, 로빈이 이용했다는 것이었다. 이에 로빈은 제인에게 면회 가는 일을 중단했고 결국 완전히 절교한 뒤 제인을 구제불능의 남자 중독자라며 비난했다. 이후 제인이 나를 찾아왔다. 제인은 지지와 공감을 구하며, 로빈은 상대를 착취하는 카멜레온 같은 사람이라고 나도 동조하게 만들려 애를 썼다. 제인은 굉장히 괴로워했지만 나는 이 일로 인해 로빈과의 관계를 끊지는 않았다.

나는 리치먼드대학(이후 스태튼아일랜드대학으로 개명)에서 혼자 힘으로 여성학 정규 과정을 개설해내기는 했지만, CUNY의 대학원에 마련된 새로운 여성학 프로그램에서는 한 번도 내게 강의 요청을 하지 않았다. 아, 내 강연을 들었으면 그쪽에서 적어도 1년에 대학원 한 과정쯤은 맡아 달라는 요청을 해 오기를 얼마나 간절히 바랐던가.

몇 년 뒤 드디어 연락이 왔다. 해당 프로그램 위원장은 우선 내 주장들을 추켜세우고 나서는 이렇게 말했다. "그런데요, 만약 선생님을 모시면, 우리는 프로그램을 그만둬야 할지 몰라요. 선생님은 너무 논란의 소지가 많은 분이라서요. 우리로서는 그런 위험을 안고 갈 수는 없지요."

만일 여성 위원장 입장에서 나 같은 사람을 받아들일 수 없는 프로그램이라면 변변찮을 것이라 대꾸했다. 아마도 우리 둘 다 일리가 있었을 것이다.

나는 당시 대학원장이던 해럴드 프로샌스키를 찾아가서 대학원생들을 가르치고 싶다고 말했다. 이 남자는 이렇게 답했다. "결혼하신 거 잘 알고 있습니다. 봉급이 더 필요하지는 않으실 텐데요. 굳이 왜 그러시는지?"

아리스토텔레스가 말했듯, "능력도 뛰어나고 공로도 으뜸인 사람들이 최고의 명예를 독차지한 이들에게 모욕을 당했을 때 혁명이 일어나기도 한다."

1974년에 제인 앨퍼트가 모습을 드러낸 이후, 좌익 페미니스트들은 늘 자신들 중에 FBI 첩보원은 없는지 찾게 됐다. FBI는 실제로 페미니스트 공동체와 각종 모임에 잠입해 있었는데, 표면상의 이유는 모임에 웨더언더그라운드 수배자가 숨어 있는지 알아보기 위해서였다. 그리고 J.에드거 후버가 실제로 페미니즘은 국가안보에 위협이 된다고 믿었기 때문이기도 했다. 정말 그랬다면 좋았을 텐데.

1975년 여름은 페미니스트들에게 유독 뜨거웠다. '사가리스 Sagaris'[4]라고 불리는 버몬트의 어느 교육 단체가 페미니즘판을 완전히 분열시키는 중이었다. 페미니스트들은 모든 나무의 뒤에 숨은 FBI 첩보원들을 봤다. 지독히 숨 막히는 분위기였다.

레드스타킹스는 글로리아를 CIA 첩보원이라며 몰아세웠다. 결과적으로 사가리스 참석자들은 꼭 필요하지만 "더러운 돈"을 《미즈》 측으로부터 보조금으로 받을지 여부를 두고 분열됐다. 내가 이해한 바로는, 사가리스가 포드재단 및 록펠러재단으로부터는 흔쾌히 보조금을 받았던 것을 보면 악덕 자본가의 돈은 받을 수 있었던 것 같은데, 페미니스트들의 돈에는 훨씬 더 높은 기준이 적용됐던 것 같다. 악덕 자본가들은 페미니스트를 자처한 적

---

4   스키타이 아마존 여전사들이 사용했던 무기 이름을 딴 명칭.

도 없었고 페미니즘을 브랜드화시켜 시장을 장악하려 들지도 않았는데 말이다. 그런데 레드스타킹스는 그런 일을 《미즈》가 하고 있다고 믿었다니.

나는 글로리아가 CIA 첩보원이었다고는 생각하지 않는다. 1959년과 1962년에 글로리아는 비엔나와 헬싱키에서 각각 개최됐던 세계청년축제World Youth Festival에 참석했다. 이 축제들은 대개 소련의 후원을 받았다. 글로리아는 자신의 참석 관련한 기금 일부분을 CIA에서 지원했다는 사실을 알았지만, 페미니즘 사학자인 루스 로젠이 《찢어져 버린 세계The World Split Open》에 기록한 바에 따르면, 글로리아는 "순진하게도 CIA의 기금 지원은 전쟁을 막기 위한 노력이라 믿었고, 공산주의 봉쇄와 전복을 위한 조직적 시도 차원이라고는 생각하지 못했다"고 한다.

글로리아가 반페미니즘적 여성 스파이라 진심으로 굳게 믿던 좌파 페미니스트들과 한 편이 되어 이 문제를 계속 제기한 베티 프리단이 아니었다면 별다른 주목을 받지 않고 흘러가 버렸을 사실이었다. 글로리아는 앓아 누워 몇 날 며칠을 일어나지 못했다. 당시 글로리아의 친구이자 비공식적인 상담자로서 내가 그를 찾아갔기에 아는 사실이다. 나는 글로리아가 기운을 차리고 다시 일어날 때까지 매일 찾아갔다. 내가 아는 글로리아는 그 정도의 미움과 공공연한 공격을 받고 격렬한 분노의 대상이 되는 상황을 견디기 힘든 사람이었다.

글로리아는 스파이가 전혀 아니었다. 성실한 페미니스트였다. 예쁘장하면서도 담백한 유머가 있고 감정적으로는 절제된 여성을 언론이 선호한다는 사실은 베티를 끊임없이 갉아 소진시키는 지점이었다. 글로리아는 너무나도 호감형이었던 반면, 베티는 심술궂은 마귀할멈처럼 늘 모두에게 화를 내는 사람이었다. 자신을 흠모하고 떠받드는 여자들에게도 예외는 아니었다.

하지만 급진 좌파 페미니스트들은 자신들 나름의 반자본주의, 반가부장제 페미니즘을 글로리아가 희석시키고는, 그 열등한 하위 브랜드 격 페미니즘을 대신 팔아 명성과 영향력과 기금을 얻고 민주당의 권력까지 등에 업어, 이를 바탕으로 글로리아가 이런 접근법을 지지하는 페미니스트들을 매수하거나 보상을 하려 들지 않을까 진심으로 우려했다. 글로리아가 저널리스트로서 자기네 사상과 활동을 취재하기 전부터 이미 활동하던 모든 이를 역사의 뒤안길로 몰아넣어 버릴지도 모른다고 생각했다.

그들도 일리가 있었다. 페미니스트들은 여러 해 동안 서로를 엘리트주의적이라며 비난하거나 남성과 동일시했다. 루스 로젠은 이렇게 정리했다. "그런 반엘리트주의가 초래한 가장 이상한 결과 가운데 하나는 활동가들 서로가 바이라인 없이 글을 쓰도록 압박하게 된 것이었다. 익명으로 글쓰기는 19세기의 겸손한 숙녀에게 요구됐던 덕목이었다. 그런데 이제 몇몇 여성해방론자들이 연대solidarity라는 미명 하에 어떤 여성도 자기 글에 대한 공을 취하지 말라는 요구를 했던 것이다."

나의 친구들인 케이트 밀릿, 나오미 웨이스타인, 로빈 모건도 나와 마찬가지로 이 같은 미친 압력을 받았다. 특히 로빈에 대해서는 표절 의혹 제기가 거셌다. 하지만 당시 나로서는 무엇을 혹은 누구를 믿어야 할지 판단이 불가능했다. 당시 급진 페미니스트들이 하고 있는 일은 그런 것—자기네 리더들을 좀먹고 자신의 가장 선량한 마음을 스스로 파괴하는 것—이었다.

로빈과 나는 친구 사이였다. 로빈은 언변이 뛰어나고, 매력적이며, 요리 솜씨가 끝내줬다. 우리는 빌리지의 카페 보르지아에서 따로 만나 커피를 마시며 쉴 새 없이 페미니즘 이야기를 했다. 한때 아역 배우이기도 했던 로빈은 일대일로 만나 보면 더없이 좋은 엄마 같은 친구 노릇을 했다. 페미니즘 운동판에서 만나는, 엄마에게 상처받고 엄마에 굶주린 수많은 딸들 중 하나였던 나는 로빈에게 끌려 완전히 빠져들었다.

로빈은 돈과 일자리를 필요로 했고, 나는 글로리아에게《미즈》에 로빈을 채용하도록 추천했다. 글로리아는 내 제안을 굉장히 마음에 들어 했다. 그는 늘 자기 주변이 더 다채롭기를 바랐다. 피부색으로나 정치적 급진성으로나. 로빈은 특히 적임자였다. 급진 좌파인 젊은 '도시' 여성이자 (한때 내가 일했던 곳이기도 한) 이스트 5번가 웰페어빌딩에 있던 좌파 지하신문《랫》과 그로브 프레스를 페미니즘 진영이 접수하도록 도운 일등공신이었고, 민주사회학생연합 일원들이 지하에 숨어 있을 당시에도 연락을 지속했던 여성이었으니까. 상류층 부르주아에 대한 완벽한 눈가림이었다. 어른들, 즉 기존 시스템 내에서 개혁하자던 이들은 어땠나? 그들은 실제로 어떻게 지내고 있었을까?

프리단이 쓴《여성성의 신화》는 개혁운동으로서의 2세대 페미니즘을 촉발시켰다. NOW 창립의 중요성을 결코 간과해서는 안 된다. NOW는 수많은 법적 소송, 행진, 시위, 기자회견, 로비 작전 등을 최초로 성공으로 이끌었다.

베티의 불안하고 사나운 성격은 NOW를 창립한 여성회원들을 끊임없이 들들 볶았다. 베티는 자신의 불쾌한 행동에 대한 사람들의 당연한 반응이라는 생각은 하지 못한 채 그들이 자신의 정당한 권력을 훔치려 든다고 생각했다. 그 뒤 급진 페미니스트들과 레즈비언들은 한때 베티 본인이 의지했던 언론의 관심을 훨씬 더 많이 훔쳐 갔다.

궁극의 모욕은 그다음에 찾아왔다. 베티가《여성성의 신화》를 출간한 지 거의 10년이 지나고, NOW 창립에 일조한 지 6년이 지날 무렵 글로리아와《미즈》가 등장했고, 이들은 베티 그리고 급진 페미니스트들 양측 모두에게서 각종 언론 매체의 관심을 빼앗아갔다. 베티는 여러 해 동안 내게 인사를 하지 않았다. 어쩌면 나를 알아보지 못했을 수도 있다. (근시였을 수도 있다.) 나는 NOW에서 베티를 추종하는 무리도 아니었으니, 내가 자기편이 아닌 것 같아서 그랬을까? 아니면 나를 글로리아와 너무 가까운 사람이라 생각했던 것일까?

나는 늘 이렇게 말했다. "베티, 안녕하세요. 어떻게 지내세요? 저 체슬러예요." 그러면 그는 건성으로 이렇게 대꾸하기도 (혹은 하지 않기도) 했던 것 같다. "아, 네, 체슬러."

1970년대에 한번은 우리가 함께 패널로 참석했던 적이 있었다. 베티는 "베티 프리단에게"라고 적힌 교황의 사진을 자랑하듯 높이 들어올렸다. 나는 그 교황이 유독 온정적인 인물이라는 것은 알고 있었지만, 베티는 낙태, 피임, 이혼 문제에 있어 여성에 관한 가톨릭교회 측의 행보에 대해서는 완전히 잊어버렸던 것일까? 어쩌면 그런 것쯤은 자신이 상류층에 진입했음을 과시하는 일에 비해 덜 중요했는지도 모르겠다.

베티의 책《두 번째 단계The Second Stage》가 1981년에 출간됐을 때, 반응은 별로였다. 엘리노어 구겐하이머는 베티의 기운을 북돋워 주기 위해 출간기념 파티를 열었다. 거실과 식당이 주로 여자들로 꽉 차긴 했지만, 남자들도 몇몇 있었다. 우리의 주빈은 불안정하게 흔들거리며 서서는 주로 남자들하고만 이야기를 나눴다. 베티가 말할 차례가 되자 그는 초대장을 펄럭거리고 흔들며 고함을 질러 댔다. "왜 여기에다 '여자들은 베티 프리단을 지지한다'고 써 놓은 거죠? 왜 이 초대장에다 '남자들과 여자들이 베티 프리단을 지지한다'고 안 썼냐고요!"

베티는 자기 자신을 3인칭으로 자주 썼다. 우리가 전부 눈을 아래로 깔거나 다른 곳을 쳐다보거나 당황하거나 기분이 더러워진 것에는 전혀 아랑곳하지 않는 눈치였다. 그래도 베티는 본인 모습 그대로 존경받을 자격이 있었다. 역사를 바꾼 수많은 남자들이 그랬듯, 베티 역시 까다로운 사람이었다. 성미가 고약하고 난폭하며 거칠고 말도 안 되게 집요했다. 그리고 통제 불능의 술꾼이었다.

상처 입은 천재적인 여자들은 나의 모성 본능을 끌어낸다. 나는 돌려받을 것이 없을 줄 알면서도 그들을 보호하고 지원하게 된다. 일례로 나는 들어오는 모든 공격으로부터 앤드리아 드워킨을 방어하고 나섰다. 하지만 앤드리아가 집요하고 거만한 인물이라는 사실 역시 겪어서 알고 있었다. 앤드리아는 자기 스스로를 연약하고 예민하며 상처받은 존재라고 느꼈다. 앤드리아가 상대방을 말로 짓밟거나 이리저리 휘두르려 할 때는 다름 아닌 앤드리아 본인이 공격받고 있다고 느끼기 때문이었다. 그는 오직 자기 자신만을 방어하고 있었다. 앤드리아는 자신을 매 맞는 아내나 성매매 여성—가부장제의 최대 피해자들—이나 다름없다고 주장했지만 내가 보기에는 그렇지 않았다.

앤드리아는 정신적으로 강인한 책략가이자 독창적인 사고를 하는 사람이었지만, 정작 본인은 주변 사람들에게 맹목적인 충성을 요구했다. 성격적으로 앤드리아는 수줍음이 많고 불안이 큰 사람이었다. 강의를 하러 갈 때면 이따금씩 자신의 반려자 존 스톨텐베르그나 우리 둘 다를 아는 일레인 마크슨을 동행시켜 달라고 부탁하곤 했다. 강단에서 앤드리아는 늘 과감한 도전을 멈추지 않았고, 종종 엄청난 박수가 터져 나오기도 했다. 그러나 강단에서 내려온 후에는 자기가 분위기를 망쳤다고, 모두가 자기 관점을 싫어했다고 느꼈다.

앤드리아는 자신이 동성애자라고 말했다. 알려진 여성 연인은 한 번도 없었다. 존 역시 동성애자 남성이었다. 그리고 둘 다 동성애자 인권 활동가였다. 하지만 나는 앤드리아가 존—키 크고 금발의 아리아인—을 바라보는 표정을 분명히 봤다. 존은 동성애자였고 유성애자였다. 앤드리아에 대해서는 나는 확실히 알 수 없었다.

1975년에 앤드리아는 내게 자신이 햄프셔대학에서 강의 자리를 구하지 않은 것은 행정 당국의 누군가가 "케이트 밀릿의 작품을 가르칠 여자라면 무조건 지적으로 무능한 것"이라고 말했기 때문이라고 했다. 그리고 "내 시야의 가장자리가 어두워지고 있지만 이는 남자들 때문이 아니다. 나는 여자들 사이에서 보는 것들이 진짜 싫다"고도 했다.

앤드리아는 글로리아의 지원에 의존했으면서도 내심《미즈》를 경멸했다. 앤드리아는 누구를(사실상 모든 사람) 헐뜯어야 할지 알았지만, 글로리아와 존만큼은 옹호했다.

어쩌다 보니 우리는 맨해튼 어퍼웨스트사이드, 그다음에는 브루클린 파크슬로프에서 서로 가까운 거리에 살게 됐다. 앤드리아는 진중한 유럽식 좌파이자 진중한 19세기식 사형제 폐지론자였으며 진중한 20세기식 페미니스트였다. 앤드리아는 아주, 아주 진중한 사람이었다.

어퍼웨스트사이드에서 살던 시절 나는 결혼한 상태였고, 부르주아적 삶에 약간 염증을 느끼며 글을 쓰고 강의를 하며 지내고 있었다. 어느 젊은 레즈비언 페미니스트가 나를 데리고 오리건과 워싱턴의 여성토지신탁을 구경시켜 줬다. 당시는 여름이었고 나는 시간 여유가 좀 있어서 그곳에 며칠 있다 왔다.

레즈비언 페미니스트들은 이미 "땅으로 돌아간" 상태였다. 생존주의적 관점에서가 아니라 여성만으로 구성된 공동체에 속해 살자는 유토피아적 관점에서였다. 이 현상이 현실적인지 그리고 지속될 것인지 아니면 조애나 러스, 샐리 기어하트, 다이애나 리버스 등의 페미니즘 SF소설에 나오는 매혹적이지만 찰나적인 환상에 그칠지 늘 궁금하던 터였다.

집단생활 중인 페미니스트들 가운데는 그곳에 전념한 이들도 있었지만 단지 일시적으로만 학업, 일, 성인으로서의 삶에서 이탈한 상태인 듯 보이는 이들도 있었다.

안내자는 나를 시애틀의 페미니스트 공동체로 데리고 갔다. 그곳에서는 여성들이 총기를 소지하고 정기 사격 연습에 참여하고 교외에 직접 집을 짓고 있었다. 우리는 오토바이로 이동했다. 그 뒤로 몇 년간 내 다리에는 당시 오토바이 배기관에 입은 화상 자국이 남아 있었다.

　포틀랜드에서 몇 시간 거리인 그곳에서 나는 SF소설 속에서 튀어나온 듯한 아마존 전사들을 만났다. 여자 8명이 집을 짓고 있는 모습을 본 것은 난생처음이었다. 그 여자들은 지붕을 얹고, 목재를 자르고, 창을 재단하고 있었다. 내가 보기에 그들은 자신들을 남성과 동일시하는 이들이 아니었다. 그들은 사막에 빛나는 도시를 세우고 있는 신화 속의 천사들 같았다.

　페미니스트들 사이에 만연해 있던 반엘리트주의를 감안하여, 나는 가명으로 다니기로 했다. 가명은 버터컵Buttercup이었다. 점심시간에 우리는 '좌파 레즈비언 공동체의 정치적 무관심'에 대해 논해 볼 예정이었다. 나는 "이곳에서 그런 무관심은 전혀 보지 못했으며, 성지에 와 있는 기분"이라고 말했다. 아무것도 없는 곳에 너무나도 능숙한 망치질로 근사한 집을 만들어 내는 여자들이라니, 나는 그 성스러운 광경에 적잖이 놀랐다.

　"여러분은 대체 누구시죠?"

　나는 농장에서 나무를 심고, 정원을 가꾸고, 직접 키울 수 있는 것들만 먹으며, 사우나에 앉아 있거나, '여신들'을 위한 신전을 세우는 여자들을 봤다. 그들은 알록달록한 천막 안에 놓인 침낭에서 잤다. 중세적이고도 우화적인 광경이었다.

　"이 땅은 단체로 소유하고 있나요?" 내가 물었다.

　"아니요, 저희는 어떤 남자에게 빌려 쓰고 있는 거예요."

　또 다른 곳에서 나온 대답은 이랬다. "토지는 여기 여자들 중

한 명 소유예요. 음, 사실 그 사람 부모가 돈이 많거든요, 그분들이 이 땅 주인이죠."

이 개척자들은 땅 주인이 아니었는데, 본인들은 이 사실에 괘념치 않는 눈치였다. 그들은 각자 집에서 나오는 돈이나 복지 및 장애 수당으로 살고 있었다. 그렇다면 이 새로운 땅은 임시적인 것에 불과했다. 진지하고 지속가능한 미래적 삶의 방식이 아니라 천국 같은 휴양지에 불과했던 것이다.

나는 레즈비언 페미니스트 시인들이 문간까지 꽉 들어찬 오클랜드 공동체를 방문했을 때, 그곳에는 수건이 거의 없으며 그나마 있는 것은 너무 얇고 축축하다는 걸 알았다. 냉장고는 사실상 비어 있다시피 했고 재떨이는 수북이 흘러넘쳤다. 그리고 차양을 늘 내려 두고 있어서 한낮에도 어둑했다.

"저항하는 여자들이 왜 깊은 밤의 저편에 계속 살려고 할까?" 내가 묻자 친구는 이렇게 말했다.

"우리는 집안일을 안 할 거고, 지저분한 자기 일을 남에게 돈 주고 시키지도 않을 거야."

어느 여성 모임은 뉴욕 포킵시에 케이트 밀릿이 운영하는 크리스마스 트리 농장이자 예술가들을 위한 피서 공동체의 핵심 구성원이 됐다. 그들은 여름날 반나절쯤은 (케이트가 도시에 판매할 계획인) 크리스마스 트리를 심고 헛간을 고치고 배관을 손보고, 나머지 반나절쯤은 그림을 그리고 조각을 하고 시를 쓰고 그런 다음 수영도 하고 느긋하게 쉬고 술을 마시고 음식도 먹고 말다툼도 하고 춤을 추고 사랑을 나누기도 했다. 그리고 서로의 연인과 달아나기도 했다.

1976년 뉴욕에서 케이트 밀릿과 함께

나는 그 공동체를 종종 방문했지만 나름의 거리를 유지했다. 나는 그들을 전부 사랑하기는 했지만, 집단 전체로 볼 때 그들은 내 기준에서 너무 문란했다. 게다가 그들은 극한의 더위에도 냉방 시설 없이 생존할 수 있는 사람들이었다. 나는 그런 것은 쉽사리 견딜 수 없었다.

그 공동체는 마법에 걸린 환영 같아서, 유일한 흠이라고는 케이트가 한 차례씩 부리는 광기뿐이었다. 하지만 케이트의 글과 케이트로 상징되는 종류의 보헤미안적인 페미니즘은 여전히 영향력이 있었으므로, 가장 진실되고 유일무이한 자기 집 같은 유토피아를 찾아 나선 레즈비언 페미니스트 예술가들을 매년 여름마다 포키프시로 끌어들이고 있었다.

1984년, 시몬 드 보부아르와 그가 입양한 딸 실비 르 봉이 방문했다. 케이트는 자신과 보부아르의 관계에 대한 책을 쓸 생각이었지만 그 후 병을 앓게 되는 바람에 그러지 못했다. 철학자 린다 클라크와 음악가 조앤 카사모는 이 무모한 기획에 힘을 발휘해 우아함과 안정성을 더했다. 나는 그들 모두를 사랑하게 됐다.

내 기억으로는 린다가 먼저 그곳을 떠난 것은 1972년이었다. 흠잡을 데 없는 블레이저 뒤로 어울리지 않게 긴 치맛자락이 질질 끌렸고 그의 은발은 마치 태양처럼 빛났다. 케이트는 내게 린다를 떠나지 못하게 말려 달라고 애원했다. 린다는 미소를 지으며 우리를 둘 다 포옹해 주고는 자기 모국 인도를 향해 가던 길을 갔다.

이제 아시람의 땅으로부터 돌아온 린다 클라크는 근사한 식탁을 차리고 또 치우고, 인턴들을 잘 구슬려 설거지와 세탁을 하게 했다. 욕조는 깨끗해졌고 폭신한 수건도 좀 생겼다. 린다는 이제 케이트의 공동체에 모인 이들을 기운을 북돋워 주는 데 전념했다. 린다가 선택한 나름의 영적인 실천이었다. 열심히 일하고 있을 때 외에 철학박사이기도 한 린다는 두툼한 공책에 만트라를 쓰며 앉아 있었다.

*

포르노그래피와의 전쟁

1976년 2월, 영화 배급업자 앨런 섀클턴은 타임스스퀘어의 한 극장에서 〈스너프Snuff〉를 개봉했다. 벌거벗은 여성이 강간, 살해, 사체 훼손을 당하는 모습을 묘사한 영화였다.

포르노그래피에 반대하는 활동가들은 격분했다. 앤드리아 드워킨은 내게 전화를 걸어와 이렇게 말했다. "죽어 버릴 거야." 《여자처럼 생각하기Thinking Like a Woman》를 쓴 시인이자 활동가인 레아 프리츠도 "도저히 참을 수 없다"고 했다. 둘 다 이 영화로 인해 위험에 처한 듯한 목소리였다.

그들은 내게 변호사를 구해 보라고 했고, 나는 내가 아는 변호사들에게 전화를 걸어 애원했다. "여자들 몇몇이 시민불복종 civil disobedience을 하겠다고 벼르고 있어요. 극장에 입장하려는 관객들을 막거나 기물을 파손하겠다는 이들도 있고요." (소위 다이크 전술이었다. 그들은 체포될 수도 있었다.) 이는 대개 저널리스트와 변호사 양측 모두를 흥분시키는 효과가 있었다.

하지만 미국시민자유연맹American Civil Liberties Union이 전국 대회를 준비하는 때였고, 변호사도 부족했다. 그럼에도 나는 모든 변호사에게 전화하지 않았다. 그저 연락할 만한 사람에게만 했을 뿐이었다.

우리는 베티 레빈슨의 아파트에서 회의를 열었다. 가정폭력 전문 변호사였던 베티는 피해자들에게 가해자들을 상대로 손해 배상 소송을 제기할 권리가 있다고 믿었다. 헤더 누스바움 사건 (헤더가 자신을 구타하고 둘 사이에 있던 여섯 살 딸 리사를 살해한 조엘 스타인버그를 상대로 제기한 소송)을 맡았던 베티는 1980년대 말에 이 권리를 주장했다. 베티가 파산 상태였던 스타인버그로부터 돈을 받아 냈는가는 중요하지 않다. 그는 이 사건을 변호사들이 폭력 피해 여성들 편에 설 수 있는 기회로 삼았던 것이다.

회의가 끝나고 우리 일행 네댓 명이 엘리베이터를 탔다. 그러다 엘리베이터가 갑자기 중간에 멈춰섰고, 우리는 도와달라고 소리를 지르고 벽을 두드리기 시작했다. 레즈비언 활동가이자 작가(《벽장 밖으로 나오다Out of the Closets》)인 칼라 제이는 이렇게 말했다. "아무래도 내가 당신들을 여기서 빼낼 수 있을 것 같아." 앤드리아와 나는 그에게 절대 미친 짓은 하지 말라고 당부했다. 우리의 비명을 들은 한 남자가 밖에서 경찰에 전화하겠다고 했다. 30분쯤 지났을까, 칼라는 "내가 뭘 좀 하고 있어" 하고는 정말로 엘리베이터를 움직이게 만들었다. 그 순간 경찰도 도착했다. 칼라는 언제나 자조自助 능력을 믿었다.

페미니스트 수백 명이 비가 오나 눈이 오나 극장 앞에서 시위를 벌였다. 베트남전에 반대하는 저명한 활동가이자 작가인 그레이스 페일리(《마지막 순간의 거대한 변화Enormous Changes at the Last Minute》)가 있었다. 그 밖에도 민권 운동가 바버라 데밍(《프리즌 노트Prison Notes》), 포르노그래피 반대 활동가 도첸 라이드홀트, 작가 수전 브라운밀러(《우리의 의지에 반하여》), 앤드리아, 레아, 그리고 내가 함께했다.

그레이스는 앨런 섀클턴과 열띤 토론을 벌였다. 그는 베트남전에 대한 그레이스의 입장을 존중한다면서 "스너프필름 문제가 정말로 전쟁과 견줄 만한 사안이라 생각하느냐"고 물었다. 그레이스는 "당연하다"고 답했고, 나는 그때 진심으로 놀란 그 남자의 표정을 봤다.

그레이스는 무고한 시민들이 베트남에서 다치고 죽고 있듯, 여자들도 곳곳에서 고문과 살해를 당하고 있다고 말했다. 피해 대상은 성매매 여성뿐 아니라 아내와 여자친구도 포함되며, 여기에는 가학적 포르노그래피가 남자들에게 영향을 미친다는 점을 분명히 했다.

포르노그래피를 대하는 당시 페미니즘 진영의 관점은 양분됐다. 반대하는 이들은 성폭력과 학대로부터 도망쳐 나온 여자들이 포르노그래피 제작에 이용되는 것을 우려했다. 그런 영화 속에서 묘사된 쾌락은 피해자가 자유롭지 않은 상태에서 강요된 연출로 보았다. 설령 그 강제력이 경제적인 이유더라도 말이다. 또 포르노그래피가 남자들로 하여금 여성을 살아 있는 섹스 토이나 창녀로 보게 만든다고 했다.

반면 긍정적으로 보는 이들은 우선 국가와 가부장제, 청교도적 금욕주의가 그동안 여성들을 통제해 왔다고 보았다. 또 포르노그래피는 사람들이 느끼던 억압을 느슨하게 하고 지금까지 경험한 적 없는 쾌감으로 이끌며, 실제 강간 비율을 감소시키고 젊은 남성들에게 '무엇을 해야 할지' 가르친다고 믿는 부류도 있었다. 필름 속 강간 장면들을 수정헌법 제1조에 의해 보호되는 표현의 자유로 간주하기도 했다. 진영 사이에는 팽팽한 긴장감이 돌았다.

　앤드리아 드워킨과 법학자 캐서린 매키넌은 어떤 여성이 자신에게 포르노그래피적 행위(창녀의 행위)를 연기하도록 강요한 특정 남성 혹은 집단에 의해 피해를 입었음을 법정에서 입증할 수 있다면, 그 여성은 민사로 손해배상을 청구할 수 있다는 개념을 처음 제시했다. 하지만 그러기 위해서는 우선 그 여성이 배심원과 판사를 설득해야 했다. 입증하기도 쉽지 않을 것이었다. 결국 이 손해배상 개념은 페미니스트들, 변호사들, 친섹스pro-sex 활동가들의 연합 공격으로 받아들여지지 못했다. 나는 지역 검찰에 진정서를 내서 영화 상영을 중단시키려고 했지만 소용없었다.

　우리가 〈스너프〉 항의 시위를 했던 때로부터 40여 년이 지났다. 뉴욕대학교 로스쿨에서 개최된 포르노그래피에 관한 최초의 콘퍼런스에서 내가 앤드리아 옆에 섰던 것도 거의 비슷하게 오래전 일이었다. 나는 포르노그래피를 여성 대상 폭력을 유발하고 사람들을 그런 폭력에 둔감하도록 길들이는 혐오물로 보자고 제안했다. 그리고 이 주장은 그 자리에 있던, 수정헌법 제1조를 지지하던 변호사들을 자극했다. 앤드리아와 매키넌은 그들에게 "포르노그래피를 상대로 십자군 전쟁을 벌인다"며 조롱받았다.

　우리는 무엇을 성취했나? 별로 없었다. 섹스를 통해 짓밟히는 여성의 이미지는 한층 더 선정적으로 변했고, 이제는 도처에 널린 만큼 흔해졌다. 이웃집에서 자신들의 섹스 장면을 담은 동영상을 올리고, ISIS 등 무장단체가 여자아이들을 납치해 극도로 가학적인 포르노그래피 장면을 연출했으며, 따르지 않으면 죽이는 시대가 됐다.

하지만 그럼에도 우리가 잘한 것이 있다면 기꺼이 거리로 나섰다는 것이었다. 1986년 우리는 이스트 84번가의 도리언스 레드핸드Dorrian's Red Hand 입구에서 시위를 했다. 이 술집은 190센티미터가 넘는 로버트 챔버스가 160센티미터 남짓의 열여덟 살 제니퍼 레빈을 만났던 곳이다. 만취한 챔버스는 레빈의 목을 졸라 살해했고, 이후 "우리 둘이 거친 섹스를 했고, 제니퍼를 죽인 것은 실수였다"고 주장했다. 하지만 여자는 죽었다. 낙제와 알코올, 마약 중독 등으로 만들어진 "방황하는 소년lost boy" 장면에 의해 또 한 명의 어린 희생자가 발생한 것이다.

우리는 어쩔 줄 모를 만큼 너무 화가 났다. 우리는 무언가 해야만 했고, 그 술집 앞에 모여 제니퍼 레빈을 부르짖었다. 그것은 미국 전역에서, 그리고 전 세계 곳곳에서 젊은 남자들에 의해 강간과 살해를 일상처럼 당해 온 모든 젊은 여자들을 위한 외침이었다. 로버트 챔버스는 전혀 뉘우치지 않았고 기소 사실도 비웃었다. 그는 이후 복역하고 나와 오래 사귄 여자친구와 팔짱을 끼고 가다가 또다시 수감됐다. 코카인 밀매 조직을 운영했다는 이유였다.

제니퍼 레빈의 부모는 "술집이 로버트에게 과도한 양의 술을 제공했다"고 주장하며 소송을 제기했고, 이에 도리언스 레드핸드 측은 합의했다. 제니퍼 레빈의 부모는 승소함으로써 로버트 챔버스가 향후 책이나 영화 계약을 통해 어떤 수익도 얻을 수 없도록 미리 막았다.

남성 작가들은 통상적으로 서로의 작품을 읽고 평한다. 그러나 여성 작가들은 그럴 경우 편향되거나 교활하다는 비판을 받고 다시는 서평 의뢰를 받지 못할 위험을 감수해야 했다. 한번은 내가 어느 책의 서평을 쓰겠다고 자원하고 나서니 한 편집자가 불쾌하리만치 내게 꼬치꼬치 따져 물었다. "그 작가 아세요? 그 여성분 친구 되시는 거예요? 뭔가 다른 동기가 있으신 건가요?"

　　결과적으로 많은 여성 작가는 친구가 쓴 책에 대해 서평을 쓰는 걸 망설이게 됐다. 1976년에 《뉴욕 타임스 북 리뷰》에서 내 친구에게 《여성, 돈, 권력》에 대한 서평을 의뢰했는데, 친구는 거절했다. 그러고는 내게 이렇게 말했다. "우리 친구 사이라고 그쪽에 얘기했어. 양심상 이 경우에 나는 중립적인 척 못 한다고."

　　당시 서평 의뢰를 받거나 이 매체에 자기 책의 서평이 실리는 여성이 얼마나 드문지 우리는 잘 알고 있었다. 반면 남자들은 늘 동료나 친구의 작품에 대한 서평을 써 준다는 사실도 알고 있었다. 친구와 난 이 문제를 두고 한참을 이야기하기도 했다. 그런데도, 뛰어난 작가인 내 친구는 결국 서평 의뢰를 거절한 것이다. 아, 친구 사이가 뭔지.

　　1975년 이스라엘에 있던 나는 텔아비브와 하이파의 미국 대사관에서 꽉 들어찬 청중을 대상으로 페미니즘 강연을 몇 차례 한 적이 있다. 미국 출신의 페미니스트 작가 E.M. 브로너도 그 강연의 청중 중 하나였다. 그는 나를 칭찬했는데, 어찌나 내 모든 말을 칭찬하던지 나도 모르게 마음을 빼앗겼다. 그는 잠을 별로 안 자면서도 늘 에너지가 넘쳤다. 우리는 그가 미국으로 돌아가면 '페미니스트 유월절 축제'를 열어 사람들을 초대하기로 했다.

당시 E.M.과 나오미 님로드는 《하가다Haggadah》[1]의 여성 버전인 《하가다 여성판The Women's Haggadah》을 이미 쓰기 시작했다. 그 책에는 편재하는 아버지들 대신 오랫동안 헤어져 있던 어머니들이 등장할 예정이었고, 우리는 남성 지배적인 이야기를 수정하고자 했다.

그리하여 나는 좌파 예술가인 이디스 아이작-로즈와 비 크렐로프, 좌파 영화제작자 릴리 리블린, 《미즈》의 편집자이자 홍보담당자 레티 코틴 포그레빈을 핵심 멤버로 초대했다. 그리고 1970년대 초부터 유대교 신앙과 페미니즘, 그리고 좌파 페미니스트 진영의 반유대주의에 관한 각종 콘퍼런스를 함께 이끌었던 벨라 앱저그, 글로리아 스타이넘, 아비바 캔터 주코프도 초대했다. 아비바는 최초의 유대계 페미니즘 잡지 《릴리스》의 공동 발행인 중 한 명이기도 했다.

나를 불신자라 생각했던 글로리아는 축제가 끝난 뒤 내게 슬쩍 물었다. 이런 걸 정말로 전부 믿느냐고. 나는 이 유월절 축제가 내가 물려받은 유산이자 여성들에게 지적, 종교적으로 귀중한 것이라고 답했다. 그리고 덧붙였다. "글로리아, 우리 페미니스트들은 우리의 종교를 되찾고 싶다고요." 그는 여전히 설득된 것 같진 않았다.

페미니스트 유월절 축제는 40년이 넘도록 이어지는 연례행사로 자리 잡았다. 시간이 흐르면서 유대인에 국한되지 않는 의식으로 발전했고, 축제의 관심사 역시 신의 개입 여부가 아니라

---

1   《탈무드》중 율법을 제외한 우화 부분으로 유대교 유월절 축제 때 독송함.

사회정의와 관련된 사안들로 바뀌었다. 우리는 가톨릭교회 측 표현대로 "특수한 우정"으로 뭉친 유명인 사단이 됐다.

책을 내고 나니 다른 작가들을 만날 수 있다는 점이 좋았다. 나는 그들과 흥분하며 대화했고, 우리는 서로 책 표지 너머에 있는 그 사람을 알게 됐다. 1976년 예술비평가이자 문학교수인 글로리아 오렌스타인의 초대로 그의 집에 갔을 때, 프랑스의 위대한 작가 모니크 비티그를 만났다. 모니크는《게릴라들 Les Gué-rillères》과《아케론강을 건너서 Across the Acheron》라는 두 걸작을 쓴 작가였다.

처음 만났을 때, 모니크는 이렇게 말했다. "당신이 체슬러 박사일 리가 없어요. 체슬러 박사는 아마존 전사라 키가 굉장히 큰 여자일 텐데!"

나도 맞받아쳤다. "모니크, 당신도 마찬가지예요. 저보다도 작으시잖아요. 아마존 전사들은 키가 작은 사람들인가 봅니다."

모니크는 빈털터리였다. 마르크스주의자들이 자신을 파리에서 쫓아냈다고 말했다. 모니크는 '파리 Paris'를 '바리 Baris'라고 발음했다.

나는 강의를 시작하기 전에 모니크의 책에 있는 내용 몇 단락을 크게 소리 내어 읽곤 했으므로 그에게 저자 인세를 지불하겠다고 우겼다. 그러면서 덧붙였다.

"하지만 조건이 있습니다. 제 이름도 넣어 주세요."

모니크는 자기 작품의 오른쪽 페이지 일부에 여성 작가들의 이름을 화환 모양으로 넣곤 했는데, 거기에 내 이름이 없었던 것이다. 그는 연필을 한 자루 꺼내더니 바로 내 이름을 새겨 줬다.

나는 그 책을 지금도 소중히 간직하고 있다.

페미니스트들은 자신보다 더 재능 있는 이에게 잔인하게 굴었다. 거물급 스타였던 모니크는 이 모든 분열을 겪어 내야 했다. 내가 이해한 바로는, 모니크를 '바리'에서 쫓아낸 것은 다름 아닌 다른 레즈비언의 연인을 빼앗아 달아난 레즈비언이었고, 이는 페미니스트 집단의 해체로 이어졌다.

나는 프랑스의 페미니즘 운동을 이해하기 위해 무진장 애를 썼지만 끝내 이해할 수 없었다. 어떤 페미니스트 정신분석학자는 프랑스 여성해방운동을 뜻하는 '무브멍 드 리베라시옹 데 펨므Mouvement de Libération des Femmes'를 상표화하려 하기도 했다. 그런가 하면 여성해방을 마르크스주의적인 계급 투쟁의 부차적인 차원으로 보는 이들도 있었다. 심지어 여성은 하위계급이고 남성은 전복시켜야 할 상위계급으로 간주하는 이들도 있었다. 급진 성향을 가진 여러 레즈비언 집단은 게이 운동에 대해서는 남성중심적이고 남성지배적이라는 이유로, 페미니즘 운동에 대해서는 이성애중심적이라는 이유로 반기를 들었다. 일부 레즈비언들은 이성애자 여성을 남성 계급의 편에 선 부역자들로 보기도 했다.

글을 쓰는 여성 중에는 아주 예민하거나 애정결핍인 사람들이 있다. 내 친구들이 특히 그랬고, 우리 이야기는 늘 손에 땀을 쥐게 하는 드라마 같았다. 원하는 게 많고 까다로운 여자들이었다. 아마 그 친구들도 나에 대해 그렇게 이야기할 것이다.

마지 피어시는 위대한 시인이자 소설가다. 나는《여성과 광기》집필용으로 녹음했던 인터뷰들 가운데 일부를 그에게 건네

췄고, 그는 그것으로 자신의 소설 《시간의 끝에 선 여자Woman on the Edge of Time》의 근사한 주인공 코니 라모스를 만들었다. 마지는 청교도적 금욕주의를 실천하는 좌파였지만, 정원 가꾸기나 요리 등 육체노동의 즐거움을 사랑하기도 했다.

우리가 함께 있을 때, 특히 그가 케이프코드에서 뉴욕시까지 올 때면 마지는 내가 성실한 안내원이 되어 주길 바랐다. 그가 잃어버린 물건도 당연히 내가 찾아 줘야 했다. 그는 자신의 시 낭독회에 늦을까 봐 노심초사해서 늘 일찍 출발했고, 내가 동행하는 것이 당연한 분위기였으므로 나 역시 일찍 출발해야만 했다.

언젠가 마지가 정서적으로 심각한 위기에 빠진 시기가 있었는데, 그때 나는 우리도 일이나 사상 이야기만 하지 말고 평범한 친구들처럼 개인적인 문제들을 나눠 보는 것이 어떻겠냐고 제안했다. 그랬더니 마지는 이렇게 대꾸했다.

"혁명에 대해서라면 당신은 늘 끝내주지. 난 누구보다도 당신을 의지하고. 근데 당신은 내 정서적인 욕구를 못 채워요."

그의 말이 맞는지도 몰랐다. 하지만 기분이 상했다. 마지를 위해 곁에 있고 싶었지만 그럴 수 없겠다고 생각했다. 우리는 애정결핍이 지나치게 심했고, 지나치게 예민한 사람들이었다.

시인 마사 셸리의 성은 본래 앨트먼이었지만, 본인은 퍼시 비시 셸리의 성을 가져다 썼다. 마사는 내게 시를 써 줬다. 우리는 가장 친한 친구였다. 나는 그와의 우정이 소중했지만, 마사는 그 이상을 원했다. 우리 사이엔 늘 긴장이 감돌았다.

한번은 마지, 마사와 함께 남성 동료의 집에 갔다가 화장실에 숨겨져 있던 엄청난 양의 포르노그래피를 발견했다. 우리는

1973년 여름 케이프코드에서 마지 피어시와 함께

그것을 조용히 그리고 재빠르게 없애 버렸다. 일부는 불태우거나 찢어발겼고, 일부는 숨겼다가 나중에 차창 밖으로 던져 버렸다.

　그날 우리가 정치적 행위를 했다고는 할 수 없었다. 남성의 쾌락을 위해 밀거래됐던 여성들을 구조한 것도, 성매매 알선업자나 포르노그래피 제작자의 돈줄을 자른 것도, 하다못해 사유 재산을 훼손한 죄로 체포된 것도 아니었다. 다만 우리의 행동은 포르노그래피와 소비자의 위선에 대해 느낀 역겨움의 발로였다.

　1977년 CBS에서 '여성과 돈'이라는 주제로 나와 글로리아

스타이넘을 인터뷰했다. 인터뷰가 끝난 뒤 우리는 리무진을 탔는데, 내가 내릴 때쯤 갑자기 글로리아가 나를 바라보며 물었다. "우리 나중에 가까운 곳에 묻히는 게 어때요? 어디가 좋을까? 수전 B. 앤서니와 엘리자베스 케이디는 어떻게 했어요?"

심장이 멎을 듯 가슴 아픈 질문이었다. 글로리아는 이야기를 이어 갔다.

"당신이 이스라엘에 애정이 있는 거 알아요. 하지만 거기 묻히고 싶어요?"

그러더니 곧장 물었다. "오늘 밤에 클럽 갈래요?"

"말도 안 돼요."

예전에도 우리는 밤의 유흥에 대해 여러 번 이런 대화를 주고받은 적이 있었다. 길고 고된 하루의 끝에 그 화려한 사람들과 어울려 춤을 추고 술을 마신다는 생각 자체가 내게는 공포였다.

하지만 글로리아는 지칠 줄 모르는 사람이었다. 공연과 영화 시사회, 미술관 전시 오프닝, 출판기념회, 지인의 생일 파티에 참석하고, 조찬 회의를 마련했다. 기금을 마련하고 브랜드를 구축하기 위해 영향력 있는 이들에게 얼굴도장을 찍는 것이었지만, 나는 그의 활동이 얼마나 중요한지 잘 이해하지 못했다.

게다가 땅에 묻히기에는 우리는 아직 이른 나이인 것 같기도 했다. (15년쯤 지난 후 나는 사랑하는 친구 멀 호프먼과 함께 '다른 페미니스트들과 함께 묻히고 싶은 여자들은 우리에게 연락하라'는 광고를 실었다. 연락을 준 이들은 몇 안 됐다.)

같은 날 밤, 글로리아와 나는 일레인스Elaine's에서 이른 저녁을 하기 위해 만났다. 일레인스는 많은 배우와 작가를 단골로 둔,

동네의 유명인 아지트였다. 조지프 헬러, 게이와 낸 탤리스 부부, 톰 울프, 시드니 자이언, 노라 에프런, 닉 필레기 등이 자주 다녀 갔다. 우디 앨런의 영화 두 편의 촬영지이기도 했다.

"당신은 헤비급이고 나는 라이트급이에요." 글로리아가 전에도 했던 말을 했다.

"무슨 소리예요?"

"당신은 잡지를 발행하잖아요. 정치 활동도 하고 있고요. 최근에 우드로 윌슨 장학금도 받았으니 분명 에세이집도 낼 수 있을 거예요."

"만일 장학금 여분이 있으면, 올래요?"

"그렇게 돈도 받고 휴가도 얻는다면야 당연히 좋겠지만, 가르치는 일을 접고 워싱턴에서 1년을 살 수는 없어요."

그의 궁정에 들어오라고 초대한 것을, 그 영광을 내가 뿌리친 걸까?

글로리아는 전 세계 각국의 페미니스트들을 한데 모았다. 나는 사람들을 현재 수립 중인 페미니스트 정부로 생각하자고 주장했다. 그는 이 의견을 진지하게 경청한 뒤 심도 있는 질문들을 던졌다.

나는 내가 굉장히 똑똑한 줄 알았다. 샌프란시스코의 랭글리 포터 정신병원에서 내게 병례 검토회grand rounds를 진행해 달라고 부탁했을 때, 나는 그곳에 감금됐던 여성 셋을 찾아 그들에게 당시 의료진이 했던 일을 재현하게 했다.

명석한 그들은 몇몇 의사들을 지목하며 말했다. "당신은 내게 충격요법을 지시했죠.""당신은 내게 나쁜 약물을 투여했어요."굉장히 과장된 상태였다. 그중 둘이 퇴행 증상을 보이며 베트남전이며 남아메리카, 각자 머릿속에 떠다니는 것들에 대해 마구 떠들기 전까지는.

우리는 당황했다. 나는 그 여자들 때문에 당황했고, 운영진은 나 때문에 당황했다. 나중에 그 행사를 진행했던 몇몇 젊은 정신과 의사들과의 식사 자리에서 그들은 내게 물었다. "우리가 뭘할 수 있었을까요? 환자는 우울증으로 고통받거나 계속 자살을 시도해요. 어떤 치료도 효과가 없고요. 그때 저희는 충격요법을 시도하는 겁니다. 그럼 환자는 한결 나아져서 다시 일상을 이어나가게 됩니다. 그런데도 우리가 이 치료를 피해야 하는 건가요? 정치적인 이유들 때문에?"

그들의 말도 옳았다. 이후 나는 그 주제에 관해 이야기할 때마다 그들이 했던 질문을 그대로 인용했다. 나는 더 이상 잃을 것이 없었다. 나는 이미 오래전에 정신질환자해방프로젝트Mental Patients' Liberation Project 사람들—자신들을 고통으로 몰아넣은 바깥세상으로부터 완전히 잊힌 가엾은 사람들—과 갈등을 겪었던 사람이었으니까.

나는 광기가 실제로 존재한다고 믿는다. 조증, 우울증, 조현병, 침습적 회상 같은 증상이 가상이 아니라고 믿는다. 또 그것으로 고통받는 이들이 징벌 수준으로 병을 진단받고 낙인찍히고 학대당한다고 믿는다. 그럼에도 나는 우울을 낭만화하거나 그것을 일종의 예술로 보려는 이들에 반대한다. 그리고 이런 증상들은 정치적 혁명이 치유할 수 없다고 생각한다. 하지만 만성 혹은 급성 트라우마에 의해서도 야기될 수 있는 이런 증상들은 1960년 대와 70년대 당시 약물치료나 대화요법으로는 치료하기 쉽지 않았다.

공공 정신병원들의 탈수용시설화는 전적으로 옳은 일이었다. 하지만 그렇다고 환각 상태의 이들이 거리를 헤매게 두는 것은 그들의 의지와 상관없이 가둬 두는 것보다 하등 나을 것이 없는 처사였다. 만일 당신이 임상의나 치료사라면, 가족이나 친구의 입장에서 고통받고 있는 주위 사람을 걱정하고 있다면, 효과가 있을 만한 치료는 무엇이든 전부 시도하려 할 것이다. 수많은 유명인이 나서서 "(신경안정제 투여로 시작되는 낮은 수준의) 유지지향 충격요법maintenance shock therapy은 극도로 심각한 우울증에 걸렸던 나를 구한 유일한 방법이었다"고 주장했다. 그런가 하면 충격요법 때문에 수 주 혹은 수개월, 혹은 심지어 영구히 여러 기억을 상실했다는 사람들도 있었다. 조울증이나 불안장애가 있는 이들 가운데는 자신을 구원했다며 일부 약물을 극찬하기도 했고, 부작용을 견디지 못해 치료를 중단하고 급격히 증세가 악화되기도 했다.

평소 의사와 치료사, 약물을 불신하던 이들, 병원에 감금되어 그곳에서 사실상 학대를 당했던 이들은 이런 이야기를 전혀 들으려 하지 않는다. 정신질환을 앓는 사람들 가운데 일부는 정신질환이 존재하지 않는다고 생각했고, 설령 존재한다 한들 자신은 앓고 있지 않다고 주장하며 수치심을 감추려 했다.

내 관점을 반역에 해당한다고 간주했던 정신질환자 해방 프로젝트의 일원들이 나를 겨냥했다. 그들은 내가 경우에 따라서 충격요법은 물론이고 약물치료나 심지어 입원치료마저도 받아들일 것이라며 치를 떨었다. 한 여성은 이 주제뿐 아니라 내 모든 견해를 반박하는 글을 계속 써 댔다.

언젠가 내가 가르치는 학생(환자는 아니었다)이 마약 때문에 심한 환각을 겪은 적이 있었다. 그는 절반쯤 벗은 채로 밤새 동네를 돌아다녔다. 그의 친구들이 그를 데리고 와서 내게 도움을 청했다. 본인은 약물치료 재활센터에 가길 원했지만 자리가 없었다. 나는 그를 병원까지 데려가서(완전히 고분고분한 상태였다) 정신병동에 들여보낼 수 있는지 생각해 달라고 했다.

"더러운 길바닥에서는 위험에 빠질 수 있어요. 입원한 상태에서 좀 더 안전하게 치료를 받을 수 있잖아요." 내가 말했다.

당직이던 젊은 여성 정신과 의사가 내가 정말 《여성과 광기》를 쓴 바로 그 필리스 체슬러가 맞느냐고 물었다. 그렇다고 하자 그 의사가 다시 물었다. "당신들, 어떻게 비자발적인 입원에 가담할 수가 있죠? 사실 이 여자분은 입원할 만한 상태가 전혀 아닌데요. 당장 스스로에게나 다른 사람들에게나 위협이 될 것 같지도 않고요. 저는 이 환자 못 받겠습니다."

아, 그러니까 글을 쓸 땐 유의해야 한다. 아니, 내 글이 어떻게 해석될 것인지 유의해야 한다. 그 학생은 학교를 중퇴했고 이후 나는 그를 다시 만나지도, 소식을 듣지도 못했다. 또 한번은 여러 해 동안 케이트 밀릿의 광기에 불을 지폈던 그 여자들이 완전히 흥분한 상태로 나를 찾아온 적도 있었다.

"케이트는 며칠, 아니 몇 주 동안 잠도 안 잤어요. 술을 퍼마시면서 우리에게 막말하고 가끔 물리적인 폭력도 썼고요. 아무

치료도 받으려 하지 않는데, 미칠 지경이에요. 제발 도와주세요."

그중 한 명이 대표로 젊은 여성 정신과 의사에게 전화를 걸어 도움이 필요한 여성 환자가 있다고 말했다. 나는 의사에게 말했다. "본인 뜻을 무시하고 입원시킨다면 저는 무조건 일주일 안에 그 사람을 다시 데리고 나올 생각이에요. 그리고 우리 중 몇 사람이 매일 면회할 수 있어야 합니다." 그 정신과 의사는 내 제안에 동의했지만, 그 뒤 상황을 엉망으로 만들었다. 경찰차와 앰뷸런스 여러 대를 보낸 것이다.

위트와 재치가 넘치는 케이트는 경찰관과 의료진에게 더없이 또렷한 말투로 시민권에 대한 소요단속법을 읊었고, 그들은 전부 돌아갔다. 그 뒤 케이트는 몇 번이고 원망하는 듯한 표정으로 나를 바라보며 이렇게 말하곤 했다. "내 오랜 친구여, 어떻게 내게 그럴 수 있어?"

나는 내가 옳은 일을 했다고 믿으면서도 부끄러웠다. 그 일 이후로 케이트는 끔찍하게 싫어하던 상담치료와 약물치료를 자발적으로 받기 시작했다. 나는 케이트가 정신과 의사들과 공개적으로 논쟁하겠다고 고집 피울 때마다 반정신의학 주장의 틀을 잡는 작업을 도왔다.

나는 심리치료사와 정신분석학자들과의 대담에 참석해 달라는 요청을 자주 받았다. 여러 심리학회의 여성회원들이 나를 초청해야 한다고 요구하는 경우가 많았으며, 구색을 맞추는 역할로 불려간 경우도 많았다. 그중 유독 기억에 남는 자리가 있었는데, 보스턴 심리치료연구소에서였다.

나는 그곳에서 용감한 발언 두 가지를 들었다. 하나는 관객석에서 토론자 중 한 명에게 "치료 중인 여성 환자와 관계를 맺어 미국심리학회 윤리위원회의 징계를 받았던 남성 정신과 의사의 이름을 알려 달라"는 요구가 나왔다. 그 여성 토론자는 심호흡을 한 번 하더니 이름을 말했다.

그걸 들은 나는 곧바로 자리에서 일어나 그 남자의 이름을 외쳤고, 청중 500명에게 같이 자리에서 일어나 그 남자의 이름을 불러 달라고 부탁했다. 그 남자가 고소할지도 몰랐기 때문이었다. 만일 그래야 한다면 우리 전부를 상대해야 했을 것이다.

다른 하나는 이 연구소의 관계자였던 어느 젊은 여성의 말이었다. 그는 연구소에서 여성을 고용하지 않는다는 사실을 밝히며 용감하게 말했다. 그 여성의 말에 따르면 연구소 측에서는 자격을 갖춘 여성을 못 찾겠다고 했다. 그는 말을 이어갔다. "저는 이 공동체에서 실습을 했습니다. 이곳 남자들은 저를 위협할 여러 방법과 힘을 가지고 있어요. 지금껏 선생님은 저희에게 용감해지라는 주문을 하셨잖아요. 그래서 지금 용기를 내고 있는 겁니다." 그는 5분간 청중의 박수를 받았다. 내 눈에는 눈물이 맺혔다.

보스턴 출장 중에 나는 리타 메이 브라운과 만나 함께 저녁을 먹었다. 그가 질 존스턴의 반유대주의를 내게 확인해 준 것도 그때였다.

"질은 새벽 두세 시에 전화를 걸어선 유대계 마피아가 여성 운동을 점령하고 있다는 불평을 늘어놓고는 했어요."

"제 얘기를 하고 싶었나 보네요." 내가 말했다.

어느 겨울날, 나는 로빈 모건과 팔짱을 끼고 걷고 있었다. 로

빈은 엄마 되는 것에 관한 이야기를 꺼내더니 수많은 급진 페미
니스트가 자신이 생물학적으로 엄마가 되는 것에 반대했다며 어
떤 도움도 주지 않을 거라고 털어놨다.

"아기 먹일 우유가 필요한 내가 이 모임에 오는 어떤 여성에
게 우유 좀 사다 달라고 부탁한다면, 저는 원망이나 듣겠죠."

우리는 출판 이야기도 했다. 로빈은 내가 자신을 위해 몇몇
출판사에 추천서를 써 준 것에 감사를 표했다. 나는 우리의 페미
니즘 비전을 전 세계로 확장하여 국제적인 페미니즘 싱크 탱크를
형성하는 것이, 수립 중인 페미니스트 정부의 관점에서 생각하는
것이 얼마나 중요한지 이야기했다.

*
유색인 여성은 백인 남성을
정당방위로 죽일 수 있는가

내가 페미니스트가 되기 전에는, 성희롱과 강간은 너무도 만연하게 일어났고 쉽게 용인되던 탓에 사실상 눈에 띄지도 않는 문제였다. 그 수치심과 악취는 피해자나 내부 고발자에게 들러붙었고, 가해자는 끝내 자기 행위의 죗값을 거의 치르지 않았다. 가해자는 호명조차 되지 않았고, 호명되더라도 그 남자를 보호하기 위해, 또 고소한 여자를 파멸시키기 위해 온갖 사람들이 결집했다.

1950년대와 60년대 학계의 권위 있는 남자들(그리고 구색용으로 끼워 넣은 극소수의 여자들)은 성폭력 연구를 하지 않았다. 그러나 70년대에 들어서자 그들은 전문가를 자처하며 "평범한 여성들의 폭로는 과장되고 남성혐오적"이라 규정했다.

당시 대다수의 젊은 여성들과 마찬가지로 나 역시 교수들과 고용주들, 그리고 거리의 모르는 남자들로부터 성희롱을 당했다. 나는 그런 성희롱을 받아들이고, 침묵을 지키며, 그걸 해결하려고 할 때 자책하도록 길러졌다. 그러다 페미니즘 운동 덕분에 내 상황을 페미니즘의 관점에서 분석할 수 있었다.

60년대 말에 어느 유명 의과대학 학과장과 함께 저녁 식사를 했다. 당시 대학원생이었던 내가 맡은 연구를 지원받을 수 있도록 자신이 도와주겠다며 학과장이 마련한 자리였다. 식사가 끝난 뒤 이 남자는 나를 강간하려 했고, 몸싸움을 벌이다 그의 갈비뼈 하나를 부러뜨렸다. 바로 근처 병원으로 갈 수 있게 도왔지만 이후 나는 연구비 지원에 관한 어떠한 도움도 받지 못했다.

70년대 초에는 한 교수가 전국대학 평가차 내가 있는 대학의 교육과정을 심사하러 온 적이 있었다. 이 교수는 유명한 학계 사람과 부인들이 동석하는 저녁 만찬에 나를 초대했다. 그 자리에는 나와 똑같이 야심 찼던 이성애자 남성 동료들도 있었지만, 그들은 역시 이성애자인 남성에게 성희롱을 당할 필요가 없었다. 나는 용감하게도 이후 이 교수가 시도해 오는 모든 사교적, 성적 접근을 거부했다. 그는《여성과 광기》에 대한 혹평을 준비함으로써 보복에 나섰다. 두 교수 모두 나를 사랑해서 그런 것이 아니었다. 내가 여자라는 이유로 나를 그렇게 취급했던 것이다. 그리고 이것은 절대 개인적인 문제가 아니었다.

나는 늘 70년대를 세 건의 중요한 소송이 있었던 시기로 기억한다. 이 소송들을 통해 강간범이나 소아 성도착자 등에 대한 피해자의 정당방위가 고려될 수 있었다. 젠더뿐 아니라 계급, 인종 문제도 연관된 이 사건들은 당시 세상의 엄청난 주목을 받았고, 페미니즘 진영의 대의이기도 했다.

나는 이 세 사건을 내 강의에서 말하고자 했다. 이 사건들을 알게 된 덕분에 나는 에일린 워노스 사건도 이해할 수 있었다. 나는 에일린을 연쇄살인범 창녀로만 보지 않고 '정당방위 차원에서 강간범을 죽였을지도 모르는 여성'으로도 보았다. 나는 70년대 당시에는 최초였던 법률 작업을 통해 에일린의 변호팀을 꾸렸다.

1970년대 3건의 강간 및 정당방위 사건들은 모두 빈곤층 유색 인종 여성들—이본느 완로(워싱턴주의 원주민), 조앤 리틀(노스

캐롤라이나의 아프리카계 미국인), 이네스 가르시아(캘리포니아의 라틴계 여성)―에게 일어난 일이라는 공통점이 있었다. 변호인단 및 무료 변론 담당 변호사들이 이 세 사건 모두에 대해 전격 행동에 나섰다.

이들 사건으로 제기된 논쟁 주제는 어떤 여자나 아이를 "단지" 강간하려던 남자를 죽일 권리가 그 여성에게 있는가 그리고 강간당하는 것을 피하기 위해 남자를 죽이는 일이 과연 정당화될 수 있는가 하는 것이었다. 전통적으로 본다면 정답은 '아니오'였다. 하지만 그 강간범 또는 소아 성도착자가 그러고 나서 살인을 할 계획인지 여성이나 아동이 어떻게 알겠는가?

강간은 피해자의 죽음으로 귀결될 수도 있는 폭력 행위다. 그럼에도 불구하고 남녀를 막론한 배심원들도 판사들도 그 우연한 마주침에서 살아남은―그리고 어쩌면 어떤 식으로든 그 남자를 유혹했을지도 모른다는 의심을 받는―여성보다도 강간 기소로 인해 법정에 선 남자의 인생이 망가질지 모른다는 것에 더 동정심을 느꼈다.

강간당하고 싶은 여자는 없다. 성매매 여성이라 할지라도 강간으로부터 자신을 방어할 권리가 있다. 강간에 반대하는 공개 발언을 하고 상당한 수치심까지 감내하며 가장 끔찍했던 경험에 대해 세세히 증언해 온 미국 흑인 여성들의 알려지지 않은 기나긴 역사가 있다. 그러나 그 같은 강간 반대 및 성희롱 반대 운동은 끊임없이 잊히거나 고립됐다.

1971년 뉴욕시 최초로 열렸던 뉴욕래디컬페미니스트강간폭로대회 New York Radical Feminist Speak-Out on Rape에서 나는 기조 강연

1971년 나는 뉴욕시 최초로 열린 뉴욕래디컬페미니스트강간폭로대회에
기조 강연 패널로 참석했다. 오른쪽은 플로렌스 러시.

자 중 한 명이었지만 나도 그리고 다른 어떤 대표적인 백인 페미
니스트들도 그 주제로 모이지 않았고, 1944년 앨라배마에서 있
었던 흑인 여성 레시 테일러에 대한 백인 남성들의 잔혹한 집단
강간이나 이후 미국 전역에서 일어났던 시위에 대해서 전혀 알지
못했다.

　수없이 많은 유사 사건 중 하나에 불과했던 테일러의 이야
기는 역사학자 대니얼 L. 맥과이어가 쓴《길의 어두운 끝: 흑인
여성, 강간, 저항At the Dark End of the Street: Black Women, Rape, and Resistance》
에 면밀히 기록됐다. 하지만 38년이나 지난 뒤였다. 이 책은 2017
년작 다큐멘터리 〈레시 테일러의 강간The Rape of Recy Taylor〉의 토대
가 됐다. 대다수의 백인 페미니스트들은 다른 단체들의 대표 격
인 미국흑인지위향상협회National Association for the Advancement of Colored
People와 개인 수천 명이 한때 테일러를 위한 정의 구현을 외쳤었
다는 사실을 전혀 몰랐다. 테일러를 강간했던 백인 남성 여섯 명

의 신원이 밝혀졌고, 그중 한 명은 심지어 자백을 했는데도, 대배심에서는 두 차례나 기소를 거부했다.

짐 크로법[1]이 시행되던 미국 남부에서 흑인 남성에 대한 린치와 흑인 여성에 대한 강간은 정상적인 일이었다. 감히 사실을 '발설'한 흑인 여성은 누구든, 가족까지도 몰살당할 것이라는 위협을 받았다. 백인 남성은 흑인 여성 강간에 대한 책임을 결코 지지 않았다. 짐 크로법의 남부에서는 노예제가 있었던 시절뿐 아니라 그 이후로도 마찬가지였다.

테일러에게는 수많은 조상들이 있었다. 미주리주의 노예였던 실리아도 그중 하나였다. 역사학자 멜튼 A. 맥로린이 실리아 사건을 유려한 문체로 다룬 책을 출간했다. 1991년에 들어 겨우 가능해진 일이었다. 강간 폭로 대회 이후 20년이 지나 우리는 실리아에 관해 알게 됐던 것이다.

1850년, 나이 든 홀아비이자 농부였던 로버트 뉴섬은 14세 아동이었던 실리아를 쫓아다녔다. 귀가 중이던 실리아를 뉴섬이 강간했다. 실리아가 19세가 될 무렵에는 이미 뉴섬의 아이를 둘이나 낳은 상태였다. 실리아는 뉴섬에게 가까이 오지 말라고 경고했다. 여러 차례 거부했음에도 그는 실리아에게 달려들었고, 실리아는 그를 죽이고 말았다. 실리아는 자기 집 벽난로에 그의 시신을 태우고 뼈를 빻아 재의 일부를 숨겨 뒀다. 실리아는 도망치지 않았다. 실리아는 처음에는 모든 사실을 부인했으나 증거를

---

1   인종간분리를 합법화했던 법으로, 1876년~1965년 시행되었으며 인종차별을 심화시키는 결과를 낳았다.

들이밀자 마침내 자백했다. 신문에는 "아무런 마땅한 이유도 없이" 살인을 저지른 것으로 보도됐다. 이 거짓 주장은 윌리엄 로이드 개리슨이 발행인으로 있던 주간지 《리버레이터The Liberator》에서도 되풀이됐다. 즉, 노예제 폐지론 진영의 다른 신문들에서는 이 사연에 거의 관심이 없었다는 이야기다.

실리아 사건을 판결한 판사와 그 자리에 있던 배심원단은 전원 백인 남성이었다. 배심원단 및 판사였다. 배심원단 네 명은 본인들이 노예를 소유하고 있었다. 판사도 여전히 적대적이었지만, 실리아의 변호를 맡았던 노련한 백인 변호사 존 제임슨은 "실리아에게는 본인의 명예와 생명을 지키기 위해 가해자를 살인할 도덕적, 그리고 어쩌면 법적인 권리도 있다"고 주장했다. 맥로린에 따르면, 이 주장은 "명석한 동시에 대담한" 것이었다.

여성에게 그런 권리가 있다는 이 주장은 미국 역사상 최초였을 것이다. 제임슨이 원한 것은 실리아의 무죄 석방이었다. 배심원단은 실리아에게 유죄 판결을 내렸고 실리아는 교수형에 처해졌다. 1855년 12월 21일, 실리아는 "교수대를 향해 걸어나갔다…… 올가미가 내걸렸고 실리아는 죽음 속으로 떨어졌다."

1972년, 북미 원주민이었던 이본느 완로는 아동성추행범이자 정신질환자로 악명 높았던 윌리엄 웨슬러가 자기 아들을 공격하자 그를 죽였다. 웨슬러는 이전에도 완로의 아기를 돌보던 이의 7세 딸을 강간하여 성병에 감염시킨 적이 있었고, 그보다 전에는 술에 취한 상태에서 완로와 그 자녀들에게 달려든 적도 있었다. 당시 완로는 자기 집에 있었다. 웨슬러는 이웃에 사는 백인 남성이었다. 완로는 다리가 부러져 석고붕대를 감고 목발을 짚고 있었다. 처음에 완로는 혐의를 인정했다가, 일시적 정신이상 및 정당방위로 인한 유죄로 답변을 변경했다. 완로는 결국 2급 살인 죄 판결을 받고 20년을 복역했다.

1975년 주 항소법원에서는 해당 판결을 뒤집고 재심 명령을 내렸다. 피고측은 워싱턴주 대법원에 항소했다. 이번에는 기본권 수호활동센터Center for Constitutional Rights의 엘리자베스 슈나이더, 수전 B. 조던, 메리 앨리스 타일러가 완로의 변호를 맡았다. 이들은 여성의 정당방위 권리는 남성이 남성을 상대로 저지른 범죄에 적용되는 것과는 다른 기준을 바탕으로 해야 한다고 주장했다. 위험에 처한 여성의 인식이나 그 여성보다 훨씬 키가 크고 체중이 더 나가는 남성 공격자에 맞설 때 무기를 필요해지는 상황을 고려해야만 한다는 주장이었다.

해당 사건은 재심을 위해 주법원으로 환송됐다. 1978년 4월 26일, 완로는 워싱턴주법원 판결에 따라 7년에 걸친 옥고 끝에 석방됐다. 완로는 스포케인카운티 상급법원에서 2급 폭행 및 과실 치사로 경감된 혐의를 인정했고, 해럴드 클라크 판사의 판결에 따라 집행유예 5년을 선고받았다.

서부 해안 지역에서 개최된 폭력 피해 여성들을 위한 콘퍼런스에서 우리 둘 다 연사로 초청되면서 나는 이본느를 만날 수 있었다. 나는 그에게 7년간 시련을 겪으면서도 어떻게 강인함을 잃지 않을 수 있었냐고 물었다.

"미국 국기를 묵상했어요. 정말, 게양대 꼭대기에 독수리가 앉아 있는 그 국기를요." 그는 그렇게 말했다.

완로가 아동을 성희롱했다는 북미 원주민을 총으로 쏴 살해한 백인 여성이었다면 과연 유죄 판결을 받았을까.

1974년, 경범죄로 교도소에 수감됐던 20세의 아프리카계 미국인 조앤 리틀은 62세의 백인 교도관 클래런스 앨리굿을 곡괭이로 죽였다. 하의가 벗겨진 채 정액이 다리 위로 흘러내린 앨리굿의 시신이 조앤 리틀의 교도소 방 안에서 발견됐다. 당시 리틀은 사라지고 없었지만 이후 붙잡힌 리틀은 앨리굿이 곡괭이로 자신을 위협하며 오럴 섹스를 요구했다고 주장했다.

대다수가 유색인종인 여성 재소자들에 대한 강간뿐 아니라 성행위 강요는 미국 내 교도소에 만연한 문제였고 지금도 다르지 않다. 남부빈곤법률센터Southern Poverty Law Center 소속 변호사 모리스 디스는 조앤리틀보호기금Joan Little Defense Fund을 설립했다. 줄리안 본드와 딕 그레고리는 법정 외부에서 시위 대열에 합류했으며, 남부기독교지도자회의의 회장이었던 랠프 애버내시는 인터뷰에서 이렇게 말했다. "만일 백인 여성이 자신을 강간하려던 흑인 남성을 칼로 찔렀다면 그 백인 여성은 지금 법정에 서게 됐을까요? 그 백인 여성은 아마도 명예 훈장을 받았을 겁니다."《미즈》에 기고 중이던 앤절라 데이비스는 리틀의 사건을 정치적 관점에서 바라봤다. 나도 마찬가지였다. 그는 이 사건에 연루된 "인종차별 및 계급편향과 관련하여 남성 지배 문제를 백인 및 여성들이 파악해 줄 것을" 호소했다.

리틀은 1급 살인 혐의를 받았으므로 사형을 피하기 힘든 상황이었다. 재판에서 그는 앨리굿이 자신의 방에 세 번이나 들어왔다고 주장했다. 오르가슴 후에 힘이 빠진 앨리굿을 향해 리틀은 곡괭이를 내리쳐 살해한 뒤 도망쳤다. 백인 여섯 명, 아프리카계 미국인 여섯 명으로 구성된 배심원단은 리틀을 무죄로 판단했다.

쿠바 및 푸에르토리코 혈통의 미국인 여성이자 독실한 기독교인이었던 이네스 가르시아는 반카스트로 진영의 정치범이었던 남편이 복역 중인 캘리포니아 솔레다드 교도소 인근의 상추밭에서 일을 했다. 1974년 루이 카스티요가 가르시아를 강간하는 동안 136킬로그램의 거구인 마약상 미겔 히메네스가 가르시아를 붙잡고 있었다. 곧이어 두 남자는 가르시아를 조롱하며 비웃기 시작했고, 당장 마을을 떠나지 않으면 죽여 버리겠다는 협박까지 했다. 20분쯤 지난 뒤 다른 장소에서 히메네스가 가르시아에게 칼을 꺼내 번득이자 가르시아는 아들의 권총으로 히메네스를 쏴 죽였다.

가르시아는 자신이 강간을 당했다는 사실이 수치스러워 처음에는 두 남자가 자신을 강간하려 시도했다고만 주장했다. 가르시아의 변론을 담당했던 첫 번째 변호사는 흑표범당의 휴이 P. 뉴턴과 바비 실의 변호를 담당하기도 했던 찰스 게리였다. 가르시아의 남편이 가르시아에게 추천한 사람이었지만 찰스 게리는 페미니스트와는 거리가 멀었다. 그는 여성이 강간에 맞서 스스로를 방어할 권리를 지닐 수 있다는 사실조차 생각해 본 적이 없는 사람이었다. 그 대신 "심신미약"을 주장했다. 즉, 강간은 여성의 정신적 능력을 약화시키며 만일 가르시아가 히메네스를 죽였다면 그것은 그 순간 가르시아가 제정신이 아니었기 때문이라는 주장이었다.

1974년 배심원단은 가르시아에게 2급 살인 혐의로 유죄 평결을 내리고 가석방은 5년 이후부터 가능한 조건으로 종신형을 선고하여 교도소에 수감했다. "이네스 석방Free Inez" 변론 위원회들이 캘리포니아 전역에서 동시다발적으로 생겨났다. 이 사건을 통해 제기된 문제들에 대해 페미니스트들이 목소리를 높이기 시작했고 가르시아의 변론을 위한 기금을 모았다. 가르시아는 본인이 강간당했고 스스로의 명예를 지킬 권리가 있다고 주장하기 시작했다.

나는 이 사건에 대한 약간의 심증적 통찰이 몇 가지 있었다. 대학 행정관이었던 라틴계 미국인 마리아 델 드라고는 당시 케이트 밀릿의 연인이었다. 마리아는 대부분 레즈비언 페미니스트들인 피고 측의 행동에 화를 내며, 가르시아를 강간한 남자는 "그 공동체 내 다수의 다른 여성들도 이미 강간했는데 현재 그 여성들은 겁에 질린 나머지 앞으로 나서지 못하고 있다. 지금 이네스 주변에 누가 있나? 이름과 주소는 계속 바꿔 대면서 옷은 안 갈아입는, 데님 작업복 차림의 동성애자 페미니스트들뿐"이라고 내게 말했다.

마리아는 마침내 제리 브라운 주지사와 면담 기회를 잡을 수 있었다. 마리아가 원하는 것은 가르시아에 대한 사면 요청 또는 적어도 보석 허가였다. 마리아는 내게 이렇게 털어놨다. "나는 가르시아의 후원자들에게 말했어요. '면담 약속을 잡고 나서 진행하는 편이 훨씬 나아요. 그 온갖 게이 프라이드 배지들—돼지를 잡자! 엄마는 가라!—을 달고 싶다면, 좋아요, 하지만 약속부터 잡고 합시다.' 그랬는데 그 사람들이 거절하더라고. 나는 지금 내 머리를 쥐어뜯고 있다고요."

가르시아는 상고 후 재심에서 승소했다. 이번에는 페미니스트 변호사인 수전 조던이 변론을 맡았다. 심신미약 개념의 변론을 그만두고 가르시아가 정당방위 차원에서 행동했다고 주장했다. 배심원단은 가르시아를 무죄 평결했다. 변호인단은 이 사건을 강간범 및 잠재적 강간범에 맞서 치명적인 수준의 물리력을 사용할 여성의 권리를 확립시킬 계기로 봤다.

여성보다 남성—주로 유색인종—이 더 많이 교도소에 가기 때문에 복역 중인 여성 재소자가 겪는 역경은 가시화되지 않는다. 대부분 구타를 당하고, 성매매를 하고, 약물에 중독된 이 여성들—그러다 결국 자신을 구타한 상대를 죽인 여성들 포함—은 연민의 대상이 되기보다는 악마화되며, 이들은 열정적으로 사건에 임하는 변호사들을 만나기도 힘든 경향이 있었다.

초창기 페미니즘 시대에 나는 미국에서 세간의 이목이 집중됐던 레즈비언 양육권 소송 사건들에 대해 자문해 달라는 의뢰, 요구, 부탁을 받았다. 한 사건은 샌프란시스코에서 있었다.

1977년에 레즈비언 활동가 진 줄리온은 샌프란시스코에서 자신의 두 아들에 대한 물리적 양육권은 얻어 냈지만, 판사는 진의 이탈리아 태생 남편이 이들 모자의 여권을 소지하도록 허락하고 여름휴가 기간에는 이탈리아로 아들들을 데리고 갈 수도 있다고 판결했다. 진의 변호인단은 아이들의 아버지가 아이들을 다시 돌려주지 않을 위험이 있다는 이유에서 그와 같은 결정을 간곡히 만류했다. 실제로, 1978년 7월에 진의 남편은 이탈리아에서 아이들을 본인 어머니에게 맡겨 버렸다. 진은 이탈리아로 건너가 아들들을 찾아냈다. 둘 중 한 명은 진과 함께 미국으로 돌아가기를 간절히 바랐다. 진은 본인이 싸웠던 과정을 《집으로 가는 먼 길

Long Way Home》에 적기도 했다.

만나고 보니 진은 시원시원하면서도 단호한 태도를 지닌 사람 같았다. 그는 조롱당하는 것에 민감하게 반응하는 남자아이를 둔 싱글맘이자 "공공연한 레즈비언"으로 사는 수많은 어려움을 토로하며 한숨을 쉬었다. 레즈비어니즘이 여전히 질병으로 혹은 가부장제에 대한 심각한 도전으로 여겨지던 시절에 레즈비언으로서 커밍아웃했다는 것, 그것이 진의 '범죄'였다.

1976년, 레즈비언 페미니스트들이 나를 찾아내 레이철 야센 사건과 관련하여 양육권 분쟁 중인 레즈비언 엄마 둘에게 힘을 보태러 덴버로 가야 한다고 설득하던 당시 나는 휴가중이었다. 리타 메이 브라운, 에이드리언 리치, 잔 옥센버그 등 레즈비언 유명인사들이 그 보호기금에 기부했고 정신과 의사인 리처드 그린도 우리와 함께 대응하기 위해 덴버로 날아왔다.

가부장제의 역사라는 측면에서 아버지들은 자기 자녀를 '소유'했다. 아버지에게 양육권이 귀속되는 것이 아동에게도 최선이라고 여겨졌다. 아동은 아무런 권리가 없었지만(그리고 지금도 없지만) 연약한 시기에는 으레 여성의 돌봄을 받게 돼 있었고, 실제로, 돌봄은 여성이면 아무나—간호사, 유모, 가정부, 여자친구, 부계의 조모, 재혼한 부인 등—할 수 있었다. 그런데 어떤 어머니도 자기 친자식에 대한 양육권을 가지고 있지 않았다. 이것이 느리게나마 바뀌기 시작한 것은 20세기 중반부터다.

엄마들은 아무런 호혜적 권리도 없이 자녀에 대한 온갖 의무만 지고 있었다. 아동 양육에 지급되는 대가도 전무하다시피 했다. 대부분의 아빠들은 어린 자녀를 돌보는 부담을 지기는 원하지 않았다. 그런데도 아이 아빠가 이의를 제기할 경우 엄마들이 양육권을 얻기 위해서는 여전히 맹렬히 싸워야 했으며, 내 연구 결과에 따르면 내가 보기에 충분히 좋은 엄마라 할 만한 이들조차도 당시 양육권 분쟁에서 지는 경우가 70~82퍼센트에 달했다. 아이 아빠가 아내를 구타하고 아동을 학대하는 사람이어도 마찬 가지였다. 1986년과 1988년에 나는 이 문제를 다룬 시초격인 책 두 권을 출간했고, 2011년에는 《재판받는 엄마들Mothers on Trial: The Battle for Children and Custody》에 여덟 꼭지를 새로 추가했다.

내가 덴버에 있을 때 처음 알게 된 앤 윌슨 섀프 박사라는 여 성이 나를 점심 식사에 초대했다. 그는 볼더에 있는 대안적심리 치료 여성연구소Women's Institute for Alternative Psychotherapy에서 같이 일 하자며 채용 제안을 했다. "대단한 싸움을 해 오셨고 공동체 하나 없이도 그 싸움에서 이겨 오신 분인 거 잘 알고 있습니다. 저희가 선생님의 공동체가 되겠습니다. 선생님의 집이 될게요. 선생님 모습 그대로를 인정하고 편안하게 해 드리겠습니다." 이 얼마나 대단한 설득인가!

나는 함께 일하겠다고 했지만 단기간 동안 비상근으로 근무 할 것이며 콜로라도로 거주지를 옮기지도 않겠다는 단서를 달았 다. 앤을 위해 했던 내 강연은 《덴버 포스트》에서 취재했고 이후 나는 갓 꾸리기 시작한 교수진에 합류했다. 앤은 내게 소액이나 마 월급을 지급하기로 약속했지만 곧 기금난, 은행 송금 문제, 전 보 문제, 세금 문제 등에 대한 핑계를 대기 시작했다. 그러더니 누 군가가 자신에게 "마법을 거는" 바람에 2주 동안 앓아 누웠다고 해명했다.

신경이 곤두섰지만 내가 누구 혹은 무엇을 상대해야 하는 상황인지는 여전히 알 수가 없었다. 볼더에서 열린 다음 회의에서 앤은 내게 자신이 치료하는 남성 및 여성 환자들과 잠을 자기 시작했다고 털어놨다. 나는 그가 옳고 그름에 대한 감각을 완전히 상실했던 것이라는 판단이 섰고, 그에게 "전문가의 도움이 필요한 상태 같으니 연구소 운영을 중단해야 한다"고 말했다. 그러자 그는 소속감을 간절히 원하는 페미니스트 강사진 앞에서 "여자가 남자와 똑같은 일을 했다고 해서, 똑같은 게 아니다"라고 변명했다. 앤은 실제로 자신이 어떤 잘못도 한 적이 없다고 믿었다.

나는 그길로 그만뒀다. 원칙도 없고, 제정신도 아닌 그곳에서 나왔다. 나머지 페미니스트 강사진 대부분은 그대로 남았고 나를 붙잡으려 애를 썼다. 다른 면에서는 원칙주의적이던 한 마르크스주의자 페미니스트는 앤의 측근으로 남았다. 몇 년이 지나 나는 그 여성에게 왜 그토록 부패하고 심지어 범죄까지 저지른 사람 곁에 남았었냐고 물었다. 그는 이렇게 답했다. "돈이 필요했거든요."

1981년, 앤은 자조, 상호의존, 사회의 여러 가지 중독에 관한 베스트셀러들을 출간하기 시작했다. 《백인의 정신을 위한 원주민의 지혜 Native Wisdom for White Minds》와 《지나치게 많은 일을 하는 여성들을 위한 묵상 Meditations for Women Who Do Too Much》 같은 책들이었다. 몇 년 뒤 앤은 자신을 기존의 잘못된 치료법을 버린 "회복 중인 치료사"로 소개하기 시작했다.

내가 보기에는 기이한 상황 전환이었다. 약삭빠른 처신이기도 했다. 이제 앤은 도저히 말릴 수 없는 상태가 됐다. 그는 자신은 더 이상 심리학자도 치료사도 아니며 면허도 없다고 주장했다. 그런 윤리적 기준에 맞지 않는 상태였다.

여러 해가 지났다. 1991년, 덴버 기반으로 활동하던 페미니스트들이 앤의 예전 환자들 중 한 명을 위해 증언을 해줄 수 있겠냐고 물어 왔다. 그 환자의 이름은 보나 무디였다. 이 여성은 앤이 같이 잠을 잤던 "비환자" 중 하나였다. 앤은 보나를 자기 집으로 이사 오게 만들기도 했다. 몇 년이 지난 지금 보나는 앤을 고소하려는 것이었다.

법정 TV는 해당 재판을 중계할 계획이었다. 나는 당시 몸이 아파서 여행을 할 수 없었던 탓에 보나의 변호인단이 내 증언을 듣기 위해 뉴욕으로 찾아왔다. 앤의 치료법이 페미니스트 학자들이나 치료사들의 기준에서 어떤 식으로든 수용할 만한 것인지 알고 싶어 했고, 내 견해가 어떤 것인지 듣길 원했다. 그런 식의 치료행위가 용인될 만한 것이었던가? "절대 아닙니다." 나는 그들에게 재차 단언했다. 며칠 뒤 앤은 소송을 하지 않는 조건으로 24만 달러에 보나와 합의했다.

공동체에 대한 페미니스트들의 갈망은 간혹 광신적 집단의 탄생으로 이어지기도 했다. 지난 수년간 여성들은 소위 치료적 집단 안에서의 개인적 경험들에 대해 내게 상의를 해 오곤 했다. 그런 집단 안에서 환자(딸)들은 치료사(엄마)들과 친밀한 관계를 맺었다. 그들은 흥청대며 경계 침범을 경험했다. 그리고 이들 집단은 데메테르(수확의 여신)와 그 딸 페르세포네(봄의 여신이자 지하세계의 여신)를 결합시켰고 신의 광기가 장악했다. 나는 《여성과 광기》에서 이 두 여신에 대해 썼다.

물론 성적인 방식으로 자기 위력을 남용하는 치료사들 중에는 남성이 훨씬 많다고 나는 확신한다. 그렇다고 해서 이것이 동성애자든 여성애자든 여성의 같은 위력 남용에 대한 변명이 될 수는 없다.

계속 이사 다니는 것은 지치면서도 신나는 일이었다. 강의를 몇 개 하러 캘리포니아로 갔을 때 나는 친구 Z를 만나러 갔다. Z는 내게 자신의 고객이자 점성술사인 애나-크리아를 소개시켜 줬고, 애나-크리아는 내 음력 별자리를 봐 주겠다고 했다. 그러더니 내게 특별한 날이 하루 있다고 했다. 어쩌면 며칠일 수도 있는 이 시기에 임신을 한다면, 내가 완벽한 아이를 만나게 되리라는 것이었다.

나는 더 이상 신경 쓰지 않았지만 임신 가능성은 인정했다. 미신적인 내 무의식은 집에서의 로맨틱한 밤을 만들었다. 6주가 채 지나지 않은 시점에 나는 임신 사실을 알게 됐다. 임신이라니! 그 점성술사의 조언은 예지력이 있었던 것이다. 내 아들은 내가 가질 수 있는 최고의 아이니까.

Z는 내가 산꼭대기에서 노래를 부르는 여자들에게 둘러싸여 출산하기를 바랐다. 그러나 내 생각은 달랐다. 나는 그에게 그렇게 말했다.

"내 나이가 서른일곱이야. 조산사를 구하고 자연분만할 거지만, 산꼭대기 말고 병원에서 낳을 거야. 노래는 뭐 어쨌든 상관없고."

케이트 밀릿과 나는 라이브러리라는 이름이 잘 어울리는 어퍼웨스트사이드의 한 식당에서 만났다. 밥 먹자고 만나자던 그는 내게 단호하게 말했다.

"이봐, 친구. 당신이 우리 싸움에서 얼마나 중요한데 엄마가 된다는 거야! 낙태해야 해." 나는 웃었다.

곧바로 케이트는 마음을 바꾸어 나더러 임신한 상태로 잡지 《보그》 표지에 나체로 포즈를 취하라고 했다.

"신시아 매캐덤스의 사진 경력에 중요한 이력이 될 거야. 우리 좀 도와줘야지."

신시아 "로지 다코타"와 케이트는 늘 티격태격하는 연인 사이였다. 하지만 그들은 앞을 내다보는 사람들이었다. 그들은 데미 무어가 1991년에 임신 상태의 나체 사진으로 《배너티 페어Vanity Fair》 표지에 실리기 한참 이전부터 이 아이디어가 있었다.

이번에도 나는 웃고 말했다. "당신들 둘 다 미친 여자들이야. 나는 그런 거 안 할 거예요."

나중에 케이트는 그 제안을 건넨 일을 뉘우치고는 내게 내 임신한 모습을 그린 엉뚱한 그림을 한 장 선물했다. 내 가슴을 두 개의 커다란 선디 아이스크림으로 표현한 그림이었다. 나는 그 그림을 액자에 넣어 거실에 걸어 뒀다.

나는 임신 가능성이 있었던 동시에 박사 학위가 있었고, 여전히 강의를 하고 있었다. 나는 대학 카페테리아에서 우연히 행정처장을 만났다.

"피곤해 보이시네요." 그 남자가 말했다.

"그러게 말이에요. 어쩜 임신하고도 이렇게 일을 할 수 있을 줄 누가 알았겠어요?"

아뿔싸, 나는 그에게 틈을 주고 만 것이다. 그는 신이 난 듯 나를 비웃으며 이렇게 말했다. "엄마가 되고 싶은 건지 교수가 되고 싶은 건지 결정을 하셔야 되지 않겠어요?" 그러고는 스르륵 자리를 떴다.

가부장제만이 문제는 아니었다. 일부 페미니스트들도 임신을 받아들이지 않았다. 한번은 내가 임신 상태에서 시외 지역에서 강의를 하던 중이었는데 조명이 너무 강한 탓에 현기증을 느꼈다. 나는 의자를 하나 달라고 부탁했다. 그러자 담당 페미니스트가 이렇게 말했다.

"왜 그냥 서 있지는 못하시겠어요? 앉으시면 영상이 망가질 텐데."

당시 생물학적 엄마 노릇biological motherhood이라는 것에 대해 많은 페미니스트들이 지닌 감정에는 팽팽한 긴장이 감돌고 애증이 교차했다. 이들은 자신의 어머니가 살았던 삶을 되풀이하고 싶지 않았다. 여성 앞에 놓인 장애물들을 생각할 때, 강인한 자아를 구축하기 간절히 원했던 그들은 죽을힘을 다해야만 했을 것이다. 장애물에 압도당하거나 갇힐까 두려워하는 페미니스트들도 있었고, 버려지거나 피폐해질까 두려워하는 페미니스트들도 있었다. 합리적인 두려움이었다. 아버지들은 떠나거나, 죽거나, 실직하거나, 병드니까.

하지만 나는 이런 양가적 애증에 또 다른 이유가 있었다고 생각한다. 심리적으로, 수많은 페미니스트들에게는 엄마 노릇을 해 줄 다른 페미니스트들이 필요했다. 우리는 모두 자매들이었지만 친밀한 감정과 관심에 대한 욕구는 지대했다. 자기도 모르는 사이에 우리는 자신에게 엄마나 다름없는 자매가 실제 자식의 엄마 노릇을 하는 것이 싫었다. 그 자매는 우리에게 그리고 혁명에 쓸 시간이 대체 언제 생기겠냐? 나의 수많은 페미니스트 친구들과 나는 다른 여성들 내면의 고삐 풀린 그 굶주린 아이에게 매일같이 공격을 받았다.

이후에 나는《아이와 함께With Child: A Diary of Motherhood》《재판받는 엄마들》《성스러운 유대Sacred Bond: The Legacy of Baby M》등 네 권의 책에서 엄마 노릇이라는 주제를 파고들었다. 나머지 한 권《여자의 적은 여자다》에서는 엄마와 딸의 관계에 대해 자세히 쓰기도 했다.

나는 엄마가 된다는 것에 대해 환상을 품어 본 적은 한 번도 없었다. 하지만 점성술사가 나에게 천궁도를 봐 준 뒤로, 내가 아이를 가지리라는 것이 분명해졌고, 내 남편과 내가 함께해 온 이유가 바로 이것이었다는 생각이 들었다. 우리가 할 수 있는 가장 중요한 일이었다.

임신은 질병이 아니다. 나는 변함없이 나였다. 몸도 건강했다. 임신 5개월에 접어들던 여름에 우리는 아테네, 크레타, 예루살렘, 텔아비브로 여행을 갔다. 엄청난 폭염이었지만 나는 크노소스궁전에 갔고, 뛰어오르는 황소가 그려진 근사한 프레스코화와 이라클리온박물관의 작은 여신상들을 관람했다. 나는 부어오른 발목을 에게해에 담갔다.

내가 아들을 임신했다는 사실을 알게 된 것은 이스라엘에 있을 때였다. 아들이라니! 마치 대자연이 다음 세대의 남성 페미니스트들을 길러내라고 우리를 떠밀고 있기라도 한 것 같았다. 나는 실망하지 않았다. 사실, 기뻤다. (딸을 선호해야 마땅한 페미니스

1977년 캘리포니아에서 폴린 바트와 마사 셸리와 함께.
당시 나는 임신한 몸으로 강연을 했다.

트의 자세를 내가 저버렸던 것일까?) 육아는 걱정하지 않았다. 남편이 일찍이 육아 책임의 절반은 부담하겠다고 약속했으니까. 나는 베이비시터나 가정부를 고용하여 나나 남편 모두 지치는 일은 막을 생각이었다.

내가 임신 7~8개월에 접어들 때쯤 로빈 모건이 깜짝 베이비 샤워를 열어 줬다. 얼마나 다정한 사람인지 모른다. 나는 선물을 든 페미니스트 리더들(케이트, 글로리아, E.M., 레티 코틴 포그레빈)에게 둘러싸였다. 그날 내가 적은 일기를 보면 우리는 알 수 없는 이유로 망가진 인쇄기나 문 닫은 임신중절 클리닉, 평등권 수정 조항 등에 관해 이야기를 나눴다. 훗날《아이와 함께》에도 썼지만 "가장 위대한 선물은 이 여성들 자체다…… 이 여성들과의 우정을 위해서라면 나는 무슨 일이든 할 것이다. 나는 그래 왔다." 나는 임신 9개월에 들어설 때까지 일을 계속했다.

마침내, 여자가 정말 숨 쉴 공간이 없어지고 여자와 아기가 공존할 공간이 더 이상 없어지면 아기는 마지못해 나온다. 32시간 반에 걸친 산고 끝에 나는 완전 금발의 남자아이를 낳았다. 유대 관습에 따르면 남자아이는 할례 의식을 받아야 했다. 나는 덜컥 겁이 났다. 그 작은 상처가 아이를 아프게 하면 어쩌지?

아들 둘을 둔 E.M. 브로너가 나를 진정시켰다. 그는 내 아들의 할례 의식 직후에 아이를 축복해 주는 여성 의식을 진행하겠다며 디트로이트에서부터 날아왔다. 나는 페미니스트 친구들(에리카 종, 글로리아 스타이넘, 아비바 캔터 주코프), 출판계 친구들(편집자 패트 미한, 홍보담당자 셀마 샤피로), 몇몇 아끼는 학창 시절 친구들, 그리고 우리 엄마와 다른 여성 친척들을 초대했다. 우리는 모두 에어리얼의 대모로 모였다. 우리는 아기 주변을 돌며 축복했다.

"오늘 알게 된 이 고통보다 더한 고통은 평생 모르기를."

"페미니스트의 아들에 걸맞게 강인한 사람이 되거라."

"엄마와 함께하는 삶 내내 친구가 되기를."

"너를 있는 그대로의 모습으로 인정하는 용기가 너의 부모에게 있기를, 그리고 그만큼 부모가 너를 사랑하기를."

"건강하렴."

"오래 살거라."

"평생 오늘처럼 여자들에게 축복받기를."

나중에 내 남편의 친구이자 예멘 출신인 엘리가 소리쳤다. "이거 예멘에서 여자들이 하는 건데! 그거 어디서 배웠어요?"

나는 아들을 임신한 동안 남성심리학에 관한 책을 쓰고 있었다. 이제 이성을 페미니스트의 새로운 시각으로 바라보는 것이 중요하다고 생각했다. 남자들이 그토록 특권을 누리고 있다면 왜 그들은 종종 자신들을 죽음으로 내모는 다른 남자들의 명령에 복종하는 것인지 이해하고 싶었다. 아버지의 부재 혹은 학대에 어김없이 어머니가 희생양이 되는 이유를 설명하기 위해서 아버지-아들 관계를 이해하고 싶었다. 남성연대와 남성의 자궁선망 uterus envy은 내 관심 분야였다.

　나는 1978년에《남자들에 관하여》를 출간했다. 이 책은 논쟁을 불러일으켰고 주류 언론에 서평도 많이 실렸지만, 페미니즘 매체에서는 다뤄지지 않았다. 사회학자인 내 친구 폴린 바트는 급진 페미니즘 일간지인《오프 아워 백스Off Our Backs》측에 "뭐라도 하라"고 했다. 그 결과 내 책에 대한 상당한 혹평이 실리게 됐다. 서평을 쓴 여성은 대체 왜 이 주제에 굳이 시간을 할애한 것인지 궁금하다고 했다. 여러모로 근사하던 수많은 페미니즘 서점들이 내 책을 숨겨 놨다. 내가 꼭 뉴욕 주변의 페미니즘 서점들에 들르곤 했기 때문에 알 수 있었던 사실이다.

　로스앤젤레스에서 이 책을 홍보하던 중에 나는 주디 시카고를 만나 점심을 먹었다. 주디 시카고는 우리 시대의 가장 대단한 페미니스트 예술가 중 한 명이었다. 많은 페미니스트들은 원색을 쓴 그의 대담한 특대형 크기의 '테마파크'식 작품에 매료됐고, 많은 이들(주로 질투하는 이들)은 그의 작품을 싫어하기도 했다. 내 절친한 친구이자 몇 안 되는 뛰어난 페미니스트 예술비평가 중 한 사람이었던 알린 레이븐은 주디의 열성팬이었다.

　내 에이전트는 내게 주디에게 전화를 해 보라고 이미 부탁을 했었다.《뉴욕 타임스 북 리뷰》에 서평이 실리기를 기대하고 있었기 때문이다. 주디가 자기 작품에 대해 반 시간 동안 이야기하는 것을 다 듣고 나서 나는 공중전화를 좀 쓰고 오겠다고 양해를 구했다. 서평이 나왔다고 했다. 서평을 쓴 이는《통과의례: 성인의 삶에서 예상가능한 위기들Passages: Predictable Crises of Adult Life》의 작가 게일 시이였고, 여기저기 인용될 만한 대단한 서평이었다. 내 에이전트는 전화상으로 그 글을 읽어 주기 시작했다. 3분쯤 지나자 주디가 허리에 양손을 짚고는 나타나 내게 걸어오며 따져 물었다. "나에 대해 이야기하려고 여기 온 거 맞아요? 아니면 저여기 앉아서 선생님이 다른 사람과 자기 일 이야기 하는 내내 기다려야 하나요?"

오직 상금만을 노리는 사나운 싸움꾼 스타일에 얼굴에는 철판을 간 여자만이 남성이 지배하는 예술계의 시멘트 천장을 금가게 만들 수 있었을 것이다. 나는 에이전트에게 다시 걸겠노라며 전화를 끊었다.

비범한 여성 예술가들은 늘 존재해 왔지만, 다들 자기 시대에 독보적인 영웅이 되는 것은 결코 허락되지 않았다. 주디는 영웅이 될 만한 조건을 두루 갖춘 사람이었다. 자기 고향인 시카고에서 남자아이들과 잘 어울리는 아이였다. 어지간한 사내들보다도 더 거친 여자아이였다. 주디는 스스로 다른 여자들과는 동질감을 느끼지 못했다. 그러다 변화가 생겼다. 주디는 여성의 역사그리고 그 역사가 못마땅하게도 지워져 버렸다는 사실에 집중하는 열렬한 페미니스트가 됐다. 나는 주디의 작품을 정말 좋아했다. 그의 첫 번째 대형 프로젝트는 〈디너 파티The Dinner Party〉로, 수백 명의 자발적 참여가 필요한 거대한 설치작품이었다.

〈디너 파티〉는 39인분의 식기가 놓인 거대한 삼각형의 화려한 저녁 만찬 테이블로, 각 자리마다 손님을 기념하고 있다. 그 손님들 중에는 비잔티움의 테오도라 황후, 아키텐의 엘레오노르 Eleanor of Aquitaine, 소저너 트루스, 수전 B. 앤서니도 있었다. 이 기념비적인 설치 미술은 현재 브루클린 미술관에 전시돼 있다. 나는 그의 화려한 작품 〈출생 프로젝트 Birth Project〉도 좋아한다. 내 책 《아이와 함께》와 《홀로코스트 프로젝트 The Holocaust Project》의 일부 문구를 인용했던 작품이기도 하다.

1978년 6월, 그리니치 빌리지의 블리커스트리트에서 개최된 사상 최초의 중동영화제 Middle East Film Festival에서 나는 개막식 행사 중 여성 관련 대담을 진행했다. 미국, 이집트, 이란, 이스라엘, 쿠웨이트, 시리아를 대표하는 영화제작자들이 참석하고 그들이 만든 영화들이 출품됐다. 영화제 조직은 이스라엘 출신의 일란 지브와 미국 출신의 페이 긴스버그가 맡았다.

나는 쿠웨이트 출신의 영화제작자 칼리드 알 시디크와 이집트 출신 영화제작자인 라일라 아부-사이프와 커피를 마시며 담소를 나눴다. 이집트는 두 명의 독보적인 페미니스트—라일라 그리고 내과 의사이자 작가이며 아마도 당대 아랍권에서 가장 유명한 페미니스트였을 나왈 엘 사다위—를 배출한 나라다. 이유는 모르겠지만 이들은 따로 만나 이야기를 나누는 사이는 아니었다(둘 다 내게 그렇게 말했다).

라일라는 높은 콧마루에 반짝이는 눈빛이 매혹적이었고 짙고 풍성한 머리를 지니고 있었으며, 당대의 많은 아랍 여성들이 그랬듯 대단히 교양 있고 세련된 인물이었다. 나는 그가 자신의 삶을 페미니스트이자 콥트 기독교인의 관점에서 묘사하는 것에 깊은 인상을 받았다. 라일라의 부모는 여자아이들에게 교육이 중요하다는 사실을 믿었지만, 억지로 중매결혼을 시켰다. 내가 라일라를 만났을 때 그는 이미 이혼한 상태였다.

페미니즘 사상과 정부 정책 비판을 이유로 정부에서는 라일라의 극장 출입을 금지시켰다. 나는 페미니즘 진영에서 라일라를 보호해야 한다고 판단했다. 글로리아에게 전화를 걸었다. 당시 글로리아는 여자들을 자기 거처로 기꺼이 들이는 것으로 유명했다. 집을 비우는 동안 텅 빈 아파트를 타인이 좀 쓰는 것에 괘념치 않을 만큼의 성인군자여서 그랬던 것인지 외로워서 그랬던 것인지는 모르겠다.

어쨌든 글로리아가 승낙했으므로 나는 짐을 든 라일라를 어퍼이스트사이드의 글로리아의 아파트에 데려다줬다. 라일라는 글로리아를 만나게 된다는 생각에 잔뜩 들떠 있었다.

"글로리아, 우리 페미니즘 망명 정부의 일원이 될 사람이 여기 또 있어요."

그들은 죽이 잘 맞았다. 나는 라일라에게 내 에이전트도 소개해 줬고, 에이전트 측에서는 라일라가 쓰고 싶어 하던 책을 내자고 했다. 5년 남짓 걸리기는 했지만 1985년 마침내 라일라는 《시간을 건너는 다리A Bridge Through Time: A Memoir》를 출간했다. 라일라는 책은 필명으로 내야 한다고 느꼈다. 자기 가족이 당할 수모를 피해야 한다는 것이었다. 그는 그 베일을 피했는지는 몰라도 자신의 진정한 정체성은 감춘 셈이 됐다.

라일라와 나는 뜨거운 논란이 일었던 영국 영화 〈어느 공주의 죽음The Death of a Princess〉을 봤다. 1980년 PBS에서 방송됐던 실제 사건들을 극화시켜 재구성한 영화였다. 1977년에 사우디 왕실의 자제인 19세 소녀 미샬 빈트 파흐드가 자신이 통학하던 레바논 주재 사우디 대사의 조카인 20세 사우디 남성과 무모한 사랑에 빠지게 된 이야기였다. 나는 그들이 과연 위험을 무릅쓰고 사랑을 나눴을까 의구심이 든다. 여성은 남장을 한 채 왕국을 탈출하려 시도했지만 발각되어 가족에게 송환됐다. 그리고 약혼자 남성은 광장에서 처형을 당했는데 그 참수 과정조차 조잡하게 이뤄졌다. 그나마 다행스럽게도 여성은 총살형을 당했다.

수많은 결혼이 수많은 이유로 실패한다. 직업이나 소명의식을 지닌 아내들일수록 그렇지 않은 여성들에 비해 더 이혼할 가능성이 높은지 정확히는 모르겠다. 내 (아프가니스탄 출신의) 첫 번째 남편은 나보다 가진 돈과 권력이 많았고, 이는 내게 위험한 요소였다. 내 (이스라엘 출신의) 두 번째 남편은 나보다 가진 돈과 권력이 적었다. 이 점이 그 남자 혹은 그 남자의 자아에 위험한 요소로 밝혀졌을 수도 있겠다.

우리는 6년간 결혼 생활을 했는데 어느 순간 문득 오싹한 느낌이 들었다. 남편과 내가 합의한 바는 그가 엄마 노릇의 절반과 돈벌이 일부를 함께 감당하겠다고 약속한다면 내가 아이를 낳는 것이었다. 그런데 그는 둘 중 어느 것도 하지 않고 있었다. 나는 이 자체가 불만이기는 했지만, 또 다른 일이 발생하지 않았다면 과연 내가 내 아들의 아빠를 떠났을지 의구심이 든다.

그는 내가 페미니즘 때문에 이미 오래전에 자신을 떠났다고 말했을 수도 있고, 그 말이 전적으로 틀린 말도 아니었을 것이다. 나는 그가 자기 자신을 찾고 직업을 선택하고 잘 적응하기를 늘 바라고 있었다. 힘에 부쳤던 나는 절망한 상태에서 중대한 잘못을 저지르고 말았다. 남편의 어머니에게 그가 일도 안 하겠다고 하고 학교에도 안 가겠다고 하니 남편과 이야기를 좀 해 달라고 부탁했던 것이다. 이로써 나는 중동 남자의 명예를 더럽힌 셈이었고 이는 위험한 행동이었다. 그의 분노와 복수의 맹세는 나를 숨 막히게 했다. 문자 그대로 나는 숨을 쉴 수가 없었다. 나는 난생처음 공황발작을 겪었다. 그는 돈을 요구했다. 아들을 납치해 이스라엘로 데려가 버리겠다고 나를 협박했다. 나는 내 아기를 영영 못 볼 수도 있었다.

나는 겁에 질렸지만 침착하게, 아주 침착하게 최소한의 현금 합의를 했고 함께 임대 중이던 아파트에서 내가 짐을 싸서 나온 뒤 아파트를 처분하면 그 금액은 절반씩 나눠 가지기로 했다. 원래 혼자 힘으로 임대료를 지불했던 아파트였다. (아파트를 처분하면 엄청난 횡재를 하리라는 사실을 그는 알고 있었다.)

그때 내가 전제로 삼았던 부분은 전남편이 내 아들의 인생에 계속 남아 있으리라는 것이었다. 하지만 내가 틀렸다. 전남편은 거의 완전히 연락을 끊었다. 그의 복수였다. 그리고 이는 이후 20년에 걸쳐 내게 고통과 불편을 안기는 끔찍한 일이 됐다. 어떤 불편이냐고? 애 아빠가 아이를 만나러 올 때 두 시간 늦게 나타나고 한 시간 일찍 데려다 놓는 상황에서 일정을 소화해야 한다고 생각해 보자. 아들이 아빠가 나타나기를 기다리며 얼굴을 유리창에 눌러 기대고 있는 모습을 바라본다고 해 보자. 나는 이 남자를 우리 아들의 삶에 책임을 다하는 부모로 포함시키고자 끝까지 애를 썼지만 그런 내 노력은 한 번도 성공하지 못했다.

이는 특별할 것 없는 시나리오였다. 나는 양육권 분쟁에 뛰어들 수밖에 없었던 엄마들뿐 아니라 아이들을 안 만나려 드는 전남편을 둔, 이혼한 엄마들 수백 명을 인터뷰했다. 양육비를 주지 않는 경우도 흔했다. 모든 남자가 그런 것은 아니겠지만, 많은 아빠들이 재혼하여 새로 가정을 꾸리게 되면 자신의 첫 결혼에서 생긴 자녀들을 (적어도 경제적으로) 버렸다.

내가 돈을 얼마만큼 벌든, 얼마만큼 저축하든, 전부 입주 베이비시터 급여로 들어갔다. 큰 집을 사서 자녀가 있는 엄마에게 방을 하나 빌려주는 대가로 육아를 맡기라는 마거릿 미드의 조언을 따를 수 있었다면 좋았을 것 같다. 실제로 집을 한 채 사기는 했으나 그런 식의 거래는 불가능했다. 그리하여 나는 내가 찾을 수 있는 최고의 베이비시터를 찾고 내 선택이 옳은 것이기를 기도하고 힘든 시기에 대비하는 수밖에 없었다. 지금처럼 당시에도 미국에서는 저비용 고수준의 육아는 있을 수 없었다.

한번은, 내 아들이 밥도 못 먹고 굶주린 상태로 목 놓아 울고 있고 베이비시터는 기저귀도 갈지 않고 술에 취해 바닥에 널브러져 있는 광경을 목격한 적이 있었다. 베이비시터 파견 담당자는 그를 해고하지 말아 달라고 애원했다. 그의 급여로 카리브해 연안 지역에서 열한 명이 먹고 산다고 했다. 하지만 나는 그를 내보내야 했다.

이 아마존 전사조차도 아이를 떠날 수는 없었지만 집에서 놀고먹는 애아빠는 떠날 수 있었다. 여자들 대부분은 아이를 두고 떠나지 않는다. 이것이 남자들과 크게 다른 점이다. 엄마가 된다는 것이 사람을 영영 바꿔놓는다는 사실을, 나는 이제야 이해한다. 나는 내 일이 있었고 아들도 있었으며, 둘 다 내게 축복이었다.

여자가 이혼을 하고 나면 버티고 살아내기 위해 여성 친구들을 의지하게 된다. 그런 친구 중 한 명이 에리카 종이었다. 그는 앞으로의 내 금전적인 상황을 걱정했다. 그가 보기에 나는 가진 것이 아무것도 없었다. 그는 "코믹 소설을 쓰라"며 "그럼 그 남자들이 널 안 죽일 것"이라고 조언했다. 본인의 속마음을 토로한 것에 가까운 표현이었지만, 무슨 말인지는 알 수 있었다.

1987년, 에리카 종과 앤드리아 드워킨은 성에 관한 토론을 위해 〈도나휴Donahue〉에 출연했다. 나는 에리카에게 앤드리아의 작품에서 긍정적인 부분 세 가지를 찾으라고 조언했고 앤드리아에게도 같은 부탁을 했다. 에리카는 약속대로 했지만 앤드리아는 그러지 않았다.

나는 코네티컷 웨스턴에 있는 에리카의 집에서 에리카와 함께 여러 날을 보냈다. 한번은 에리카가 나를 데리고 배우 준 해벅을 만나러 간 적이 있었다. 준 해벅은 또 유명 작가인 하워드 패스트와 그의 부인 베티를 내게 소개시켜 줬다. 이들 부부는 훗날 에리카의 가족이 된다. 에리카와 에리카의 세 번째 남편 조너선 패스트는 내가 출산한 뒤 나와 내 남편을 데리고 영국령 버진제도의 토르톨라섬으로 갔고 선상에서도 육지에서도 와인을 곁들인 만찬을 대접했다. 에럴 플린의 요트에도 가 봤다. 에리카와 조너선은 뭔가 원하는 것이 있는 눈치였는데 그게 무엇인지 나는 감이 잡히지를 않았다.

에리카가 마침내 입을 열었다. 꽤나 진지하게 말했는데 자신은 필리스와 에버하드 크론하우젠 부부와 친하다고 했다. 전인적 섹스 치료사들이자 에로틱 아트 수집가들인 이들 부부가 결혼 생활에 계속 생기를 불어넣는 유일한 방법은 안전한 난교에 참여하는 것이라고 한 말에 에리카는 설득된 상태였다. 에리카는 조너선이 예전부터 내 가슴에 성적 욕망을 느껴 왔다고 말했다. 그로부터 6년이 지나 내가 이혼으로 한창 고통을 겪던 당시 나는 마침내 그들과 잠자리에 들었다. 그리고 에로티카의 여왕 에리카는 조너선이 내게 달려들자 내 손을 다소곳이 잡았다.

나는 쓰고 버린 휴지가 된 기분이었다. 부자들은 정말로 우리와는 전혀 다른 사람들이다. 조너선이 내게 전화를 걸기 시작했다. 이는 우리 중 어느 누구에게도 좋은 결말일 리 없었다. 하지만 조너선이 둘 사이의 딸 몰리의 양육권을 두고 에리카와 분쟁을 시작했을 때 나는 에리카의 편에 섰다.

*

천재 페미니스트는
왜 고통받는가

나는 스물일곱 살부터 내 생각들을 주로 여자들과 공유했다. 그전까지 남자가 쓴 작품을 읽고, 남자 교수와 연구하고, 남자에게 고용되어 일하고, 남자와 사랑에 빠지며 살아왔으니, 그야말로 인생의 대전환이 일어난 셈이었다. 남자와 이야기를 나누지 않는 것은 큰 상실이었지만 페미니즘에 관심이 있는 남자는 거의 없었고, 여기에 질려 버린 지 오래였다.

여자가 여자를 찾는 것은 심리적으로나 지적으로나 획기적인 변화였다. 그리고 천국이었다. 그동안 반항심과 야심 가득한 딸로 살았던 우리에게는, 엄마에게 거부당한 데서 받은 상처들이 잠시나마 치유되는 시간이었다.

그러나 아쉽게도 천국은 영원하지 않았고, 이내 지옥이 찾아왔다. 돌이켜 보면 2세대의 초창기가 얼마나 고통스러웠는지 모른다. 각자의 사소한 질투, 그리고 주동자를 특정할 수 없는 집단 괴롭힘은 무시무시하게 추악했다. '평범한 여자들'은 특별한 여자들의 재능을 질투하고 파괴했다. 한마디로 그들은 가장 재능 있는 리더들을 갉아먹었다.

좌파 진영을 떠나온 페미니스트들은 그쪽에서 배운 겁박과 심문 전술을 가지고 왔다. 급진 성향의 레즈비언 대부분은 일종의 우월주의자들이었고, 그중 몇몇은 다른 여성들을 노골적이고 잔인한 방식으로 아웃팅하기도 했다.

　시카고 여성해방 록밴드를 결성했던 나오미 웨이스타인은 "밴드가 생긴 지 3년도 되기 전에 온갖 방식으로 자신을 공격했다"고 내게 털어놨다. 그가 1969년에 창립을 도왔던 시카고여성해방연합은 나오미에게 "당신은 이미 스타이니 유명하지 못한 이들에게 당신의 발언 기회를 넘기라"고 요구했다. 밴드 멤버들도 거기에 동조했고, 다들 질투와 다 말하지 못한 마음들을 가득 품은 채 1973년 흩어졌다. 그들은 만일 모든 여성이 평등하다면, 어떤 여성도 다른 여성보다 더 환영받거나 더 많이 알려져서는 안 된다고 생각했다.

　다들 부인하지만, 60년대 말부터 70년대에 행해진 트래싱은 결국 우리의 운동을 멈춰 세운 이유로 작용했다. 하지만 나를 멈추지는 못했다. 나는 우리가 치른 몇몇 큰 전투에서 양측 여성 모두와 연결될 수 있는 재능을 가지고 있었으니까.

　트래싱 문제에 대해 실제로 경종을 울린 페미니스트들도 있었다. 1970년 저널리스트 안셀마 델롤리오는 훗날 〈여성운동에 바치는 백조의 노래〉로 알려진 인상적인 미공개 원고에서 이 문제를 지적한 바 있다. 또 조 프리먼은 이 문제를 두 편의 중요한 기사 〈구조 없음의 횡포The Tyranny of Structurelessness〉와 〈트래싱: 자매애의 어두운 이면Trashing: The Dark Side of Sisterhood〉에서 논했다. 1976년《미즈》에 실렸던 후자의 기사는 기존에 공개됐던 어떤 글보다도 큰 독자의 반향을 불러일으켰다. 나는 이 문제를《여성과 광기》에 실었다.

　하지만 우리의 글은 자매애에 대한 페미니즘적 재평가로 이

어지지는 못했다. 자신이 다른 여성들을 어떻게 대했는지 보려는 페미니스트는 별로 없었으니까. 게다가 페미니즘 운동이 '가슴도 자궁도 아닐 가능성'에 대해 생각해 보려는 페미니스트는 더 적었다.

나는 스펠만대학에서 열린 전미여성학협회National Women's Studies Association의 연례회의에서 토론을 주재했다. 주제는 '여성 내부의 수평적 적대: 인종, 계급, 젠더의 문제들'이었다. 나는 공동 패널이었던 벨 훅스와 논란이 불붙었던 주제마다 같은 입장을 견지했던 탓에 일부 청중(이들 중 다수는 아프리카계 미국인)은 "훨씬 어린 벨 훅스가 체슬러의 유모 노릇을 한다"며 비난했다. 청중 대부분은 여자들끼리 서로 배신하고 상처 입혔던 이야기들을 하고 싶어 했다. 강연장을 떠나야 할 시간이 되자 나는 야외 잔디밭에 앉아 한참 동안 그들의 이야기를 들었다.

그러나 내가 페미니스트 치료사들이 모인 전국대회에서 심리학적 모친 살해matricide 및 자매 살해sororicide에 관한 견해를 발표했을 땐 상당히 다른 반응이 일어났다. 치료사들은 여성도 성차별주의자일 수 있다는 사실을 인정하기 힘들어했다. 어느 아프리카계 미국인 치료사는 이를 "백인 여성의 문제"라고 주장했고, 어느 레즈비언 치료사는 "이성애자 여성의 문제"라고 주장했으며, 어느 이성애자 치료사는 "여자들에게 어머니 같은 여신이 있기는 했는지, 아니면 우리가 그 여신을 이미 죽인 것인지 금시초문"이라 했다.

어쩌면 우리는 1세대 선배들에 비하면 시시한 존재일 수 있다. 케이시 배리의 역작《수전 B. 앤서니: 어느 독보적인 페미니스트의 일대기 Susan B. Anthony: A Biography of a Singular Feminist》에 따르면, 보수적이었던 1세대는 유명 인사 어니스틴 로즈를 연사로 초청한 것을 취소해 달라고 수전에게 요구했다고 한다. 어니스틴이 무신론자임을 밝혔다는 이유에서였다. 이들은 미국 대통령 선거에 출마한 최초의 여성 빅토리아 우드헐의 참석도 거부했으며, 우드헐과 달리 자신들은 자유연애에 반대한다는 입장을 분명히 밝히는 결의안을 내놓기도 했다.

믿기 힘든 사실이지만, 이들은《여성의 성경 The Woman's Bible》에서 엘리자베스 케이디 스탠튼이 종교를 비판한 것과 전국여성당 National Woman's Party 을 분리해 생각하자고 주장하기도 했다. 케이시는 이렇게 쓰고 있다.

> 전미여성학협회장을 역임한 수전 B. 앤서니는 너무 놀란 나머지 한동안 말을 잇지 못했다. 우선순위를 가리는 데 있어 스탠튼 여사와 의견이 달랐던 것은 그렇다 치고, 종교에 대한 스탠튼의 비판이 검열당하리라고는 전혀 생각하지 못했을 것이다…… 과거에 여성운동이 사상을 검열한 적은 없었다. 스탠튼 여사가 최초의 여성권리대회 Woman's Rights Convention를 조직할 때 태어나지도 않았던 이 젊은 여성들이 지금 스탠튼을 검열하겠다는 것이었다. 수전은 자신의 분노를 다음과 같이 유려하게 표현했다. "온갖 신념으로 무장한 이들과 아무런 신념이 없는 이들이 모두 서 있어 우리의 노선이 너무 좁아진다면, 나부터 그 노선 위에 서 있지 않겠다."

상심한 나머지 협회장 사임을 고려한 수전은 여성 후배에게 이렇게 말했다. "비열한 염탐이 시작된 것에 불과하다고밖에 생각이 안 돼. 스페인 종교재판이 부활한 거나 마찬가지라고." 그러고는 그들이 각자 스스로 판단해 볼 권리를 침해하고 스탠튼을 인신공격한 것에 상심했다고 덧붙였다.

70년대 중반 즈음, NOW와 전미여성정치회의 양쪽 모두 통제할 수 없다고 주장한 베티 프리단은 "NOW가 극심하고 악의적인 권력 투쟁 때문에 24시간을 운동에 헌신할 수 있는 사람들, 즉 여성운동을 자기네만의 경력으로 삼고, 영광을 누리기 위한 길로 여겼으며, 심지어 사생활로 만들어 버린 여성들만이 활동할 수 있는 지경이 됐다"고 결론지었다.

NOW의 수많은 회원은 심리적으로 NOW와 결혼한 상태였다. 그들은 이미 NOW를 가족 혹은 종교로 생각했다. 게임 같은 것이 아니었다. NOW는 그들이 가진 전부였다. 그들에게 그곳에서의 상실은 모든 것을 영원히 잃는다는 의미였다.

《주부에서 이단자로From Housewife to Heretic》의 저자 소니아 존슨은 한때 몰몬교도였다가 평등권 수정조항을 지지했다는 이유로 파문당한 인물인데, NOW의 여성 회원 열일곱 명이 자신의 호텔 방에 들어와 NOW 회장 선거에 출마하지 말라고 공격했다는 이야기를 내게 들려줬다. 소니아는 결국 출마를 포기했다.

엘런 호크스는《재판받는 페미니즘Feminism on Trial》에서 NOW의 전 회장이자 변호사인 캐런 드크로의 말을 다음과 같이 인용했다.

NOW 경선은 당신이 살면서 지금까지 무엇을 보았든 그것을 아무것도 아니게 만들 것이다. 1971년 필라델피아 콘퍼런스에서 재선에 출마했을 당시 나는 경호원을 대동했는데, 그때 생각했다. '이런, 자매들의 대표가 되고자 하는 지금 무장한 경호원이 필요하다니!' 법적 절차에 자주 휘말리는 내게 사람들은 이렇게 묻곤 한다. "어떻게 그렇게 시종일관 차분할 수 있어요?" 나는 생긋 웃고는 NOW 시절을 떠올린다. 나는 NOW의 전쟁들을 치러낸 사람이니까. NOW에서 살아남은 사람이라면 무엇과도 거뜬히 맞서 싸울 수 있다.

엘런에 따르면, NOW 캘리포니아 지부 회원이던 셸리 맨델은 또 다른 캘리포니아 지부 회원 지니 포트와 NOW 분회장 자리를 두고 경쟁 중이었는데, 지니를 살인 혐의로 경찰에 신고함으로써 라이벌을 제거했다. 지니는 자신을 구타해 온 남편을 살해한 혐의로 기소됐다. 결국 재판에서 무죄 선고를 받았다. 내 친구 알런 레이븐에 따르면, 잡지 《크리살리스》가 1980년 폐간된 이유는 이러했다.

다들 돈도 못 벌면서 일하다 보니 우리 여자들은 서로에게 너무나 많은 슬픔을 안겼다. 당대 페미니스트 대표 격인 이들을 비롯하여 모두가 우리를 비판하고 공격할 자격이 있다고 느꼈다. 특정 작가의 작품에 빠져 있던 편집자들은 나중에 그 작가가 고약하고 비열하고 잔인하고 정신이상인 사람인 것을 알았을 때 심적으로 엄청난 타격을 받았다. 여자들은 불만만 쏟아 냈고, 우리의 존재를 고마워하는 사람은 거의 없었다. 일단 위험을 무릅쓰고 나선 사람에게 무차별 사격을 해도 괜찮다고 생각했다. 그리고 편집자들은 자신들을 비판하고 있는 바로 그 여자들에게 허락을 받기 원했다.

한번은, 캘리포니아의 어느 게이바에서 시작된 여성학 프로그램과 페미니즘 서점에 대한 통제 문제를 두고 벌어진 싸움이 바깥으로 터져 나왔고, 이어진 논쟁 과정에서 한 여성이 심장마비로 사망했다. 또 컬럼비아대학교 인근 거리에서는 포르노그래피와 성매매 문제를 두고 몇몇 페미니스트가 주먹다짐을 했다는 이야기를 들은 적도 있었다.

철학 혹은 정치 운동으로서의 페미니즘은 윤리적 행동을 보장하지 않았고, 페미니스트 개개인을 배신과 차별, 빈곤 등으로부터 구원하지도 못했다. 페미니즘은 우리가 원했던 것―일생일대 단 한 번의 승리, 평생 존속되는 사랑의 공동체―을 우리에게 주지 못했다.

우리는 페미니스트라는 이유로 더 힘들게 살았다. 우리에게 부츠나 총을 주는 사람도 없었고, 우리 중에는 영웅으로 여겨지는 인물도 거의 없었다. 무엇보다도 우리는 혹사당했다. 그리고 이 전쟁은 영영 끝나지 않았다.

페미니스트 대부분은 여성이었으므로 우리는 그만큼 짐을 더 짊어졌다. 매일같이 무자비한 편견에 의해 폄하되고, 성적, 물리적, 경제적, 법적 폭력에 반복해서 희생당하는 여성은 참전 용사나 고문 피해자처럼 장애를 입는다. 그런 가운데서도 용감하게 전진할 수 있는 이들도 있지만, 설령 그렇다 해도 갑자기 와락 울음을 터뜨리거나 벌컥 화를 내고 편집증적 비난을 쏟아 내고 말도 없이 사라지는 등의 행동을 보일 수 있다.

이런 요인에다 자기중심주의, 획일성을 지향하는 이데올로기적 강요, 재능을 더 인정받는 이들에 대한 질투, 스스로는 부인하겠지만 다른 여성들을 향한 여성들 자신의 성차별과 잔인함까지 더해지고 나면, 당신은 우리 모두 맞서고 있는 대상이 어떤 것인지 비로소 이해가 갈지도 모른다.

지금부터 쓰려는 이야기는 지금까지 한 번도 쓴 적이 없던 것이다. 감히 쓸 엄두조차 내지 못했으나, 2016년에 나눴던 한 대화가 굳게 닫혀 있던 이 문을 열었다. 밥 브래넌이라는 친구와의 대화였다.

밥은 성차별에 반대하는 전미남성연합National Organization for Men Against Sexism의 공동창립자이자 오랫동안 페미니스트 리더로 활동한 인물이었다.

"X 알아?" 그가 물었다.

"당연히 알지. 완전히 미친 여자였잖아."

"자세히 좀 이야기해 봐." 밥이 탄식하며 말했다.

"그 여자가 나를 찾아온 적이 있었어. 내 물건을 다 헤집고 훔치고는 거짓말을 하더니, 갑자기 나한테 달려들면서 성차별하는 돼지라고 퍼붓더라고."

이야기를 나누는 동안 나는 깨달았다. 멀쩡히 일상생활을 하던 내 어머니와 외가 친척을 갉아먹던 것이 정신질환이라는 사실을 한때 인정하기 두려웠듯, 카리스마 넘치는 페미니스트 중에서 정신질환을 앓는 이가 얼마나 많았는지 부인해 왔다는 사실을.

지금 말하는 질환은 괴짜같이 굴거나 신경질적인 수준이 아니라, 마약이나 알코올 중독, 임상적 조현병이나 조울증, 자살 충동, 인격 장애 등으로 고통받는 경우들이다. 이데올로기를 떠나, 우리가 사랑했던 여자들 가운데 일부는 불안정하고 극도로 결핍된 상태였다.

페미니즘은 그 자체로 미치지 않았지만, 내가 알고 사랑했던 몇몇 페미니스트는 정신질환을 앓았다. 그리고 이 정신질환이 우리의 운동을 오랫동안 방해해 온 수많은 문제 가운데 하나였음을, 나는 이제야 인정한다. 내가 지금 그들에 관한 이야기를 쓰는 이유이자, 그들이 중요한 이유다.

당시에는 나조차도 페미니스트들(혹은 여성들)에게 정신질환이 있다는 걸 받아들이지 않았다. 그런 표현은 과거 여성에게 굉장히 불공평한 방식으로 사용되었기 때문에, 나는 그들의 명예를 훼손하는 짓을 절대 되풀이하고 싶지 않았다. 우리 가운데 임상적으로나 이론상으로 정신질환에 대해 교육받지 않았던 사람들 그리고 정신질환을 앓았던 사람들은 특정 행동(음주, 도벽, 쉬지 않고 말하기, 고함지르기, 편집증적 비난, 병리적 수준의 거짓말 등)은 정신질환의 증거일 수 있음을 인정하거나 고려하지 않았다. 우리는 다들 역기능적 행동들을 이데올로기 저항으로 여기고 싶어 했다.

보들레르, 헤밍웨이, 블레이크, 콜리지, 로버트 로웰, 유진 오닐, 파운드, 셸리, 딜런 토머스 등 위대한 남성 예술가들 역시 정신질환을 앓았다. 이들은 자살했거나 자살 미수에 그쳤으며, 과음을 했고, 지독하고도 극심한 우울에 시달렸으며, 정신병원에서 지내기도 했다.

페미니스트 가운데는《성의 변증법》의 저자 슐리 파이어스톤이 떠올랐다. 아, 그 책이야말로 숨 막힐 만큼 뛰어난 작품이다. 긴 시간 동안 우리의 운동은 슐리의 부재에 허덕였지만 그는 살아 있었다. 그는 자신의 아파트에서 은둔하며 지내거나 정신과 치료시설에 있기도 했다.

《성의 변증법》이 출간된 1970년 당시 나는《여성과 광기》를 집필하고 있었다. 슐리의 책은 내게 짜릿한 흥분을 안겼다. 그의 작품은 맹렬하고도 다이아몬드처럼 예리하게 반짝였다. 논리정연했고, 오싹하고 불편하리만치 유토피아적이었지만, 동시에 극한의 해방이 담긴 메시지였다.

몇 년 후 슐리는 내게 전화를 걸어 심리치료사 자격으로 자기 집에 와 달라고 부탁했다.

"당신은 내가 믿을 수 있는 유일한 사람이에요. 그런데 비상계단을 통해 5층으로 오셔야 해요. 저는 창문을 가운데 두고 이야기를 나눌 겁니다."

나는 그럴 수 없다고, 그러다 내가 땅에 떨어지면 박살이 날지도 모른다고 말했는데도 결국 그가 출입문을 열도록 설득하지 못했다.

그가 쓴《진공의 공간들Airless Spaces》은 작은 보석 같은 책이다. 그는 조심스럽게 자신의 조현병과 여러 병원을 전전하며 보낸 시간에 대해 썼다. 1998년 이 책이 출간됐을 때, 그는 출판기념회에서 큰 소리로 낭독해 달라고 부탁했다. 나는 슐리가 한쪽으로 약간 비켜선 채 가만히 응시하며 들었던 기억이 난다.

또 한 명의 뛰어난 지성 케이트 밀릿도 떠오른다. 케이트의
정신질환은 심각한 수준이었는데, 그에 비해 그의 생산성은 가히
기적적이었다. 그의 첫 책 《성 정치학》은 슐리의 책과 같은 해 출
간됐다. 이 책 역시 어두운 하늘을 환하게 밝힐 만큼 끝내줬다.

나는 케이트에게 내 테뉴어 교수직을 공유해 보자고 제안한
적이 있었다. 그런데 처음 케이트와 강단에 함께 선 순간 완전히
아수라장이 되고 말았다. 케이트는 전혀 말이 안 되는 소리를 했
다. 고래고래 소리를 지르며 격분했고, 아일랜드의 "골칫거리들"
에 대해 이야기를 하더니, 그 뒤로도 계속 횡설수설했다. 다들 가
능하면 피하고 싶은 일이었지만, 결국 그는 강단에서 강제로 쫓
겨나야만 했다.

케이트는 대단한 매력과 압도적인 존재감을 가지고 있었지
만, 잠을 못 자고 다른 이에게 분풀이하고 자살을 기도하고 자기
추종자들을 착취할 때도 종종 있었다. 그러면서도 내내 그들에게
희생당하고 있다고 느꼈다(실제로 그런 측면도 있었다). 기자회견
에서도 그가 또렷한 정신을 유지하기를 기대하기 힘들었다. 그는
사랑에도 빠졌고 꽤나 저돌적으로 나를 비롯한 이 여자 저 여자
번갈아 가며 제멋대로 달려들려 했다.

한번은 케이트가 기자회견 중에 주제에서 벗어난 북아일랜
드 분쟁 이야기를 시작하더니 멈추지 않은 적이 있었다. 자제력
을 잃은 채 제정신이 아닌 그를 보던 글로리아의 얼굴이 창백해
졌다. 글로리아는 내게 "이 상황 좀 수습해 봐요" 하더니 황급히

나가 버렸다.

나는 정말로 그 상황을 수습했다. 케이트를 버리지 않고 집에 데려다 줬다. 하지만 그건 치료와 거리가 먼, 친절에 불과했다. 케이트는 슐리와 다르게 자신의 정신질환을 인정하지 않고 펄쩍 뛰었는데, 그러면서도 글을 썼다는 사실이 놀랍다. 그는 다른 질병으로 쓰러졌을 때도 일을 그만둔 적이 없었다.

내가 앤드리아 드워킨을 그를 그토록 감싸고 돌았던 것은 그가 너무 연약해 보였기 때문이다. 앤드리아는 전략적인 사상가였지만, 지독히 상처 입은 사람이었다. 그는 자신이 늘 희생양이라 느꼈다. 자신이 공격하는 쪽일 때조차도 마찬가지였다. 1992년 레베카 초커와 캐럴 다우너의《여성의 선택지들: 낙태, 월경식 흡인중절법, 경구피임약 A Woman's Book of Choices: Abortion, Menstrual Extraction, RU-486》출간 당시 서점 낭독회에서 피켓 시위를 했던 것이 그 경우였을 것이다. 그들은 책에 다음과 같이 썼다. "만일 여성이 강간당했다는 거짓말을 하는 상황이 온다면, 그것은 절체절명의 상황, 즉 국가에서 강간 등 특정 사유 외 낙태를 금지할 경우일 것이다." 이로 인해 "여성 대상 폭력에 반대하는 운동의 성과가 폄하될 가능성"에 대해서도 미리 경고를 덧붙였다. 그런데도 이런 조언이 강간당했다는 모든 주장을 약화시킬 것이라 믿었던 앤드리아는 격분했다. 그는 페미니스트 여러 명에게 전화를 걸어 레베카가 낭독회를 열고 있는 브루클린의 서점 앞에서 함께 피켓을 들자고 했다. 레베카를 지지하던 바버라 시먼은 어떤 여자 목소리로 "당신은 이제 죽었어"라고 말하는 협박 전화를 연달아 받았다. 바버라는 발신자가 앤드리아라고 확신했다.

　수많은 레즈비언 활동가에게 영감이 됐던 질 존스턴은 자신의 신경쇠약을 "내 정신의 돌출"이라 묘사했다. 질은 이를 절대 숨기지 않았고, 부끄러워하지도 않았다. 그는 영국계 혼혈답게 극단적인 기벽도 견뎌 냈다.

　2005년, 과음으로 죽었다고 알려진 레즈비언 페미니스트 작가 버사 해리스의 추도식에서 나는 질 옆에 앉았다. 질은 뭔가를 계속 쓰느라 고개를 들지 않았다.

　"질, 여긴 우리가 사랑하는 공동체잖아요. 친구들이 있는 곳이요."

　"아니에요, 체슬러. 여기 모인 이 레즈비언 작가들 전부 내 경쟁자예요. 친구 아니야."

　엘리자베스 피셔(《여성의 창조: 성적 진화와 사회의 형성Women's Creation: Sexual Evolution and the Shaping of Society》)와 엘런 프랭크포트(《질의 정치학》), 두 작가 모두 자살로 생을 마감했다. 나는 엘런이 우리의 운동이 자신에게 아무 소용이 없다고 느꼈으면서도 작가 겸 활동가로서 평생 일해나갈 수 있으리라 우직하게 믿었던 사람임을 알고 있다. 이것이 그의 자살과 조금이라도 연관이 있었을까? 엘리자베스의 시신을 발견한 건 엘런이었으니까. 그게 아니라면, 이 여성들의 자살 동기는 단순히 유전적인 것이었을까 아니면 신경화학적인 것이었을까?

　엘런과 나는 친한 친구가 됐다. 1980년대 중반, 엘런은 햄프턴스에 있는 자기 집 근처의 거처를 한 곳 찾아 줬다. 그곳은 엘런이 플로 케네디가 계속 흑인 민족주의와 좌파 진영을 지지하는 것에 자신이 얼마나 실망했는지, 그리고 자신이 미국 좌파를 비판한 1984년작《케이시 부딘과 죽음의 춤Kathy Boudin and the Dance of Death》을 플로가 비난한 것에 얼마나 상처를 받았는지 내게 털어놓은 곳이기도 했다. 엘런은 이렇게 말했다. "체슬러, 우리 운동은 품위를 잃었어. 운동권 여자들은 죄다 협잡꾼들이야."

몇 년 뒤 엘런은 자살하겠다며 으름장을 놓았다. 나는 곧바로 엘런에게 달려가 약을 전부 내놓으라고 설득하느라 애를 먹었다. 여러 정신과 의사에게 처방받은 색색의 알약이 엘런의 핸드백에서 쏟아져 나왔다.

"이 약들이 당신 정신을 흩트린 거야."

"체슬러, 지금 당신이 쓰고 있는 그 책은 내 책이 돼야 해. 나는 노동계급 여성들이 어떻게 혹사당해 왔는지 쓰고 있다고."

"엘런, 진정부터 해요. 어쩌면 우리가 이 책을 함께 쓸 수도 있잖아요."

《성스러운 유대》의 마감일이 코앞이라 정말로 그럴 생각까지는 아니었지만, 그에게는 굉장히 중요한 사안이었으므로 나는 그렇게 말했다.

나는 엘런과 친해진 뒤로도 그에게 오래전 자살한 쌍둥이 여동생이 있었다는 사실을 몰랐다. 그래서 그가 피셔의 시신을 발견했을 때 마주한 트라우마가 얼마나 심각했는지 내가 미처 이해하지 못했는지도 모른다. 나는 엘런을 구할 수 없었다. 아니, 어느 누구도 구하지 못했다.

나는 엘런의 추도식 사회를 맡았다. 추도식은 웨스트빌리지의 예술가들을 위한 주거복합단지인 웨스트베스의 뜰에서 진행됐다. 엘런이 유서에 남긴 대로 그의 친구들로 구성된 복음성가대가 왔다. 그 자리에 모인 사람 중에 충격으로 창백해진 페미니스트들의 얼굴이 보였다.

초기 레즈비언 인권 활동가였던 시드니 애벗(《사포는 진보적인 여성이었다Sappho Was a Right-On Woman》)은 늘 연락이 잘 닿지 않았고 만나더라도 어색하게 굴었지만, 남에게 피해를 주지 않는 사람이었다. 운 좋게도 그는 정신질환이 있는 페미니스트 억만장자를 찾았는데, 그 사람이 시드니에게 집과 음식을 제공하고 관리인과 여러 마리의 동물을 붙여 준 덕분에, 시드니는 화재 사고로 목숨을 잃기 전까지 2년 가까이 앉아서 생활했다.

여성이라는 이유로 이데올로기 싸움에서 자꾸 지는 쪽에 서고, 매일같이 생명력이 깎이는 성차별을 겪고, 그토록 얻는 것 하나 없이 그토록 맹렬히 싸워야만 하는 현실로 인해 그들은 우울했던 것일까? 친족 성폭력, 강간, 경제적 불안, 과로, 호모포비아로 인해 지속적인 불이익을 견뎌야 했을까?

내게 소중한 페미니스트 중에 정신질환으로 상처받고 소외당했던 이들을 꼽으라면 스무 명은 거뜬히 넘길 수 있다. 그들은 자주 고립됐고, 우울증에 시달렸다. 나는 쉽게 바스러지는 자존감을 가지고, 스스로 추하고 사랑받지 못할 존재로 여기는 그들의 친구이자 치료사였다.

페미니스트는 인간이다. 경쟁심이 강한 사람도 있고, 깡패 같은 사람도 있으며, 무리 지어 다니며 자신의 악랄함을 숨기는 사람도 있다. 드물지만 소시오패스도 있다. 그러나 가장 나쁜 것은 타인의 정체성을 훔치는 사람이다. 이들은 자기가 한 적도 없는 남의 작업물에 대한 공을 가로챈다. 나를 가장 혼란스럽게 만든 부분이었다.

*

유엔에서 일어난
위력에 의한 성폭력

한 여성이 강간을 당한 것은 결코 지울 수 없는 일이다. 그중에서도 고용주의 성폭력은, 그 일을 계속해야 하는 피해자를 아주 끔찍한 지옥으로 밀어 넣는다. 피해자는 충격을 견디며 살아내려 애쓰지만, 끝내 무너지고 부서진다. 설령 묵묵히 계속 나아간다 하더라도, 사건 이후 끝도 없이 밀려드는 수치심과 서러움에 시달린다.

피해자는 자신을 병들게 한 그 기억의 늪으로 다시 들어가기를 주저한다. 그들에게는 들어 줄 사람이 필요하다. 믿을 수 있고, 피해 관련 지식을 갖춘 사람. 자신이 말하는 내용이 실제로 일어난 일이며, 그 일은 시간이 흐를수록 점점 더 구체적인 결과로 이어졌음을 들어 줄 준비가 된 사람 말이다.

데이비드슨 니콜은 키가 크고 결혼을 한, 시에라리온 출신의 흑인 남성이었다. 그는 캠브리지대학교에서 박사학위를, 런던의 과대학에서 의학 학위를 받았다. 1972년부터 82년까지 유엔 사무차장을 역임했는데, 당시 사무총장은 나치 복무 전력이 있던 쿠르트 발트하임이었다. 내가 데이비드슨을 만났을 땐 그는 유엔 산하 훈련 조사 연구소의 소장으로도 재임 중이었다.

데이비드슨은 1979년에 했던 내 강연을 들었다고 했다. 어디서 한 강연이었는지는 전혀 기억나지 않는다. 당시 내가《아이와 함께》를 출간한 직후였으니 블룸스데이 서점에서 진행한 낭독회였을 수도 있고, 유엔에서 《남자들에 관하여》를 연극화하는 자리였을 수도 있다. 자기소개를 마친 데이비드슨은 내 작품에 감명했다고 하면서 나를 식사 자리에 초대했다. 영국의 저명한 역사학자 J.H. 플럼을 기리는 행사였다.

데이비드슨은 내가 가지고 있는 페미니즘 비전을 자신에게도 나눠 달라고 했다. 도움이 되고 싶다는 이유였다. 그는 유엔의 후원으로 국제 페미니즘 콘퍼런스를 개최하자는 내 아이디어에 귀 기울였고, 내가 직접 콘퍼런스를 진행하도록 나를 고용했다. 넉넉한 보수도 약속했다.

내가 생각한 콘퍼런스는 간단했다. 가장 좋은 교육을 받은, 뛰어나고 용감한 페미니스트들을 전 세계에서 찾아, 1980년 여름 코펜하겐에서 열릴 유엔 제2차 세계여성대회 전에 서로를 연결하는 자리로 만드는 것이다. 데이비드슨은 그 콘퍼런스에 딱 맞는 최적의 장소로 오슬로를 꼽았다. 그리고 내가 콘퍼런스의 추진 과정을 책으로 엮고 그 추천사를 쓰길 바랐다. 내 출판계 인맥을 따르겠다는 말을 덧붙이면서.

오슬로 콘퍼런스는 내가 페미니스트 정부를 수립하고 유엔 옵서버 자리를 따내는 첫걸음이 될 것 같았다. 나는 친구이자 동료인 바버라 존스 박사를 고용하여 각국에서 어느 정도 영향력을 갖췄거나 두각을 나타낸 페미니스트들을 조사해 달라고 부탁했다. 그리고 그렇게 뽑힌 500명 가운데 50여 명을 추려 콘퍼런스에 초대했다.

나는 흥분한 나머지 이렇게 힘 있는 남자가 왜 나 같은 급진적인 페미니스트를 도와주려 하는지 생각하지 못했다. 나는 나의 야망에 눈멀어 있었다. 어쩌면 더 이상 여자의 운명에 좌지우지 되지 않으리라는 환상에 눈이 멀었는지도 모르겠다.

고용계약서를 작성한 지 나흘이 지난 1979년 12월 25일 자정 무렵, 초인종이 울렸다. 문을 열자 180센티미터가 넘는 데이비드슨이 불쑥 들어왔다. 취한 그는 나를 사랑한다고, 너무 오래 기다렸다고 말하더니 격렬히 저항하는 나를 강간했다. 그는 거의 한 시간 가까이 사정을 시도하며 나를 고문했다. 내 젖먹이 아들과 베이비시터가 건넛방에 잠들어 있었다.

나는 비명을 지르지 않고 이를 악물고 견뎠다. 그러면서 생각했다. 페미니스트 정부는 강간범을 어떻게 다룰 것인지에 대하여. 사형을 선고할까? 종신형을 내릴까? 아니면 교화시킬까?

데이비드슨은 집에서 나가기 전에 아들과 베이비시터가 있는 방으로 들어가 잠든 베이비시터의 속옷 안에 손을 넣었다. (나는 이 일을 나중에 베이비시터가 털어놓고 나서야 알았다.) 베이비시터는 겁에 질린 채 잠에서 깼고, 아들도 깨어 울기 시작하자 그는 황급히 나갔다.

나는 경찰에 신고하려 했지만 데이비드슨에게는 외교관 면책특권이 있었다. 일을 그만둘까도 생각했지만 내가 꿈꿔 온 일터에서 내몰리고 싶지 않았다. 대신 이후에 닥칠 그의 위협과 적대를 견뎌 내기로 마음먹었다. 다시는 그 남자와 단둘이 있는 상황은 만들지 않았다. 내가 의지할 데라고는 페미니즘 진영의 지원과 연대뿐이었다. 위태로운 날들이었다.

사람들은 대부분 어떤 여자가 이전에 섹스한 적 있는 남자에게 강간을 당하거나, 결혼한 여자가 자기 남편에게 강간을 당할 수 있다는 사실을 믿지 않았다. 직장 내 성희롱이라는 것은 "누구나 알면서도 아무도 이야기하지 않는 사실"이었다. 이것은 페미니스트 저널리스트 린 팔리가 1975년 뉴욕시 인권위원회에서 증언할 당시 사용한 구절이었는데, 이후 온갖 매체에 실리면서 미국 전역은 물론이고 전 세계적으로 유명해졌다. 린 팔리는 1978년《성적 강탈: 직장 내 여성에 대한 성희롱Sexual Shakedown: The Sexual Harassment of Women on the Job》을 출간했지만, 바뀌는 건 아무것도 없었다.

1980년대에 기업들은 저마다 직장 내 성희롱에 관한 사규를 마련했지만 사실상 강제성은 없었다. 그러니 당시 나는 강간이든 성희롱이든 데이비드슨의 혐의를 입증할 법적인 방법이 아무것도 없는 상태였다. 린 팔리는 2017년《뉴욕 타임스》에 "기업들이 이 구절을 멋대로 가져다가 적당히 다듬고는 힘을 없애 버리고 사용했다"고 쓴 바 있다.

계속 유엔에 남아 있었던 나는 그때 당한 강간이 내 인생에서 얼마나 씻을 수 없는 일인지 곱씹었다. 그리고 원치 않는 성관계를 견뎌 냈던, 자기 일자리를 지키면서도 상사의 추잡한 눈길과 손길을 피해 다녀야 했던 모든 여성을 생각했다.

데이비드슨은 내가 자신의 정부情婦가 되기를 인내심 있게 기다리고 있다고 알려 줬다. 내가 그럴 일은 절대 없을 거라고 못 박자 그는 이후 엄청나게 가혹한 노동을 요구했고, 내 연구에 반대하는 운영위원회를 꾸렸다. 페미니즘에 아무런 지식이 없고 단지 오슬로에 초청을 받고 싶어 하는, 미국의 페미니즘을 경시하는 위원 대다수로 이루어진 위원회를.

데이비드슨은 자신이 흑인이면서도 너무 많은 흑인 여성이 콘퍼런스에 참석하지 않기를 바랐다. 그는 아프리카 출신이거나 아프리카계 미국인이었던 내 친구들을 초청하는 데 반대했다. 금발의 백인 여성들에게는 아낌없이 자금을 대면서도, 우리에게는 돈이 없다고 말했다. 데이비드슨이 피부색에 따른 선입견을 내재화한 상태였는지 아니면 단지 금발 여성들에게 둘러싸이는 걸 선호했는지는 모르겠다. 그의 위선과 압력은 견디기 힘든 수준이었다. 나는 이를 악물고 버텼다.

이따금 나는 운영위원회 회의에 글로리아 스타이넘이나 에리카 종 같은 금발 유명인들을 초청했다. 언론과 밀접하고 영향력을 가진 친구들이 내 주변에 있다는 메시지를 그 야만인에게 전하고자 함이었다. 그러다 상황이 정말 무시무시해지기 시작했다. 데이비드슨은 불쑥불쑥 내 자리에 와서 자신이 태어난 시에라리온에 관해 이야기했다. 그리고 그곳 여자아이들이 길에 줄지어 선 채 팔려가는 광경을 묘사했다. 소녀들은 대개 벌거벗은 채로 다리를 벌리고 서 있고, 구매자, 그러니까 남편감은 그 소녀들의 절제된 성기가 자기에게 맞는지 판단한다. 성기뿐 아니라 가슴과 배도 거칠게 검사한다. 출산 능력과 성적 매력을 측정하기 위해서다.

데이비드슨이 묘사한 광경은 너무 끔찍해서 지금까지 나는 한 번도 이 이야기를 쓰지 않았다. 이것이 진짜였는지는 나는 영영 알 길이 없을 것이다. 그러나 나는 이 남자가 소녀들을 마치 시장에 수북이 쌓인 닭고기나 노예로 취급하는 것 같아 무서웠다.

이 일화는 이후로도 늘 나를 따라다니며 괴롭혔다.

어느 날 데이비드슨은 병가를 내고 나더러 결재 서류를 집으로 좀 가져다달라고 했다. 나는 조수를 데리고 갔다. 집에는 데이비드슨의 아내도 있었다. 그런데도 그는 나를 다른 방으로 데려가더니 성기를 내보였다. 나는 역겨운 눈으로 그를 바라봤다. 그는 주도면밀한 말투로 말했다. "유엔이 당신 조수의 출장비용을 제공할 수는 없을 거야."

나는 그제야 깨달았다. 내가 악마와 거래를 했다는 사실을.

나는 글로리아를 콘퍼런스에 초청했다. 여러 해 동안 그와 국제 페미니스트 정부 수립에 대해 논의하고 있었던 데다,《미즈》에서의 그의 입지를 고려했기 때문이다. 데이비드슨은 글로리아를 지원하는 것에 반대하지 않았다. 금발 백인이었으니까.

1980년 7월, 각 대륙에서 온 여성들이 오슬로에 모였다. 그중에는 유엔 고위급 인사(루실 메어)도 있었고, 총리를 역임했던 인물(포르투갈의 마리아 드 로르드스 핀타질구)도 있었으며, 전직 잠비아 대사 (그웬돌린 코니)도 있었고, 갓 선출된 뉴질랜드 국회의원(메릴린 워링)도 있었다. 나와 알고 지내던 E.M. 브로너, 로빈 모건, 아르헨티나계 미국인 정신과 의사 테레사 베르나르데스 박사도 초청한 상태였다.

콘퍼런스 기간 동안 데이비드슨은 늘 술에 취해 아무 때나 내 숙소 문을 두드려 댔고, 다른 참가자들을 성적으로 위협했다. 나는 아프리카 출신의 흑인 여성 둘과 모임을 결성해 내가 당한 강간에 대해 세세하게 폭로하고 대항하기로 했다. "이 더러운 개

자식 잡으러 갑시다." 멤버들이 외쳤다.

　언젠가 이런 일이 터질 줄 알았다고 탄식하던 마리아가 말했다. "백인 여성을 지지하기 위해 흑인 남성과 싸우려는 흑인 여성은 지금껏 본 적이 없어요. 체슬러, 당신의 페미니즘은 문화권마저 뛰어넘는 호소력을 지녔군요."

　하지만 로빈 모건은 백인 페미니스트가 흑인 남성에게 성폭력 책임을 묻는 것은 모양새가 좋지 않다며 단호하게 말했다. 로빈을 흠모했고 콘퍼런스 직후에 연인이 된 메릴린 워링도 적극 동의했다. 내가 말했다.

　"하지만 로빈, 내가 법적으로 그를 고소할 방법이 없어요. 이건 내가 요구할 수 있는 유일한 정의예요."

　로빈은 데이비드슨과 싸운다면 미국의 페미니즘 운동이 인종차별적이라는 인상을 줄지 모른다고 주장했다. 나는 로빈의 주장뿐 아니라 그 맹렬한 기세에 혼란을 느꼈다. 그다음 상황은 가관이었다. 내가 간신히 꾸린 워크숍 참석을 거부하고 가 버린 로빈이 나를 강간한 자와 더 많은 시간을 보내기 시작한 것이다. 로빈은 나를 지지하지 않는 것이 분명했고, 페미니즘 원칙도 모두 저버린 것 같았다. 나는 그 이유를 알 수 없었다.

　다시 뉴욕으로 돌아왔을 때, 《미즈》의 동지들이 자기네 행사에 나를 초대하지 않기 시작했다. 나는 자문위원회 소속 학자로도 초대되지 않았고, 더 이상 책이나 영화 평론도 의뢰받지 못했다. 레티 코틴 포그레빈이 원더우먼 지원금에 나를 추천했을 땐, "성취를 이미 인정받은 여성들에게 할당된 몫이 있다"는 이야기를 들었다.

그로부터 얼마 지나지 않아 로빈이 지원금 수혜자로 선정됐다는 발표가 났다. 케이트 밀럿이 뜬금없이 우리를 다 아는 클라키를 보냈다. 로빈과 이야기를 나눠 보라는 것이었다.

"로빈이 눈이 퉁퉁 붓도록 울고 있대. 가서 응어리진 거 풀고 그냥 화해해."

"클라키, 이게 지금 무슨 상황인지 잘 모르나 본데, 만약 로빈이 정말 화해하기를 원한다면 나한테 직접 연락해서 자기가 오슬로에서 한 짓에 대해 공개 해명해야 할 거야."

"이스라엘에 대한 걱정 때문에 페미니스트가 갈라지면 안 되는 거야."

이 무슨 뜽딴지같은 소리인가. 들어 보니 로빈이 오슬로에서의 일은 우리 둘이 중동에 대한 견해가 달랐기 때문에 벌어진 것이라고 말한 모양이었다. 실제로 로빈과 나는 미국의 중동 정책에 대해 의견이 달랐다. 하지만 이따위 이유로 로빈이 강간범 편에 섰다고는 믿고 싶지 않았다.

내가 로빈과 이야기를 나눠 봐야 했던 것인지는 지금도 잘 모르겠다. 하지만 로빈이 사람들에게 허위 정보를 퍼뜨린 뒤 그들을 내게 계속해서 보낸 것에 몹시 화가 났다.

레티는 오슬로에서 있었던 일에 대해 E.M.에게 캐물었다. E.M.은 로빈의 행동이 용서받지 못할 일이라고 했다. 그러나 레티는 우리가 매년 여는 페미니스트 유월절 축제에 로빈을 초대하려 애썼다. E.M.은 레티가 이런 식으로 나와 로빈의 관계를 돌리려는 것에 반대했다.

1983년, 나는 레티와 E.M.을 여성 생존에 관한 콘퍼런스에서 우연히 마주쳤다. 우리는 오슬로에서 있었던 일에 대해 꽤나 열심히 이야기를 나눴고, 레티는 충격을 받은 눈치였다. 내 기억으로는, 레티가 "당신과 로빈 중에 선택하라는 말은 말아 달라"고 부탁했다. 로빈은 글로리아와 가까운데 글로리아는 여전히 레티에게 우선순위였으니까.

글로리아와는 유월절 축제 이후 처음으로 오슬로 일에 대해 이야기를 나눴다. 그는 불편하고 메스꺼운 표정이었다. 그는 그때 일어난 일이 1960년대 초에 어느 백인 여성 민권 운동가가 흑인 남성에게 강간당했던 비극적 사건을 떠올리게 만든다고 했다. 소송을 진행한 그 피해자는 결국 누구의 도움도 받지 못했다고 덧붙이면서.

"음, 글로리아, 비슷한 사건이지만 이건 1980년대 우리에게 일어난 일이잖아요. 이번 일은 기회주의자였던 당신 친구 로빈이 나를 강간한 놈과 한편이 된 거고, 내 호소를 묵살한 것은 다름 아닌 페미니스트들과 로빈, 그리고 당신이었어요. 강간 자체보다도 그 배신이 내게는 더 지옥 같았다고요."

이틀 뒤 글로리아에게 전화가 왔다. 내가 그토록 고통스러워하는 걸 보고 나니 마음이 안 좋다면서 왜 더 일찍 자신에게 전화하지 않았느냐고 했다. 그러나 그는 한 번도 내게 도움이 필요하면 언제든 편하게 연락하라고 말했던 적이 없었다. 그는 이 싸움이 바깥으로 번질까 봐 괴로웠는지 어떤 식으로든 최대한 나를 돕겠다고 했다. 그러면서 누구도 그 오슬로 책을 읽지 못할 것이라고 했다.

"유통되고 있는 책은 600부가 전부인 것으로 알고 있어요."

"책? 무슨 책 말이에요?" 내가 물었다.

실신할지도 모르겠다는 생각이 들었다. 나는 내 손에 들린 《변화하는 사회의 창의적인 여성들Creative Women in Changing Societies》의 밝은 파란색 표지를 봤다. 원래 내가 추천사를 쓰기로 한 책이었다. 그런데 그것을 로빈이 썼다. 내 강간범에 대한 집단 대응을 무마시켰던 바로 그 로빈이 사전에 한마디 말도 없이 말이다. 피투성이가 된 내 거죽을 가져가서는 그것을 걸치고 있는 꼴이었다. 그는 추천사에 나에 대해 어떤 말도 쓰지 않았다. 서문은 데이비드슨이 썼는데, 그는 "체슬러가 페미니즘 문학에 정통하고 해당 분야에 대해 상당한 지식을 가지고 있는 점이 귀중했다"면서 칭찬을 아끼지 않았다. 나의 페미니스트 자매는 나의 존재를 언급하지 않았고, 내 강간범은 내가 기여한 바에 감사를 표한 꼴이었다.

맨 처음에 나는 고소하겠다고 으름장을 놨다. 로빈과 글로리아는 소송과 그로 인해 생길 부정적 여론만은 피하려 했으니까. 그러나 법적 소송의 근거가 내게 있는지조차 알지 못했고, 근거가 있다 한들 소송보다는 비공개적으로 정의가 구현되기를 바라는 마음이 컸다. 나는 로빈이 자신의 짓을 인정하고 그에 대해 페미니즘적인 방식으로 속죄하기를 바랐다.

나는 글로리아의 아파트에서 페미니스트 재판을 열자고 제안했다. 글로리아도 동의했다. 나는 무슨 일이 있었는지 50페이지에 걸쳐 낱낱이 적은 문서를 로빈과 글로리아에게 보냈다. 우리는 적갈색 사암으로 지은 저택에 모였다. 글로리아는 그 저택의 2층 전체를 집으로 썼다. 공간은 넓었지만 방은 단 두 개뿐이었다. 부엌은 자그마했다.

"로빈은 아무 잘못 없어. 나라면 당신의 모음집에 추천사를 쓰지 않았을 거야. 다시 말하지만 그거 돈도 안 되고 아무도 안 읽을 거라고."

믿을 수 없게도, 글로리아는 이렇게 말했다. 사실상 그는 강간 피해자(심지어 그 피해자가 나인)를 위한 정의 구현보다도 로빈의 선집에《미즈》가 한 재정적, 정치적 투자(당시만 해도 나는 몰랐던 작업)가 훨씬 중요하다고 말한 것이었다. 자신이 로빈과 맺은 사적, 정치적 친분 때문에 어떤 식으로든 그에 대한 폭로에 동참할 수 없다는 이야기였다.

나는 나를 지지해 줄 세 사람도 함께 그 자리에 초대했다. 샬럿 번치(《여성해방》저자, 계간지《퀘스트》발행인, 여성 글로벌 리더십 센터 소장), 레티코틴 포그레빈, 셸리 나이데르바흐(범죄피해자 전문 심리치료사)였다.

로빈이 전 세계 페미니즘에 미치는《미즈》의 영향을 이용해 다른 페미니스트들을 배제했던 것도 자연스럽게 재판의 쟁점 중 하나로 흘러갔다. 샬럿은 로빈과《미즈》가 계속해서 자신을 페미니스트 국제회의에 들여보내지 않았고, 심지어는 자신이 조직했던 국제 행사 소식을 보도할 때 이름을 삭제해 버렸다는 사실을 언급했다. 로빈을 제외한 나머지 모두가 꽤나 엄숙했다. 로빈은 내가 보낸 문서를 받지 못해 글로리아의 것을 방금 읽어 봤다고 했다. 그리곤 의자에 앉아 손으로 이마를 짚은 채 피곤하고 따분하다는 듯한 표정으로 그 상황을 즐겼다.

로빈은 자신이 내 강간범과 협상함으로써 사실상 내 명예를 지켜 준 것이라고 주장했다. 내가 콘퍼런스에 기여한 바를 데이비드슨이 서문에 쓰지 않았더라면, 자신도 추천사를 쓰지 않았을 거라는 뜻이었다. 그리고 데이비드슨과 여러 차례 식사 자리를 가졌다며 명랑하게 말했다.

"로빈, 데이비드슨이 당신에게 나 대신 추천사를 쓰라고 한 걸 왜 말하지 않았어요?"

"내가 너무 바빴거든요. 엄마가 위독했고요. 내 결혼 생활과 금전 상황에도 문제가 있었어요. 당신에게 말하는 게 중요한 게 아니었어요. 그 책자는 아무도 안 읽을 거예요. 솔직히 당신과 대화를 나눌 시간도 없었고요. 내 인생이 그토록 엉망으로 흘러갔던 것에 대해서만큼은 사과할 수 있어요."

놀랍게도 로빈과 글로리아 둘 다 내가 데이비드슨과 바람이 났던 것이라 짐작하고 있었다. 당시 사람들은 강간범에 대한 엄청난 고정관념이 있었다. 강간범은 모르는 사람이고, 낙오자였으며, 괴물이었다. 옆집의 소년일 리 없었고, 유명인이나 외교관, 고용주일 리는 더더욱 없었다. 빌 코스비나 빌 클린턴, 찰리 로즈, 하비 와인스타인 같은 사람이 왜 여성을 강간하겠는가? 사제나 랍비나 이맘 같은 하느님의 남자가 어찌 그럴 수 있겠는가?

나는 로빈이 협조하지 않으리라는 것을 알았다. 잘못에 대한 인정도, 사과도, 어떤 보상도 하지 않을 것이었다. 나는 말했다.

"음, 그냥 모든 걸 공개적으로 밝히는 게 낫겠군요."

"우릴 협박하지 말아요. 당신 나를 화나게 만들고 있어."

마침내 글로리아는 분노를 직접적으로 드러냈다. 자신의 평판은 물론이고《미즈》제국과 친밀하게 얽혀 있는 친구의 도덕성이 위태로워지자 분노를 표출한 것이었다. 어금니를 꽉 깨문 글로리아가 물었다.

"체슬러, 대체 당신이 원하는 게 뭐예요?"

"내가 원하는 건 로빈이 모든 콘퍼런스 참석자에게 내가 추천사를 쓰지 않은 이유를 말하고, 나를 비롯해 성희롱을 당했던 참석자들에게 무슨 일이 있었는지 정확히 밝히는 겁니다. 그리고 우리 모두가 데이비드슨에 맞서 싸움으로써, 그가 우리를 갈라놓을 수 있다고 생각하는 채로 무덤에 가지 않기를 바랍니다."

글로리아는 내 의견에 전부 동의했고, 로빈도 할 일을 하겠다고 약속했다. 그중에는 오슬로 참석자들에게 과거에 일어났던 일에 대해 서면으로 전달하는 것도 포함돼 있었다. 하지만 우리가 모인 지 넉 달이 지난 11월에도 로빈은 편지를 쓰지 않았다. 비록 눈곱만큼의 크기일지라도, 자매간의 연대를 얻기 위해 그토록 오래 기다려야 하는 것에 나는 정말로 상처받았다.

하지만 진짜 중요한 것은 내가 살아 있다는 사실이었다. 나는 1982년 8월에 버몬트에서 교통사고로 거의 죽을 뻔했다. 조수가 운전하던 차량이 제어되지 않는 바람에 가드레일을 뚫고 나가 30피트 아래에 있는 얕은 강으로 추락한 것이다. 뒤집힌 차 안에 갇혔던 나는 다중 골절에 인대가 찢어져 여러 차례 수술을 받아야 했다.

나는 살아남아 여전히 학생들을 가르치고 글을 쓰고 있었다. 그리고 여전히 페미니스트 리더였다. 불과 아홉 달 사이에 서너 번이나 주위의 배신을 겪고 혼자 삭여 내느라 그다지 좋은 상태는 아니었지만. 나를 떠난 두 번째 남편이 아들을 데려가겠다고 협박했으며, 막판에는 돈을 요구했다. 그러고는 내가 그 요구에 응하자 영영 연락을 끊었다. 남편이 떠난 지 한 달 만에 데이비드 슨에게 강간을 당했고, 그것은 내 삶을 지옥으로 만들었다.

매끄러우면서도 모호한 로빈의 편지는 1984년 2월이 되어서야 나왔다. 재판을 연 지 일곱 달이 지나서였다. 나는 글로리아에게 나를 강간한 자와 언제 싸울 계획인지 계속 물었다. 글로리아는 데이비드슨이 있는 유엔 사무소에 여러 차례 전화를 걸었지만 받지 않았다고 했다. 시간이 더 흐르자 글로리아는 데이비드슨을 찾을 수 없다고 말했다.

그리고 몇 년 뒤, 글로리아는 자신이 강연하는 남부의 어느 작은 대학 캠퍼스에서 그 강간범과 우연히 마주쳤다고 했다. 내 마음을 달랠 만한 이야기라고 생각했던 모양이다. 글로리아는 내게 "이 유엔의 부서장이자 거물급 외교관이 화려한 도시의 불빛들로부터 한참 떨어진 곳으로 좌천된 것이 틀림없으니 기뻐할 일"이라고 했다. 그리고 데이비드슨에게 "당신이 내 친구 체슬러에게 '상처' 준 사실을 알고 있다"고 말했다며 자랑스럽게 전했다. 성희롱이나 강간이 그런 것인가? 손등이 긁히거나 무릎에 멍이 드는 것과 같은 그런 '상처'에 불과하단 말인가?

글로리아는 로빈이 나와 페미니즘 원칙을 배신한 것, 그로 인해 내가 겪은 지옥에 대해서는 아무 말도 하지 않았다. 1991년 글로리아가 아니타 힐의 편에 서서 공개적으로 지지를 표명하던 순간, 나는 내가 데이비드슨에 맞설 때 글로리아가 내 편에 서 주기를 얼마나 간절히 원했는지 그제야 깨달았다. 글로리아는 언론이 주목하는 쪽으로 가거나 언론이 자신을 좇도록 만든다는 사실을 나는 안다. 하지만 움직이지 않음으로써, 즉 데이비드슨을 찾는 데 실패함으로써, 글로리아는 그 남자가 계속 다른 여성들을 먹잇감으로 삼도록 놔두고 있었다.

여러 해가 지나고서야 나는 내가 어리석게도 신뢰했던 로빈과 글로리아가 나를 희생양 삼아 자신들의 페미니즘 브랜드와 국제페미니즘네트워크를 장악하려 했음을 알았다.

성매매 여성은 나이를 막론하고 돈 때문에 하루에 스무 번씩 강간을 당한다. 전쟁 지역의 여성들은 집단 강간을 당한다. 강간은 그들과 그 가족들의 정신을 말살시켜 버린다. 세계 곳곳에서 일어나는 이런 악하고 잔혹한 행위들에 비하면, 내가 겪은 직장 상사의 강간과 동료의 배신쯤은 대단치 않아 보일 수 있다.

그러나 믿었던 사람들에게 배신당했을 때, 우리는 낯선 이들에게 배신당했을 때보다 훨씬 더 깊은 상처를 입는다. '모두는 한 사람을 위해 존재하고 한 사람은 모두를 위해 존재한다'고 선언하는 자매들을 찾았는데, 알고 보니 그것이 사실이 아니라면 어떻게 해야 하나? 피해자를 믿어 주고 성폭력에 맞서겠다는, 그리하여 전폭적인 지지와 선망을 끌어낸 운동에 참여했다고 상상해 보라. 그런데 당신의 페미니스트 동지들이 실제로는 그렇지 않다는 사실을, 마치 정치인들처럼 다른 것(낙태를 합법으로 유지할 특정 남성 또는 정당)을 얻기 위해 한 가지 원칙(자신이 강간당했다고 말하는 여성을 믿음)을 희생시킬 사람들임을 깨닫게 됐다고 상상해 보라.

로빈의 배신은 데이비드슨의 강간보다 훨씬 더 파괴적이고 엄청난 파장을 몰고 왔다. 나는 그것을 뭐라고 설명해야 하는지 찾지 못했다. 제도화된 페미니즘이 성폭력 전쟁에서 저질러 온 이중적이고도 기만적인 짓에 대해 언론이 비판적 논평을 시작하기까지도 37년이 걸렸다. 기회주의자였던 글로리아와 로빈은 성폭력을 폭로하고 페미니즘 진영을 분석해 이익을 취하는 한편, 자기네 편인 남자들을 비호하고 심지어 일부 피해자들을 비난하기까지 했다.

2017년 말, 모린 다우드는 《뉴욕 타임스》를 통해 빌 클린턴의 권력 남용과 지속발기증을 비호한 글로리아를 규탄하고 나섰다. "글로리아 스타이넘, 매들린 올브라이트를 비롯한 여러 대표적인 페미니스트들이 '그 여자(모니카 르윈스키)'와 성관계를 한 적이 없다고 뻔뻔스럽게 거짓말하는 클린턴 대통령을 변호하고 나선 그 순간, 제도화된 페미니즘은 죽었다."

같은 시기 페기 누넌이 《월스트리트 저널》을 통해 글로리아를 저격했다. 페기 누넌은 1990년대에 "페미니즘 운동은 당파적인 활동으로 이미 경직된 상태였다"고 쓴 케이틀린 플래너건의 《애틀랜틱》 기사를 인용했다. 그 기사는 1998년 3월에 글로리아가 《뉴욕 타임스》에 썼던 유명한 논평을 다시 언급하며 "글로리아는 그 글을 통해 피해자들을 탓하고, 창녀라 모욕하고, 나이로 짓밟았으며, 피해자들이 고발한 남성에게 연민과 감사의 뜻을 보냈다. 그리고 이런 공격들을 통과 의례쯤으로 규정하고 있다"고 지적했다.

이는 내가 몇 년 전 성폭력을 당했다고 말했을 때 맞닥뜨렸던 글로리아의 반응과 흡사했다. 글로리아가 말한 더 큰 대의는 민주당이 아니라 '글로벌 페미니즘'이라는 《미즈》의 브랜드를 위해 자신이 투자했던 로빈의 작업이었을 뿐이다.

"한때 썼던 내용을 10여 년 뒤에도 꼭 쓸 필요는 없죠."

2017년 11월 30일, 글로리아는 어리석게도 《가디언》 인터뷰를 통해 이런 비판들에 반응했다. 나는 이 말을 '당시는 지금과 다른 시절이었고, 그때의 우리는 지금의 우리가 아는 것을 알지 못했다'는 뜻으로 해석했다. 하지만 이는 사실이 아니다. 당시 페미니스트들은 성폭력에 대해 전부 알고 있었다.

내가 보기에 글로리아의 태도는 성범죄자들의 태도와도 닮아 있었다. "당시에는 모두가 그랬고, 누구도 막지 않았다"고 주장하는 성범죄자들 말이다. 글로리아는 이어서 "나는 그렇게 쓴 걸 잘했다고 생각해요. 모니카 르윈스키의 경우처럼 혼외정사가 적용될 상황에선 우리가 성희롱법에서 질 위험이 있었으니까요"라고 말했다.

글로리아는 어떤 잘못도 인정하지 않았다. 다시 말해 그에게는 자신이 몇몇 여성에게 상처를 입혔을 수 있다는 인식이 전혀 없었다. 로빈은 또 어떤가. 그의 작전은 내가 말할 법한 이야기는 무엇이든지 먼저 가로채는 것이었다. 나중에야 알게 된 사실이지만, 로빈은 우리 둘 다를 아는 페미니스트 동지들에게 다 다른 이야기를 하고 다녔다. 로빈이 무슨 말을 하고 다니는지 내게 말해주는 사람은 없었고, 그 내용이 사실인지 아닌지 묻는 사람도 없었다. 1980년 여름부터 이 글을 쓰고 있는 오늘까지. 뼈에 사무치는 침묵이다.

페미니즘이라는 비전과 운동이 아니었다면, 나는 이 둘과 아무 상관 없이 살았을 것이다. 이들의 배신은 엘리자베스 케이디 스탠튼이 젊은 페미니스트 진영으로부터 공격받을 때 수전 B. 앤서니가 지지를 거부했던 것에 맞먹는 일이었는지도 모르겠다. 페미니즘 역사에 중요한 것은 스탠튼과 수전이 절친이었는지 아니었는지가 아니라, 페미니스트 리더가 정치적 선택의 기로에 섰을 때, 진영의 압박을 받을 때, 다른 페미니스트들과 전쟁을 치를 때 어떻게 처신하는가의 문제였다.

우리는 각종 페미니즘 회의와 기자회견, 언론에 출연했으며, 알고 지낼 만한 페미니스트들이나 도움이 필요한 여성들을 소개해 주기도 했다. 그리고 서로에게 탄원서 서명을 부탁했고, 새로운 단체와 시위에 관한 소식도 주고받았다. 하지만 이런 것은 그저 우리가 같은 정치적 파벌의 구성원이었다는 의미일 뿐이었다.

우리가 함께하는 자리에는 언제나 페미니즘 의제가 있었지만, 나는 두 사람과 붙어 다니지도 수다를 떨지도 않았다. 서로의 이야기와 생각을 나눈 적도 없다. 우리의 관계는 쇼였다.

1984년, 오웰의 그해였다. 나는 로빈의 815페이지짜리 선집 《자매애는 전 지구적인 것Sisterhood Is Global》을 들고 있었다. 선집에 실린 페미니스트는 일흔한 명이었다. 나는 책을 펼치기가 두려웠다. 나중에 책을 펼쳤을 때, 바버러 존스와 내가 함께 발굴하여 오슬로로 초청했던 페미니스트 중 40퍼센트 가까이가 그 안에 포함된 걸 발견했다. 로빈은 이후 2000년에 《토요일의 아이Saturday's Child》라는 회고록을 통해 오슬로 콘퍼런스가 자신에게 얼마나 중요했는지 밝힌 바 있다. "그곳에서의 인연은 정말로 끝내줬다. 일주일 동안 계속된 콘퍼런스에서…… 나는 난생처음 친구이자 동료, 선집 기고자, 오랫동안 함께할 특별한 여성들을 만났다."

나의 흔적이 완전히 사라져 버린 것에 대해, 로빈은 그들 중 누구에게라도 말을 한 적이 있는지 궁금했다. 자신이 하지도 않은 일에 대한 공로를 가로채는 사람은 자기 능력을 불신하고, 상대의 날개를 꺾어야만 직성이 풀리는 사람일지 모른다.

로빈은 상습적인 신 스틸러였다(실제로 아역배우 출신이다). 페미니스트는 물론이고 저널리스트, 학자들까지도 '자매애는 전 지구적인 것'이라는 제목을 로빈이 지었다고 생각했다. 그러나 이것은 케이시 새러차일드가 1968년 1월 15일 베트남전 반대 시위에서 처음 만들어 쓴 문구였다. 이토록 유명해진 문구의 저작권을 원저작자에게 주지 않는 것이 대체 무슨 자매애란 말인가?

저널리스트 에어리얼 르비는 "로빈은 '개인적인 것이 곧 정치적인 것'과 같이 페미니즘 운동 슬로건을 만드는 데 귀재다. 그는 자기 집 벽난로 앞에서 와인을 마시며 "꽤나 유명해진 말이었죠. 하지만 제게는 늘 그랬어요"라고 건조하게 말한다."

그러나 로빈은 '개인적인 것이 곧 정치적인 것'이라는 문구를 만들지 않았다. 캐럴 하니시에 따르면 이 문구 역시 케이시 새러차일드가 처음 만들었고, 슐리 파이어스톤과 앤 코엣을 통해 알려지게 되었다. 하니시도 이 문구와 이를 이용한 여성들의 조직화에 대한 공을 차지하고 있다. 르비가 이 문구의 공을 로빈에게 돌린 것은 몰라서였을 수도 있고, 로빈이 바로잡지 않고 은근슬쩍 놔둔 것일 수도 있다. 물론 로빈은 그 문제를 명확히 했는데

르비가 일방적으로 그렇게 기억했을 가능성도 있다.

어쨌든 로빈과 글로리아는 국제 페미니즘에 대한 일종의 독점 사업권을 따낸 셈이 됐다. 글로리아는 2세대 페미니즘의 유일한 얼굴이 됐고,《미즈》는 압도적인 브랜드가 됐다. 급진 페미니즘을 희석하고 2세대의 역사를 계속 고쳐 썼으며, 운동을 돈으로 환산함으로써 소수의 페미니스트만이 잘살게 되었는데도 말이다.

강간한 자에 맞서는 싸움에서 나를 지지하겠다던 글로리아와 로빈의 배신은 나를 고통으로 몰아넣었다. 그들은 왜 그랬을까? 내가 자신들의 실패를 상기시켜서? 언제고 내가 말할 수 있을 테니까?

그렇다, 나는 지금 말하고 있다. 나는 아주 긴 시간 동안 말하려 애써 왔다. 누군가는 내 말을 정말로 듣게 될 것이다.

*

한 명의 여성이
모든 여성을 구할 수는 없다

로빈의 배신과 글로리아의 동조는 나를 고통스럽게 했지만, 나는 내 페미니즘 작업에 매진했다. 그들의 행동은 내게 '한낮의 어둠'이 되지는 못했다.

아서 쾨슬러의 소설《한낮의 어둠》(1941)은 공산주의를 진정으로 신봉했던 사람이 누명을 쓰고 체포, 고문, 처형당하는 과정을 묘사하고 있다. 과거에 그가 '혁명'이라는 명분 아래 다른 공산주의자들을 기소하고 배신했던 그 방식 그대로였다. 그는 그제야 깨닫는다. 이 이데올로기는 혁명가들이 전복시킨 체제보다도 훨씬 더 무자비하다는 사실을.

페미니즘 진영 내 파벌들이 실제로 학계, 정계, 언론계에서 굉장한 권력과 영향력을 가졌던 것은 사실이지만, 그것이 국가를 좌지우지할 만큼은 아니었다. 따라서 페미니스트들은 자신들의 이데올로기적 적수를 체포하거나 처형할 수 없었다. 대신 각자 가진 힘을 이용했다. 다른 페미니스트들의 신망을 추락시켰고, 그들의 노력을 언론에서, 역사에서, 그리고 자신들이 만든 영화 속에서 지워 버렸다.

레즈비언 페미니스트 활동가 칼라 제이는 2000년에 출간한 《라벤더 메너스 이야기: 해방의 기억 Tales of Lavender Menace: A Memoir of Liberation》에 이렇게 적었다.

내가 보기에 누군가 한번 의심을 받으면, 그가 정말 유죄인지 아닌지는 중요하지 않았다. 그는 끝내 자기 주변에 퍼진 뜬소문들을 없던 것으로 만들지 못했다.

이렇듯 소문이 한번 퍼지면, 그것이 거짓이라 해도 지울 수 없었다. 소문의 진위를 안다 한들 진영 내 주류 파벌과 의견을 달리한다는 것은 감당하기 힘든 일이었다. 페미니스트를 비롯한 모든 여성은 '틀린' 관점을 받아들이거나 '잘못된' 부류의 친구를 포용했다고, 혹은 너무 독단적으로 행동한다는 이유로 자신이 속한 집단에서 기피와 음해의 대상이 될 위험을 감수했다. 그 위험은 사회, 경제, 정치적으로 평생 지속된다.

내가 나를 강간한 범인으로 데이비드슨을 지목했을 때, 그의 친척이라 주장하는 사람이 전화를 걸어와서는 한 번만 더 그런 소리를 하면 나를 죽이겠다며 협박한 것은 또 다른 위험이었다.

중동영화제가 열렸던 1978년에 내가 글로리아와 내 출판 에이전트에게 소개시켰던, 이집트 출신의 페미니스트 라일라 아부 사이프는 오슬로 이후 내 인생에서 그냥 사라져 버렸다. 몇 년이 지나 우리는 드디어 플라자에서 만나 음료를 마셨다. 라일라는 카이로의 셰퍼드호텔을 생각나게 한다며 플라자를 굉장히 좋아했다. 그는 나를 얼마나 보고 싶었는지 모른다고 했다. 나는 그에게 내가 들었던 소문이 정말이냐고 물었다. 정말 데이비드슨에게 내가 일종의 이스라엘 첩보원이라고 말했었냐고 말이다. 그러자 그는 얼굴을 붉히며 한바탕 웃더니 내가 여러 개로 나뉜 충성심을 가진 사람이라는 표현은 썼었는지도 모른다고 털어놨다.

"그런데 체슬러, 그 남자랑 바람피운 거 아니었어요?"

라일라는 글로리아나 내가 그 남자랑 바람을 피웠다고 생각한 사람과 이야기를 나눴을지도 모른다. 라일라가 1985년에《시간을 건너는 다리》라는 회고록을 출간했을 때, 라일라는 내게 추천사도 부탁하지 않았고 책을 보내지도 않았다.

몇 년 뒤 나는 앤드리아 드워킨에게 유엔 훈련조사연구소와 나의 관계를 기록해 둔 서류 전체를 보여 줬다. 단숨에 서류를 다 읽은 앤드리아는 깊은 한숨을 쉬더니 내게 말했다. "당신이 강간당했다는 거 나는 믿어요. 당신이 하는 말 진실이라고 생각해요. 하지만 그냥 흘려보내세요. 붙들고 있으면 당신에게 상처만 될 겁니다. 로빈은 백인 페미니스트들이 흑인 남성을 기소하면 인종차별주의자로 보일 수 있다고 생각하고 있어요. 로빈은 페미니스트들을 보호하는 게 우선이었던 거죠."

나는 페미니스트가 아닌가? 당신이 나를 찌를 때 나는 피를 흘리지 않는가? 앤드리아는 작은 흙더미로 거대한 산을 만들 줄 알았던 사람이었다. 중범죄를 저지른 사람은 거의 고발하면서도 경범죄는 절대 고발하지 않았다. 그리고 자기 아이디어에 대한 공을 전부 가로채던 이들을 비롯한 다른 페미니스트들이 자신을 얼마나 잔인하게 대했는지 집착했다. 어떤 불의도 좌시하지 않았던 그는 어느 쪽이 본인에게 유리한지 알고 있었다. 글로리아가 로빈을 감쌌던 그대로, 앤드리아 역시 단호하게 로빈을 감쌌다. '수정헌법 제1조'와 '성적, 경제적 권리'를 들먹이며 포르노그래피와 성매매를 지지하다가 페미니스트들 사이에서 내쳐졌던 그 로빈을.

이제 와 생각해 보면, 단 한 명만 예외였다.《컬러 퍼플》과
《그레인지 코플랜드의 세 번째 인생》의 작가이자 여성 할례 반대
운동가인 앨리스 워커는《미즈》관련 페미니스트들 가운데 유일
하게 강간범을 규탄할 내 권리를 지지해 준 사람이었다. 원칙에
입각한 그의 친절을 나는 영영 잊지 못할 것이다.

그날의 작은 페미니스트 재판이 실패로 돌아간 뒤 글로리아
는 내 작업을 계속 지지했다. 1986년에는 그해 내가 출간한《재판
받는 엄마들》을 추천하고 나섰고, 1988년에《성스러운 유대》가
출간되자 내가 마련한 기자회견에 참석했으며,《젊은 페미니스
트에게 보내는 편지》에 추천사도 썼다.

1994년 말, 데이비드슨이 사망했다. 나를 강간한 뒤 15년 가
까이 지난 시점이었다. 이제 우리가 함께 그에게 맞서 싸우는 것
은 영영 불가능할 것이다. 로빈이 페미니스트로서 비겁하게도 강
간범이자 성희롱범과 연대하고 글로리아는 그런 로빈 편에 서기
로 판단했던 일은 이제 역사 기록의 일부로 남아 있다. 로빈과 글
로리아는 자신들이 약속했던 바를 이행하지 않았으므로 내가 지
금 입을 연 것이다.

1995년, 두 심리학 교수 엘런 콜과 에스더 로스블럼의 적극적
인 도움으로 나는《여성학, 심리학, 정신건강 분야의 페미니스트
선조들Feminist Foremothers in Women's Studies, Psychology, and Mental Health》을
공동 편집했다. 이 책에는 선배 페미니스트 마흔여덟 명의 개인사
가 적혀 있었다. 엘런은 이 책을 만들기 위해 나를 인터뷰했다.

처음으로 나는 유엔에서 그리고 오슬로에서 무슨 일을 겪었
는지 간략히 설명했다. 가해자들의 이름은 가명으로 썼다. 그러나

글로리아도 그렇게 말했을 테지만, 이 책은 절대 베스트셀러가 될 리 없었고, 따라서 몇몇 사람만이 그 내용을 보게 될 것이었다.

바로 그해에 나는《OTI》에 〈높은 곳에서 일어나는 강간들 Rape in High Places〉이라는 글을 실으면서 이 일화를 다시 언급했다. 앤드리아의 반려자이자《남자 되기를 거부함Refusing to Be a Man》의 저자 존 스톨텐베르그에게 일자리를 소개해 줬던 그 잡지로, 여러 해 동안 존은 "페미니스트 여성들이 서로에게 한 더러운 짓"에 관한 글을 쓰느라 나를 쫓아다녔었다.

그 글에서도 나는 또다시 사람들의 이름을 다르게 바꿔 쓰고 그들을 숨겨주려 애를 썼는데도 존은 내게 짐을 떠안겼다. 내가 글로리아와 로빈을 충분히 제대로 감춰주지 않았기 때문에 몇몇 사람들은 그들이 누구인지 알 수도 있고, 로빈은 지금 힘든 시간을 보내고 있다는 것이었다.

그 일에 관한 이야기를, 그것도 제대로 이름도 밝히지 않고 쓰는 것이 어쩌면 그들을 불편하게 만들기 시작했는지도 모른다. 그리고 나는 역풍을 맞는 중이었다. 뉴욕시에서 열린 로빈의《자매애는 전 지구적인 것》선집 출판기념회에 다수의 오슬로 참석자들은 모이고 나는 배제됐다는 사실을 알게 되니 심장이 조여드는 느낌이었다. 그러나《미즈》라는 우주는 나의 유일한 세계도, 심지어 중요한 세계도 아니었다.

선택권이 있었다면 나를 당시 배제하던《미즈》의 행사들에 나는 참석했을까? 정말 모르겠다. 오슬로 콘퍼런스에 관한 그 책의 머리말을 쓸 때 내가 강간과 성희롱에 관한 언급을 빼고 쓸 수도 있었던가와 비슷한 딜레마다. 두 경우 모두 내게는 선택할 기회조차 없었다.

　진짜 역풍이 불기 시작한 것은 1990년대 말과 2000년대 초가 되고 그때 정말로 무슨 일이 벌어졌었는지에 관해 내가 글을 쓰기 시작하고 나서였다. 1998년에 내가《젊은 페미니스트에게 보내는 편지》를 출간한 것은 내가 곧 죽을지도 모른다고 생각했기 때문이었다. 일종의 유작을 남기기 위한 마음이었달까. (당시 나는 라임병 확정 진단을 받기 전이었지만, 만성피로 면역기능장애 진단을 받은 상태였다.) 글로리아는 여러 인터뷰를 통해 이 책을 지지하고 추천했다.

　3년 뒤 글로리아의 두 후배 젠 바움가드너와 에이미 리처즈는《선언: 어린 여성들, 페미니즘, 그리고 미래Manifesta: Young Women, Feminism, and the Future》(이하《선언》)를 펴냈다.《여성 서평Women's Review of Books》에서는《선언》이 내 책을 "상세히 다뤘다"고 했다.《선언》의 저자들은 내 책이 "2세대와 3세대 페미니스트들 사이에서 전개된 갈등 양상을 단적으로 보여 준다"고 봤기 때문이었다. 그러면서도 그 책이 나를 냉소의 대상으로 따로 골라낸 점에 대해서도 자세히 짚었다. 이 여성 평론가는 그 저자들이 "체슬러의 다른 작품에 대해서는 높이 평가"했지만《젊은 페미니스트에게 보내는 편지》는 "생색내는 느낌"이라고 했다고 지적했다. 나는 놀랐다. 그들은 내 집으로 와서 긴 인터뷰를 했고 당시 내내 따뜻한 태도로 경청했으므로.

　하지만 내가 그 책을 읽어 보니 그 속의 나는 내 세대 전체를 대표하는 허수아비 엄마로 저자들이 유일하게 사용한 2세대 페미니스트 같았다.

저자들을 비롯한 그들 세대는 2세대 페미니스트들이 본인들의 작품은 읽으려 들지 않으면서 그저 우리 것을 읽으라고만 한다고 느낀 탓에 화가 나 있었다. 그들의 말이 옳았는지도 모른다. 하지만 심리학적으로 뭔가 이상한 일이 일어나고 있는 듯했다. 내 세대는 우리의 생물학적 혹은 이데올로기적 엄마들의 허락을 받으려 한 적이 없었다. 그들 세대는 그것을 필요로 하는 듯 보였다. 정신분석학적 관점에서 보면, 그들은 자기네를 먹여 살릴 가슴을 깨물고 있었다. 그 책에는 〈늙은 페미니스트에게 보내는 편지 Letter to an Older Feminist〉가 실려 있었는데, 저자들 말로는 내 책 제목에 대한 회신이라고 했다. 그들은 이렇게 썼다.

당신들은 우리의 엄마가 아닙니다. 이제 우리를 딸 취급하지 마세요. 당신들은 3세대 페미니스트들의 의식을 기를 책임이 있어요. 우리를 때려눕히지 말고 우리에게 합류하라는 겁니다. 우리가 당신들과 경쟁 관계인 것처럼 굴지 말란 말입니다. 우리 책과 기록을 사서 보세요. 우리 단체들을 지지하세요.

만일 내가 엘리자베스 케이디 스탠튼, 이사벨라 바움프리(소저너 트루스), 마틸다 조슬린 게이지, 샬럿 퍼킨스 길먼으로부터 편지를 받았다면 나는 우리 사이의 유사점과 차이점을 모두 소중히 여겼을 것이다. 하지만 이 19세기 조상들은 이미 세상을 떠난 지 오래다. 어쩌면 우리 2세대들의 가장 큰 죄는 아직도 이렇게 다들 살아 있다는 사실이었는지도 몰랐다. 나를 비롯해 우리 가운데 몇몇은 아직도 새로운 길을 개척해 나가고 있으니까.

나는 젠 바움가드너에게 만나자고 제안했다. 우리는 로워이스트사이드에 있는 한 카페에서 만났지만, 대화는 부자연스러웠고 어색했다. 1년 뒤 케이트 밀릿의 낭독회 자리에서 젠은 쭈뼛거리며 내게 다가와 그때 일어났던 일이 "흡사 엄마와 딸 사이 같은 것"이라 생각하는지 물었다. 나는 이렇게 대답했다. "그럴 수도 있겠죠. 하지만 글로리아가 당신 엄마이지, 나는 아니에요. 그렇다면 글로리아에게 도전하지 그래요? 왜 나를 희생양으로 삼는 거죠?" 그는 대답하지 않았다.

글로리아는 그 두 저널리스트들의 멘토를 자처하며 자리를 잡게 도왔다. 그들은 글로리아의 3세대 핵심 세력에 속해 있었다. 《다른 목소리로》의 저자 캐럴 길리건처럼 글로리아와 로빈도 모든 여자들은 자매 관계이고, 자매애는 강력하고도 전 지구적이며, 여성은 남성에 비해 인간관계에서 더 온정적이고 도덕적이며 민감하다는 신화를 널리 알리고자 애를 썼다. 이것이 사실이 아니라는―혹은 사실이기는 하나 좀 더 제한적인 의미에서만 사실이라는―지적을 글로리아는 들어 주기 힘들었던 것 같다.

내 에이전트였던 피피 오스카드가 《여자의 적은 여자다》 원고 사본 한 부를 글로리아에게 보내기 전까지만 해도 나는 글로리아가 이 부분을 얼마나 예민하게 받아들였는지 알지 못했다. 피피는 어색하고 떨리는 듯한 목소리로 이렇게 말했다.

"체슬러, 제가 미디어 그룹의 여성들Women in Media group에서 글로리아와 함께 있었던 거 알죠? 글로리아가 이번처럼 화를 내는 거 처음 봤어요. 선생님 책을 도저히 계속 읽을 수가 없다고 하더군요. 그 책 때문에 아주 불쾌해졌다는 거예요. 본인은 자기 엄마와 관계가 아주 좋았기 때문에 선생님이 쓴 엄마와 딸에 관한 내용이 소화가 안 된다고 하더군요."

나는 완전히 충격을 받았다. 나는 글로리아가 정신질환을 앓던 어머니의 자리를 메우며 꾸려야 했던 관계에 대해 알고 있었다. 모두가 아는 사실이었다. 글로리아 본인이 그 내용을 자세히 썼고 이야기도 했다. 글로리아는 1983년 〈룻의 노래: 그 여자는 그 노래를 부를 수 없으니 Ruth's Song: Because She Could Not Sing It〉라는 글에서 굉장히 유려하고 감동적으로 자기 어머니에 대해 묘사했다.

걱정과 돌봄을 받아야 하는 사람. 오직 자신만이 들을 수 있는 목소리들에 이따금 답하느라 눈은 감은 채로 입술을 달싹거리며 침대에 누워 있는 병자. 어린아이 밥 먹이듯 끝도 없이 토스트며 샌드위치, 파이, 커피를 가져다 줘야 했던 여자…… 여러모로 우리는 거꾸로였다. 나는 엄마였고 엄마는 아이였다. 하지만 그건 엄마에게 도움이 되지 않았다. 겁에 질린 엄마는 온갖 협박과 악의에 찬 목소리들로 가득한 자신만의 세상에서 두려움을 느끼고 있었다…… 엄마는 혼자 있기를 두려워했고, 직업을 가질 만큼 현실을 길게 붙들고 있을 수도 없었으며, 책 한 권을 다 읽을 만큼의 집중력을 가지지도 못한 사람이었다…….

요양원에서 여러 달을 보낸 엄마는 회복됐다는 판정을 받았다…… 그러나 엄마는 그 뒤로 완전히 벗어난 적이 없었다. 우울과 불안이 거는 주술로부터도, 결국 엄마를 내 기억 속에 보잘것없는 사람으로 남도록 바꿔 버린 다른 어떤 세계에 대한 환영으로부터도. 그리고 수면제가 담긴 병이 없었던 순간도 없었다. 우리의 삶, 그러니까 마흔여섯 살부터 쉰세 살까지의 엄마의 삶과 열 살부터 열일곱 살까지의 내 삶은 따로 또 함께 소모됐다.

우리는 어쩌면 나이가 들면서 어머니들에 대한 기억에 훨씬 더 방어적으로 돼 가는지도 모른다. 글로리아가 왜 그토록《여성과 광기》를 열렬히 지지했는지, 왜 이 책을 인용한 글을《미즈》에 두 편이나 게재했는지, 왜 몇 번이고 나를 찾아와서 견해를 구했는지, 나는 그제야 이해했다. 글로리아는 자기 어머니에 대한 세상의 평가를 내가 바꿔놓았다고 느꼈을 수도 있다. 가부장제가 건강한 여성도 건강하지 않은 여성도 모두 어둠 속으로 몰아넣는다고도 느꼈을 수 있다.

그런데 글로리아는 왜 이런 감정들을 내 에이전트에게 드러냈을까? 너무 바빠서 그 원고를 읽을 시간이 없었다고 말할 수도 있었을 텐데. 나는 어쩌다 글로리아가 한때 나중에 죽으면 곁에 묻히고 싶은 여자였다가 견딜 수 없이 불쾌한 책을 쓴 여자가 돼 버렸을까? 내가 침묵을 깨고 나오기 시작했기 때문이었을까?

그즈음 또 다른 페미니스트는 이렇게 말했다. "줄곧 내 마음을 갉아 먹어온 걸 밝힐게요. 몇몇 페미니스트가 당신과 이야기하려 들지 않는 건 로빈이 소문을 퍼뜨려서예요. 당신과 이야기하는 건 너무 위험한 일이라고, 당신은 걸핏하면 곧바로 고소해버리는 사람이랬어요." 로빈이 그간 뭐라고 하고 다녔는지 제대로 알게 됐으니 얼마나 다행이던지.

2008년 바버라 시먼의 장례식에서 나는 아들 부부와 함께 엘리베이터에 탔다. 그 자리에는 레티 코틴 포그레빈―나와 글로리아 사이에서 선택을 강요하지 말라던 그 여자—이 있었다. 레티는 민주당 주요 정보원인 측근과 함께였다. 그들은 문자 그대로 나를 향해 등을 돌렸다. 정말이지 오싹했다. 다음날 레티에게 전화를 걸었다.

"우리 중에 누가 죽었을 때만이라도 무기를 밖에 두고 올 순 없어요?"

그러자 그가 말했다. "아니요, 그럴 수 없죠. 당신은 대화하기에 너무 위험한 사람이니까요. 당신은 여성운동에 위험한 사람이에요." 그때 그는《미즈》에 대한 내 충성심이 부족하다고 지적하고 있었던 것이라고 지금은 생각하지만, 그것은 나중의 이야기다.

2014년 케이트 밀럿과 저녁 식사를 하던 때였다. 케이트는 미국베테랑페미니스트회Veteran Feminists of America의 다음 콘퍼런스에서 내게 상을 하나 수여하고 싶다고 했다. 나는 받겠다고 했다. 하지만 곧이어 케이트와 그의 파트너이자 사진작가 소피 케어가 로빈과 화해할 생각이 있냐고 물었다. 뭐라고? 이 문제가 아직도 사사건건 내 발목을 잡는다는 말인가? 나는 대답했다. "물론이죠. 대신, 약속대로 먼저 로빈이 강간범을 내 앞에 세워 놓고, 오슬로 콘퍼런스에 온 페미니스트들과 나의 끊어진 관계를 복구시켜야죠. 그리고 본인이 한 행동을 공개적으로 인정하고."

케이트는 난처하고도 마음이 아프다는 표정을 지었다. 소피는 못마땅한 눈치였다. 나는 덧붙였다. "케이트, 당신의 고민도 이해해요. 글로리아와 갈등을 일으킬 만한 일은 감당할 수 없겠죠. 당신과 소피는 글로리아의 호의에 의지하는 부분이 있으니까. 그 상은 그냥 화장실에서 아니면 여기 보워리바에서 주는 게 어때요? 난 베테랑 페미니스트들로 이뤄진 관객은 필요 없어."

케이트는 시상 계획을 취소했다. 소피는 그 상은 앞으로 중단될 것이라고 전해 줬다. 이런 것들은 모두 사소한 것들이다. 이런 게 긴 시간에 걸쳐 일어났던 것이라면, 그다지 문제가 되지 않았을 것이다. 그러나 이런 사소한 일들은 계속 누적된다. 그리고 소원해진 분위기—부글대며 끓어오르는 페미니스트들의 목소리 대신 섬뜩한 침묵—를 고착화시킨다.

나는 글로리아가 정말 적극적으로 내게 상처를 입히려 했던 것인지 확신이 없다. 글로리아가 그렇게까지 할 이유는 없었으니까. 누군가에게 힘이 있을 때, 그 사람이 해야 할 일이라고는 이목이 집중될 행사들에 누군가를 초대하기를 그만두는 것과 기자, 단체, 영화제작자, 시상 주최 측에게 그 사람 추천을 그만두는 것뿐이다.

내가 글로리아에 대해 무슨 이야기를 할 수 있을까? 할 수 있는 이야기는 이것뿐이다. 2세대에게 필요한 것은 수전 B. 앤서니였지만, 실제로는 메리 타일러 무어가 있었다. 우리에게는 해리엇 터브먼이 필요했지만, 우리에게는 제인 폰다가 있었다. 우리에게는 에비에이터 선글라스를 쓰고 스키니진을 입은, 부풀려 손질한 금발의 페미니스트가 있었고, 잡지 《피플》에서 거품 목욕 화보를 찍은 페미니스트가 있었다. 스타 영화배우만큼이나 화려했던 글로리아는 예의 그 가짜 사과를 되풀이했다. "나는 그렇게 매력적인 사람이 아니에요. 그저 페미니스트치고 매력적일 뿐이죠."

글로리아는 메리 타일러 무어처럼 당찬 느낌이다. 끝내주게 근사하고 점잖고 위트가 있으며, 겉모습 때문에 속을진 몰라도 노골적으로 전투적이지도 않고 그렇다고 해서 성적인 매력을 풍기지도 않았다. 그러면서도 상대를 무장 해제시키곤 했다. 그 어떤 반페미니즘적 고정관념과도 거리가 멀었던 탓에 위협적으로 보이지도 않았다. 글로리아는 화가 나 있고 남성을 혐오하는 레즈비언 같은 모습이 아니었고 공론가 같은 소리도 하지 않았다.

글로리아는 이전에 발표했던 글들을 모아 첫 단독 작품을 냈다. 베티 프리단의《여성성의 신화》가 출간된 지 20년, 최초의 급진 페미니즘 기사들이 등장하기 시작한 지 17여 년이 지난 시점인 1983년이 되어서였다. 글로리아가 쓴 책들은 매력적이지만 학문적 관점에서 공격적이지는 않았다.

글로리아가 실질적으로 공헌한 부분이라면 교육과 페미니즘의 브랜드화를 꼽을 수 있겠다. 시간이 가면서 그는 페미니즘을 상당히 대중적 입맛에 맞는 버전으로 구축했다. 그 덕분에 미즈재단 창립이 가능했고, 재단은 가치 있는 수많은 페미니즘 프로젝트에 매년 수백만 달러를 기부하고 있다.

수많은 급진 페미니스트들은 글로리아의 재단의 후한 지원이 혁명적 투쟁에 대한 동의라기보다는 화력을 분산시키는 견제 작전에 가깝다고 봤다. 미즈 재단은 집단적인 해법 대신 개별적인 해법에 기금을 지원하고 있다는 지적이었다. 가령, 광산을 폐쇄시키려는 투쟁에 기금 지원을 하는 대신 면폐증brown lung disease에 걸린 탄광노동자들이 인도주의적 치료를 받을 수 있게 지원하는 식이었다.

나는 이런 비판에는 동의하지 않는다. 가정폭력 쉼터나 낙태시술병원이 계속 문을 열 수 있게 한 돈이라면 유익하게 사용된 돈이 맞다. 다른 페미니스트들이 개척한 문제들—낙태, 강간, 성희롱, 친족 성폭력, 가정폭력, 여성의 정치, 사회, 사회적 불평등—은 글로리아의 쾌활한 모습, 한결같이 세련된 유머, 중서부 출신 특유의 차분함 덕분에 한층 더 가시화됐을 뿐 아니라 대중에게도 받아들이기 쉬워졌다.

글로리아는 자신이 할 수 있는 최선을 다했으며 지칠 줄 몰랐다. 글로리아는 가만히 앉아 있지 못하는 사람, 한곳에 오래 머물 수 없는 사람이다. 그리고 자신이《길 위의 인생》에 쓴 대로 "아버지의 딸"이다. 글로리아의 아버지는 행상을 하던 전형적인 유대계 상인으로, 평생 차로 이동하며 살았고 길 위에서 낯선 이들과 섞여 있을 때 가장 편안함을 느끼던 사람이었다. 글로리아는 실제로 자기 아버지를 일종의 조니 애플시드[1] 또는 폴 번연[2] 같은 사람, 즉 실제 유대인이 아닌 떠돌이 생활을 하는 북미 원주민 같은 인물로 묘사한다. 어쨌든 글로리아의 유전자 자체가 끊임없이 움직이고 이동하고 변화하는 삶에 적합한지도 모르겠다.

또한 글로리아는 페미니즘을 항상 다듬고 매만져 새 브랜드로 내놓았고, 또 새로 고치면서 언제든 유행할 수 있게 했다. 그가 내놓는 페미니즘은 늘 새로운 매체가 선호하는 운동에 맞춰 조율된 것이었다.

시간이 흐르면서, 매체에서 주목받는 아이콘으로서 제도화

---

[1]   개척시대에 미국 전역에 사과씨앗을 뿌리고 다녔다는 묘목상으로 본명은 존 채프먼.
[2]   미국 만화에 등장하는 거인 나무꾼.

된 페미니즘이라는 글로리아의 브랜드는 여성 대상의 폭력보다 인종차별, 교도소 개혁, 기후변화, 해외 일자리, 핵전쟁 등의 문제를 더 다루기 시작했다. 모두 중요한 사안들이기는 했지만 정확한 "공식적 메시지에 초점"을 맞추지 않았다. 즉, 정치적 신조를 가진 다양한 여성들에게 호소하기 좋은 페미니즘이었다.

여기 또 한 가지 알아 두면 좋을 관점이 있다. 동등한 고용권을 얻기 위해서 혹은 불합리한 노동 환경에 항의하기 위해서 15년 동안이나 소송을 진행하고, 그 사이 내부고발자로 낙인찍혀 해고당한 뒤 어디에도 채용되지 못한 페미니스트는, 기자회견에서 일회성으로 그런 여성의 권리를 차지한 (나 같은) 사람과는 다르다는 것이다.

엄청난 반대를 무릅쓰고 여러 해 동안 성희롱 방지법안을 도입하려 애쓰고 이를 위해 로비 활동을 벌이는 페미니스트는 단순히 언론에서 그런 법안 도입을 지지한다는 발언을 한두 번 한 사람과는 다르다.

매 맞는 여성들을 위한 쉼터를 운영하고 50여 년을 하루도 빠짐없이 일하며 마치 자신이 수녀라도 되는 듯 가난을 기꺼이 받아들이고 사는 페미니스트는 그런 쉼터를 위해 일회성으로 기금 마련을 하는 나 같은 페미니스트와는 다르다.

한 해 동안 꼬박 발언 대회, 행진, 연좌 농성, 가두 시위, 콘퍼런스를 준비한 페미니스트는 사진 촬영을 위해 그런 자리에 동참해 달라는 부탁을 받은 페미니스트와는 다르다.

하지만 언론은 여성과 관련된 모든 사안에 소수의 여성 대변인들을 띄운다. 그러면 우리는 언론에서 가장 많이 드러나는 페미니스트가 그 투쟁을 이끄는 사람이라고 믿게 된다. 언론이 조장한 이런 현상은 페미니즘 진영의 사기를 꺾었다.

페미니즘 신념을 가졌다는 이유로 구타를 당하거나 살해 협박을 받은 페미니스트들, 직장에서 해고된 페미니스트들, 징역살이도 감수했던 페미니스트들, 여성의 권리를 보호하고 자기 아이나 다른 엄마의 아이 할 것 없이 아동들을 구조하기 위해 감옥에 갔던 페미니스트들을 나는 알고 있다. 매 맞는 여성들을 위한 쉼터를 계속 열기 위해 빈곤, 불안정, 위험이 도사린 삶을 감내했던 페미니스트들을 나는 알고 있다. 자신이 가진 생각과 행동이 집에서 받아들여지지 않아 가족과 고국을 떠나야만 했던 페미니스트들을 나는 알고 있다.

글로리아는 50년대 말에서 60년대 초 페미니즘을 접하기 전 떠났던 인도 여행에서 마음이 움직였다. 그 뒤로 유색인종들로 가득한 그 개발도상국이 늘 글로리아의 머리와 마음을 지배했다. 학계와 언론계가 점점 인종, 민족성, 그리고 식민지배의 해악들을 조명하기 시작하자, 글로리아는 《미즈》의 방향성도 점점 그에 맞추기 시작했다.

2017년 여성행진 당시 나는 미국에 없었지만, 그렇게 추운 겨울날 여성의 권리를 외치며 수백만 명의 시민들이 행진하는 모습을 보며 전율을 느꼈다. 푸시햇pussy hat[3]이나 머리에 쓴 스카프나 히잡(가끔 미국 국기로 만든 경우도 있었음)에서는 딱히 전율을 느끼지 못했다.

---

3   고양이 귀 모양의 분홍색 모자. 여성 행진에서 사용된 이후 여성 인권 운동의 상징이 됨.

히잡에 대해서 짚고 넘어가야겠다. 나는 자기 머리와 얼굴, 몸을 감추지 않는다는 이유로 매 맞고 심지어 가족의 손에 살해 당하는 여성들을 너무도 잘 알고 있다. 나는 베일이 여성의 종속을 뜻하는 기호이자 상징이라 본다.

그래서 소위 이슬람포비아에 저항하고 자유를 얻기 위해 투쟁하는 이들과 연대한다는 명분으로 머리에 스카프를 쓰거나 히잡을 두른 채 고상한 척하던 미국 여성들의 모습은 경악스러웠고 전체주의적인 느낌마저 들었다.

순응과 저항을 혼동하는 것은 어리석은 일이다. 나는 모자나 가발을 착용하거나 머리에 스카프를 두르는 것엔 아무런 이의가 없다. 그런 것들은 정체성을 감추거나 사회적 상호작용을 막지 않기 때문이다. 그러나 나는 그런 것들을 무공훈장이나 인종차별에 대한 항의라고는 생각하지 않는다.

글로리아의 《길 위의 인생》에는 수많은 익살과 짤막한 농담, 진심 어린 충고가 담겨 있다. 그리고 무엇보다 완전히 틀린 정보가 들어 있다. 단지 독자를 즐겁게 하려는 의도라 할지라도, 2세대 페미니즘의 의식 고양 개념이 고대 남아프리카에서 비롯됐다는 주장에 대해서는 어떠한 변명의 여지가 없다. 글로리아는 이렇게 적고 있다.

우리 모두의 조상인 남아프리카 크웨이족과 샌족에서부터 우리 대륙의 캐나다 원주민들에 이르기까지, 그로부터 여러 협의체가 이로쿼이 연맹을 구성하게 됐고…… 수많은 협의체와 '검증'의 흐름이 내 나라 흑인 교회들에서도 일고 있었다. 10년쯤 뒤 나는 각종 의식 고양 모임, 즉 여성들로 구성된 협의체에서 페미니즘 운동이 태어나는 것을 보게 되리라고는 미처 생각지 못했다.

대중의 인기를 얻은 작품을 학문적으로 비판하는 것은 어쩌면 쓸데없는 일인지도 모르겠다. 그러나 때로는 이런 비판도 중요하다. 유명인들은 정보 없는 이들이 의지하는 유일한 전문가이자 우리 문화의 수준을 결정하는 이들이니까. 나는 글로리아를 비판한다는 것은 재키 케네디를 비판하는 것이나 다름없다는 사실을 깨닫는다.

글로리아는 정말로 페미니즘 운동의 재키 케네디이며, 2세대 페미니즘의 유일한 상징이자 그 횃불을 들고 단독으로 선두에 섰던 사람이다.

바버라 시먼은 페미니스트 리더가 된다고 해서 모든 여성 개인에게 일어날 수 있는 일로부터 우리를 구할 수는 없는 것이라고 내게 가르쳤다. 바버라는 본인의 두 번째 남편과의 이혼은 고통스러운 일이었다고 했고, 세 번째 남편은 자신을 심하게 구타해 뼈를 부러뜨렸다고 내게 털어놓았다. 그는 자기 삶이 위험해질지도 모른다는 두려움 때문에 내내 이 사실을 비밀로 한 채 살아오다 그제야 나와 변호사를 찾았다고 했다.

이 이야기는 내 마음을 찢어 놓았다. 바버라는 세 번째 남편을 떠났고, 형편이 어려워지는 것도 용기 있게 받아들였다. 그러나 바버라의 오랜 친구이자 페미니스트 동지이며 남자중독자로도 알려져 있던 베티 프리단은 바버라의 이혼 후 바버라의 세 번째 남편과 어울려 지냈다. 바버라가 관련 주장을 공개한 이후에도 말이다. 바버라의 세 번째 남편은 바버라를 구타했다는 사실을 부인했다.

"내 친구였던 베티가 계속 그 남자와 어울려 다니면 사람들은 내가 거짓말한다고 생각할 거야."

바버라는 자신이 겪은 폭력보다도 베티의 배신을 더 고통스러워했다. 나로서는 바버라가 화를 내는 모습을 처음 본 순간이기도 했다.

동료 페미니스트의 배신이 가부장제의 폭력보다도 훨씬 더 깊은 상처를 입힌다는 사실을 나는 너무도 잘 안다. 오슬로 사건은 2세대 주요 페미니스트에 대한 비화다. 하지만 이 일은 내 펜을 꺾지 못했고, 내가 다른 여성들에게 힘과 영감을 불어넣는 것도 막지 못했다. 내가 치러야 했던 크나큰 대가도 부차적인 것에 불과했다.

*

재판받는 엄마들,
그리고 도망치는 엄마들

1세대 페미니스트는 오로지 투표권 쟁취에 집중했다. 우리의 용감한 선배들이 그 목적을 달성하기까지는 72년(1848~1920)이 걸렸다. 2세대 페미니스트는 생식의 자유, 동일노동 동일임금, 성폭력 및 가정폭력 근절, 레즈비언 인권 등 여러 사안에 초점을 맞췄다. 주류 페미니즘은 원치 않았던 아이를 낳지 않을 권리에 좀 더 초점을 맞췄고, 원해서 가진 아이를 낳을 수 있는 사회적, 재정적 지원에 대한 권리에는 별로 관심이 없었다.

2세대 페미니스트 대다수는 아동 돌봄이나 지원을 중요한 쟁점으로 보지 않았다. 의견을 물으면, 많은 이들이 남성도 양육권을 가질 자격이 있다고 말하기도 했다. 여성들은 예전부터 늘 양육권을 가지고 있었다는 이유였다. 이들이 놓쳤던 역사적 사실은 당시 아동은 소유물로 간주되고 여성은 재산을 소유하는 것이 허락되지 않던 시절이었으므로 흔치 않은 이혼 사례에서 아버지(폭력을 휘두르는 아버지도 포함)에게는 자동적으로 양육권이 주어졌던 반면 '충분히 좋은' 어머니에게는 절대 그렇지 않았다는 점이다. 어머니들에게는 여러 의무가 있었지만 사실 권리는 없었으며, 아버지들에 비해 훨씬 더 높은 기준이 요구됐다.

내 세대의 대다수 페미니스트는 신성한 통과의례나 페미니즘 쟁점으로서의 엄마 노릇(임신, 출산, 모녀 관계)에는 별 관심이 없었다. 나를 비롯한 소수의 페미니스트만이 관심을 가졌다.

그럼에도 불구하고 양육권은 페미니스트들에게 새삼스러운 문제는 아니었다. 19세기에 수전 B. 앤서니는 피비 펠프스를 숨겨줬다. 피비 펠프스는 남편의 무자비한 폭력에 시달리다가 그 잔학 행위들을 폭로했다는 이유로 남편에 의해 정신병원에 감금당했고, 이후 뉴욕 명문가로부터 도망쳐 나온 여성이었다. 펠프스는 아이를 데리고 도망친 직후, 자신은 여성이기 때문에 자녀에 대해 아무런 법적 권리가 없다는 사실을 알게 됐다.

앤서니는 그를 돕는 데 동의했다. 앤서니는 펠프스와 그 딸을 보호하며 뉴욕시로 데리고 가 그곳에 은신처를 마련해 줬다. 매사추세츠주 상원의원이던 찰스 펠프스는 앤서니의 대중 강연 도중에 체포되게 만들어 주겠다며 협박했다. 앤서니의 동료들은 앤서니가 여성 인권 운동과 노예제 폐지 운동 둘 다를 위험에 빠뜨리고 있다고 주장했다. 앤서니의 낙태폐지론자 친구들 몇몇은 가출한 아내를 돕는다며 비난하기도 했다. 앤서니의 생각은 달랐다. 그는 이렇게 말했다. "노예가 캐나다로 가게 도울 때마다 당신도 법을 위반하는 거 아니야? 음, 아버지 측에 자녀에 대한 단독 소유권을 주는 법은 악법인 만큼 나는 그 악법을 빨리 위반할 생각이야. 당신이 노예를 주인에게 데려다 주느니 차라리 죽겠다고 생각하듯이 나도 아이를 포기하고 양육권을 아이 아버지에게 넘기느니 차라리 죽겠어."

내가 양육권 분쟁 문제에 처음 뛰어든 것은 1970년대 중반이었다. 세간의 이목이 집중된 레즈비언 양육권 소송 건들에 대해서는 앞에서 이미 언급한 바 있다. 그 이후 세 명의 이성애자 어머니들이 나를 찾아왔다. 다들 귀책사유가 전혀 없던 전업주부였다. 충격적이게도, 이들 모두 아이 아버지에게 양육권을 빼앗긴 상태였고 그 아이 아버지들은 평소 대체로 부재했거나 폭력적이었지만 고소득자인 사람들이었다. 판사들은 아버지 측의 손을 들어 준 양육권 판결을 진보적이라 자평했으며 자랑스러운 듯 페미니즘 운동의 공으로 돌렸다. 일부 유명 페미니스트들도 이런 식의 생각에 동의했다.

새로운 임무, 새로운 십자군 운동이 이미 나를 사로잡은 상태였다. 나는 《재판받는 엄마들》 집필에 6년 이상을 쏟아부었다. 나는 이 현상을 역사적으로, 심리학적으로, 전 세계적으로 살펴본 뒤 수백 명을 대상으로 인터뷰를 진행했고 몇 가지 독창적인 연구도 병행했다. 그 후 9개월간 해당 주제에 관한 발언대회도 조직했다. 내가 인터뷰했던 어머니들 중 다수가 참석자나 발언자로 참여하기 위해 뉴욕시로 왔다.

나는 양육권 관련 발언대회 준비를 끝마치고 있었는데 경찰관 두 명이 나를 찾아왔다.

"이 여자 본 적 있으십니까?"

그들은 흐릿한 사진 한 장을 내게 보여 줬다. 나는 본 적 없다고 했다. 하지만 사실 본 적이 있었다. 사진 속 여성은 내 보호 대상 엄마들 중 한 명으로, 뉴욕 북부의 소도시에서 친아버지로부터 반복적으로 강간을 당하고 있던 두 어린 딸들을 데리고 도망친 여성이었다.

내가 과장하고 있는 것이 아니다. 어머니 측에서 아이 아버지가 아이를 성적으로, 신체적으로 학대하고 있다고 일단 주장하고 나면—그리고 특히 그것이 사실일 경우—믿을 수 없게도 그 어머니는 틀림없이 양육권을 잃는다. 사람들은 대부분 이를 납득하기 힘들어한다. 그들은 친족 성폭력 대상 성도착이나 친족 성폭력의 특성을 이해하지 못한다. 아동 착취는 대부분의 사람들에게 역겨운 일이므로, 사람들은 자기 가족을 지켜 마땅한 아버지가 그런 파괴적인 행동을 할 수 있다는 사실을 믿으려 들지 않는다. 여자가 거짓말을 하고 있거나 미쳤거나 아니면 복수심에 불타고 있다고 믿는 편이 차라리 더 쉬운 것이다.

대다수의 경찰관, 정신보건전문가, 변호사, 판사 등이 그런 태도를 견지했고, 지금도 여전하다. 자기 자신을 대변해야 하는 와중에 영향력 있는 수많은 결혼 관련 전문 변호사들에 맞서 싸우기까지 해야 한다고 상상해 보라. 이것이 바로 빈곤층의 대다수 어머니들이 험난한 양육권 분쟁 속에서 맞닥뜨렸던 현실이다.

아버지들은 남성이다. 그리고 사회에서는 당연하다는 듯 그들을 어머니들에 비해 더 신뢰할 만하고, 더 안정적이라고 인식하며, 훨씬 더 호감을 느낀다. 이 남성들은 대다수 여성에 비해 대개 가진 돈도 더 많고 남성 중심의 기득권 연대와도 더 잘 연결돼 있다. 오늘날에도 여전히 그렇다.

전업주부이자 매 맞는 엄마였던 마리아는 작은 동네에서 인맥이 탄탄했던 악마에게 딸들의 양육권을 빼앗겼다. 그는 도망쳐 나와 페미니즘 전문 서점에서 내 책을 발견하곤, 내게 전화를 걸어왔다. 나는 조수에게 그 여성에게 돈을 송금하되 수전 B. 앤서니의 이름으로 보내라고 부탁했다. 웨스턴유니온 측에서 만일 아무도 그 돈을 안 찾아갈 경우 누구에게 환급해야 할지 묻자 조수가 내 실명을 알려 주고는 그 사실을 내게 전하지 않는 바람에 그 경찰관들이 나를 찾아왔던 것이다.

마리아가 아이들을 줄줄이 데리고 도착했다. 나는 그를 쉼터로 보냈고 그 후 페미니스트 지하 연락망을 통해 미국 내 먼 지역으로 이동하게 했다.

"절대 내 이름은 언급하지 마세요." 나는 마리아에게 말했다.

곧 FBI가 나를 소환했다. 중범죄자로 간주되고 있는 그 여성의 소재와 관련하여 대배심 앞에서 증언하라는 것이었다.

당시 무슨 일이 벌어지고 있는지 이해하는 듯 보이는 페미니스트는 거의 없었다. 내가 특정해 도움을 요청했던 이들(페미니스트 변호사 두 명과 치료사 한 명, 페미니즘 운동 리더 한 명)은 연루되기를 거부했다. 단 한 곳의 사설 형사소송 대리인과 좌파 성향인 기본권수호활동센터만이 유일하게 공권력에 맞선다는 것이 어떤 의미인지 알고 있었다. 형사소송 전문 변호사 중 한 명인 마거릿 래트너는 센터에서 대배심 프로젝트를 담당하고 있었다.

나는 내가 과거에 도왔던 여성들에 대해 절대 말하지 않기로 맹세했다. 거부하면 징역형을 받을 수도 있었기 때문에 몹시 두려웠다. 그러나 훨씬 더 두려운 것은 페미니스트들이 내 침묵이 정치적 저항임을 이해하지 못할지도 모른다는 점이었다.

6개월 뒤, 증언 예정일을 불과 며칠 앞둔 시점에 FBI는 마리아를 체포했다고 내게 알려 왔다. 나는 마리아와 아무런 연관이 없는 것으로 하라는 법적 자문을 받은 상태였다. 마리아는 법적 개입을 요하는 친족 성폭력으로부터 자기 딸들을 구하려 애썼음이 참작돼 징역 2년을 선고받았다. 나는 교도소에 수감된 마리아에게 당장 편지를 썼다. 그는 나를 곤경에 처하게 만들어 미안하다며 사과했다. 나는 그에게 말했다. "당신은 사과할 이유가 전혀 없어요. 당신은 제게 수전 B. 앤서니의 발자취를 따라갈 기회를 주셨던 겁니다."

마리아가 마침내 출소했을 때 그는 나와 함께 시간을 보냈다. 마리아는 자신과 비슷한 상황에 놓인, 가정폭력을 당한 다른 엄마들을 위한 쉼터를 열고 싶어 했다. 그러나 그는 술을 너무 많이 마시고 있었고 스트레스와 복역 생활로 인해 생긴 각종 질환에 시달렸다. 쉼터에 대한 그의 꿈은 결국 실현되지 못했다.

몇 년 뒤 마리아는 작은딸을 도와달라며 내게 전화를 걸어왔다. 작은딸이 아직 아버지와 살고 있는데 그 아버지는 딸을 계속 성추행하고 있고, 아이를 구해 내려는 마리아의 노력을 조롱한다는 것이었다. 슬프지만 나는 또다시 FBI에 맞설 수는 없다고, 다른 방법을 찾아보라고 말할 수밖에 없었다.

마리아의 남편은 그 버려진 시골 동네에서 가장 유능한 변호사였던, 마리아의 무료 변론을 맡았던 국선 변호사를 내쫓아 버렸는데, 남편의 절친한 죽마고우가 그 마을을 소유하고 있었기 때문이다. 말 그대로다. 그 친구의 가족이 지역 주민 대부분을 고용하고 있었고 경찰력과 사법 당국까지 좌지우지하며 영향력을 발휘하고 있었으니까. 마리아가 고통 속에서 제기한 혐의들을 입증하는 가장 무시무시한 과학수사 증거는 판사가 무시해 버렸다.

그 후 마리아는 세상을 떠났다. 나는 마리아가 쓴 회고록을 가지고 있다. 언젠가 내가 출간을 할지도 모르겠다. 나는 마리아 같은 미국의 많은 어머니를 인터뷰하고 그들의 법정 기록을 검토

해 왔다. 이 같은 현상은 21세기 들어 훨씬 더 심각해졌다.

내 전남편은 양육권에 아무런 관심이 없었기 때문에 나는 아들을 데리고 도망쳐 나올 필요가 없었다. 도망 다니는 삶이라든가 감금당할 가능성과 같은 말은 내게 해당되지 않았다. 내 문제들은 다양했고, 그 문제들은 특이한 것이 아니었다. 뛰어난 경력이나 직업은 있으나 대가족의 지원을 받지 못하는 싱글맘들은 대부분 같은 난관에 부딪힌다.

첫째, 내 아들의 아버지는 한 번에 몇 시간 이상 또는 하룻밤 이상 아이를 데리고 있지 않으려 했다. 그러니 내게는 한숨 돌릴 여유도, 쉴 시간도 전혀 없었다.

둘째, 그 남자는 내 아들의 옷, 장난감, 책, 수업, 베이비시터, 방학, 5학년 이후 사립학교 등록금 등에 대해 한 푼도 내지 않으려 했다. 나는 몸이 아파서 일을 할 수 없게 되고 살고 있는 집을 잃을 위기에 처하기 전까지는 그런 돈을 한 번도 요구하지 않았다.

미국의 대대적인 양육권 분쟁의 이면에는 대대적인 양육비 미지급 분쟁이 있다. 지금 내가 말하는 것은 1980년대와 1990년대의 이야기로, 이혼 또는 사별을 하거나 싱글맘이 혼자 힘으로 경제적 부담을 감당했던 경우에 관련된 것이다(1880년대나 1890년대와 크게 다르지 않다). 법정에서는 아버지들에게 조금이라도, 그저 기껏해야 아이의 안녕에 필요한 최소한의 금액이라도 지급하도록 강제하는 것마저 망설였다. 자녀양육비를 지급했던 아버지들도 1~2년 이내에 지급을 중단하는 경우가 많았다. 어쨌든 대부분의 아버지들은 두 가정을 부양할 만큼의 돈을 벌지는 못했고, 그들은 재혼 후 자녀를 더 두는 경향이 있었다.

1986년에 열린 제1회 뉴욕시 여성 및 양육권에 관한 전국 회의

물론, 예외도 있다. 과도한 자녀양육비 지급을 부당하게 명령받는 아버지들도 있었다. 하지만 그보다는 더 적은 본인의 수입만으로 살아야만 하거나 경제적 책임 및 돌봄의 책임을 기꺼이 나눠 부담할 수 있는 새 배우자에 의존할 수밖에 없는 어머니들이 훨씬 더 많았다.

이런 불의는 나를 잠자코 있게 하지 못했다. 해당 주제에 관해 연구하고 글을 쓰고 책을 펴냈던 것으로는 충분하지 않았다. 나는 양육권 분쟁에서 부당하게 패소한 여성들의 문제를 논하기 위해 미 전역 곳곳의 방송에도 출연했다. TV 프로그램 참여는 즐거운 일이었고, 나는 할 수 있는 한 최선을 다해 양육권 분쟁 당사자인 엄마들 몇몇을 동반했다.

한번은 AM샌프란시스코 인터뷰에 여성의 정치관에 동의하지 않는다면서 "충분히 훌륭한" 엄마로부터 양육권을 빼앗았던 판사가 참여자들 중 한 명으로 나왔던 적이 있었다. 내가 당시 그 사건의 세부 내역을 다 꿰고 있자 그는 굉장히 놀란 눈치였다.

1986년 3월 1일, 맨해튼에 있는 CUNY 산하 존제이대학John Jay College에서는 여성 및 아동양육권에 관한 발언대회가 열렸다. 500명의 여성이 참석했다. 미국 전역에서 모여든 엄마들 가운데 몇몇은 징역형에 처할 위기였고, 몇몇은 갓 출소한 상황이었다. 간혹 여전히 숨어 지내는 이들도 있었다. 당시 나는 FBI가 우리를 감시하고 있다는 확신이 있었다. 그 엄마들은 정말 근사했다. 그들이 털어놓는 참혹한 불의의 이야기들은 통렬했고, 사람의 마음을 사로잡았으며, 영웅적이었고, 충격적이었다.

나는 사리sari[1]를 두른, 남아프리카 출신의 여성을 영원히 잊지 못할 것이다. 그는 일찍이 성공한 전문직 여성이자 미국 시민이었는데, 남편이 사이비종교에 빠진 뒤로 외동아들까지 끌어들였고, 이후 사법부는 안정적이고 유능한 자신에게서 아들을 빼앗았다고 했다.

또 대체로 부재했고 방임했으며 학대를 일삼았으나 돈을 더 버는 남편들에게 양육권을 빼앗긴, 전통적인 전업주부들의 증언도 나는 잊지 못할 것이다. 전남편이 양육권을 가져가자마자 아이들을 납치하듯 데려가 두 번 다시 만나지 못했던 여성들의 가슴 아픈 증언도, 성도착자인 남편으로부터 아들을 구하려 했지만 법정에서 인정받지 못했던 여성의 이야기도 잊지 못할 것이다. 성적 지향 때문에 양육권을 빼앗긴, 애정이 넘치는 레즈비언 엄마들의 증언도, 그리고 그저 어쩌다 백인으로 태어났을 뿐인 짐승 같은 남자들에게 양육권을 빼앗긴, 소수 인종 출신 여성들의 증언도 잊지 못할 것이다.

내 페미니스트 동지들은 대부분 엄마가 아니었는데도 발언하러 왔다. 그들은 이 문제가 여성들에게 중요하다는 사실을 이해했다. 티그레이스 앳킨슨, 앤드리아 드워킨, 케이트 밀릿 모두 발언을 했고, 엄마였던 시인 토이 데리코테도 발언했다. 페미니스트 엄마들이기도 했던 변호사 낸시 폴리코프와 심리학박사 폴라 캐플란(《여성의 자기학대라는 거짓말The Myth of Women's Masochism》과 《엄마 탓하지 마Don't Blame Mother》의 저자)의 발언도 멋있었다.

---

1   힌두교도들이 몸에 두르는 천.

화장실에서 마주친 벨라 앱저그는 나를 보더니 이렇게 말했다. "울고 싶어졌어요. 증언들이 모두 너무 슬퍼서요."

바깥에서는 아버지들의 권리를 주장하는 시끄러운 시위가 한창이었다. 그 남자들과 그들의 시녀 역할을 하고 있는 두 번째 아내들은 우리 발언에 항의했다. 서로 고함을 질러 댔고 거의 주먹다짐 직전까지 갔다. 《뉴욕 타임스》의 칼럼니스트는 이 사건 보도는 불가하다는 지침을 받았다. 이 여성 칼럼니스트는 어쨌든 참석했고 결국 관련 칼럼 두 개를 썼다. 수많은 매체가 우리를 취재했지만, 달라진 것은 별로 없었다.

좋은 엄마였던 샤론 머피는 발언 참여를 위해 멀리서 왔는데, 콘퍼런스 장소를 나서면서 곧바로 교도소에 수감됐다. 내가 샤론을 인터뷰한 바에 따르면, 샤론의 시어머니인 작가 마야 안젤루는 며느리와 손자를 보호하지 않고, 폭력을 행사하는 자기 아들을 보호하고 나섰다. 샤론이 더 이상의 폭력을 견딜 수 없어 자기 아들(마야의 손자)을 데리고 관할구역을 빠져나가자 마야는 사람을 고용해 샤론을 뒤쫓아 체포한 뒤 납치 죄목으로 구속했던 것이다.

샤론은 그 사연을 털어놓으려 했지만 잡지들마다 샤론의 글을 받아주지 않았다. 2013년 샤론은 자신이 겪은 시련을 적은 《갑자기 사라지다: 지하로 향하는 어떤 엄마의 여정Disappearing Act: A Mother's Journey to the Underground》을 자비 출간했다. 샤론은 성인이 된 자기 아들과 다시 연락해 보려 애를 썼지만 결국 그러지 못했다.

슬프게도, 샤론의 이야기는 특이할 것 없는 전형적인 사연이었다. 도망쳐 나왔다가 붙잡히고, 극심한 폭력으로부터 자기 자신이나 자식을 보호하려 했다는 이유로 가혹한 대가를 치렀던 수많은 엄마를 나는 인터뷰했다. 그런 엄마들 가운데는 빈곤층도 있고 부유층도 있었으며, 번듯한 직업이 있는 여성이나 고등학교 중퇴자도 있었고, 백인인 미국인 외에도 아프리카계, 북미 원주민 출신, 히스패닉계, 아시아계 미국인들도 있었다. 그야말로 온갖 민족과 종교가 다 있었다.

그들의 사연은 가슴 아프고도 늘 조금씩은 믿기 어려울 정도였다. 진실일 경우에는 특히 더 그랬다. 몇몇 예외는 있었지만, 이 여성들 중 누구도 처음부터 미쳤던 것은 아니었다. 대부분은 자녀를 아이 아버지로부터 떨어뜨려 놓지 못했다. 하지만 나를 찾아와 도움을 청할 즈음에는 많은 이들이 트라우마를 입은 채 자기 자신에게 일어나 버린 그 모든 일로 인해 기진맥진 녹초가 된 상태였다.

《미즈》의 대표 홍보 담당자가 되기 전에는 더블데이에서 내 강연 에이전트이기도 했던, 동네 최고의 페미니스트 홍보전문가 카린 리퍼트의 도움으로, 우리는 양육권에 관한 의회 보고를 주관하기로 했다. 척 슈머와 바버라 박서는 위원회 소속이기는 했지만, 양육권과 관련해서는 성 중립적인gender-neutral 기본 전제를 선호했다. 나는 이 점이 전통적인 전업주부인 엄마들에게 해가 될까 봐 두려웠다. 내가 선호하는 기본 전제는 양육권은 주로 돌봄을 담당하는 양육자에게 주어져야 한다는 것이었다. 우리는 이 문제를 해결하지 못했으므로 그 대신 1986년에 의회 언론 브리핑을 실시했다. 이는 지금까지도 페미니즘 역사에서 중요한 순간으로 남아 있다.

1986년 여름, 나는 은신처제공운동sanctuary movement의 일원들과의 대담을 위해 캘리포니아 왓슨빌로 날아갔다. 내전을 피해 탈출한 중미 출신 난민들에게 은신처를 제공한 이 운동은 종교적이고도 정치적이기도 했다. 나는 그 은신처제공운동 측에서 우리 자국의 사법 체계로부터 도망쳐 나오는 미국의 엄마들과 자녀들에게도 은신처를 제공해 줄 수 있는지 알고 싶었다. 바로 여기 모국에서 숨어 지내는 처지인 이들에게는 은신처와 새로운 신분이 절실히 필요했다. 전직 수녀와 사제들과 거듭 논의해 봤지만, 우리는 아무런 결론도 내리지 못했다.

폴라 캐플란의 도움으로 나는 양육권에 관한 발언대회에 참석하기 위해 토론토로 건너갔다. 위협적인 태도의 몇몇 아버지 권리운동 활동가가 행사장에 난입했다. 발언이 예정돼 있던 엄마 두 명이 눈물을 쏟으며 자리를 떴다. 녹음기를 들고 있는 그들의 남편들이 군중 속에 보였기 때문이었다. 내 호텔방 문 앞에는 누군가가 동물의 사체를 두고 가기도 했다.

한두 해가 지나고 나는 영광스럽게도 토론토의 어느 페미니스트 법률자문팀에 소속됐다. 그곳에서는 가정폭력에 시달리다 자기 자녀를 데리고 나온 어느 엄마를 변호하고 있었다. 이 여성은 국경을 건너 도망쳐 나와 뉴잉글랜드에서 양초 등을 파는 위카 소품 가게를 연 상태였다. 결국 아이 중 한 명이 엄마가 있는 곳을 말하는 바람에 그는 캐나다로 추방되고 말았다. 우리는 배심원단 앞에 섰다. 다른 전문가들이 그 밖에 모든 사항을 짚었고, 나는 새로운 주장을 펼쳐 나갔다. 바로 엄마에게는 자기 아이가

해를 입지 않도록 보호할 도덕적 권리—어쩌면 당위—가 있다는 것이었다.

"본인은 구타를 당하고 있고 아이도 구타나 성적 학대를 당하고 있는 상황에서 엄마는 대체 어디서 피난처를 구할 수 있을까요? 캐나다인들은 베트남전에서 싸우기를 원치 않았던 미국인 평화주의자들에게 피난처를 내어줬습니다. 엄마들은요?"

배심원단은 그 여성에게 유죄 평결을 내렸지만, 판사—여성 판사—는 형을 선고하지 않았다. 판사가 우리의 주장에 설득당한 것이라 믿었던 우리는 기쁨에 취했다. 어느 변호사의 말에 따르면, 법원 계단에서 모두가 보는 앞에서 그 여성의 전남편이 또다시 여성을 위협했다. 우리는 그 여성의 주위를 에워싸며 막아섰지만 곧이어 이 여성이 우리에게 달려들었다. 그는 우리가 자신을 배신했고, 우리가 사적 이유 때문에 자기 사건을 맡았을 뿐이라고 소리를 지르며 비난했다.

이런 종류의 싸움은 정신적으로 건강하고 일상적으로 고기능 상태인 엄마들에게 엄청난 타격을 입힌다. 장기간에 걸친 심각한 가정폭력(이 여성의 경우가 여기에 해당), 최악의 재판, 가난에 찌든 은둔 생활, 어린 시절 트라우마의 요인이 합해지면 자기 자신을 파괴하는 사람이 돼 버린다. 나는 이런 경우를 수도 없이 보아 왔다.

나는《재판받는 엄마들》을 꼭 보급판 문고본으로 출간하고 싶었다. 어느 정체불명의 아버지권리단체가 내 책의 출판사를 고소하겠다고 위협했다. 출판사에서는 당시 보급판 문고본 출판권 입찰에서 이 책을 기권했다. 조바심과 좌절감 속에서 나는 그 책을 소규모 페미니스트 출판사로 가져갔고 그곳에서는 바로 그 책을 택했다. 나는 그제야 마음이 놓였다. 하지만 한 달이 채 지나기 전, 이 작은 출판사가 그 어떤 생산비용도 발생시키기 전에, 대형 출판사로부터 훨씬 더 큰 금액에 해당 책의 10만 부 인쇄 조건의 제안을 받았다.

나는 페미니스트 딸들에게 제발 나를 보내 달라고 애걸했다. 나는 선입금 해 줬던 계약금을 이자와 함께 반환하고 《여성과 광기》를 영구 귀속 조건으로 제공하겠다고 했다. 그들은 제안을 거절했다. 이미 사방에 나를 잡았다고 말해 뒀다는 것이었다. 그들의 손에 붙들린 《재판받는 엄마들》 보급판 문고본은 독자를 만나지 못했다.

내가 보기에 그 페미니스트 후배들은 이 책을 최소 10만 명의 엄마 독자들의 손에 들어가지 못하게 막은 셈이었다. 내 잘못이다. 나는 그들과 대립각을 세우지 않기로 선택했으니. 5년 뒤 작은 출판사가 마침내 나를 보내 줬을 때, 나는 또 다른 출판사를 찾았지만 이미 너무 많은 시간이 흐른 뒤였다. 나는 다른 주제들로 옮겨간 상황이었고 더 이상 동일한 만큼의 이목을 끌거나 운동에 불을 붙일 수는 없었다.

엄마들 그리고 심리학자 모린 "모" 해나 및 변호사 배리 골드스타인 같은 그들의 지지자들은 시간이 흐르면서 예상되는 모든 장애물에 맞서는 운동을 시작하게 된다. 그들이 아직도 내 책을 정전처럼 여겨주는 것이 나로서는 영광이다.

내가 아이 돌봄과 여러 다양한 경력의 일들을 곡예하듯 기를 쓰고 병행한 것이 나 자신을 위해서였다고 처음 글을 썼을 때 공격과 모욕이 날아들었다. 어느 서평가는 내가 1979년에 낸 책《아이와 함께》에 대해 내가 어머니의 도움을 기대하며 과도한 요구를 하고 있었다고 지적했다. 내가 페미니스트이면서도 대다수의 (평범한?) 엄마들과 똑같은 걱정을 한다는 것이 놀라웠다는 서평도 있었다.

내 어머니는 내가 익사 중이라는 것을 알고 있었다. 나는 여섯 가지 일(전일제 교수, 전일제 연구원이자 작가, 시간제 초빙 강사, 치료사, 법률 자문, 언론 인터뷰)을 동시에 하고 있었다. 학문을 연구하고 활동가로서 세상을 바꾸는 일을 할 수 있는 것을 특권으로 알고 열심히 일했다. 나는 우리 집의 생계를 홀로 짊어졌고 아이 양육과 관련된 모든 비용(주 5일 상주하는 베이비시터 겸 가정부의 인건비)을 감당했다. 그리고 조수도 채용했는데, 조수가 없었다면 나는 그 모든 것을 절대 해내지 못했을 것이다. 나는 대부분의 싱글맘들이 과중한 업무들을 어떻게 감당해 내고 있는지 모르겠다. 전업주부일지라도 아이들을 돌보는 일 자체가 초인적인 힘과 기술을 요한다고 생각한다.

내가 아들과 시간을 보내고 그 모든 상황을 처리하느라 아등바등하는 동안에도 어머니는 내내 비판적인 태도를 유지했다. 어머니는 자기가 그랬듯 내가 일을 그만두고 집에 있어야 한다고 생각했다. 최소한 손자가 좀 더 크기 전까지는 그래야 한다고 믿었다. 어머니는 내가 좀 더 당신처럼 살기를, 가족과 아이들을 우선순위에 두고, 모든 것을 가지려 애쓰지 않기를 바랐다. 그러나 나는 변함없이 지금의 상황을 유지하기를 원했고, 어머니는 도움을 줄 생각이 없었다. 어머니는 확인 사살하듯 이렇게 말했다.

"너무 힘들면, 그 아이를 내게 다오. 내가 그 애를 기독교 계열 학교에 보내고 챙길게. 네가 감당이 안 된다면 기꺼이 내가 대신 맡으마."

오싹한 말이었다. 나는 내 아들과 떨어질 생각이 없었다. 하지만 사람을 고용해 도움을 받는데도 불구하고, 그 사람들을 관리하고 아이를 돌봐야 하는 무게가 나를 여전히 짓누르는 게 사실이었다.

1980년에 나는 담보대출을 잔뜩 받아 브루클린에 적갈색 사암으로 지은 주택을 구입했다. 브루클린이 인기 있는 동네가 되기 한참 전의 일이었고, 맨해튼의 침실 한 개짜리 공동주택을 사는 것보다는 돈이 적게 들었다. 나는 상주 베이비시터 겸 가정부에게 제공할 원룸형 아파트 하나 그리고 대출금과 세금 부담을 상쇄하는 데 도움이 될 세입자용 원룸형 아파트 하나가 필요했다.

돌이켜 보면, 나는 마거릿 미드의 조언을 이미 따랐던 것이라는 생각이 든다. 내가 브루클린으로 이사한 데는 유일하게 글 쓰는 장소였던 거실 구석 대신 마침내 "나만의 방"을 가질 수 있다는 이유도 있었다. 아들이 나를 필요로 할(또는 내가 아들을 필요로 할) 때 내가 가까이 있기를 원했다. 나는 1층에서 정원을 내다보며 글을 썼다. 절대 방해받고 싶지 않을 때는 문에 간판을 달아 놨다. '엄마 영업 안 함.'

똑똑한 아들 녀석은 그래도 불쑥 뛰어 들어와서는 "엄마는 택시가 아니잖아요!" 하곤 했다. 가끔 나는 웃기도 하고 품에 아들을 안아 주기도 했지만, 특별히 흥미진진한 문장을 쓰는 도중일 때는 꼬리에 꼬리를 물던 생각이 뚝 끊겨 버려 내 운명을 저주하며 이 위대한 조국에는 왜 저비용으로 이용할 수 있는 고급의 아이 돌봄 서비스가 없을까 의아해할 때도 있었다. 지금도 여전히 그런 것은 없다.

나는 밤마다 고통스러운 고독 속에서 보냈다. 나는 저녁을 먹으러 아들을 데리고 나갔고, 누구든 재미있는 사람이 잠시라도 우리 자리에 들러 어른의 대화를 나눠 주기를 간절히 바랐다. 하지만 그런 일은 결코 일어나지 않았다.

당시 내 아들의 이야기를 들어 보면, 이 애는 엄마가 둘이었다고 생각했던 것 같다. 물론 내게 여성 파트너가 둘이나 있기는 했다. 그러나 그들 모두 엄마 역할은 했던 건 아니다. 이 아이에게는 단 한 명의 엄마만이 있었다. 이혼한 싱글맘, 그것도 자기 자식에 대한 아무런 책임도 지지 않는 전남편을 둔 바로 그 여자, 즉 나만이 이 아이의 엄마였다. 첫 번째 파트너는 전일제로 상주하는 가정부를 돕긴 했지만, 육아에는 관여하지 않았다. 그리고 내 아들이 열세 살이 되었을 때, 집을 나갔다. 두 번째 파트너는 그마저도 하지 않았다. 이 애가 변호사가 될 때까지 정말로 아무 것도 하지 않았다.

나는 40대 중반에 들어서면서부터 남자들과 동거했다. 그러다 "내 인생의 한가운데"서 단테가 한때 그랬듯 "어두운 숲", 그러니까 의지도 가치도 없는 예비 양아버지들로 북적대는 숲에서 자아를 찾은 나는 의식적으로 여성들과만 함께 살기로 했다. 어쩌면, 언젠가는 섹슈얼리티와 정체성, 에로스와 엄마 노릇에 관한 책을 쓸지도 모르겠다. (이 책은 그런 책이 아니다.)

양육권은 내 개인적인 문제는 아니었음에도 불구하고 계속 내 관심을 끌었다. 1987년, 나는 베이비 M 사건이라는, 이목이 집중된 사건에 참여하게 됐다. 내게 이 사건은 양육권 분쟁의 성격이 강했다. 악전고투하는 엄마 노릇에 관한 내 연구를 전혀 다른 차원으로 이끌었다.

메리 베스 화이트헤드는 뉴저지에 사는 아이 엄마이자 주부였는데, 윌리엄 박사와 엘리자베스 스턴 박사 부부의 대리모 역할을 하기로 계약을 한 상태였다. 메리 베스는 집에 돈이 필요했다. 내가 보기에 메리 베스가 정말 원했던 것은 사실 돈이라기보다는 셋째 아이였던 것 같다. 그런데 남편은 이미 정관수술을 받은 상황이었고, 독실한 가톨릭 신자였던 메리 베스는 불륜을 저지르고 싶지는 않았다. 타인을 위해 아이를 갖기로 한다면 영웅적이고도 희생적인 이타주의적 행위로 여겨지기도 할 테니까. 그리하여 그는 자기 난자를 이용해 노엘킨 불임 클리닉에서 남편 측이 제공한 정자로 인공수정 시술을 받았으며, 9개월 임신을 유지했고, 임신 기간 동안 신중하게 제한된 영양 프로그램에 따랐다.

메리 베스가 낳은 아이를 건네주기 힘들어할 수도 있다고 클리닉 측에 경고했던 한 심리학자가 면담을 한 적이 있었다. 그러나 정작 스턴 부부에게는 이 보고서를 보여 준 적이 없었다.

메리 베스 측 변호사인 해럴드 캐시디에 따르면, "아기는 1986년 3월 27일에 태어났다. 아기가 태어났을 때, 병원 측에서는 대리모 계약이 있는지 알지 못했다. 스턴 부부가 병원에 왔을 때, 메리 베스는 눈물을 흘렸다. 자신이 낳은 딸과 헤어질 수 없다고 느꼈기 때문이었다. 메리 베스는 1986년 3월 30일 스턴 부부가 메리 베스의 집에 아기를 데리러 왔을 때 아기를 건네줬다. 그날 메리 베스는 슬픔에 젖어 울었고 먹지도 자지도 못했다. 다음 날인 3월 31일에 메리 베스는 스턴 부부의 집에 가서 눈물을 흘리 며 자신의 깊은 고통을 토로했다. 이별의 고통이 너무도 커서 감 당하기 힘들다는 것이었다. 스턴 부부는 메리 베스가 다시 아기 를 데리고 집에 가는 데 동의했다. 스턴 박사는 그러지 않으면 메 리 베스가 자살이라도 할 것처럼 절망에 휩싸여 있었다고 했다. 대신 메리 베스가 1주일 동안 좀 더 잘 이별할 수 있는 시간을 아 이와 보내라는 뜻이었다."

뉴저지의 입양법에 따라, 메리 베스는 마음을 바꿀 법적 권 리가 있었다. 하지만 그런 그의 결정은 후폭풍을 불러왔다. 1987 년 4월 내내 스턴 부부와 메리 베스는 전화 통화를 계속했다. 메 리 베스는 아이를 내줄 수 없다고 했다. 그리고 딸에게 모유 수유 를 계속했다. 1만 달러를 받는 것도, 입양 서류에 서명하는 것도 거절했다. 4월 12일경 메리 베스는 스턴 부부에게 자신은 세라를 포기할 수 없음을 알렸다. 가톨릭교회에서 아이에게 이미 침례도 해 준 뒤였다.

동일한 인터뷰에서 캐시디는 이렇게 말했다. "몇 주 뒤, 스턴 부부는 판사실에서 판사와 비공개로 만났고, 메리 베스는 심리 절차에 대해 알지 못하는 상태에서 소코 판사는 아이를 스턴에게 넘겨주라는 명령에 서명하여 메리 베스에게 전달했다. 해당 명령 에는 메리 베스가 아이를 만날 수 있는 조항도 전혀 없었다.

5월 5일 저녁, 스턴 부부는 경찰을 대동하고는 "멀리사 엘리 자베스 스턴"(스턴 부부가 윌리엄의 유전자를 물려받은 아이를 위해 미리 지어 놓았던 이름)에 대한 명령문을 가지고 화이트헤드의 집에 도착했다. 화이트헤드 부부는 그들에게 메리 베스의 생물학적 자녀이자 남편 릭의 법적 자녀가 바로 "세라 엘리자베스 화이트헤드"임을 확인시켜 주는 출생 증명서를 보여 줬다. 그런 다음 메리 베스는 침실로 들어가 아이를 창문을 통해 릭에게 건넸다. 아기가 없어져 버린 사실을 발견한 경찰은 메리 베스에게 수갑을 채워 경찰차 뒷좌석에 앉혔다. 경찰에게는 체포할 아무런 법적 근거가 없었으므로 메리 베스를 풀어 줬다. 24시간이 채 지나기 전에 메리 베스의 가족은 플로리다로 도주해 그의 부모와 함께 피신했다.

이 과정에서 판사는 화이트헤드 가족의 은행 계좌를 동결했고, 은행에서는 이들의 주택을 유질 처분하려 했다. 수사관들이 메리 베스를 찾아냈다. 경찰이 데려가던 날 베이비 M은 젖을 끊었다. 판사는 메리 베스가 5주 반에 한 번씩 아이를 만나는 것을 허락하지 않을 예정이었고, 이후 감독관 동행 하에서만 주 2회 1시간씩만 방문이 허락됐다. 그것도 공공기관에서 무장 경호원 동행 하에서만 가능했다. 딸에게 모유를 먹이는 것도 금지됐다.

조치를 취해야 했던 나는 메리 베스의 전 변호사 밥 아렌스타인과 현재 무료 변론을 맡은 해럴드 캐시디를 만났다. 그 후 버건카운티 법원 청사 앞에서 벌일 시위를 계획했다. 제나 코리아(《엄마 기계The Mother Machine》), 앤드리아 드워킨, 바버라 시먼, 미셸 해리슨(《거주지의 여자A Woman in Residence》) 등 수많은 페미니스트들이 내 계획을 지지했다. 메리 베스는 재판정에서 자신을 지지하는 페미니스트 여성들을 보고 울었다.

두 번째 시위에서는 이전에 본 적 없었던 한 여성이 불쑥 내 옆에 와서 섰다. 그는 내가 텅 빈 아기침대 옆에 서서 연설하던 모습을 기억했다. 그 가슴 아픈 소품을 사용하자고 한 건 미셸이었다.

다음날 1천 달러 수표가 우리 집으로 전달됐다. 손수 전하러 온 그 의문의 여성은 바로 멀 호프먼이었다. 그는 나의 "최전선" 활동에 경의를 표하고 싶어 했다. 그전까지 단 한 번도 다른 페미니스트로부터 내 활동에 대한 기금 지원을 받은 적은 없었다. 그리고 이는 내가 이 페미니스트 기업가이자 훗날 내 절친한 친구가 될, 선견지명 있는 인물을 만나게 된 계기였다.

멀은 늘 쉴 새 없이 탐색하는 지성이다. 꾸준히 폭넓게 독서하고, 철학과 역사, 미술, 영화, 여행, 말, 공룡, 실내 장식, 클래식 음악, 특히 오페라를 사랑한다. 우리는 종종 오페라 공연에도 함께 간다. 머리카락에 불이 붙는 듯한 전율이 없으면, 우리는 자리를 뜨지만, 우리의 마음과 정신에 불이 붙으면 우리는 마지막 박수소리가 잦아들고 관객들 대부분이 자리를 떠날 때까지 그 자리에 그대로 남는다.

멀은 뉴욕시에 최초의 합법적 낙태시술병원을 설립했다. 이 병원은 현재 미국의 대표적인 여성 전문 의료시설로 자리 잡아, 매년 4만 5천 명의 환자를 치료하고 있다. 멀은 《OTI》를 창간하고 후원했다. 나는 이 매체의 총괄 편집자가 됐다.

수많은 페미니스트가 대리모를 통한 출산을 불임 여성과 게이 남성을 위한 한 가지 선택지로서 두둔하고 나섰다. 그들은 입양을 위험 부담이 크고, 끝없는 관료주의적 행정절차 투성이인 것으로 봤다. 이들 혹은 이들과 가까운 누군가가 고통스러운 인공수정 시술을 몇 년씩 견뎌 내고도 실패했거나 입양 절차에 몇 년을 고통스럽게 보내야 했을 수도 있다. 부모가 되고 싶은 비혼자들이나 동성 커플들은 입양 자격이 있는 대상으로 간주되지 않았다. 많은 이들이 부모가 될 방법이 있다면 어떤 것이든 찾고자 필사적으로 매달렸다.

수많은 페미니스트들이 메리 베스가 처한 곤경에 대해 침묵을 지킨 이유가 바로 여기에 있었다. 그러다 결국 각종 매체의 헤드라인에서는 메리 베스가 "자기애적 인격장애narcissistic personality disorder가 있는 데다 패티케이크 게임도 제대로 할 줄 모르는 부적합한 엄마"라고 주장했던 심리학자들과 정신과 의사들의 말을 인용하기 시작했다. 많은 엄마들이 자신도 그런 공개적 비판의 대상이 될까 봐 두려워할 만한, 악의적인 비난들이었다.

이는 내게 필요한 시작점이었다. 언론을 잘 다룰 줄 아는 페미니스트들과 함께 나는 "이런 기준에 따르면 우리는 모두 부적합한 엄마들이다"라는 성명서 작성에 참여했고 여기에는 135명의 유명한 페미니스트들이 서명했다. 이들 가운데는 마거릿 애트우드, 노라 에프런, 메릴 스트립 등이 있었다.《뉴욕 타임스》가 관련 보도를 했고,《피플》에서도 이 문제를 다뤘다.

많은 페미니스트가 대리모 출산을 지지하는 또 다른 이유가 있었음을 알고 있었던 탓에 이 편지는 내게 격려가 됐다. 그들은 여성들이 자기 몸을 자신이 소유하고 있으므로 낙태할 권리, 성을 팔 권리, 자기 자궁을 빌려줄 권리, 자궁이 겪는 산고의 열매를 판매할 권리가 있다고 믿었다.

베티 프리단은 언론 매체와 법정이 메리 베스에게 하고 있던 짓에 "분개했고 굉장히 화가 났다"고 했다. 베티는 메리 베스에게 보낸 전보를 내게 보내왔는데 다음과 같이 적혀 있었다. "싸우겠다는 당신의 용기가 놀랍고 존경스럽습니다. 우리 모두를 위해 계속 싸워 주십시오." 베티는 계속 되풀이했다. "페미니스트들은 어디 있어? 페미니스트들은 대체 어디 있는 거지?"

교황이 대리모 출산에 반대하고 나섰을 때 어느 페미니스트는 내가 "교황 성하와 동침"했다며 비난했다.

"그건 흥미로운 이미지군요." 내가 말했다.

1987년 3월 31일, 소코 판사는 메리 베스의 친권을 끊어 내고 즉석 입양 절차를 진행했다. 전 세계 각지의 언론 매체 80여 곳이 거기 와 있었다. TV 프로그램마다 메리 베스나 그의 변호사와 이야기를 나누고 싶어 했고 가끔 나에게 연락이 오기도 했다. 메리 베스는 뉴저지대법원에 항소장을 제출했다.

캐시디에 따르면, 1988년 2월 3일, 뉴저지대법원이 우리 측에 직접 심사direct review를 허락함으로써 항소부를 건너뛰고 상세 보고 및 구두 변론 절차를 모두 거친 뒤 소코 판사의 판결을 뒤집었다. 해당 계약은 강제집행이 불가능하다고 판결했으며 메리 베스의 권한 상실 명령을 무효화한 것이었다. 그리고 엘리자베스로부터 엄마로서의 법적 지위를 박탈한 뒤 메리 베스를 법적 엄마로 복권시키고 빌 스턴에게 양육권을 부여했으며 메리 베스의 방문권을 확정하는 심리 절차를 위해 사건을 환송시켰다. 메리 베스는 끝내 아무런 돈도 받지 않았고 그런 식의 지급도 일절 요구하지 않았다.

소코 판사는 스턴 부부에게 계약상 지불하기로 합의했던 금액을 법정에 납부하도록 명령했다. 스턴 부부가 낸 이 돈을 법정에서는 메리 베스를 위한 기금으로 지급하려 했으나 메리 베스는 그 돈을 계속 거절했다.

젖먹이 딸에 대한 메리 베스의 친권은 회복됐다. 엘리자베스 스턴의 딸 입양은 무효화됐다. 스턴 부부의 양육권은 유지됐다— 그러나 메리 베스는 방문권을 인정받았으며 자기 딸의 삶으로부터 법적으로 삭제당하지 않게 됐다. 세 어른 모두에게는 상담을 받으라는 권고가 이뤄졌다.

이 사건은 내게 다음과 같은 몇 가지 질문을 던졌다.

첫째, 저소득층에 교육 수준이 낮은 엄마들은 본인의 생물학적 자녀들에 대해 권리가 있는 것인가 아니면 비교적 부유하고 교육 수준이 높은 고소득층 엄마들이 당연히 더 좋은 부모이고 따라서 빈곤층 자녀에 대한 자격이 있는 것인가?

둘째, 단순한 정자 기증이 9개월에 걸친 임신과 그에 수반되는 모든 위험, 그리고 출산의 고통에 대한 등가인가?

셋째, 모든 계약은 강제집행 가능한가? 가령, 어떤 사람이 노예가 되겠다거나 단 하나 남은 콩팥을 팔겠다고 동의한 계약 같은 경우에도 그런가?

넷째, 대리모 출산 계약은 생모 그리고 임신되기 전부터 입양 대상이 된 그 아이들에게 심리학적으로 어떤 영향을 미치는가?

이전 작품들에서도 언급했지만, 나는 입양의 가치를 믿었다. 나 역시 입양을 모두에게 위험 부담이 큰 선택이라고 봤다. 그러나 더 중요한 것은, 내가 보기에 대리모 출산을 선택하는 것은 입양보다도 더 복잡하고 때에 따라서는 인종차별까지 작용한 결과일 수 있다는 것이다. 학대당하다 버려진 아프리카계 아동들은 계속 수용시설에 남겨졌다. 사회복지사들은 백인 부모들이 그 아이들을 입양하는 것을 어렵게 만들었다. 유아기의 학대, 태아기 알코올 증후군[2], 헤로인 중독이나 에이즈 감염 등 문제가 있는 아이들의 입양은 주로 대단한 인품의 영역이 된다.

할리우드의 부유한 유명인들은 아프리카 출신의 아이들을 입양할 수 있었다. 앤젤리나 졸리, 마돈나, 샌드라 불럭이 다 그랬다. 여기에는 큰돈이 든다. 때문에 입양에 관련된 복잡한 행정절차, 개개인의 생체시계가 돌아가는 소리, 남성과 여성 양쪽 모두의 불임 가능성의 증가, 싱글인 부모나 동성애자 부모이면서 특히 빈곤층에도 해당할 경우 입양을 막아서는 차별 등 이 모든 이유로 인해 대리모 출산이 이해할 만하고 매력적인 선택지처럼 여겨지는 것이다. 나는 전에 중개인 없이 사적으로 이뤄지는 대리모 출산 협의, 즉 돈이 오가지 않는 계약에 대해서도 들어 본 적이 있었다. 게이 남성의 정자와 그 기증을 감사히 받는 레즈비언 엄마들, 그리고 자궁이 없는 딸을 위해 수정된 배아를 대신 품은 할머니 등과 관련된 행복한 결말의 몇몇 이야기들도 알고 있었다. 그런가 하면, 양육권과 방문권 그리고 약속된 금액의 실질적 혹은 가상의 합계를 두고 치열한 분쟁이 벌어지고 비극적으로 끝나 버린 개인들의 이야기도 있었다.

그러나 대리모 출산을 일종의 산업으로 상업화하자 내가 우려했던 문제들 대부분은 정말로 발생했다. 20세기 말부터 상업적 대리모 출산은 할리우드 배우들, 불임 여성들, 게이 남성 커플들,

---

2   임신부의 과도한 음주로 태아에게 신체 기형이나 장애가 생기는 선천성 증후군.

그리고 이성애자 및 동성애자 남녀 싱글 모두에게 엄청난 호응을 얻었다. 이 사업은 주로 인도, 태국, 멕시코 등지로 위탁됐다. 대리모가 되는 이 여성들은 주로 백인이나 아시아인 고객 아이를 임신한 사창가 성매매 여성이나 빈곤층 여성들이었다. 이 여성들이 태아와 유전적으로 반드시 관련이 있는 것은 아니었고 이 경향은 나날이 뚜렷해졌는데, 이는 의도적이었다. 다른 여성의 난자를 이용하면 임신부가 마음을 바꾼다 해도 태아에 대해 주장할 수 있는 권리가 약화되기 때문이다.

언론 매체에서는 대리모 출산의 실패 사례를 거의 보도하지 않는다. 산모들이 죽기도 하고, 임신 기간 중 합병증으로 사망 직전까지 가는 경우도 있었다. 그런 산모들은 장기간 치료가 필요한 질환 때문에 발생한 치료비로 큰 빚을 지게 되기도 했는데, 이 경우 정자 기증자나 계약 당사자인 부부에게는 책임이 없었다. 또한, 몇몇 정자 기증자들과 입양 예정인 엄마들은 자신과 계약한 대리모가 완벽하지 못한 아기나 쌍생아를 임신하게 됐을 경우 그리고 낙태나 배아 수 줄이기를 거부할 경우 그 운 나쁜 대리모는 아이 돌봄과 생계유지의 책임까지 홀로 떠안게 됐다.

해럴드 캐시디는 지금까지도 대리모 계약서에 서명한 미국 전역의 산모들을 대변하고 있으며 나는 그와 지금도 연락하며 지내고 있다.

1980년대 말에 있었던 또 다른—엘리자베스 모건 박사의—양육권 분쟁 사례가 기억에 남는다. 나는 딸 힐러리가 부친 접견 중 아버지에게 성적 학대를 해 왔다고 엘리자베스가 판단할 만한 충분한 이유가 있었다고 본다. 워싱턴의 유명 연구소의 힐러리 담당 치료사는 그것이 사실이라고 내게 확인까지는 해 줬지만 연구소 측은 그 어떤 법정 소송에도 관여하는 것을 허용하지 않고 있다고 덧붙였다.

엘리자베스의 아버지는 전직 CIA 요원이었다. 엘리자베스의 부모는 자기 손녀를 해외로 빠져나오게 해, 미국과 호혜 협정 체결이 안 된 뉴질랜드로 보낼 수 있었다. 엘리자베스는 힐러리의 소재를 대법원의 허버트 딕슨 주니어 판사에게 알리지 않으려 했던 탓에, 법정모독죄로 징역형을 선고받았다. 엘리자베스는 교도소에서 2년 넘게 있었다. 어쩌면 딕슨 판사는 아무리 자기 자식을 구하기 위해서일지라도 감히 법을 거역하는 엄마에게는 어떤 일이 일어날 수 있는지 엘리자베스를 통해 일벌백계하려 했는지도 모르겠다.

나는 미 사법부 바깥에서 엘리자베스를 지지하는 각종 탄원과 시위를 조직했다. 이 문제에 있어 전국 단위의 NOW는 내게 상당히 큰 도움을 줬다. 힐러리의 아버지는 본인은 어떤 잘못도 하지 않았다며 계속 버텼고, 어느 재판부에서도 그가 자기 딸을 성적으로 학대했다는 사실을 밝혀내지 못했다. 그러나 버지니아주 판사가 이전 결혼 관계에서 얻은 딸인, 힐러리의 이복자매 헤더에 대해 접근 금지 판결을 내린 것이 확인됐으며, 헤더의 어머니 역시 그를 딸에 대한 성적 학대 혐의로 고소한 상태였다. 딕슨 판사는 이를 모건 사건과 연관 짓기를 거부했다.

메리 베스 화이트헤드의 경우와는 달리, 성형외과 의사인 엘리자베스 모건은 계급 및 교육 수준에서 보면 강자였다. 하지만 여성인 그는 그럼에도 불구하고 약자였다. 남성 외과 의사였다면 과연 불쑥 튀어나와 힘을 발휘하는 중년 남성들의 인맥 같은 것도 없이 그토록 오랫동안 교도소에 있도록 방치됐을까? 1989년에 의회가 특별 법안을 승인하고 조지 H.W. 부시의 서명으로 통과된 뒤에야 엘리자베스는 석방됐다. 이 법에서는 향후 어떤 판사도 특정 범죄들에 대한 배심재판 없이는 워싱턴 D.C. 거주자를 12개월을 초과하여 구금할 수 없도록 명시하고 있다. 미네소타의 영웅 홀리 콜린스의 경우 역시 내 머릿속을 떠나지 않는다. 홀리는 남편에게 심한 구타를 당했다. 홀리(그리고 현재는 성인이 된 딸)의 주장에 따르면 홀리의 남편은 그들 모두를 신체적으로 그리고 심리적으로 학대했다. 결국, 미국 시민이던 홀리는 1994년에 미국을 떠났고, 1996년 네덜란드에서 유럽인권조약에 의거 망명 신청이 받아들여졌다.

홀리에게는 법률 문서들을 가득 담은 여행 가방이 있었다. 거기엔 내 책도 들어 있었다. 네덜란드 당국은 홀리와 그 아이들 모두 상해를 입은 채 여전히 위험에 노출된 상태였다고 판단했다. 2011년, 갈런드 월러는 홀리 사건을 강렬하게 다룬 다큐멘터리 〈출구는 하나뿐No Way Out But One〉을 연출했다.

나는 몇 시간에 걸쳐 홀리와 그의 딸 제니퍼와 이야기를 나눴다. 제니퍼는 숨어 지내는 다른 아이들과 함께 일하고 있다. 나는 홀리가 진실을 말하고 있음을 조금도 의심치 않는다. 그의 이야기는 (미국의 매 맞는 엄마로서 해외 타국에서 정치적 망명을 인정받았다는 점에서) 독특하지만, 대체로 미국의 수많은 다른 매 맞는 엄마들이 처한 곤경을 구체적으로 보여 준 사례이기도 했다. 가정폭력에 시달렸던 엄마들은 자신을 때렸던 이들을 상대로 아이 양육권 분쟁을 해야 했다.

21세기로 들어서면서, 나는 양육권 분쟁을 겪은 엄마들이 이전 세대보다 오히려 더 힘들게 살고 있다는 사실을 알게 됐다. 내 책《재판받는 엄마들》의 2011년 개정판은 8장으로 구성돼있다. 그 엄마들은 지금도 내게 편지를 보내온다. 내가 더 할 수 있는 일이 있다면 좋겠다. 나는 내가 책을 쓴다는 것의 힘을 깨닫는 동시에 내 한계에 대해서도 깨달았다.

나는 베이비 M 사건 때문에 출산한 생모들을 인터뷰하고 다니면서도 미셸 론더스 같은 엄마가 느꼈을 공포는 잘 상상하지 못했다. 미셸은 리사 스타인버그의 생모였고, 그는 리사를 중산층에 양친이 있는 좋은 가정에 입양시키겠다고 약속했던 변호사 조엘 스타인버그가 약속대로 이행하지 않았고 합법적 입양을 준비하지도 않았었다는 사실을 알게 됐다.

1987년 11월, 조엘은 5세였던 리사를 살해했다. 그 전까지는 리사에게 물리적, 성적 폭력도 일삼았었다. 조엘은 리사를 망치로 때린 뒤 자기 파트너 헤다 누스바움과 동거하던 아파트에서 나가 버렸다. 헤다는 몇 시간이 흐르도록 911에 전화하지 않았다. 병원에서는 리사가 사망했다고 확인했다. 경찰은 조엘의 아파트에서 또 한 명의 아동을 찾아냈다. 이 남자아이는 쇠사슬에 묶인 채 자기 똥으로 온통 범벅된 상태였다. 사방에는 코카인이 널려 있었다.

12년 동안 조엘은 헤다를 구타하고 협박하며 공포에 사로잡히게 만든 상태였다. 출판 편집자였던 헤다는 마약에 손을 대기 시작했다. 얼굴은 사정없이 두들겨 맞은 탓에 비대칭 상태였는데 마치 모든 경기에서 진 복싱 선수 같기도 하고 술주정뱅이 같기도 했다. 그런 그의 모습을 보는 것 자체가 내겐 고통스러웠다. 기소 면제를 받은 헤다는 조엘 스타인버그에 대해 불리한 증언을 했다. 여전히 내게는 의문이 남아 있다. 대체 어떤 여자가 의지할 곳 없는 아이를 고문당하게, 결국 살해당하게 내버려 둘 수 있는 것일까?

수많은 페미니스트들은 헤다가 두 어린 아이를 보호하고 그 생지옥에서 그들을 구출했어야 했다고 생각했다. 수전 브라운밀러와 해럴드 J. 로스왁스 둘 다 헤다를 공범으로 보았다. 하지만 일부 페미니스트들은 헤다를 트라우마에 사로잡힌 피해자— 당연히, 도덕적 비난은 받을 만하지만, 형사적 책임은 있을 수도 혹은 없을 수도 있는 피해자—라 보았다.

나는 두 관점을 모두 납득할 수 있었다. 이는 중요한 페미니즘적 논쟁이었다. 우리 자신이 피해자이기도 할 경우 우리가 한 일(또는 우리가 하지 못한 일)에 대해 여자들은 책임이 있는가? 혹은 우리 자신이 포로로 잡혀 있는 상태일지라도 여자들에게는 행위능력agency이나 도덕적 선택이 있는가?

앞에서도 언급했지만, 1987년에 나는 《OTI》의 총괄편집자로 있었다. 내가 보기에 《OTI》는 당대에 가장 폭넓은 주제를 다루면서도 우상파괴적이고 문화적으로 가장 세련된 페미니즘 잡지였다. 멀 호프먼은 예상하기 쉬운 주제(포위 공격을 받는 낙태시술병원들, 미국 정치인들의 성희롱 등)에 대해서나 뜻밖의 주제(엘리자베스 여왕 1세, 호메이니의 이란 여행)에 대해서나 늘 과감한 사설을 썼다. 그리고 멀은 가장 독창적인 표지들을 선택하기도 했다.

내가 가장 잘 쓴 글 몇 편은《OTI》에 기고한 원고들이었다. 교도소에 수감돼 있거나 사형 선고를 받은 여성들, 이곳 미국이나 유럽의 정신병동에 갇혀 있거나 법정에 선 여자들, 보스니아, 남아프리카, 남미, 미시시피 같은 전쟁 지역의 여성들에 관해 썼다.《OTI》에서 나는 예루살렘에서의 우리 페미니즘 진영의 전설적인 종교적 투쟁에 관해 쓴 내 최초의 글을 싣기도 했다. 예루살렘에서 우리는 벽의 여자들(현재는 최초의 벽의 여자들Original Women of the Wall)로 알려졌었다. 그런가 하면 오페라에 관한 글도 썼고 영화나 책에 대한 비평을 싣기도 했다.

존 스톨텐베르그(《남자 되기를 거부함》의 저자)가 앤드리아 드워킨을 경제적으로 지원했고 그들이 검약하며 산다는 것을 일찍부터 알고 있었던 나는 멀을 설득해 존을 편집 주간으로 채용하게 했다. 존은 흔쾌히 응하는 눈치였고 그 자리에 맞는 역량을 갖춘 사람이기도 했다. 나는 존이 얼마나 오만하고 군림하려 드는 남자인지는 미처 알지 못했다. 그는 주변을 괴롭히는 사람이었다.

그러던 어느 날 상당히 충격적인 일이 발생했다. 존의 권력남용에 대해 서로를 통해 확인하게 된 젊은 게이 페미니스트 남성들 무리가 단체로 편지를 썼다. 이들에 따르면 자신들 모두 존에게 유혹당한 뒤 결국 버려졌다는 것이었다. 이들은 그 편지를 나를 비롯한 포르노그래피 반대 진영 활동가들에게 보냈다. 존이 앤드리아와의 친분을 과시하며 자신들을 홀려 놓고 각각 성적인 관계에 대해 비밀을 지키도록 맹세시킨 다음 한 명씩 관계를 끊었다며 존을 비난했다.

존은 법적인 관점에서는 저지른 죄가 전혀 없었지만, 자기 권력을 남용한 것은 사실이었다. 새로운 페미니스트 남성의 모범이자 페미니스트 게이 남성을 자처했던 사람이라고 보기에는 실망스러운 면모였다. 그러나 이 일은 앤드리아가 실망시킨 것에 비하면 절반쯤에 불과했다. 앤드리아는 그 편지를 받은 모든 사람에게 자기가 가진 펜의 힘을 총동원하여 존을 옹호하는 글을 써 보냈다.

그 순간 이후로 존은 앤드리아와 내가 만날 약속을 할 때마다 늘 앤드리아를 따라 나왔다. 앤드리아와 나는 존이 지켜보는 가운데 이야기를 나눴다. 표면상으로야 늘 사교적인 분위기였지만 어쩐지 오싹한 느낌이 있었다. 결국 내가 앤드리아와 둘만 따로 커피를 마시고 싶다고 말하자 앤드리아는 존을 열렬히 옹호하고 자기네 관계의 중요성을 강조하는 긴 편지를 보내왔다.

여기서 나는 앤드리아 그리고 그가 중요시하는 관계에 뭔가 큰 잘못이 있음을 이해하기로 했다. 나 역시 처음에는 이 사실을 입 밖에 내는 것 자체가 마음이 아팠지만, 내가 문제를 지적하자, 앤드리아를 마음 깊이 걱정하던 다른 사람들도 앤드리아가 완전히 정리하지 못할 또 다른 종류의 위험한 관계를 찾아낸 것 같다고 입을 모았다.

우리 도시의 대표적인 가정폭력 전문가들을 비롯하여 앤드리아의 친구 몇몇이 마침내 모였고 앤드리아는 우리가 구해 낼 수 없는 종류의 여성이며, 그는 영영 존을 떠나지 않을 것이라는 데에 의견을 모았다. 우리가 그랬다. 여성을 해방시키겠다는 사람들에게 그런 일이 있었다. 역겨워, 젠장.

작가로서 나는 운이 좋은 사람이었다.《여성과 광기》는 아직

까지 절판된 적이 없었다. 어느 화창한 날 존 라드치비치라는 편집자가 우리 집을 찾아왔다. 그는 가장 웅장한 단어들을 내뱉었다. "우리는 버지니아 울프와 T.S. 엘리엇의 책을 출간하고 있습니다. 이제 선생님의 책을 출간하고 싶습니다."

"들어오세요, 귀한 손님이 오셨네요."

그리하여 나는 새로운 출판사 하코트 브레이스로 옮겼다.

1989년, 나는 제랄도Geraldo 프로그램에 출연해《여성과 광기》의 최신 개정판에 대해 이야기를 나눴다. 방송국에 도착한 나는 출연 예정인 과거 정신질환자였던 여성들 중에 케이트 밀릿도 있는 것을 발견하고 충격을 받았다. 케이트를 비롯해 그 여성들 각자는 자신이 절대 정신질환을 앓았던 적이 없었으며 기성 정신의학계가 자신을 비인간적으로 취급했었다고 주장했다. 그 말이 사실이었을 수도 있다. 그러나 케이트는 거기서 한 걸음 더 나아가 자신의 "급진적 페미니즘 정치관" 때문에 가족이 자신을 경찰에 고발했다고 주장했다.

케이트가 어떤 정신질환과 관련해 고생을 했든지, 이것은 거짓말이었다. 그날 그 TV 스튜디오에 케이트와 함께 와 있던 그 여성들도 전부 어쩌면 정신질환이었을 수도 있고 그 사실에 대한 수치심과 방어기제 때문에 부정하고 있었을 수도 있다. 어쩌면 모두가 낙인찍힌 채 학대당했는지도 모른다. 두 가지 모두 진실인 경우는 흔하다.

나는 여기서 아슬아슬한 줄타기를 해야 했다. 나는 학대당했던 이들에게 공감했지만, 정신보건 분야 전문가로 나와 함께 출연한, 하이힐을 신은 우아한 모습의 유럽 출신의 여성 심리학자는 한때 정신과 환자였다는 이들이 진실을 부인한다며 경멸하는 투로 조롱했고, 그들에게 도움이 필요하다며 설득하려 들었다. 그런 뒤에 그는 당연히 내가 자신과 한잔하러 나가리라 생각했다. 하지만 나는 케이트 그리고 그와 함께 온, 정신질환을 부인하며 비탄에 잠긴 그 소수의 사람에게 합류했다. 나는 그렇게 하는 편이 더 나은 행동이라 생각했다.

*

레즈비언 페미니스트를 위한 여행

오슬로에서의 일 이후 여파에도 불구하고 나는 여전히 가장 대표적인 페미니스트 중 한 명으로 꼽혔다. 거의 반세기 동안 나는 끊임없이 각 대륙 언론 매체의 인터뷰에 응했고 책을 출간했으며, 북미 전역뿐 아니라 해외에서도 각종 콘퍼런스 연사로 초청을 받았다.

이란, 카시미르, 쿠르디스탄, 사우디아라비아 등 수많은 먼 타국에서도 나에 대한 관심을 보였다. 내 글은 포르투갈어, 폴란드어, 한국어, 히브리어, 일본어, 중국어를 비롯한 여러 유럽어로 읽히고 번역되었고, 반가운 대륙에서 인터뷰를 했다. 해외 출판사나 외국 정부 지원으로 다양한 곳을 방문하기도 했다. 이를 통해 나는 전 세계 곳곳에서 너무도 근사한 페미니스트들, 미국의 페미니스트 동료와 페미니즘을 열렬히 논하고, 필사적으로 원하던 여성들을 만날 수 있었다.

나는 1961년에 처음으로 영국을 방문했다. 카불로 향하던 길이었다. 대영박물관에 들러 엘긴 대리석 조각품들Elgin Marbles을 본 뒤, 한때 블룸스버리그룹 일원 몇 명이 살았던 러셀스퀘어까지 얼마나 바쁘게 다녔는지 모른다. 아침 식사가 나오는 간이 민박에서 지냈는데, 당시 나는 꽤나 젊었으므로 그 느끼한 영국식 아침 식사가 이상하다기보다는 매력적이라 느꼈다.

1969년에 영국에 다시 갔을 때 나는 대영박물관을 한 번 더 찾아갔고 야외 카페에 앉아 엄청 큰 검은색 런던 택시나 빨간색 이층버스가 지나가는 모습을 놓치지 않으려고 자주 흘끔흘끔 쳐다보며 몇 시간 동안 일기장에 글을 썼다.

다음에 또 영국에 갔을 때는 옥스퍼드의 초가지붕을 얹은 작은 집에서 시간을 보냈고 런던에 머물 때는 폴란드계 영국인이자 다큐멘터리 영화의 거장이었던 미라 해머메시와 함께 있었다. 미라 해머메시는 자신이 연출한 〈하녀와 안주인Maids and Madams〉에서 남아프리카의 흑인 가정부들 그리고 그들을 고용한 백인들에 대해 다뤘고, 〈카스트 속에 태어나다Caste of Birth〉에서는 인도의 불가촉천민들을 조명했다. 〈죽은 자들을 사랑하며Loving the Dead〉에서는 폴란드의 학살당한 유대인들에 대한 그리움을 다뤘다. 미라는 세인트존스우드에 살았고, 우리는 몇 시간을 함께 걸으며 햄프스테드 히스에서 이야기를 나눴다. 2004년, 미라는 홀로코스트 생존자의 회고록인 《분노한 개들의 강The River of Angry Dogs》을 출간하기도 했다.

1980년대 말, 내 책을 출간하던 페미니즘 전문 출판사 비라고는 대리모 출산에 관한 공개 토론 참여자로 나를 런던에 데려갔고 내 책《성스러운 유대》영국판을 홍보했다. 이는 내게 또 다른 영국이었다. 책에 사인을 하고, 인터뷰에 응하고, 여러 서점에 들르고 대리모 출산을 열렬히 옹호하는 몇몇 사람들과 언쟁을 하기도 했다. 그런가 하면 여성 대상 폭력에 관련된 사안들보다는 인종차별 및 식민지주의 같은 국제적인 사안들에 좀 더 집중하고 있는 영국의 수많은 훌륭한 페미니스트들도 만났다.

　2016년에 친구 생일 파티에 참석하러 갔던 것이 나의 마지막 런던 방문이었다. 친구는 도체스터의 스위트룸에서 손님들을 대접하고 글로브 극장에서 셰익스피어의 〈템페스트〉나 〈뜻대로 하세요〉 같은 웅장한 공연과 벨리니의 오페라 〈노르마〉도 관람시켜 주었다. 우리는 거의 매일 도체스터에서 하이티high tea¹ 시간을 가졌다. 인근 부유층 동네의 거의 모든 고급 호텔이나 주택은 현재 걸프 지역 국가 출신의 아랍인들 소유다. 나는 걸프 지역 출신 아랍인 큰손들의 여름철 쇼핑이 없다면 런던의 주요 상점들은 일찌감치 문을 닫을 수밖에 없었으리라는 확신이 들었다.

　바로 그 여행 중에 나는 옥스퍼드에서 주로 활동하던 철학자 폴라 보딩턴 박사를 만났다. 그는 브래드포드, 로더럼, 리즈, 옥스퍼드 지역 피해자들을 위해 자신이 하고 있던 활동에 대해 들려주고 싶어 했다. 피해자들은 남아시아, 주로 파키스탄 출신의 남성 무리에게 구애, 집단강간, 구타, 감금을 당했다. 가해자들은 자기네 공동체 내의 이슬람교도 소녀들뿐 아니라 가장 어리고 가장 취약한 이교도 소녀들도 공공연히 착취해 온 상황이었다. 피해 여성들은 빈곤층 결손 가정 출신의 9~14세 소녀들이었고, 그중 다수는 국영 수용시설에 살았다. 성매매 알선과 성 착취는 전 세계적 현상이지만, 밀거래자 대다수는 거주지 인근에서 소년 또는 소녀를 납치, 감금하지 않고 각자 자기 집 근처의 사창가에 가둔다. 이전까지 영국에서 벌어지던 상황과는 사뭇 달랐다.

1　늦은 오후에 샌드위치 등과 차를 곁들이는 가벼운 저녁 식사.

그 남자들(그리고 그들보다 더 어린 남성 협력자들)은 동네 아동들의 관심을 자꾸 끌고 '데이트'에 데려가고 자잘한 선물들을 주고 색다른 약속들을 했다. 이 남자들은 시설이나 자기 집에서 도망쳐 나온 소녀들을 집단강간 및 구타를 하여 고립시킨 다음 마약에 중독되게 만들었다. 그런 다음 돈을 내는 남자 고객들과 성관계를 하도록 강요했다. 영국의 아동 수천 명이 영국 제도 내에서 밀거래되고 있다. 최근까지도, 이슬람포비아라는 비판과 지역사회 불안 유발을 피한다는 미명 하에 사회복지사들, 교사들, 경찰관들은 이런 범죄를 못 본 척 눈감아 줬다.

폴라는 내게 머리카락이 쭈뼛 서는 이야기를 하나씩 들려줬다. "아동 피해자가 법정 소송을 할 수 있을 만큼 실제로 강인하고, 그 여아를 지지할 최소 한 명 이상의 가족 구성원이 있을 경우, 그 포주들의 대가족이 그 소녀를 희롱하고 소녀의 집을 공격한다. 상황이 워낙 심각해지니 경찰이 재난대피소와 경보 체계를 마련하거나 피해자의 집을 경호해야 한다. 그런 뒤 법정에 서게 되면 증인석에 앉기 전까지 그 소녀들에게 포주의 친척들이 돌을 던지고 위협하고 노려보며 공포 분위기를 조성한다."

이것 역시 오늘날 셰익스피어가 쓴 "왕홀의 섬 sceptered isle"[2]의 현실이다.

프랑스 파리에 처음 방문한 건 1961년이다. 카불로 향하던 길이었다. 그날 나는 루브르박물관으로 뛰어갔다가 실존주의자들

---

2   〈리처드 2세〉에 나오는 표현으로, 영국을 지칭한다.

이 각종 주장과 카페인을 한꺼번에 들이켰다는 커피하우스 레 두 마고Lex Deux Magots로 갔다. 나는 좌안Left Bank의 서점에서 몇 시간을 보낸 뒤 센강을 따라 걸었다.

나는 (그리스 다신교의 천국 개념인 엘리시안 필즈Elysian Fields의 이름을 딴) 샹젤리제 거리의 어느 카페에 앉아 지나다니는 사람들을 바라보았다. 소르본대학교를 방문했을 때는 그곳에서 사상사 연구를 하고 싶었다. 남편과 내가 뮌헨으로 떠나기 전에 우리는 라디오시티 뮤직홀의 무용단 로켓의 공연처럼 여성들이 춤추고 노래하는 쇼를 관람했는데, 여자들만 가슴을 다 드러낸 차림이었다. 쇼를 보면서 약간 메스꺼웠지만 짜릿하기도 했다. 나는 그렇게 영락없는 파리의 미국인이었다.

1982년, 프랑스의 페미니스트들이 자기네 문제를 내게 설명하려 애를 썼고, 나는 프랑스어를 사랑하는 만큼 최선을 다해 들으려 노력했지만 그들의 이야기를 제대로 이해할 수 없었다. 포스트모더니즘—라캉, 푸코, 데리다, 이리가레, 식수의 매혹적이면서도 유해한 영향—은 나로 하여금 프랑스의 페미니즘 글을 이해하지 못하게 만들었다. 이 전염병은 곧이어 미국의 포스트식민주의 및 포스트모더니즘 계통의 페미니즘 글마저도 감염시켰다. 그럼에도 불구하고 나는 프랑스 남부의 어느 카페에 앉아 프랑스 페미니스트들의 이야기를 듣는 걸 즐겼다. 우리의 콘퍼런스가 열린 곳은 압트 지역, 한때 사드 후작—가장 취약한 여성들만 골라 성적으로 고문했던, 유명한 난봉꾼이자 포르노그래피 제작자 겸 철학자—의 소유였던 바로 그 성에서였다.

이스라엘에 처음 가 본 것은 1972년 말로,《여성과 광기》가 출간된 지 몇 달 뒤였다. 페미니즘과 관련된 여행은 아니었고, 갑작스러운 유명세로부터의 도피이자 내가 오래 미뤄 왔던 뿌리를 찾기 위한 여정이기도 했다.

이스라엘의 유대계 페미니스트들은 자국 정부 비판 전문이었고—사실, 이들은 그 지역 유일의 민주주의 국가에 살고 있었다—아랍권 명예 살인의 잠재적 피해자들을 구조하는 데도 일조했다. 아랍의 어느 평화운동가는 내게 이렇게 털어놓았다. "내게는 엄청난 비밀이 있어요." 나는 이 여성이 자신이 동성애자라고 말하려나 보다고 생각했다. 하지만 아니었다. "저는 남자친구가 있어요. 그런데 아무도 몰라요. 알면 전 죽어요." 그는 그렇게 덧붙였다.

나는 1975년에 중동 평화를 위한 작가 및 예술가 모임의 지지로 다시 이스라엘을 찾았다. 페미니스트인 엘렌 윌리스와 사회주의자 잭 뉴필드를 포함한 몇몇 저널리스트들과 함께 갔다. 그들에게는 이스라엘 첫 방문이었으므로, 이 나라에 대한 각자 나름의 첫인상이 생겼을지도 모르겠다.

나는 미국대사관에서 강연도 했는데, 내게 페미니즘 메시지를 전해 듣고 싶어 하는 수많은 이스라엘 여성들이 몰려들었다. 하이파에서 나는 1974년에 크네세트Knesset(이스라엘 국회) 의원으로 선출되기도 했던, 미국 태생의 좌파 활동가 마르시아 프리드먼의 입장을 지지했다. 우리는 가정폭력 및 성폭력 피해자들을 위한 쉼터가 마련될 장소를 골랐다. 이스라엘의 병원들이 그렇듯

1988년 예루살렘으로 가는 길에서 앤드리아 드워킨과 함께

유대인, 기독교인, 드루즈파[3]교도, 이슬람교도 등을 보호하게 된
다. 1983년에는 하이파 페미니스트 센터도 인근에 건립됐다. 나
는 공동 강연을 위해 앤드리아 드워킨을 그곳에 데려갔다.

1988년, 나는 여성 역량강화에 관한 제1차 국제유대계페미
니스트콘퍼런스에 참석하기 위해 예루살렘에 갔다. 미국계 유대
인 총회American Jewish Congress(AJC) 및 이스라엘여성네트워크Isra-
el Women's Network가 공동 기획한 콘퍼런스였다. 페미니스트 유월절
축제에서 함께 했던 자매들인 레티 코틴 포그레빈과 릴리 리블
린이 이 콘퍼런스를 열심히 준비했다. 콘퍼런스 행사 중 첫 회의
에서 벨라 앱저그는 우리에게 다음날 아침에 나오라고 통보했다.

3　　이슬람교 시아파의 한 분파.

1991년 벨라 앱저그, 레티 코틴 포그레빈과 함께한 페미니스트 유월절 축제

누구를 유대인으로 볼 것인가 하는 문제와 관련하여 정통파 유대교 율법학자단과 이스라엘 당국에 반대하는 시위에 참석하라는 것이었다. 나는 자리에서 일어나 이 문제가 대체 어떤 면에서 페미니즘과 관련이 있는지 질문한 뒤 우리는 양떼처럼 고분고분 따라가서 헤드라인에 실릴 것이 아니라 좀 더 민주적인 방식으로 이 문제를 파악부터 하는 것이 좋겠다고 의견을 밝혔다.

그러자 벨라가 소리쳤다. "당신! 자리에 앉아!"

하지만 그러면서도 우리는 서로 미소를 지었다. 레티 그리고 사회주의자이자 페미니스트였던 행사 주최자 헤더 부스는 벨라의 오른팔 역할로 그 자리에 와 있었다.

갑자기 나는 정통파 유대교도 여성들이 통곡의 벽Western Wall (히브리어 명칭은 코텔Kotel)에서 여성기도회를 위해 모일 예정이라는 예상치 못한 소식을 들었다. 그 방은 사람들로 꽉 차 있었고 분위기는 흥분된 것 같으면서도 엄숙했다. AJC가 이에 관한 언론 보도 자료까지 이미 나눠 줬다는 사실이 밝혀진 뒤 나는 우리는 언론 인터뷰에 응하지 말고 "우리는 기도하러 왔다"고만 하자고 모두를 설득했다.

우리가 하려던 일은 바티칸에서 여성 신자만 모인 예배에서 수녀들이 미사를 집전하는 것과 비슷했다. 몇 안 되는 우리는 토라를 들고 있을 사람으로 결정된 작가 프란신 클락스브룬을 단단히 보호했다. 우리가 코텔에 도착하자 여자들은 재빨리 기도용 숄과 단정한 머릿수건 또는 이국적인 스컬캡skullcap[4]을 썼다. 그렇게 우리는 유대인이 되었다. 우리는 그 통곡의 벽 앞에 서서 목요일 아침 예배를 시작했다. 당시에는 깨닫지 못했지만 이는 사실 내가 브루클린 버러파크에서 정통 유대교적이던 어린 시절 내내 갈망했던 일이었다. 이는 티쿤tikkun, 즉 내가 정통 유대교 바르미츠바bar mitzvah[5]가 되지 못했던 것과 토라 연구라는 관점에서는 (지적으로) 덜 중요한 삶으로 밀려난 것에 대해 속죄하는 회복의 순간이었다. 지난 세월 내내 내가 품고 있었는지조차 모르고 있었던 꿈이 실현된 순간과도 같았다.

"우리를 위해 친히 토라를 열어 주시겠습니까?"

당시에는 내가 알지 못했던, 브루클린 출신의 정통 유대교도인 페미니스트 활동가 리브카 하우트가 내게 부탁했다. 그 영광

---

4   유대교 성직자 등이 쓰는 테두리 없는 작은 베레모.

5   유대교의 12~14세 여성의 성인식 또는 성인식을 한 소녀.

스러운 변화의 순간은 나를 이 전설적인 투쟁과 운명적으로 그리고 신앙적으로 맺어줬다. 몇 년 뒤 나는 그에게 물었다. "왜 나였어요?" 그의 대답은 이랬다. "기도할 때 당신 표정이 너무도 천국에 속한 모습이었거든요."

우리는 성지로 들어가 함께 성스러운 신도가 되는 순간을 경험했다. 여성들이 가부장제의 허락이나 지원 없이 종교적 유산을 감히 주장하고 나선다면 바로 이렇겠구나 싶은 장면을 잠시 보았던 것 같다.

몇 시간이 지난 뒤 나는 리브카에게 말했다. "우리는 방금 심리적 음속 장벽을 가로지른 겁니다. 이건 굉장한 역사적 사건이에요."

그는 짧게 되물었다. "정말 그렇게 생각해요?"

"네, 난 그렇게 생각했어요. 지금도 그렇게 생각하고요."

비종교적 페미니스트들을 비롯하여 많은 사람이 조직된 기성 종교나 종교적 상징들의 심리학적 중요성을 과소평가하고 때로는 경멸하기까지 한다. 나는 해방심리학자로서 1970년대 초부터 여성 롤모델과 신이 가진 여성의 얼굴에 대해 글을 썼었다. 우리가 신을 키 크고 백발의 긴 수염을 가진 백인 남성의 모습으로 그리는 심리학적 상상을 계속하는 한, 성평등이라는 목표는 절대 심리적으로 실현될 수 없다. 그러므로 나는 우리의 종교적 투쟁이 모든 여성의 자존감에 심각한 심리적 영향을 미칠 수 있다고 생각했다. 이 문제에 대해 나는 여러 해 동안 이론을 정립했다. 그 이론을 유대교 배경에 적용해 보기란 내겐 늘 힘들었다. 그게 보통 배경이어야 말이지.

1988년 할파 페미니스트 모임

이 투쟁은 전 세계 언론의 헤드라인을 장식했고 세계 각지의 유대인들과 페미니스트들의 상상력을 사로잡았다.

우리가 떠난 뒤 이스라엘 여성들은 우리가 했던 것처럼 기도하기를 원했다. 그들은 끔찍한 폭력을 마주했다. 최루탄 가스를 맞고, 저주와 모욕을 당하고, 날아 들어오는 묵직한 의자까지 피해야 했던 5개월 여의 시간이 지난 뒤 이스라엘의 여성들과 디아스포라 상태의 우리들 모두는 우리의 법적, 종교적 권리를 찾기 위해 이스라엘 당국과 유대교 율법학자단을 공동으로 고소했다.

어쩌다 보니 내가 이스라엘 유대계 여성들의 종교적 권리를 쟁취하기 위한 기념비적 투쟁의 선두에 서게 됐던 사연은 그랬다. 우리는 벽의 여자들(그리고 지금은 최초의 벽의 여자들)로 알려졌다. 2002년, 나는 리브카 하우트의 아이디어로 이 투쟁에 관한 책《벽의 여자들Women of the Wall》을 공동 편집했다.

풀뿌리 투쟁으로 시작됐던 싸움이 지금까지 30년간 계속돼 왔다. 우리는 이스라엘 대법원 그리고 예루살렘 지방법원에서 법적권리는 쟁취해 냈지만, 그 권리를 실행하는 일은 여전히 쉽지 않은 문제로 남아 있다. 놀라울 것은 없지만 투쟁하던 무리도 현재 불가피하게 둘로 나뉘었다. 그 세세한 내용까지 굳이 여기 적지는 않겠다. 거의 사반세기 동안 우리가 아직 하나로 남아 있음이 기적이었다고만 말해 두겠다.

꼭 필요하지만 자주 누락되는 관점을 독자에게 제시해야 할 의무가 내게 있다. 만일 우리가 당시 했던 일을 중동의 독실한 이슬람교도 여성들이 했다면, 그들은 아마도 동네 광장에서 참수형을 당하거나 투석형으로 죽임을 당했을 것이다. 적어도 그들은 영구히 가택연금을 당하고 아주 긴 시간 동안 서로 모이지도 못했을 것이다.

이런 일은 서구에서도 일어난다. 저널리스트 아스라 노마니가 웨스트버지니아 모건타운에 자기 모스크를 만들려 하자, 좀 더 여성친화적이고 신실했던 그의 여러 노력들은 본인이 그곳을 떠날 수밖에 없는 상황으로 귀결되고 말았다. 자기 친아버지가 건립했던 그 모스크를 말이다. 터키계 독일인 레즈비언이었던 이맘 세이란 아테슈가 베를린에 최초의 동성애자 및 여성친화적 모스크를 열었을 때, 그는 온갖 살해 협박을 받았고 24시간 경찰 보호를 받아야 했다.

이탈리아에 처음 간 것은 1969년으로, 로마 나보나광장 근처에 있는 어느 저널리스트의 아파트에 묵었다. 여행을 함께 갔던 친구와 나는 그 아파트를 독차지하다시피 지냈다. 나는 근처 카페 한곳에서 매일 유산지로 감싼 치즈샌드위치와 진한 에스프레소 몇 잔으로 아침 식사를 했다. 나는 로마에 갈 때마다 내가 처음 묵었던 그 건물에 가 보곤 했다. 그 자리에 그대로 있는지 괜히 궁금해서. 그 건물은 늘 그대로였다.

카프리에 갔었는데 그곳에서는 뜻밖의 즐거운 일들과 뜻밖의 나쁜 일들이 많았다. 여러 해에 걸쳐 나는 플로렌스, 피사, 시실리아, 밀라노도 가봤지만 한 번 가면 몇 주씩 베니스와 아시시에 머물렀다. 한번은 폭염 때문에 베니스에 있지 못하고 빠져나왔는데 스위스 근처의 숭고미 넘치는 마조레 호숫가에 마지막 남은 호텔방을 간신히 구한 적이 있었다.

내게 로마, 베니스, 아시시로의 여행은 늘 페미니즘이나 출판과 관련된 여정이었다. 내 이탈리아 출판사 에이나우디는 로마에 있는 호텔 딩길테라에 나를 묵게 했다. 그 근처에 있는 전설적인 카페 그레코는 스탕달, 바이런, 키츠가 만나 커피를 마시던 곳이라 관광객들이 몰려들어 난장판이었다. 그전까지 나는 에이나우디에서 두 권, 몬다도리에서 한 권 출간을 했었다.

페미니스트 작가 다치아 마라이니(소설가이자 극작가이자 시인)는《라 스탐파》에 실을 내 인터뷰를 하고 싶어 했다. 다치아는 공주의 딸로 태어나 작가 알베르토 모라비아와 결혼했고 그와 함께 감독 피에르 파올로 파졸리니와 극단을 창단했다. 다치아는 마리아 칼라스와도 친분이 있었는데 이게 내겐 즉효였다. 나는 마리아 칼라스라면 사족을 못 썼으니까. 우리는 도시를 살짝 벗어난 곳에서 점심 식사를 했고 로마의 뜨거운 오후에도 꽤 긴 시간을 보내며 머물렀다. 어느 순간 우리는 반쯤 졸고 있었던 것 같은데 그런데도 우리는 계속 이야기를 나눴다. 다치아는 내가 관능적이라는 사실을 깨달았다(고 그가 편지에 썼다). 시간만 있었더라면 나는 아마 다치아의 집으로 따라갔을 것이다.

나를 만나러 차를 몰고 왔던 시칠리아의 페미니스트들은 영어를 한마디도 못 했다. 내가 아는 이탈리아어라고는 오페라, 아리아 가사가 전부였다. 나는 내 친구이자 《레스프레소》의 문학 및 극 비평가 파올로 밀라노를 통역사로 불렀다. 이 남자는 페미니스트와는 거리가 멀었으므로 내 부탁으로 나와 그곳의 페미니스트들이 주고받는 가장 급진적인 페미니즘 사상들을 통역을 해야 했던 것을 생각하면 특별히 고마웠다(그리고 내심 신이 나기도 했다).

2009년, 나는 의장국인 이탈리아가 주최한 여성 대상 폭력에 관한 G8 국제 콘퍼런스 참석차 로마를 다시 찾았다. 저널리스트이자 정치인인 피암마 니렌스타인이 사회를 맡았다.

나는 레푸블리카 광장에 자리 잡은 고급 호텔 보스콜로 엑세드라에 머물렀다. 디오클레티아누스의 욕장과 가깝고 맞은편에는 루텔리의 나이아드 분수가 있는 곳이었다. 나는 옥상의 식당에 앉아 있었고 이슬람교도 여성 참석자들이 하나둘씩 내가 앉은 테이블로 다가왔다. 나는 어쩐지 이슬람교도인 젊은 페미니스트 여성들을 끌어당기는 종류의 사람이었다. 터키, 예멘, 이라크, 사우디아라비아, 이란―심지어 아프가니스탄―출신의 여성들이 내 자리로 왔다.

그 아프가니스탄 출신 여성들에게 아프가니스탄 노래 하나를 불러줬더니 다들 깜짝 놀라며 까무러칠 듯 좋아했다. 이들은 콘퍼런스가 공식적으로 시작되기 몇 분 전에 도착했고 행사가 공식 종료되기 직전에 자리를 떠야 했다. 이들에게는 이 영원의 도시 로마에 단 한 시간도 머무는 것이 허락되지 않았던 것이다.

나는 그곳에 머무르며 치암피니Ciampini라는 테라스가 있는 아름다운 레스토랑에서 점심 식사를 했다. 한낮이라 분위기는 느긋했고, 손님은 내 여행 친구 수전과 나뿐이었다. 치암피니에는 정원이 있었고, 거북이들이 가득한 실내 분수와 옛날식 가스등이 있었으며, 테이블보가 깔려 있고 경치가 끝내줬다. 멀리 성베드로대성당도 보였다. 천국 같은 그 순간에 축복된 고요함이 있었다. 음악도, 휴대전화 소리도, 크거나 요란한 대화도 없었다. 초록색 재킷 차림의 웨이터 세 명이 나지막하게 이야기를 나눴고 우리가 왕족이라도 되는 듯 대접해 줬다.

그곳에 앉아 있던 순간은 마치 50년 혹은 100년 전에 로마에 갔던 것 같았다. 꿈같았다. 조앤 플로라이트나 매기 스미스가 나오는, 누구나 좋아하는 영화 같기도 했다.

19세기나 20세기 초 이탈리아와 사랑에 빠졌던 모든 이방인의 기억을 마음속에서 되살리는 느낌과도 비슷했다. 그러면 나는 머천트 아이보리 영화나 헨리 제임스의 소설 또는 어쩌면 토마스 만의 중편소설 속 등장인물이 됐고, 나는 과연 떠나야 할 이유가 있기는 한 건지 알 수가 없었다. 또 만나자, 로마여.

잘츠부르크에서는 오스트리아 및 독일 전역에서 온 페미니스트 정신과 의사들은 내 말을 꼼꼼하게 받아 적었다. 독일인들은 페미니즘적 관점에서 환자를 진단하는 법을 알고 싶어 했다. 나는 진단하는 일은 이해하고 돕는 일보다 덜 중요하다고 말하고 이렇게 덧붙였다. "미국에서는 보험 급여 관점에서 〈진단 및 통계 편람Diagnostic and Statistical Manual〉이 주로 사용됩니다. 어떤 여성을 진단하는 것은 보통 득보다 실이 많습니다. 진단 이후 그 여성 환자는 자기 자신에게 뭔가 대단히 문제가 있다고 믿게 되고, 그 진단은 이혼, 양육권, 고용 등의 문제에서 그 여성에게 불리하게 이용될 수 있으니까요." 그들은 이 내용도 빠짐없이 적었다.

강연이 끝난 뒤, 나는 독일인 여성 몇 명과 저녁을 먹으러 나갔다. 이들은 술에 취했고, 자기네 어머니들이 2차 대전 중 러시아 군인들에게 강간당한 이야기를 털어놓았다. 한 여자가 격하게 흐느끼며 이렇게 말했다. "아무도 우리를 신경 쓰지 않아요. 전쟁을 시작한 건 독일이니까 우리는 무슨 일을 당해도 싸다는 거예요. 전 세계가 유대인들에게만 공감을 해요."

나는 그의 진심 어린 고통에 대한 존중으로 묵묵히 있었지만, 그전까지 한동안 내 마음속에는 유대인들이 아로새겨져 있었다. 나는 파리와 비엔나의 폭격으로 불타 버린 유대교 회당들에 가 봤고, 경찰관들이 로마뿐 아니라 그 도시들의 예배당을 어떻게 지켜냈는지 슬픈 마음으로 기억해 두었다. 나는 여전히 유럽 땅에 유대인에 대한 증오가 대체 얼마나 깊이 뿌리박혀 있는 것인지 잘 납득하지 못했다.

비엔나에서 나는 기독교인이자 굉장히 오스트리아적인 프로이트박물관장과 이집트 태생 유대인인 부인을 만나 이야기를 나눴다. 그 박물관은 프로이트의 사무실과 집이 있었던 자리에 있었다. 그들은 나를 대기실과 회의실에 혼자 편히 머물 수 있게 해 줬고, 나는 프로이트 씨 본인으로부터 그 자신의 슬픔에 대해 귀에 딱지가 앉도록 들었다!

박물관 관계자들은 내가 프로이트와 여성들에 관한 콘퍼런스를 조직해 주기를 바랐고, 나는 그 요청을 바로 수락했다. 그런 저명한 포럼을 이끌 기회가 내게 왔고 우리 페미니스트들의 관점이 받아들여지고 있다는 사실에 흥분됐다. 수많은 페미니스트들이 당시까지 프로이트와 정신분석을 비판해 왔지만, 프로이트의 어깨를 딛고 올라서서는 프로이트의 연구를 더 진전시켜 나갔던 페미니스트들도 있었다. 나는 그런 콘퍼런스라면 기꺼이 진행했을 것이다. 당시 이 대단했던 목표를 불가능하게 만들어 버린 그 다음 달의 대형 자동차사고만 아니었더라면.

다음은 일본이다. 카와노 키요미는《여성과 광기》를 일본어로 번역했다. 그는 도쿄 최초로 페미니즘 치료 클리닉을 설립하기도 했으며 나를 연사로 초청한 적도 있었다. 열네 시간의 비행 끝에 그곳에 도착한 나는 잠을 자지 못해 멍한 상태였다. 그런데도 공항에 마중나온 대표단은 곧장 나를 도쿄에서 한창 인기 좋은 식당으로 데려갔다. 나는 졸다가 수프 그릇에 코를 박는 불상사를 막으려 안간힘을 썼다.

도쿄에 그렇게 많은 커피숍이 있는지 몰랐다. 외국 선원들이 전파했다는 것과 워낙 차를 좋아하던 일본인들이 아프리카, 중동, 남미 지역의 커피도 마신다는 사실을 깜빡 하고 있었다. 도쿄 시내를 걸어 다니는 동안 일본의 전통 복식인 회색 기모노를 제대로 차려입은 남자를 종종 볼 수 있었다. 내가 방문했던, 안개가 드리워진 그 시골 지역은 시간이 멈춘 듯했고 곳곳에는 사원이 있었다.

내가 도쿄에 있는 동안, 페미니스트들은 최초의 포르노그래피 반대 콘퍼런스를 개최했다. 나는 경의를 표하고자 동참했다. 그들은 내게 몇 마디 해 달라고 부탁했고 나는 우리 700명 모두 홍등가로 내려가 거기서 어슬렁거리자고 제안했다. 몇몇 여성들은 손으로 입을 가린 채 키득거렸고, 나와 함께 가겠다고 나서는 사람은 소수에 불과했다.

결국 나는 일본인 여성 딱 한 명과 함께 그곳으로 갔다. 그곳의 지저분하고 처참한 광경에 가슴이 무너졌다. 큰 광고판의 성매매 광고에 아동들 사진이 있었기 때문이었다. 근처에서는 포르노 만화책을 팔고 있었다. 만화책에 묘사된 장면들마다 가학적이었고 아동이 등장하는 경우도 있었다.

내 강연이 끝난 뒤 파티가 있었다. 어찌된 일인지 일본인 페미니스트들이 그날이 내 생일인 것을 알고 있었다. 싱싱하고 근사한 꽃다발 스무 개와 플라멩코 기타리스트의 연주로 내게 축하를 건넸다. 한 여성이 설명을 덧붙였다. "혹시 향수를 느끼실까 싶어 저희가 지도상에서 스페인이 뉴욕까지 얼마나 가까운지 봤거든요. 친숙한 음악으로 기운이 나게 해 드리고 싶었답니다."

다들 좋은 뜻이었지만, 그들의 지리학적 지식에는 분명 문제가 있었다.

스웨덴을 이야기해 볼까. 유난히 키가 큰, 라플란드 우메오

지역의 스웨덴인 페미니스트들이 박물관에 전시된, 토착민이었던 사미족 조상들이 한때 이동과 낚시에 사용하던 검은색 통나무 배를 자랑스레 보여 줬다. 그들은 무스로 만들어 준비해둔 스튜도 대접해 주었다. 주최 측은 내가 스톡홀름, 웁살라, 우메오의 대학들에서 연설하기에 앞서 강당에 촛불을 켰다. 이 얼마나 아름다운 이교도적 풍습이던지.

스웨덴 정부가 후원한 콘퍼런스에 참석하기 위해 스톡홀름에 간 적 있었는데 그곳에서 나는 지구상에서 가장 오만한 페미니스트 철학자인 루스 이리가레(《반사경으로 들여다본 여성이라는 타자Speculum of the Other Woman》《하나이지 않은 성This Sex Which Is Not One》의 저자)를 만났다.

유럽 10개국에서 온 페미니스트 학자 스물여섯 명이 모여 있었고, 나는 미국인 여성 셋 중 한 명이었다. 개회일 밤 프로그램에서는 나를 포함한 네 명이 두 시간에 걸쳐 발표하고 토론을 이끌어 가게 됐다.

루스는 통역사에게 빽빽하게 타이핑한 종이를 건넸다. 루스의 논문을 영어로 번역한 것은 우리 모두에게 배포되어 이미 다 읽은 상태였는데, 루스는 그 주어진 두 시간 중 한 시간을 프랑스어로 자기 논문을 읽고 그것을 영어로 큰 소리로 통역시키는 데 썼다. 그는 중단하기를 거부하더니 갑자기 이 콘퍼런스가 프랑스어로 진행되는 것이 아닌 줄 미리 알았더라면 오지 않았을 것이라는 말로 마무리를 했다.

레베카 에머슨 도배시(《여성, 폭력, 사회변화Women, Violence and Social Change》)가 여성 대상 폭력에 관한 자신의 연구를 간단히 언급했다. 루스는 불쑥 말을 끊었다.

"하지만 선생님은 그 국가가 실제로 존재한다는 걸 믿을 수 없잖아요. 그 국가라는 건 그냥 어떤 생각에 불과합니다. 이 점에 대해 답변하셔야 해요." 루스는 단호했다.

그러자 레베카가 답했다. "경찰관이 당신을 체포하러 오고 있는 것이 그냥 어떤 생각에 불과하다고 보는 사람은 누구든 혼자만의 환상 속에서 살고 있는 겁니다."

내가 자기소개를 하려 했을 때도 루스는 불쑥 끼어들었다. "파리의 제 지인들은 《남자들에 관하여》의 출간을 계기로 필리스 체슬러는 더 이상 페미니스트가 아닌 것으로 결론 내렸습니다."

우리는 시간이 모자랐고, 다들 진이 빠졌다. 그곳에 모였던 여성들은 보기 드문 보복을 강행했다. 사흘간의 콘퍼런스 중 남은 일정 동안 어느 누구도 루스와는 이야기를 나누지 않았던 것이다. 나는 루스가 눈치를 채기는 했던 것인지 의문이 들기는 하지만, 어쨌든 그가 안 됐다는 생각이 들어 함께 좀 걷자고 했다. 그는 어색할 정도로 뻣뻣한 태도였는데 자기만의 세계 속에 있는 듯했다. 우리는 날씨(흐리고 바람이 거세게 불었다), 음식(그럭저럭 나쁘지 않았다), 경치(스칸디나비아의 경치) 이야기를 나눴다. 개회일 밤에 일어났던 일이라든가 나머지 참석자들이 그를 피해 다녔던 것에 대해서는 서로 언급하지 않았다. 나는 그가 이 결말에 진심으로 만족했다고 생각한다. 테이블에서 그가 홀로 식사를 할 때마다 스웨덴 정부 관료인 잘생긴 남자들 중 한 명이 재빨리 합석을 했으니까. 내 기억에 루스가 살짝 작업을 걸었던 것 같기도 하다.

1990년, 멀 호프먼은 내게 쉰 살 생일파티를 열어 줬다. 나는 우리의 지적, 급진적, 동성애적 뿌리의 상징인 보워리에 있는 케이트 밀릿의 집에서 모이자고 했다. 60여 명의 페미니스트 리더들이 그곳에 모였다. 그중에는 시드니 애벗, 돌로레스 알렉산더(NOW 뉴욕 지부 창립자이자 마더커리지의 공동 소유자), 폴린 바트 박사(《강간을 멈추라: 성공적인 생존 전략Stopping Rape: Successful Survivor Strategies》), 주전너 부다페스트, 샬럿 번치, 록사나 카릴로(유엔여성개발기금 장기근속자), 음악가 조앤 카사모, 철학자 린다 클라크, 시인 토이 데리코테, 앤드리아 드워킨, 브렌다 파이건, 릴리아 멜라니 박사, 엘리너 팜 박사(CUNY 사무처장 겸 당시 현직 미국베테랑페미니스트회 회장), 글로리아 스타이넘 등도 있었다.

멀은 이들의 모습과 이야기를 영상 속에 담았다. Z는 캘리포니아에서 날아왔고, 나는 앤드리아 드워킨이 그토록 많이 웃는 모습은 처음 봤다. 내가 화가 버피 존슨에게 진하게 입 맞추는 모습이 사진에 찍히기도 했다.

온갖 논쟁적 사안에서 서로 의견이 달랐던 페미니스트들이 이 근사한 파티에 와있었다. 멀은 '페미니스트 망명 정부FEMINIST GOVERNMENT IN EXILE'라는 문구와 함께 말에 올라탄 아마존 전사의 모습이 새겨진 티셔츠를 깜짝 선물로 나눠 줬다.

1991년, 나는 책과 책 중간에서 약간 느슨해져 있다고 할 만한 상태였다. 내가 책과 책 중간에 있는 경우는 거의 없다. 항상 다음에 쓸 내용을 알고 있는 데다, 현재 쓰고 있는 책을 탈고하기도 전에 이미 알고 있으니까.

멀은 이렇게 말했다. "당신은 플로리다의 이 연쇄살인 사건

1990년 멀 호프먼이 열어 준 나의 50번째 생일 파티

에 대해 글을 써야 해요. 대단한 책이 될 만한 모든 요소가 다 들어 있거든요, 광기, 살인, 언론 매체."

멀의 말은 맞았고 출판사도 금세 찾았지만, 우선 나는 소위 최초의 여성 연쇄살인범 에일린 "리" 캐럴 워노스를 위해 증언할 전문가 드림팀부터 조직했다. 나는 매 맞는 여성 증후군bat-tered-woman syndrome 개념을 확장하여 성매매 여성들까지 포함시키고 싶었다. 성매매 여성들이야말로 폭력적이고 위험한 남자들에게 운 나쁘게 희생되는 이들이니까. 수많은 성매매 여성들을 학대하고 살해했던 연쇄살인범들에 관한 글과 성매매에 관한 글은 지금껏 내가 읽은 가장 어두운 이야기일 것이다.

나는 워노스에 대한 변론을 정치적 사건으로서 맡아 달라고 좌파 변호사 렌 웨인글라스를 설득했다. 그는 수임 비용으로 적은 금액을 제시했다. 이 기금 마련을 시작하려던 차에 나는 몸이 아프기 시작했다. 내가 하던 일을 맡겠다고 나서는 사람이 아무도 없었다. 국선변호인 트리시 젠킨스는 남성 연쇄살인범이나 강간범 변호에는 능했지만 정당방위로 살인을 저지르거나 우발적으로 손님을 죽인 성매매 여성에 대해서는 아니었다. 워노스가 유죄일 수 있지만, 나는 그가 공정한 재판을 받지 못했다고 생각한다. (첫 번째 배심원단은 워노스가 살인 혐의로 기소된 모든 남성들에 대한 그의 살해 자백 영상을 시청했다.) 워노스가 "증언"해 줄 것이라며 소환 요청했던 모든 증인에 대해 불허당한 것은 플로리다 대법원 항소에서 결국 패소하게 된 원인 중 하나였다.

나는 리 워노스와 전화 통화를 했고 편지도 주고받았다. 그는 자기 이야기를 글로 쓰는 것을 내가 도와줬으면 했고 나도 그러겠다고 했다. 그는 단지 내가 똑같은 이야기를 계속 팔고 또 팔 수 있으리라 믿었기 때문이었다. 자기 몸을 팔았던 방식 그대로. 워노스는 한 마디로 자본주의자였고, 나는 폐지론자였다. 사형선고를 받고 집행을 기다리고 있던 그를 보러 면회를 갔을 때 교도관들은 우리를 작은 방에 들여보냈다. 완전히 닫을 수도 있었겠지만 나는 일부러 문을 조금 열어 뒀다. 내가 마주할 사람이 어떤 사람인지 잘 몰랐으므로.

1980년대와 90년대는 전염병의 시대였다. 에이즈로 시작해 그다음에는 라임병, 그리고 만성피로 면역기능장애 증후군chronic fatigue immune dysfunction syndrome(CFIDS)이 유행처럼 발생했다.

처음에는 캠퍼스를 걸어 다니는 것조차 너무 힘들었다. 얼마 지나지 않아 나는 길모퉁이 가게까지 걷는 것이 불가능해졌다. 그다음에는 침대를 벗어날 수 없게 됐다. 나는 죽어 가고 있었을까? 그랬다면 내 아들은 어떻게 됐을까? 독감이 떨어질 줄을 몰랐다. 목구멍이 불타는 것 같았고 온갖 분비선이 부어올랐으며 위장은 늘 말썽이었다. 항상 미열이 있었고 밤새 극도의 오한을 동반하는 발열이 있기도 했다. 방향감각을 상실했고 구역질이 날 때도 있었으며 두통에 시달렸다. 극심한 관절통과 참기 힘든 근육통이 있었고 쇠약해졌으며(계속 물건들을 떨어뜨렸다) 빛과 소리에 민감해졌고 심각한 수면장애를 겪었다. 난생처음으로 각종 알레르기 증상이 나타났으며, 치아와 잇몸에 반복해서 염증이 생겼다. 피로가 나를 압도하고 있었다.

이런 증상들은 내가 이미 겪고 있었던 인지적, 신경학적 결손만큼 심한 트라우마를 초래하지는 않았지만, 나는 하려던 말을 자꾸 잊어버리곤 했다. 왼쪽과 오른쪽을 헷갈려 했고, 하루에 몇 페이지 이상 글을 읽을 수 없었다. 이러한 인지적 결손은 누구에게든 두려울 만한 것이었지만, 특히 내게는 큰 공포였다. 하루에 책 한 권 정도의 분량을 읽고 매일 원고와 서신을 합해 20~40페이지 분량씩 글을 쓰고 강의도 하고, 한두 건의 실무회의를 하던 내게 일어난 일이었으니까.

나는 스스로를 돌볼 수도 없을 만큼 병들어 버렸다. 담보대출 상환 계획을 마련하지 못하면 집을 잃을 위기에 놓였던 탓에, 내 기록자료 전부를 대학 측에 성급히 헐값에 팔아 버렸다. 나는 7년 동안 고통 속에 살았지만 실험적이고도 전통적인 치료, 침, 첨단 치의학 그리고 행운 덕분에 살아남았고 이겨냈다. 고통을 겪는 환자들 대부분은 별로 운이 좋지 않았다. 많은 이들이 침상을 떠나지 못하거나 집을 나서지 못했다.

뇌과학자이자 심리학자인 내 친구 나오미 웨이스타인 역시

CFIDS였다. 그는 점점 상태가 악화됐고 끝내 침상을 떠나지 못했다. 일부 CFIDS 환자들의 일부는 죽고, 나머지는 자살한다. 보험사들은 CFIDS가 실재하는 질환이 아니라고 주장했다. 당시 실력 있는 의사들도 그에 동조했다. 그렇게 나는 나도 모르는 사이에 장애를 가진 사람이 됐다.

나는 몇 가지 중요한 교훈을 얻었다. 대다수의 사람들은 만성적으로 장애를 입은 이들에게 온정적이지 않으며 이 같은 질환은 짧게 끝나지도 않고 극적인 변화도 없다는 것을. 친구들과 동료들은 내 병증이 얼마나 심각한 수준인지 잘 이해하지 못했다. 한 번 이상 나를 찾아오는 사람도 드물었다. 내 친구 멀과 리브카 하우트, 주디 쿠퍼스미스, 주디 오닐 정도만이 그 예외였다.

보험회사들은 환자가 가장 약할 때 싸움을 걸어온다. 환자가 받을 자격 있는 보험금을 당신에게 지급하지 않기 위해서다. 그들이 요구하는, 전혀 불필요한 건강 진단(보험회사 측 내과 의사들은 늘 당신이 건강한데 꾀병을 부린다고 판단한다)은 당신을 나가떨어지게 만들거나 죽게 만들려는 속셈으로 부과하는 것이다.

도움을 주는 가까운 가족도 없이 홀로 만성질환을 앓는 여성이 된다는 것은 위험천만한 일이다. 우리는 지구 끝 낭떠러지에서 종종 그냥 떨어지는 신세다. 만일 함께 사는 성인 파트너가 없다면 위기에 대처할 수 있게 도와줄 사람이 아무도 없을 것이다. 이런 순간에 여성들은 자기 자녀에 대한 양육권을 비롯해 집, 직업, 노후 자금, 과거의 삶으로 돌아갈 생명줄을 잃는다.

하지만 나는 세상에서 가장 운이 좋은 여자이기도 했다. 우선 내 아들의 아버지는 양육권을 원하지 않았다. 나는 내 소유의 집이 있었고, 개인 상해보험도 있었다. 비록 최소 2년치 이상의 보험 적용을 받기 위해 열심히 싸워야 했지만. 또 내가 아픈 동안에도 법적으로 내게 (적어도 일부) 급여를 지급해야 하고 건강을 회복하면 다시 나를 데려다 쓸 의무가 있는 고용주가 있었다. 고용주의 계약상 의무사항에 나를 온정적으로 혹은 존중하며 대우해야 한다는 내용은 없었지만.

한창 병세가 깊던 시기에 나는 저명한 페미니스트 정신과 의사 주디 루이스 허먼 박사의 《트라우마》라는 선구자적 작품에 대해 서평을 썼다. 책 제목에서 알 수 있듯, 허먼은 트라우마에 대해 "미쳤다"는 진단을 비롯해 다양한 반응을 다루고 치유와 회복에 필요한 것들을 기록하고 있으며 "회복" 개념을 재정의한다. 치유에 필수적인 사항은 트라우마의 세세한 사항들에 대해 도덕적 증인이 돼 줄 페미니스트인 정신건강 전문 인력이다. 《뉴욕 타임스 북 리뷰》에 게재된 내 서평은 결정적 역할을 했다. 판매량이 급증했고 외국어 번역판들이 출간됐으며 주디는 전 세계 각지에서 강연 요청을 받았다. 그리고 수백만 명의 여성들이 도움을 받게 됐다.

에이드리언 리치가 《여성과 광기》에 대한 서평을 써야만 할 것 같은 의무감이 들었다고 했던 것처럼 나 역시 좋은 마음으로 도와야겠다는 생각을 했다. 나는 몸이 아픈 상태였고 여전히 증상이 있었지만, 4~5년이 지나고부터는 간혹 괜찮은 날들도 생기기 시작했다.

브렌다와 완다 헨슨은 미시시피 오벳에서 120에이커 규모의 페미니즘 교육 시설을 운영했다. 1990년대 중반, 이들이 전몰 장병 추모일인 주말 동안 연대를 요청했을 때, 나는 그 행사에 참석하기로 마음을 먹었다. 질병이 내 앞길을 가로막게 두지 않기로 했다. 내가 갈 수 있는 곳이라면, 나는 거기 있을 예정이었다. 하지만 감히 혼자 이동할 엄두는 내지 못했다. 함께 살던 파트너 수전과 내 친구 멀이 나와 동행했다. 헨슨 부부 버전의 페미니즘은 유익했다. 그들은 "나한테 해 줘" 부류의 페미니스트가 아니었다. 그들은 자신들의 성정체성을 내세우지 않았고 자신들의 피해자 정체성을 바탕으로 어떤 연민도 요구하지 않았다. 그들은 자기 자신들보다는 타인들을 섬기고 그들의 원칙에 충실하고자 했다. 그리하여 무료 급식소를 차리고 무료로 옷을 나눠 주는 클로즈 클로짓Clothes Closet을 열었으며, 가정폭력 피해여성들과 친족 성폭력 및 강간 피해자들에게 상담을 제공했다. 또한 인종차별에 반대하여 지역사회의 아프리카계 미국인 공동체와 긴밀한 유대 관계를 이어나갔고, 반유대주의나 유대인혐오에 맞서 싸우는 일종의 성명으로서의 유월절 축제를 개최했다.

헨슨 부부는 오벳에 토지를 매입했다. 교회 열여섯 개가 있는 작은 동네였다. 당시까지 그들은 끊임없는 괴롭힘에 시달렸다. 생리대 두 개를 차고 배에 총을 맞은 채 죽은 강아지 암컷이 우편함에 걸쳐져 있고, 계속되는 협박 전화와 편지 심지어 폭파 협박을 받기도 했으며, 이들이 걸어놨던 미국 국기와 무지개 깃발은 찢겨나갔고, 이들 소유의 부지에 들어오는 침입자들이 계속 있었다. 이들을 지지하는 레즈비언 이웃의 집은 원인을 알 수 없는 화재로 전소됐다. 헨슨 부부는 가장 심각하고 위험한 포위 상태에 있었고 전 세계 언론은 이들의 상황을 집중 취재했다.

자원봉사자들이 칠흑 같은 어둠 속에서 뒷길로 차를 몰아 우리를 캠프로 데려갔다. 사방 수 마일 거리 안에 우리가 탄 차량의 전조등만이 유일한 불빛이었다. 드디어 도착한 것이다. 상상력만 지나치게 발달한, 무방비 상태의 도시 여자 셋이 총기도 무전기 도 없이 어둠 속에서 한참을 달리며 겁을 먹지 않으려 애를 쓰면 서 말이다. 나는 정말로 소저너 트루스의 1851년도 연설 '나는 여 성이 아니란 말인가Ain't I a Woman'와 매티 그리피스의《어느 여성 노예의 자서전Autobiography of a Female Slave》사본을 움켜잡았다.

나는 훨씬 더 위험했을 그들의 삶을 떠올리며 그들의 힘 에 의지했다. 혹시나 주 경찰이나 KKK[6]가 갑자기 나타나 우리 차를 멈춰 세우지는 않을까 생각하기도 했지만 아무도 나타나 지 않았고, 우리는 캠프시스터스피릿까지 쭉 달렸다. 나는 이렇 게 적었다. "캠프시스터스피릿은 마치 우드스톡, 레즈비언 국가, 미시건여성음악페스티벌을 한데 합친 것 같았다. 정말로 딱 그 랬다. 마치 초능력 군사력을 소유한 레즈비언 페미니스트 전사 부족에 관한 다이애나 리버스의 이야기(《위대한 별의 딸들Daugh-ters of the Great Star》)가 눈앞에 현실로 펼쳐진 것만 같았다." 실제로 다이애나는 그곳에서 자신이 직접 지은 신전에 살고 있었고, 나 는 그를 만날 수 있어 기뻤다.

헨슨 부부는 서른 명의 여성만 온 것에 실망했다. 나는 그들 에게 미국인 페미니스트들이—TV 패널로나 또는 각종 콘퍼런스 와 파티 말고 여성 소유의 땅에서 자기 신념을 견지하고 폭력 그 리고 심지어는 죽음의 위험마저도 무릅쓰며—한데 모인 것을 보

---

6   미국 남부에서 주로 활동했던 백인우월주의 단체.

1994년 미시시피 오벳에서 완다 헨슨과 멀 호프먼과 함께

기 위해 27년을 기다렸었다고 말했다. 나는 그 자체로 대단한 성과라 생각했다.

몇 년 뒤, 헨슨 부부는 게이프라이드 퍼레이드에 참가하기 위해 뉴욕에 왔을 때 우리 집에 머물렀다. 그들은 캠프시스터스피릿 현수막을 높이 들고 다니면서 기금을 모으고 싶어 했다. 많은 게이 남성들은 그들에게 하이파이브를 하며, 아무 것도 묻지 않고 10~20달러 지폐를 건넸다. 많은 레즈비언들은 그들에게 왜 굳이 미시시피여야 했냐고 꼬치꼬치 따져 물었다. 헨슨 부부는 녹초가 된 채 설명하려 애를 썼다. "우리는 미시시피 출신이고, 앞으로도 미시시피가 우리 주예요. 우리는 남부지방 사람들이고, 우리 자신의 뿌리로부터 내쳐지고 싶지 않았습니다." 소수의 레즈비언만이 그들에게 돈을 기부했다.

캠프시스터스피릿은 이제는 없다. 미국 페미니스트와 레즈비언 역사에서 찬란했던 순간의 상징이었던 곳. 그곳의 소멸은 미국 남부의 성차별주의와 호모포비아에 대한 영원한 징벌로 남아 있다.

1998년에 강단으로 돌아왔을 때 나는 난생처음 폐렴에 걸렸다. 항생제를 쓰면 그나마 상태가 좋아지는 듯했다. 얼마 후 주치의는 내게 라임병 검사를 해보자고 했고, 이번에는 양성이 나왔다. 그동안 나는 라임병(치료되지 않은 상태)과 CFIDS를 함께 앓아 온 것이었다. 내 면역체계는 약화될 운명이었던 것이다.

두 번째 학기가 돌아왔고, 이번에는 기관지폐렴에 걸렸다. 나는 빌딩병 증후군sick building syndrome이 걱정됐다. (1990년대 초 CUNY 스태튼아일랜드는 그 무시무시하게 오래된 월로브룩학교Willowbrook State School 부지를 사들였다.) 나는 대학 측에 5개 구역 중 어디든 좋으니 다른 곳으로 전근시켜 달라고 간청했지만 거절당했다. 나와 몇몇 다른 교수들을 병들게 만들고 있는 것이 무엇이었든 나는 거기에 내 면역체계를 맡겨둘 자신이 없었다. 법정 소송을 생각해 볼 여력은 전혀 없었으므로 나는 쥐꼬리만 한 연금을 받고 조기 퇴직했다.

나는 일단 어떤 영역을 개척하거나 어떤 단체를 공동으로 설립하고 나면 다른 곳으로 옮겨가고 다른 이들이 그곳을 점하게 두는 경향이 있다. 여성심리학회나 NWHN에도 나는 오래 머물지 않았다. 18여 년이 지나고 나는 수많은 글과 영화와 기념행사 등에서 다뤄져 왔던, 최초의 그리고 아마도 가장 유명한 페미니스트 유월절 축제에서도 은퇴했다.

《그 여자의 어머니들Her Mothers》과 《옷감 짜는 여자들A Weave of Women》의 작가 E.M. 브로너를 기억하는지? 그는 하이파에서 돌아온 뒤 내게 구애하기 시작했다. 그의 행동에 맞는 다른 표현은 못 찾겠다. E.M.은 내 생각 하나하나에 너무 기뻐하며 앓는 소리를 냈고, 내 글을 엄숙하고도 경건하게 읽고, 매일 내게 전화를 걸었으며, 내가 극히 특별한 사람인 것 같은 느낌이 들게 했다.

E.M.은 어느 페미니스트 유월절 축제를 함께 이끌자고 했다. 내 집에서 최초의 페미니스트 유월절 축제를 열고 내가 그 행사를 진행했던 이야기를 여러분은 기억할 것이다. 당시 나는 레티 코틴 포그레빈, 영화제작자 릴리 리블린, 예술가 비 크렐로프와 이디스 아이작-로즈를 초대했었다. 우리는 핵심 멤버가 됐다. 여러 해 동안 유명한 손님들―글로리아 스타이넘, 벨라 앱저그, 그레이스 페일리―이 종종 우리와 함께했다. 캐나다 당시 유엔 대사와 결혼한(그리고 E.M.의 꾸준한 구애의 대상이기도 했던) 캐나다 출신의 저널리스트 미셸 랜즈버그는 계속 왔다.

나는 모든 지인에게 E.M.을 소개했다. E.M.이 원하는 바였고, 또 내게 그토록 따뜻하게 대해 줬던 누군가에 대한 소개였음에도 어쩐지 망설여졌다. E.M.에게 영원히 마음의 빚으로 여길 일은, 그가 오슬로에서 내 강간범 그리고 그 강간범에게 협조하던 로빈에 맞서 나를 지지해 줬고 그 이후로도 몇 년간 변함없었다는 사실이다. 그는 용감하게 나의 편에, 진실의 편에 섰다. 나는 이 부분에 대해 감사하는 마음이 있으므로 점점 나를 불편하게 만들던 여러 가지 일들을 참았다.

유월절이 우리에게 주는 교훈이 있다면 자유라는 기적은 개인이 처한 역사적 상황과는 무관하게 신의 도움으로 일어난다는 것이다. 어느 유대인이 예루살렘의 멸망 또는 유럽이나 아랍의 집단학살에서 살아남았든 혹은 이란이나 이라크의 교도소 또는 나치 수용소에 갇혔든 그는 노예 신분에서 해방되어 얻은 자유를 기뻐해야 마땅하다.

나는 베드포드힐스 여성교도소에서 열린 유월절 축제에 참석했던 적이 있다. 놀랍고도 어쩌면 근사하기까지 한 경험이었다. 수감 중인 여성들이 자유를 기리고 있었다. 무엇으로부터 벗어나 무엇으로 향하는 자유일까? 이목이 집중됐던 사건의 정치범들 몇 명도 있었고, 마약중독자, 좀도둑, 성매매 여성 등도 있었다. 그들은 지금까지 살면서 안전하다고 느꼈던 적이 한 번도 없었다고 말했다. 지금 감옥에 있으니, 자신들을 때릴 아버지도, 남편도, 포주도 없다고 했다.

이토록 기념비적인 이야기, 이토록 보편적인 메시지는 한 성별의 유대인들에게나 해당되는 것인가? 자유란 모든 민족, 모든 신앙에게 허락된 유대교적 가치가 아닌가? 종교적 학식이 있는 유대인 남성들만이 유월절 축제를 집행할 수 있는 것인가? 아니면 남성이든 여성이든 학식이 있든 없든 유대인이면 누구나 그렇게 할 수 있는 것인가? 유월절이야말로 여성과 노예의 축일이며 따라서 가부장적 유대교 신앙의 손아귀로부터 우리의 자유를 탈취할 기회가 아니던가?

토라 공부를 조금이라도 해 본 사람이라면, 우주 속에서 인간이 차지하는 자리가 꽤나 초라하다고 생각하게 될 것이다. 가령, 신과 가장 친밀했던 우리의 스승이자 해방자였던 선지자 모세는 하가다에 한 번도 언급이 되지 않는다. 하가다는 유월절 축제에 대한 전례서다. (모세가 언급되지 않은 데는 복잡한 역사적, 신학적 이유들이 있다.) 대다수의 페미니스트 유월절 축제들은 모세의 누이인 선지자 미리암을 추앙한다. 우리 성별의 인간 이미지를 찾아보려는 이 선명한 허기, 이해는 가지만 유치하다. 나도 한때 그런 허기가 있었지만 이제 그 허기를 완전히 채웠다. 그토록 수많은 세기 동안 아버지 하느님의 시간을 보냈으니, 처음에 페미니스트 여성들은 어머니 하느님을 갈구했다.

우리는 각자 자신의 이름과 어머니의 이름으로 자기소개를 했다. "저는 릴리안의 딸 체슬러입니다." "저는 실의 딸 레티예요." 그러다 보니 초창기의 여성 유월절 축제는 우리 나름의 이미지대로 꾸려졌다. 우리 엄마들의 세상이 될 참이었다. 우리는 여성 조상들을 찾아 나선, 엄마 없는 자매들이었다. 우리는 언어적 모계 의식을 만들어 냈고, 그런 식의 자기소개는 우리의 심리적 역량을 강화시키는 역할을 했다. 그리고 지금도 그렇다.

한때 우리는 가족끼리의 유월절 축제에서 노예처럼 조용했지만, 이제는 우리만의 페미니스트 유월절 축제에서 유대인처럼 자유로워졌다. 이는 결코 작은 성과가 아니었다.

우리는 평행우주를 만들어 냈다. 엄마들과 딸들만 가득한 세계 말이다. 당시 우리가 했던 일은 이집트를 떠나 첫걸음을 떼는 것이었다. 하지만 그 걸음이 궁극적으로 우리를 약속의 땅으로 데려가는 것은 아니었다. 위안을 주기는 했지만, 매년 첫걸음만 계속 내딛고 있는 것이 나는 성에 차지 않았다.

리블린과 나는 각 유월절 축제를 위한 의식들을 생각해 냈다. 여성들을 한데 묶고 우리 모두를 고양시킬 독창적인 방법들을 찾았다. 어느 해에는 나의 첫 여성 동거인이었던 팻이 아주 얇은 대형 연보라색 끈을 한데 엮어 실제로 우리 몸을 묶을 수 있게 만들었는데, 나는 이것을 신성한 슈마타schmatta라 불렀다. E.M.과 리블린은 이스라엘에서 개최된 국제 종교간 평화 콘퍼런스에 참석할 때 그 끈을 가지고 갔다. 유월절 축제 자매들은 그것을 매년 쓰길 원했다. 결국 나는 그 끈을 불 속에 던져 넣자면서 이렇게 덧붙였다. "이게 우상숭배의 한 형태가 돼 버렸어요."

"안 돼요, 그 신성한 슈마타 태우지 마요!" 레티가 외쳤다. 그러더니 그 끈을 건져 자기가 간직하겠다고 했다. 그리고 정말로 지금까지 간직하고 있다. 가슴 아픈 순간이었다.

E.M.은 그가 늘 변화시키고 싶어 했던 그 주제들에 대해 연구했다. 결국 신이 이집트인들에게 내린 역병은 신, 모세, 심지어 미리암과도 무관했고, 미국의 인종차별, 성차별, 군비 지출, 공화당, 지구의 파괴와 관련이 있었다. 레티, 비, 이디스는 음식에 관해 결정했고 지정된 손님들에게 각기 다른 음식을 나눠 줬다.

우리는 백인, 유색인종, 유대인, 기독교인 페미니스트들—대개 자리 잡은 학자, 유명 작가, 의사, 화가, 큐레이터, 방송인들—을 초대했고 그들 대다수는 비종교적 혹은 반종교적 성향이었다. 손님들은 카메라를 가져와 찍어 댔다. 정치적으로 올바른 페미니즘 행사, 집단 심리치료, 유대교 의식, 경력 중심의 공연 예술 사이의 차이를 아는 사람은 거의 없었다.

레티와 E.M.은 정성껏 글을 써 기고했고, 리블린은 근사한 영화 〈미리암의 딸들은Miriam's Daughters Now〉을 감독했다. 절반쯤은 유대식, 절반쯤은 이교도식 복장으로 차려입고 스스로를 랍비나 영적인 인물로 보여 주는 E.M.의 모습이 내 눈엔 상당히 혼란스러웠다. 비종교적 페미니스트들의 정치적 행사로서의 성격이 강한 자리에서 말이다. 내 생각에는, 우리는 딱히 가부장적 의식을 변형시키는 중이었던 것이 아니다. 우리는 유명 인사들로 구성된 우리 나름의 소규모 광신적 집단을 꾸리고 있었던 것이다. 평생 나는 사랑하는 공동체를 갈망했고, 이제는 내 아들을 위해 훨씬 더 간절해졌다. 비슷한 곳이라도, 적어도 1년에 한 번은 속할 수 있었으면 했다. 하지만 미치고 팔짝 뛰게도 그 유월절 축제의 핵심 멤버들이 아들은 받지 않겠다고 했다. 딸만 된다는 것이었다.

매년 E.M.과 레티는 자기네 딸들을 데려왔고 매년 나는 혼자 참석했다. 마침내 나도 아들을 데려갈 수 있었지만, 단 한 번이었다. 리블린이 자기 영화를 나와 함께 공개하며 남자아이들을 포함시키는 일의 중요성에 대해 이야기했던 것은 두고두고 빚을 진 마음이다. 돌이켜 보면, 그 다섯 명의 핵심 멤버들(그중 셋은 여러 해 전에 먼저 엄마가 됐다)이 나와 내 아이를 위한 자리를 만들어 주기를 기대했던 것이 내 잘못이라는 생각이 든다. 처음 E.M.과 함께 일을 도모할 당시의 나는 대체로 비종교적인 존재였고, 점차 종교적 학식을 갖춘 사람이 되어갔다는 것도 이제는 안다.

시간이 흐르면서 나는 더 적은 인원을 초대하자고, 유명인도 더 적게 부르자고 제안하기 시작했다. 아들들, 남편들, 남성 친구들을 초대하고, 이제 우리 자신에만, 우리가 얼마나 중요한지에만 집중하는 것은 그만하자고 했다. 유월절 축제 주최자로서, 점점 더 나는 우리 모두가 유대교 신앙 속에서 최소한의 지식을 얻을 의무가 있다고 믿게 됐다. 그러면서도 나는 계속 거기 남아 있었다. 관계를 끊을 용기가 없었다. 이 여성들은 바로 그 유대계 페미니스트 진영을 대표했으니까. 적어도 뉴욕시에서는. 그곳을 떠나면 나는 아무 데도 갈 곳이 없을까 봐 두려웠다.

나는 어딘가에 속하고 싶었다. 작가들은 고립된 채 살아가고, 나는 이 여성들을 오랫동안 알고 지냈다.

우리가 코텔에서 처음 기도한 뒤로 1년이 지난 때였다. 레티는 《뉴욕 타임스》의 나딘 브로잔과 사진작가 한 명을 배정해 우리의 유월절 축제를 취재하게 했다. E.M.은 마치 한 편의 심리극처럼 그 벽을 위한 싸움을 "연기로 표현하자"고 부추겼다. 그는 여성들을 한 줄로 세워 벽을 상징하는—그리고 그 벽을 압도하는 역할을 할 여성들을 반대편에 똑같이 한 줄로 세우는—구상을 했다.

나는 이 생각을 극구 반대했다. "이건 홈비디오나 게임 같은 게 아니에요. 이건 진지한 신학적 투쟁이라고요. 우리 유월절 축제에 쓰겠다고 그냥 소도구나 얄팍한 수단처럼 갖다 쓸 수는 없는 거예요."

내가 이겼다. E.M.은 어금니를 꽉 깨물고 눈은 분노로 어두워진 채 퉁명스러운 표정이 됐다. 우리 둘 사이에 무거운 공기가 가라앉았다. 나는 왜 그냥 그 흐름에 몸을 맡긴 채 E.M.이 미래의 에이전트와 출판사들을 계속 유혹하여 레티는 출간을 하고 리블린은 영화를 찍게 두지를 못했을까? 성공한 사람들을 계속 초대해서 함께 할 수 있었을 텐데. 진짜 공동체에 대한 갈망과 계속 확장돼 가던 토라 지식이 왜 내가 무리를 따르는 것을 가로막았을까? 흠결이 있어도 소중한 타인들을 위해 왜 나는 그냥 못 본 척 시선을 돌리고 타협하지 못했을까?

나는 그런 사람이 아니니까. 그리고 나는 당시 종교적 학식을 갖춘 여성들과 함께 일하고 있었으니까. 나는 통곡의 벽에서 기도할 유대인 여성들의 권리를 위해 1989년에 시작된 역사적인 소송에 참여한 원고 중 이름이 알려진 사람 중 하나였으니까. 나에게는 지켜야 할 것이 있었고 내 스스로 느낀 의무감이 있었다.

레티는 과도하게 열심히 일하고 많은 결과를 내고 인맥을 잘 쌓는 여성이다. 나는 그의 야망, 인내심, 지칠 줄 모르는 에너지에 늘 감탄했다. 하지만 내가 느끼기에 레티는 글로리아의 아파트에서 내가 열었던 오슬로 후속 재판 이후로 늘 나에 대해 신경을 곤두세우고 있었던 것 같다.

우리만의 유월절 축제가 17주년이 되던 해에 나는 모두에게 이 축제는 우리 자신만을 위해 열자고 설득했다. 어떤 언론 매체도, 파파라치도 없이 말이다. 다들 동의했다. 하지만 E.M.은 아무도 모르게 이 유월절 축제에 관한 책《이야기하기 The Telling》를 쓴 뒤였고, 전부 우리에 관한 내용이었다. (그가 묘사한 나는 다정하고 다른 사람의 기분을 잘 맞추지만 약간은 혹독한 모습이었다.) 책이 막 출간되어 NPR의 마고 애들러가 레티의 집에서 다음 축제를 생방송으로 녹화하고 싶어 했다.

막판에 E.M.은 내게 전화를 해서는 만일 마음을 바꾸어 녹화를 허락하지 않으면(나머지 사람들 전부는 이미 여기에 동의했고, 내게 마지막으로 전화를 하고 있는 것이라 했다) 자기 경력이 망가지는 것은 내 책임이 될 것이라고 말했다. 나는 심호흡을 한 뒤 이렇게 말했다. "걱정할 거 없어요. 올해 우리를 위한 내 나름의 의식은 금송아지를 숭배하러 가지 않는 것이 될 테니까." 그렇게 나는 우리의 페미니스트 유월절 축제를 떠났다.

　우리의 불평 대마왕은 그 뒤로 다시는 내게 말을 걸지 않았다. 결국 리블린의 끈질긴 설득으로 우리는 단칼에 거절한 E.M.만 빼고 대책 마련을 위해 한자리에 모이기로 했다. 나는 한때 E.M.을 사랑했지만 그의 거침없는 야망과 할리우드 스타일로 사회적 신분을 높이려는 노력에 질려 결국 떠나 버렸다. 그는 허풍스러운 이야기꾼이었고 세세한 부분이 좀 틀린다 한들 그에게는 별문제가 되지 않았다. 그에게 중요한 것은 주문을 거는 자기만의 언어와 거창한 자기만의 꿈이었다.

　아주 오래전, 한때 우리는 희망 속에 반짝이며 모두 함께 깔깔대며 웃는 젊은 여자들이었다. 나는 우리 모두를 사랑했다. 지금도 우리가 그립다. 타락 전의 천국은 영원한 그리움으로 남고, 더 단순하던 시절과 순전한 환영으로부터 쫓겨난 것은 애통함으로 남기도 한다.

*

함께 싸웠던
나의 전사들에게

9·11 이후, 나는 오래전 내가 도망쳐 나왔던 그 아프가니스탄이 곧장 미래 서구 사회에 있는 나를 따라온 느낌이었다. 그 멀고 위험한 나라가 미국의 헤드라인들을 점령하기 시작했다. 이슬람교도 여성들은 뉴욕시 거리에서 부르카(머리, 얼굴, 몸을 덮는 천)와 니캅(얼굴을 가리는 마스크)을 쓰기 시작했다.

전 세계적으로 여성을 대상으로 한 폭력이 무섭게 들끓자, 서구의 수많은 페미니스트는 자신들이 식민지주의자이자 인종차별주의자라고 비난받을까 봐 그런 폭력을 규탄하기를 점점 더 두려워했다. 이런 두려움은 전 세계 여성 인권에 대한 관심을 억누를 때가 많았다.

내가 힘을 보태 개척했던 보편주의적 페미니즘은 이런 것이 아니었다. 우리는 다문화적 다양성을 지지했던 것이지, 다문화적 상대주의는 아니었다. 우리는 여성혐오를 보면 그것을 여성혐오라 지적하고 나섰고, 그 남자가 가난하다거나(피해자들도 가난함) 유색인종이라는(피해자들도 대개 유색인종) 이유로 강간범, 가정폭력범, 친족 성폭력대상 성도착자를 봐주지는 않았다. 우리는 가해자가 어린 시절에 학대를 당했다는(피해자도 학대를 당했다) 이유로 그를 동정하지 않았다.

미국에서 낙태와 동성결혼 합법화를 위한 투쟁은 정당한 운동이지만, 사실 이슬람교도, 전 이슬람교도, 힌두교도, 시크교도인 반체제인사, 동성애자, 종교적 박해를 받은 소수민족들 편에 서는 것 역시 마찬가지다. 모두 자신의 삶을 위해 싸우는 중이다.

전 세계 각지의 사건들을 통해 페미니즘적 사고들은 훨씬 더 중요해졌다. 그러나 그와 동시에 서구의 페미니즘은 그 힘을 일부 상실했다. 서구의 가치들은 우리 페미니즘 혁명을 비롯한 수많은 해방운동에 영감이 되었으나, 그런 서구의 가치들을 옹호하기보다는 세계의 불행에 대한 서구의 책임을 묻는 일에 훨씬 더 집중하고 있는 것이 오늘날의 우회적 페미니즘이다.

페미니즘에 대한 유명인들의 지지라든가 혹은 언론 매체가 나서서 유명인들을 부각시킨 순간들을 딱히 운동이라 할 수는 없다. 내가 사랑하는 헬렌 미렌이 '페미니스트'라는 글자가 새겨진 눈에 띄는 스커트를 자꾸 입고 나온다면, 나야 좋아하겠지만, 그것이 노예해방선언에 버금가는 일이라고는 생각하지 않는다. 21세기에 페미니즘으로 통하는 정체성이 여러 갈래로 분열된 양상을 생각하면 나는 슬퍼진다. 그런 식의 분열은 모든 시위 참가자들 개인에게는 영향이 없을 만한 사안들에 다 함께 연합하여 싸우는 것을 사실상 불가능하게 만든다.

많은 페미니스트 학자와 저널리스트는 오늘날 히잡, 니캅, 부르카, 강제 결혼, 여성 할례, 일부다처제에 대한 반대 발언에 인종차별의 소지가 있다고 믿는다. 또한 이들은 포스트모더니즘적 사고방식을 통해 학계의 입장에 맞서거나 각종 청원에 서명하는 일 역시 살아 있는 이들을 감금 상태에서 구출해내는 것만큼이나 중요하다는 것을 알게 됐다.

나는 철학적으로 보편주의 입장인 페미니스트가 모순적이게도 어디까지 고립주의자가 될 것인지 예견하지 못했다. (아마도 인종차별에 반대하는 맥락에서 비롯된) 그런 소심함은 어쩌면 기성세대 페미니스트들의 가장 큰 실패인지도 모르겠다.

나는 2세대 페미니즘의 몽상적인 이상들 중 어느 것도 철회할 생각이 없다. 오히려 나는 반페미니스트가 아닌 페미니스트로서 우리의 사고 계급들thinking classes 사이에서 뭔가 대단히 심각하게 잘못돼 버렸다고 말해야만 한다는 의무감이 든다. 다문화적 규범은 독립적이고 관대하고 다양하며 객관적인 사고방식으로 이어지지 못했다. 오히려 순응 그리고 전체주의적 무리 짓기 사고로 흘렀다.

여성학의 토대를 마련한 것을 후회하느냐고? 아니, 후회하지 않는다. 규범에 대해 식견 있는 여성들, 여성의 역사, 그리고 급진적이고도 독창적인 페미니즘 견해들을 포괄할 수 있도록 확장하는 작업은 유색인종에 의한 연구와 그들에 대한 연구를 포함하는 작업과 마찬가지로 진즉 이뤄졌어야 했던 부분이니까. 내 세대의 페미니스트들은 언제나 내게 끝없는 힘이 됐다. 나는 그들에게 빚을 졌다. 내가 성취한 것들은 그들의 몫이기도 하다.

'좋고도 싫었던 지난날들'은 영원하지 않다는 사실, 환영들은 산산이 부서졌고 누군가 배신당했다는 사실에 새삼스러울 것도 없다. 세계가 축을 중심으로 계속 도는 것이라면, 어쩌면 역사에는 또 다른 대대적인 변화가 시작될지도 모르고, 우리가 한 최선의 작업이 보존된다면, 제대로만 보존된다면, 미래 세대는 우리의 어깨를 딛고 설 수 있을지도 모른다. 부디 이 회고록이 수정주의적 페미니즘의 대열에, 밀려드는 조류에 맞서 줄 수 있기를.

내가 알고 지냈거나 나와 함께 일했거나, 또는 작품으로 내 젊은 시절을 밝혀주었던, 활발히 활동했던 초창기 페미니스트들 중 적어도 100명쯤은 이제 죽고 없다. 그리고 그들과 함께 어떤 우주도 사라져 버렸다. 내가 소중히 여겼던 수많은 것들은 이제 없다. 나는 그런 절친한 친구들 덕분에 투사로서의 길을 끝까지 걸을 수 있었다. 나와 함께 헌신했던 몇몇 영혼을 여기에 적어 본다. 우리는 용감하고도 진실한 병사들이었으며, 가깝고도 소중한 친구들이었다.

캐나다 태생의 루비 로리치(1913-1999) 박사는 내 어머니 세대의 인류학자였다. 루비는 내가 방에 들어설 때마다 미소를 지었고, 내 연구에 감탄했으며, 내가 그의 연구에 감탄할 때면 눈을 반짝였다. 그렇게 우리는 서로를 아꼈다.

루비는 많은 글과 책을 썼다. 작품으로는《푸에르토리코 사람들The Puerto Ricans》《평화적인 영장류들과 온순한 사람들Peaceable Primates and Gentle People》《비교문화적인 여성들Women Cross-Culturally》《유토피아를 찾는 여성들Women in Search of Utopia》《홀로코스트에 저항하며Resisting the Holocaust》 등이 있다. 루비는 비비언 고닉과 B.K.모런이 1971년에 펴낸 대단한 선집《성차별적 사회 속의 여성Woman in Sexist Society》에서 가장 경이로운 부분들을 썼다. 그는 전근대 및 근대를 통틀어 비서구 문화권에서 여성들이 맡고 있는 다양한 역할들에 관해 썼다. 여성들은 결코 남성들과 평등한 수준 근처조차 가 본 적이 없었는데도, 종종 독립적이고 자립적이었다. 그러나 유럽 열강이 식민지를 늘려감에 따라 "여성의 역할에 부정적인 영향"을 자주 미치는, 한층 더 뚜렷하게 정형화된 성 역할이 부과됐다. 루비는 여신 숭배가 있는 비서구 문화권에서 여성이 한때 남성을 지배한 적도 있었음을 입증하지는 못했지만, 많은 페미니스트들은 이를 믿기로 선택했다.

루비는 2차 대전 중에 미 전시정보국 소속 선전분석가로 일했고 이후 카사블랑카 중심으로 활동하던 심리전부Office of Psychological Warfare를 지휘했던 경험에 대해서는 좀처럼 이야기를 하지 않았다. 또 그는 세상을 떠날 당시 노벨상 수상자 리타 레비-몬탈치니의 전기를 쓰고 있었다. 나는 루비가 그 작업을 마칠 수 있기를 간절히 바랐다. 그리고 현재 그 원고를 누가 가지고 있는지 알고 싶다.

루비의 일생을 알아가다 보니 내 삶은 얼마나 특권에 가까웠는지 알게 됐다. 그는 1차 대전 발발 전 몬트리올의 전통적 유대계 가정에서 태어났고 대학은 가지 못했다. 다정했지만 빈곤에 허덕이는 어머니를 부양해야만 했기 때문이었다. 이것은 내 어머니가 그랬듯 바로 루비가 했던 일이었다. 루비는 뉴욕시로 건너와 결혼한 뒤 집에 머물며 어린 두 아들을 돌볼 계획이었다. 물론 그렇게 했다. 그러다 보니 학사학위를 받은 지 29년이나 지난 1969년이 돼서야 인류학 박사학위를 취득할 수 있었다.

루비는 대학이라는 세계에서 여성으로서, 나이 든 여성으로서, 유대인으로서 차별에 부딪쳤다. 그는 고통을 겪었지만 고통은 그를 결코 막아 세우지 못했고 늘 이겨냈다. 그는 마거릿 미드와 공동연구를 했던 인류학자 루스 베네딕트와도 친분이 있었다.

인류학자인 엘리너 리콕과 공동연구도 했다.

루비는 동네 페미니스트 포커게임 모임의 오랜 멤버였다. 그는 멤버들이 담배를 피운다고 내게 하소연했다. 자신이 기종을 앓고 있어 담배 연기가 자기에게 위험하다고까지 했지만, 다들 담배 끊기를 거부했다는 것이었다. 자신을 위해 자제해달라는 부탁을 젊은 친구들에게 거절당한 것에 그는 마음이 상하고 화가 난 모양이었다. 그는 아들이 사는 다른 도시로 이사를 갔고, 링컨 센터 근처에 살 때 가장 쾌적한 모임을 가질 수 있었다.

미소 짓게 되는 기억이 있다. 루비는 키가 작고 동글동글한, 내 어머니 또래의 노년 여성이었다. 내가 둘을 서로 소개시켜 줬을 때, 루비는 내 어머니에게 이렇게 말했다. "저는 결혼 생활을 몇 년 해 봤습니다. 지금은 레즈비언이고 그 사실을 자랑스럽게 생각하지요. 선생님은 어떠십니까?"

잠시 어머니는 말이 없었지만 나는 어머니의 눈에서 미소를 엿보았다.

루비가 자유로운 여성들과 어울리는 것을 얼마나 즐거워했는지 그리고 우리를 얼마나 환대했던 지를 생각하면 나 역시 미소를 짓게 된다.

앤드리아 드워킨(1946-2005)은 대담한 사상가이자 완벽한 지성인이었다. 우리는 언제나 이런저런 사상에 관한 이야기를 했다. 우리에게는 일종의 유희였다. 그는 내 어린 아들을 마치 어른처럼 대했고(케이트 밀릿도 그랬다) 나는 이 점이 낯선 방식으로 꽤나 뭉클했다. 그는 타인의 고통을 이해했지만 자기 자신의 고통과도 긴밀히 소통했다. 자신의 고통을 예술 그리고 정의를 위한 투쟁으로 바꾸어 냈다. 그런 삶은 악마들을 불러내는 경향이 있다. 앤드리아의 문학적 페르소나는 무법자에 가까웠지만, 나는 그가 나처럼 잠자는 시간 외에는 대부분 생각하고 읽고 쓰기—그리고 자기 버전의 프랑스혁명 구상하기—만 하는 사람이었음을 알고 있었다.

1991년, 나는 《OTI》에 앤드리아의 소설 《자비 Mercy》에 대한 서평을 썼다. 앤드리아는 내게 엄숙하고도 진지하게, 굉장히 위엄 있게 말했다. 나중에 이 서평과 함께 묻히고 싶다고. 다음은 내가 썼던 그 서평의 일부분이다.

앤드리아 드워킨은 의심의 여지없이 위대한 작가이자 작가들의 작가이다. 밀러나 메일러만큼 거장답고, 파농만큼 열정적이며, 볼드윈만큼 염세적이고, 휘트먼이나 긴스버그나 케루악만큼 문학의 대로를 걷는 음유시인이다. 날 것의 거친 느낌에다 냉소적이고도 맹렬하다. '자비' 없음에 대해 신에게 도전할 때는 가차 없다. 드워킨은 세상에 처음 나왔을 때의 보들레르와 랭보처럼 쓰라리고 충격적이다. 리덕처럼 용감하다. 가슴이 찢어질 만큼 용감하다. 다만, 드워킨은 아무런 전례가 없을 뿐.
나는 그저 드워킨을 그만의 자리, 그가 속한 자리에 두고 싶다.

앤드리아, 나는 당신이 지금은 알렉산드리아의 근사한 도서관에 자리를 잡고 앉아 두루마리 문서를 살펴보고 있었으면 해요. 아틀란티스나 에덴동산도 가 보고, 불가지론자, 냉소자, 세속주의자, 혁명적 페미니스트들, 그리고 당신을 위해 존재하는 천국에서 휴식을 취하고 있기를 바라요. 거기가 어떻든 평온히 쉬기를.

　요정처럼 아름다운 버피 존슨(1912-2006)은 화가이자 작가였다. 그는 거트루드 스타인, 테네시 윌리엄스, 고어 비달, 제인과 폴 보울스 부부와 친분이 있었다. 그리고 1930년대, 1940년대, 1950년대의 추상적 표현주의 화가 중 거의 유일하다시피 한 여성 화가였다. 그의 작품은 오늘날 세계 미술관 곳곳에 걸려 있다.
　버피와는 추억이 많다. 한번은 그가 멀 호프먼의 시골집 온탕 욕조에 스르륵 들어간 적이 있는데, 그 모습은 '진주목걸이를 한' 여인이었다. 또 다른 추억도 있다. 우리는 저녁 식사를 하러 소호에 나가면 나는 '레즈비언'이라는 단어를 쓴다. 그러면 그는 겁에 질린 표정으로 속삭인다. "아우, 자기야, 안 돼. 우리 그런 얘기는 크게 말하는 거 아니야." 내가 경험해 본 1920년대와 1930년대경의 클로짓 양성애자인 보헤미안들의 삶이란 대충 그런 것이었다.
　1988년, 나는 버피를 위해《짐승들의 여신Lady of the Beasts》출판기념회를 열었다. 베일을 드리운 검은 모자를 쓴 버피의 모습(근사하게 잘 어울림)이 꽤나 유혹적이었다. 버피는 남편이 몇 있었고 여성은 물론 남성 애인도 많았다. 그는 80대 후반의 나이에도 도자기 같이 섬세하고 가냘픈 귀족적인 아름다움을 간직했다.
　아마 버피와의 일화 중 가장 재미있는 것은 이 이야기일 것 같다. 그는 전시 오프닝을 위해 캘리포니아로 날아갔다. 나는 친구 Z에게 전화를 걸어 버피를 잘 부탁한다고 했다. Z는 자기 애

1988년 우리 집에서 열린 버피 존슨의《짐승들의 여신》출판기념회.
샌디 밀러도 참석했다.

인이자 최측근인 여성을 보내 버피를 부축하게 했다. 나중에 Z가
내게 전화했다. "그 할망구가 내 여자친구한테 막 들이대고 있어!
너 나한테 골칫덩어리를 보냈다고."

"오, Z. 버피는 원래 엄청난 바람둥이야. 그래도 80대 후반이
잖아. 간다 한들 뭐 어디까지 가겠어?"

알린 레이븐(1944-2006)은 페미니즘 미술 운동의 창시자 중
한 명이었다. 그는 여성미술회의Women's Caucus for Art의 창립자이자
여성빌딩(로스앤젤레스 소재 사립여성학교)과 레즈비언미술프로젝
트Lesbian Art Project의 공동 설립자이기도 했고, 잡지《크리살리스》
와《우먼스페이스 저널》도 창간했다.

인권운동을 하던 알린은 민주사회학생연합의 일원이었다.
그러나 납치를 당하여 남자 두 명에게 잔혹한 강간을 당한 뒤로
페미니즘 운동에 대한 헌신이 우선순위가 됐다. 그는 이렇게 적
고 있다. "내 다리 사이에 보지가 있는 한 그것은 억압당할 유일

한 필요조건이 된다는 사실을 나는 깨달았다. 나는 다른 누구와 다를 바 없이 취약했고 그 사실은 내게 충격이었다."

이 강간 사건은 그의 인생을 바꿔놓았다. 그의 작품은 더 풍부해졌다. 알린은 글을 기고하고, 전공 논문을 게재하고, 각종 카탈로그와 책을 펴냈다. 《교차: 페미니즘과 사회적 관심사에 관한 미술Crossing Over: Feminism and the Art of Social Concern》 그리고 카산드라 랭어와 함께 쓴 《페미니즘 미술비평Feminist Art Criticism: An Anthology》 등이 그것이다. 1985년, 알린은 강간에 관한 미술 전시의 카탈로그 소개 글을 쓰기도 했다.

알린은 늘 미술관 큐레이터들과 만나 회의하고, 전시회를 취재하고, 예술가들의 스튜디오를 탐방하고 다녔다. 그는 맹렬히 야망을 좇으며 열심히 일하는 사람이었고 약간 엉뚱한 면도 있었다. 그는 주디 시카고의 가장 든든한 동지였다. 또한 "새로운 사람들, 소외된 사람들, 아직 목소리를 가져 본 적 없는 이들"에게 헌신했다. 그는 이렇게 말하기도 했다. "이는 좀 더 '돈이 되는' 사람들 대신 내가 선택한 바다."

알린과 나는 산타모니카에서 함께 시간을 보낸 적이 있었다. 나를 하룻밤 묵게 해 줬던 영화감독 도나 다이치(〈사막의 심장들 Desert Hearts〉)의 집 근처에서였다. 알린과 나는 하드코어 페미니즘 혁명 이야기를 나눴다. 롤러스케이트를 신은 몽상가들과 구석구석 기름칠한 보디빌더들은 차례차례 떠내려갔다.

나중에 알린은 뉴욕시의 차이나타운의 미술가 낸시 그로스먼의 집으로 들어갔다. 이유는 전혀 모르겠지만 그들은 자기네 컨버터블을 엔나라고 불렀고, 여기저기 두루 여행을 다녔다. 결국 그들은 퇴거당한 뒤 베드포드 스타이브센트 브루클린의 건물로 이사했다. 작업을 하는 동안 그들은 거기서 거주했는데, 나는 앨런의 이미 약화된 면역체계가 그 유독한 환경을 견뎌 내지 못하리라는 생각을 늘 했다. 나중에 앨런은 암으로 사망했다.

나처럼 앨런도 혹독한 비판을 일삼는 어머니와의 갈등 관계로 고통스러워했었다. 우리 둘 다 면역체계가 일찍이 엉망진창이 됐다. 어쩌다 바닥에 앉아 저녁 내내 이야기를 하면 너무 지쳐 자리에서 일어나지 못할 정도였다. 우리 둘 다 경제적으로 어렵게 살았지만 사랑하는 일을 하는 대가로 받아들였다.

앨런과 예술 이야기를 하는 것은 늘 짜릿한 기쁨이었다. 워낙 상상력이 풍부하고 박식해서 그가 내 견해를 들어 주는 것 자체가 대단한 특권 같았다. 우리는 미술관과 연계된 정치 행동들을 상상했다. 메트로폴리탄 미술관 중앙계단 꼭대기에 메두사의 잘린 목을 들고 있는 페르세우스 조각상을 치운다든가, 그 잘난 로댕—카미유 클로델을 망가뜨리고 떠난 뒤 가족에 의해 평생 정신병동에 갇힌 클로델을 구하지 않았던 무뢰한—의 조각상들마다 카미유 클로델의 이름을 조용히 걸어 둔다든가 하는 식으로. (클로델은 로댕과 같이 작업을 했지만 그 스스로 걸출한 조각가였다.)

바버라 시먼(1935-2008)은 《피임약에 대한 의사의 반대의견(1969)》《자유로운 그리고 여성인Free and Female(1972)》《여성들 그리고 성호르몬의 위기Women and the Crisis in Sex Hormones(1977)》를 쓴 작가였다.

바버라와 보스턴여성건강공동체가 주축이 되어 페미니즘

적 건강 운동을 시작했다. 광고를 통해 여성 관련 출판물들에 돈을 대던 제약회사들이 바버라와는 일을 하지 않겠다고 함에 따라 바버라는 잡지 기고로 벌어들이던 수입을 포기하게 됐다. 실제로 제약회사들과 관련된 일에서 그는 배제됐지만, 그는 수백만 여성의 목숨을 살렸다.

바버라는 NWHN을 공동 설립했다. 그리고 이 네트워크는 정말로 바버라가 낳은 자식이나 다름없었다. 신디 피어슨이 이끄는 이 네트워크는 현재도 활발히 활동하고 있다. 바버라는 새로 들어오는 이들에게 멘토가 되어 줬고, 네트워크의 각종 안건을 전략적으로 수립하고 다듬었다. 그는 자기 시간과 자원을 쓰는 데 인심이 후했다. 어느 누구도 그냥 돌려보내는 법 없이 어느 지역에 사는 여성이든 부탁만 받으면 꼭 맞는 내과 의사를 찾아 소개해 주곤 했다. 그가 출판 에이전트를 바꿔야만 할 때면 늘 나더러 함께 옮기자고 고집을 부리곤 했다. 딱 한 번 따라서 옮겨 봤는데, 잘 맞았다. (나중에 문을 닫아서 그렇지.)

바버라는 불우한 이들에게 그러듯 스타들에게도 너그러웠다. 간혹 예외는 있었어도 그는 모두에게 최선을 다했다. 그는 특정 사안들에 나와 의견이 어긋날 때에도 관계는 늘 유지했다. 내가 지금 이 글을 쓰는 것은 아마도 그런 주제들은 논하지 않고자 우리가 조심했기 때문일 것이다. 이런저런 이데올로기적 혹은 정치적 분열이 끊임없이 주변을 휩쓸고 갈 때마다, 우리는 서로를 꼭 붙들었다. 분명 그는 나 때문에 비난받는 것을 감수한 적이 있으면서도 그런 이야기는 일절 입 밖에 내지 않았던 것이리라.

바버라는 숙녀였다. 원피스 차림에 낮은 굽의 구두를 신고

진주목걸이도 걸쳤던 것 같다. 어쩌면 한때 모자도 쓰고 장갑도 꼈을 것만 같다. 하지만 그는 우리 중 한 명이었으며, 아마도 어느 누구보다 우아한 저항자였을 것이다.

바버라는 본인의 개인적인 고민들에 대해 투덜거리는 법이 없었다. 그는 내게 가슴 아픈 비밀 몇 가지를 이야기해 줬지만, 그 문제를 구구절절 장황하게 늘어놓지는 않았다. 그는 자신이 폐암으로 죽어 가고 있고 좋아질 가망이 없다고 우리 중 몇 명에게만 알려줬다. 본인은 죽어 가면서도 내 아들의 결혼식에도 참석해 주었다. 행복하게 미소 짓는 그의 얼굴이 담긴 사진을 나는 영원히 소중하게 간직할 것이다.

질 존스턴(1929-2010)은 수많은 글과 책을 썼다. 작품으로는 《레즈비언 네이션》, 《호구의 여행 Gullible's Travels》, 《엄마라는 속박 Mother Bound》 등이 있다.

1971년에 그가 맨해튼 타운홀에서 여자들끼리 나눈 키스―굳이 설명하자면, 일종의 흥미로운 퍼포먼스 아트―와 노먼 메일러 그리고 집결해 있던 대다수 페미니스트들 모두를 오싹하게 만들었던 행동으로 유명해지기 전부터 우리는 이미 아는 사이였다. 물론, 나를 비롯해 우리 모두가 타운홀에 간 것은 저메인 그리어(《여성, 거세당하다》), 재클린 세발로스(당시 미여성연맹 뉴욕시 지부장), 저명한 문학평론가 다이애나 트릴링, 열혈 레즈비언 페미니스트인 질 존스턴이 메일러(《벌거벗은 자와 죽은 자》)를 저격하는 광경을 보기 위해서였다. 노먼 메일러는 타인의 관심에 굶주린 채 늘 공격적이어서 항상 페미니스트들과 싸움을 벌이곤 하는 남성이었다.

　메일러는《하퍼스 매거진》에 "섹스의 포로"라는 반페미니즘적 장광설을 쓴 적 있었다. 그는 이 글에서 케이트 밀럿을 과도하게 편파적으로 몰아붙였다. 저메인은 깃털 목도리를 하고 있었는데 그날 밤 메일러에게 말도 안 되게 치근덕거렸다. 본래 관련 사안들에 관한 논쟁을 위해 마련된 자리였는데, 이제 상황은 심각하고 우스꽝스러우면서도 혼란스럽고 재미있어졌다. 거기 모인 여자들은 여성해방을 지지하는 사람들이었다. 메일러는 단지 여성들을 지지하는 사람이었다. 다만 그 여자들이 자기 분수를 안다는 전제 하에.

　질은 보헤미안에 부치였고 예술가이자 잔소리꾼에 외톨이였으며 언어의 마술사였다. 타운홀에서 공개적으로 했던 키스는 자칫 진지한 저녁이 될 뻔했던 시간에 대한 그 나름의 파격적인 대응이었다. 질은 그런 적이 많았다. 관심을 독차지하려 했고 상황을 엉망으로 만들었다.

　질은 1971년 빌리지 보이스에 실린 "로이스 레인은 레즈비언이다"라는 문장으로 유명한 칼럼을 언급하며, 왜 자신이 커밍아웃을 할 수밖에 없었는지 그 이유를 알겠냐며 내게 거듭해 물었다. 나는 마땅한 대답을 찾지 못했다.

　질은 법적으로 결혼한 상태가 되기를 강렬히 원했다. 내가 아는 여자 애인들만 해도 긴 명단이 될 만큼이었는데, 제인 오와이어트 그리고 그다음에는 잉그리드 나이보를 거치며 비로소 정착할 수 있게 됐다. 그 열망은 집착에 가까웠고 질과 잉그리드는 동성결혼이 합법인 덴마크에서 부부가 됐다. 나는 그가 실질적 동기만큼이나 심리적 동기에 의해 움직인 것을 이해할 수 있었다.

물론, 우리는 서로 다른 점이 여러 가지 있었지만, 우리가 그런 차이들과 계속 씨름할 수 있었던 것은 그의 덕분이고 또 우리의 덕분이다. 반유대주의라는 주제는 우리를 이어 주는 생명선과도 같았다. 하지만 질과 나는 무슨 일이 있어도 서로 계속 이어져 있기 위해 필사적으로 애를 썼다.

1980년대 초에 한번은 같이 어느 변두리 극장에서 〈바람과 함께 사라지다〉를 봤다. 불쌍한 제럴드 오하라의 죽음, 타라의 상실, 멜라니와 애슐리, 보니 블루, 스칼렛의 불행한 운명을 슬퍼했다. 정말로 한 편의 오페라 같았다. 우리는 우연히 여성으로 태어난 두 명의 오페라 퀸이었다.

질은 우리의 젊은 시절을 떠올리게 만든다. 미학적으로나 정치적으로나. 질은 이제 가고 없고 우리의 젊은 시절도 가고 없다. 그는 사라졌다, 바람과 함께. 그는 괴짜였다. 그와 비슷한 사람을 우리는 다시 못 만날 것이다. 나는 벌써 여러 해가 지났는데도 그가 죽었다는 것이 믿기지 않는다. 죽지 않았다면 질—그 변화무쌍한 아이, 허클베리 핀, 피터팬—은 정말 81세가 될 수 있었을 텐데.

주디 오닐(1940-2011)은 회의에 참석하거나 탄원서에 서명을 하거나 수표장을 정리하거나 행진에 합류하거나 커피하우스에서 일을 하거나 할 때 늘 믿고 의지할 수 있는 사람이었다. 그는 언제나 낮 시간에는 컴퓨터과학자로 일을 했지만 저녁 시간이나 주말과 휴일 동안 그의 영혼은 여성운동 속에 있었다. 다음은 내가 주디의 장례식에서 했던 추도사 중 일부분이다.

사랑하는 주디, 당신이 아직 여기 우리와 함께 있었으면 하고 얼마나 바라는지 몰라요. 당신은 소중한 친구일 뿐 아니라 우리 세대 페미니스트들도 품위 있고 자기희생적이며 관대하고 겸손했다는 살아 있는 증거니까요. 당신과 수많은 다른 "이름 없는" 페미니스트들이 우리의 운동을 지탱해 왔습니다. 당신의 헌신이 정말로 "언덕 위의 빛나는 도시"[1] 우리 페미니스트들의 카멜롯을 세워 올렸지요.

당신은 영광을 누리는 대신 남을 섬기기 위해 온 사람이었습니다. 당신에게 페미니즘은 본인의 직업 활동도, 취미 생활도 아니었지요. 육신을 입은 당신의 영혼이자 당신의 소명이었습니다.

당신은 제게 굉장히 너그러운 사람이었고, 제가 죽음 문턱까지 갔을 때에도 당신은 멀어지지 않았습니다. 오히려 더 가까이 다가와 줬습니다.

얼마 전 뇌수술을 받기 직전 당신이 청해서 우리는 함께 어린이 영화를 봤었지요. "어린이 영화는 늘 해피엔딩이니까"라면서요. 그때 〈나니아 연대기: 새벽 출정호의 항해〉를 봤었어요. 당신과 함께 있으면 가족과 함께 있는 것 같았답니다.

부디 그쪽 세상에서 제 이야기 좀 잘 해 주세요. 그리고 즐거운 여행이 되기를 빕니다. 예나 지금이나 늘 천사였던 사람이여.

나는 아무런 말도 찾지 못하겠다. 이 이별은 너무 아프고 너

---

1 로널드 레이건이 미국을 세계의 모범이 되는 국가로 표현하며 사용했던 문구로, 마태복음 5장 산상수훈의 내용을 바탕으로 함.

무 깊은 상처를 남긴다. 리브카 하우트(1943-2014)는 거의 사반세기 동안 일주일에 적어도 한 번, 또는 종종 두 번씩 이야기 나눴던 여자다. 우리는 매주 한두 번씩 함께 토라 공부를 하기도 했다. 리브카는 내가 평생 만날 수 있으리라 기대한 적 없는, 친구가 되리라 더더욱 상상조차 못했던 그런 사람이었다.

나는 버러파크에서 보낸 정통파 유대교도로서의 어린 시절로부터 도망쳐 나왔지만, 1970년대 초 좌파 진영에서 등장한 반유대주의로 인해 스스로 내 뿌리를 되찾는 길로 나아갔다. 여성들을 위해 가부장적 종교를 갱생시키고 싶었던 것처럼. 나는 생애주기에 따른 유대교의 각종 의식들을 페미니즘적 관점에서 개조하는 작업에 참여했다.

당시는 기독교, 유대교, 불교 할 것 없이 여성 신자들이 자신들의 영적 자율성과 권위를 주장하기 시작하던 때였다. 가톨릭교회를 떠나는 수녀들도 있었고, 랍비, 목사, 승려가 되는 여성들도 있었다. 위카교는 친페미니스트 관점에서 재정비됐다. 나는 정통파이면서 동시에 페미니스트이기도 한, 종교적 학식을 갖춘 유대교도 여성들을 만나 보지 못했다.

그러다 리브카를 만났다. 다른 어느 누구랑 내가 그토록 절친한 친구가 될 수 있었을까. 이미 신이 직접 이미 우리를 소개한 상태였다. 우리는 1988년 12월 1일에 통곡의 벽(코텔) 여성 구역에서 토라를 펼친 채 만났다.

리브카는 브루글린대학에서 영문학 학사학위를 받았고, 유대신학교에서 탈무드로 석사학위도 취득했다. 그는 현대식 정통파 여성이어서 고등교육을 받을 거라는 주변의 기대가 있었다.

그 외의 면에서 리브카는 전통적인 삶을 살았다.

리브카는 남편감으로 탈무드 변호사이자 대학자를 골랐고 일찍 결혼해 딸 둘을 낳았다. 리브카는 생계를 위해 일한 적은 없었다. 그는 토라와 탈무드를 매일 공부했다. 아마도 그는 우리 어머니가 내게 바랐던 조건을 모두 갖춘 유형의 딸이었을 것이다.

리브카는 정통파 유대교 전통의 뿌리를 유지하고 있었지만 동시에 급진적인 활동들도 했다. 그는 여성 기도모임을 처음 꾸렸는데, 당시 정통파 유대교의 대다수 랍비들이 이에 맹렬히 반대했다. 자칫하면 딸들 중 한 명은 예비 남편을 잃을 뻔했을 정도였다. 리브카의 급진적 성향이 자기 아들의 인생과 장차 손자들의 인생을 망칠지 모른다는 그 아버지의 우려 때문이었다.

리브카는 안식일 오후마다 집에서 여성들에게 탈무드를 가르쳤다. 그리고 소위 아구나agunot, 즉 남편이 종교적으로 이혼을 거부한 탓에 사실상 끝난 결혼에 매인 상태로 사는 정통파 유대교도 여성들 문제에 대해 처음으로 파고들었다. 정통파 유대교 랍비들은 이런 상태의 여성들이 아이나 가진 돈을 전부 포기하고 내놓지 않는 한, 그리고 내놓는다 해도 종교적으로 이혼을 불허함으로써 이들에 대해 등을 돌렸다. 이렇게 속박된 상태의 여성은 영영 데이트도, 재혼도, 아이를 다시 가지는 것도 불가능했다.

리브카는 이런 여성들을 신앙에 대한 순교자로 간주했다. 랍비들이 이들을 계속 고독하고 고립된 삶 속으로 몰아넣는데도 이 여성들은 정통파 유대교를 떠나지 않으려 했기 때문이다. 리브카는 밤낮으로 아구나들에게 걸려 오는 전화를 받곤 했다. 리브카가 그런 전화 한 통을 받느라 강의를 잠시 중단하는 모습을 본 적도 있다. 그는 이혼에 관한 종교법을 연구하고, 특정 종교법원들에 대한 서류 일체를 수집하고, 이들 법원에 가는 여성 개개인에게 일일이 자문하고 동행했으며, 협조하지 않는 남편들의 거주지나 랍비 회의 장소 앞에서 가두집회를 조직하기도 했다. 나도 가끔 동행한 적이 있기에 아는 부분들이다. 정의를 추구하는 과정에서 터져 나온, 종교가 있는 여성들의 맹렬함에 비하면 종교가 없는 수많은 선동가형 페미니스트들은 상대적으로 오히려 순해 보였다.

우리가 처음 코텔에서 기도하고 나서 돌아오는 비행기 안에서 리브카는 나를 향해 몸을 돌리고는 우리의 기도회가 기억될 것이라 생각하는지, 그리고 그게 중요한 일이라고 생각하는지 물었다. 나는 우리가 심리적 음속 장벽을 허물어뜨린 것이고 나는 내가 할 수 있는 한 어떻게든 힘을 보탰다고 답했다. 그런 다음 잠시 말을 멈추고 있다가 덧붙였다. "그런데 내가 원하는 것은 당신과 함께 토라 공부를 하는 거예요."

그렇게 시작한 우리의 토라 공부는 24년간 계속됐다. 우리가 토라를 공부하고 마침내 경전 해설인 데브라이devrai를 썼을 때, 우리는 땅 위의 천국에 있었다. 이런 우정은 친밀하고 대체불가능한 종류다.

사랑하는 리브카가 천방지축 반항아 같던 나를 좀 더 다듬어진 저항군으로 탈바꿈시켰다. 처음에 리브카는 나를 무서워했다. 내가 여신숭배자나 이단으로 보였거나 아니면 내가 우리 투쟁을 망신시키게 될까 봐 두려워했을 수 있다. 혹은 내가 바람둥이 같아서, 또 입이 가벼워 보였을 수도 있다.

그는 무게를 잡고 내게 물었다. "누구랑 같이 삽니까?"

"여자 한 명이랑 같이 살아요."

그는 잠시 말을 멈추더니 판정했다. "그건 할라카Halacha에 어긋나지 않네요."

리브카는 내게 여성들은 종교 공동체의 테두리 안에서 그리고 돈을 버는 직업이 없어도 유의미하고 충만한 삶을 살아나갈 수 있다고 가르쳐 줬다. 페미니즘에는 세속적 목소리뿐 아니라 신성한 목소리도 담겨 있으며, 모든 지혜가 세속의 영역은 아니라고 했다. 자신이 종교를 통해 더 강해졌듯 어떤 이들은 악에 맞서 싸울 능력과 의지가 있다는 것이었다.

나로서는 정신이 번쩍 드는 이야기였다. 이전까지 내가 주로 가졌던 세속적 세계관을 뒤흔들어 놓았다. 토라 공부는 나를 그 가장 비범한 지적, 종교적 유산에 가까이 다가가게 만들었다. 그리고 그 유산은 내가 원하면 내 것으로 만들 수 있는 것이었다.

나는 자주 이렇게 말하곤 했다. "하지만 리브카, 너무 늦었어요. 세 살 때 시작했어야 해요. 나는 기량이 부족해." 그러면 리브카는 이렇게 말했다. "그냥 계속해 보자고요. 우리는 아주 잘하고 있다니까."

토라를 연구하는 학자인 동시에 아내, 엄마, 할머니였던 리브카는 토라 연구를 중시하는 만큼이나 선행을 중요하게 여겼다. 그래서 그는 기꺼이 노숙자에게 음식을 대접하고 병든 이들을 찾아갔다. 리브카 덕분에 나는 토라 공부, 안식일, 신앙 공동체와 가족이 주는 위안 등 순수한 기쁨을 맛볼 수 있었다.

그는 아름다운 문학 작가이자 많은 글을 쓰는 기고가였고

1989년 뉴욕 공항에서.
나, 리브카 하우트, 슐라미트 마그누스.

네 권의 책—《왕의 딸들Daughters of the King》,《벽의 여자들》,《샤레이 심차: 기쁨의 문Shaarei Simcha: Gates of Joy》,《결혼한 아구나The Wed-Locked Agunot》—의 공동 저자 혹은 편집자이기도 했다.

리브카는 집에서 사랑하는 가족들이 지켜보는 가운데 숨을 거뒀다. 그가 죽어갈 때 나는 그의 손을 잡았다. 그리고 같이 찬송가와 몇몇 성가를 부르는 동안 리브카는 내게 계속 미안하다고 했다. "미안해, 미안해요."

그 후 몇 주가 지나도록 나는 그게 무슨 뜻인지 이해하지 못했다. 아마 리브카는 내게 자신 같은 친구는 앞으로 영영 없을 테고 내가 매일 같이 그를 그리워하게 될 것을 잘 알고 있었는지도 모른다.

정말 그렇다. 과거에 나는 거대한 탈무드 페이지 위의 수많은 아람어 단어들 사이에서 늘 길을 잃곤 했다. 리브카는 내가 따라갈 수 있도록 나를 위해 손가락으로 해당 지점을 짚어 주곤 했다. 그 덕분인지 지금은 탈무드 수업에 들어가도 절대 길을 잃지 않는다. 리브카가 도와주고 있는지도 모르겠다.

케이트 밀릿(1934-2017)에게는 편지를 남기고 싶다. 케이트, 당신은 가장 사랑했던 도시, 파리에서 이 세상에서의 마지막 숨을 쉬었지요. 거트루드, 앨리스, 파블로, 어니스트, 더블린의 제임스 경 같은 이방인들을 반갑게 맞아들였고, 갓 구운 빵 냄새가 가득한 이른 아침의 향기 때문에 눈을 뜨지 않을 수 없게 했던 그 도시 말이에요.

나는 앤드리아 와이스의 《파리는 여자였다》를 읽고 이제야 역사적 맥락 속에서 당신을 이해하게 됐습니다. 세련되고 재능 있는 레즈비언들이 연인을 여러 명 만들어 성적인 관계를 놓고 서로 경쟁하고, 연인의 연인과 잠을 자고, 평생 친구가 되거나 아니면 서로를 완전히 떠나 버리는 습성을 이제 알게 됐습니다.

당신은 망명 중인 또 한 명의 아일랜드 출신 저항자였지요. 당신이 어디에 살든 당신은 망명 중이었습니다. 당신이 파리에 있을 때 당신은 보워리가 편하지만은 않았고, 뉴욕에 있을 때는 농장이 그리웠지요. 당신은 여러 도시에 속해 있었듯, 당신에게는 다양한 자아도 있었어요. 당신은 다양한 케이트였습니다.

당신은 케이트였어요. 의례가 잘 어울리던 안주인 케이트. 마치 여러 신들로부터의 해방이라도 되는 양 손님들에게 와인을 따라주고, 매년 8월이면 오본이라는 일본 축제를 기념하여 농장의 호수에 촛불을 실은 작은 종이배들을 띄웠지요. 당신은 또한 분노에 휩싸인 매드퀸Mad Queen 케이트였고, 견딜 수 없을 만큼 겸손한 케이트였으며, 놀라우리만치 너무도 조용한 케이트이기도 했습니다.

당신은 우리 페미니스트 지식인들 가운데 가장 세계적이고 가장 대륙적이며 가장 유럽적인 정체성을 지닌 사람이었습니다 (물론, 앤드리아 드워킨도요). 당신은 다양한 생각들이 중요하다고 믿었고 지식인들은 혁명을 위해 자기 몸을 내려놓아야 한다고 믿었습니다.

당신은 늘 마음이 넓었어요(이 단어의 두 가지 의미 모두 해당합니다). 당신은 내가 이 책에서 당신에 대해 털어놓는 것에 반대하지 않았을 겁니다. 당신이 책을 낼 때마다 자기 자신과 다른 모든 이들에 대해 꾸준히 털어놓았던 것, 그러면서도 그토록 섬세한 의식의 흐름에 따른 산문에 담아냈었던 것을 생각하면요. 그런 당신의 글을 비평가들이 과소평가했지만 나는 한 번도 그렇게 생각한 적이 없습니다. 나는 당신의 글에 찬탄했어요. 아니, 나는 당신의 글을 흠모했습니다.

나는 당신에 관한 부분을 당신에게 읽어 줄 생각이었어요. 그런데 당신은 기다리지 않고 떠나 버렸네요. 당신은 꽤 한참을 표류했었지요. 다른 나라에도 있고, 시골 농장에도 있고, 병원에 남겨지기도 하고, 내 테이블 맞은편에 앉아 있기도 했어요. 정말로 영영 떠나 버리기 전까지 당신은 이미 정확히 "여기"에 있지는 않았습니다.

여러 해 전, 당신의 집 바로 길 건너편에 있는 보워리바에서 우리가 만나기로 했을 때 당신은 너무나 말이 없었어요. 수다가 끊이지 않으려면 소피(키어), 수전(벤더), 그리고 가끔은 멀(호프먼)도 함께 내게 힘을 보태야 했지요. 당신은 모든 것을 이해하는 듯 지혜롭게 반짝이는 눈빛으로 근사하게 웃었습니다.

가끔씩 당신은 전화를 걸어 가장 가슴 아픈 메시지를 남기곤 했어요. "안녕, 난 옛 친구 케이트 밀릿예요, 기억해요?" 그럼 나는 곧장 전화를 되걸었지요. 가끔 우리는 짧게나마 대화다운 대화를 나눌 수 있었어요. 다만 내가 우리 둘 다의 무게를 짊어졌었지요. 당신은 더 이상 격분하지 않았습니다. 적어도 내게, 우리의 소중한 통화 시간에는요. 그리고 만나서도 다시는 화를 내지 않았지요.

아마도 몇 년 전일 겁니다. 언젠가 나를 찾아와서는 드 보부아르라는 여성 그리고 그 작품과의 관계에 관한 책이자, 프랑스 문학계 전체와 당신의 관계를 포괄할 만한 책 작업을 하고 있다고 말했었어요. 당신이 더 이상 새로운 대작에 착수하기는 힘들다는 것을 알았지만, 나는 만일 당신이 원한다면 이 책에 관한 이야기를 듣고 모든 내용을 녹음하여 편집할 수 있도록 돕겠다고 차분히 제안했지요. 당신도 좋다고 했고요. 하지만 그 뒤로 그 이야기를 다시는 못 했습니다. 나중에 당신이 오래전에 써 뒀던 내용—아마도 도쿄에서 쓴 일기거나 아니면 다른 내용들을 합한 것이겠지요—을 내놓기로 했다는 소식을 들었어요.

당신은 행진과 시위와 기자회견과 연좌 농성에도 참석했지만, 주로 읽고, 책을 쓰고, 조각하고, 그림을 그리고, 레즈비언 예술가들을 위한 유토피아적 공동체를 만들고자 했습니다.

당신은 곧잘 집이 없는 사람인가 싶은 케이트이기도 했지요.

농장에서 직접 기른 크리스마스 트리를 바람이 휘몰아치는 겨울 날씨에 보워리 길가에서 팔려고도 했으니까요. (아, 그때 당신 손이 얼마나 거칠어졌던지, 당신의 두 뺨이 얼마나 발갛게 얼었던지.)

당신은 제럴드와 스칼렛 오하라 같은 소작인 케이트였어요. 땅을 소유하는 것이 전부이고 땅은 무슨 수를 써서라도 가족 울타리 안에서 지켜야만 한다고 단호하게 생각했어요. 당신은 트랙터를 몰고, 나무를 베고, 아찔하게 높다란 사다리로 망가진 지붕 위로 올라갔어요.

어느 주말엔가 내가 조율 불가능한 마감을 앞둔 상태에서 당신을 찾아갔었는데 기억나는지. 그때 당신은 장애인 보호작업장으로 나를 떠밀며 지붕 고치는 것 좀 도와달라고 했었지요. (나는 가끔 그 농장이 정신병원을 대신하는 당신의 개인적인 공간이 아니었을까 생각했어요.) "빨리 와요, 체슬러. 그냥 좀 사다리에 올라가서 나 이거 하는 걸 도와줘." 당신은 투덜대며 그랬죠.

나는 무서웠어요. 겁이 났죠. 깜짝 놀랐고요. 그런데도 옆에서 내가 정원에 꽃이라도 심기 전에는 나를 보내려 들지 않았습니다.

하지만 농부 케이트로서도 당신은 가끔씩 프랑스식 도자기 그릇에 모닝커피를 부어 마셨고, 저녁에는 늘 토스트를 조금 만들었으며, 언제나 책장과 온갖 책에 둘러싸여 지냈습니다.

당신이 쓴 《성 정치학》은 어쩌면 2세대 페미니스트들의 책 가운데 사상 영향력 있는, 혹은 적어도 가장 유명한 책이었을 겁니다. 비록 우리는 모두 우리 이전에 있었던 그 빛나는 글들과 시위들의 어깨를 딛고 섰던 것일지라도. 같은 해에 슐리는 그에 버금가는 역작《성의 변증법》을 출간했죠.

나는《비행》을 참 좋아했습니다. 이 책에서 당신은 일부 페미니스트들의 뜻밖의 잔인한 면모는 물론이고 무모하리만치 급한 행동주의 초기의 에너지를 포착하면서도 동시에 명성을 일종의 인간 제물에 빗대어 묘사하기도 했지요. 아, 케이트, 당신은 여성의 자유를 쟁취하기 위해 지칠 줄 모르고 끈질기게 어두운 곳을 파헤쳤고, 아무리 어두운 날에도, 푹푹 찌는 날에도, 절망적인 날에도 당신은 악착같이 매달렸습니다.

인디애나폴리스에서 16세 소녀 실비아 라이컨스가 거트루드 배니체프스키라는 중년 여성과 그의 10대 자녀들 그리고 이웃의 몇몇 아동들의 손에 신체적, 성적 고문과 살해를 당한 사건을 사실에 근거해 다루면서도 허구를 가미했던 당신의 작품《지하실 The Basement》은 트루먼 카포티와 노먼 메일러를 능가했어요. 그 사람들은 여러 주에 걸쳐 실비아를 아주 끔찍하게 고문한 뒤 피부에 "나는 창녀인 것이 자랑스럽다"고 새겨 넣었지요. 세세한 내용은 참기 힘든 정도였어요. 케이트 당신은 대체 그걸 어떻게 견뎠나요? 견딜 수 있었어요?

이 주제에 관한 당신의 설치 작품에 대단한 충격을 받았던 기억이 납니다. 실비아 형상의 마네킹이 당신 옷을 입고 당신과 똑같은 스타일의 머리를 한 가발을 쓰고 마루에 서 있는 것을 무심코 발견했다가 놀라서 다시 쳐다봤었답니다.《이란으로 향하며 Going to Iran》에서는 살인 충동을 일으키는 이슬람의 신정 체제의 여성혐오적 본질을 제대로 파악했고요.

크리스마스 이브면 열었던 파티들과 우리가 서로 나눴던 선물들 기억해요? 새해 전야의 파티도요? 그 과정을 내가 시작해야 할 때가 많았지요. 그때마다 당신은 함께 어울리고 언제나 막판에는 굉장히 기분이 좋아졌어요. 하지만 언제나 늘 약간은 슐리처럼 당신도 조금 떨어져 선 채로 모두를 바라보며 당신이 소중히 여기는 절친한 사람들 속에서조차 너무도 말이 없었지요. 당신은 이성애자 케이트이기도 했고, 진정으로 남편 후미오를 사랑하는 기혼 여성이기도 했습니다. 그가 결국 떠날 때 당신이 얼마나 울었는지 기억해요? 전화로 울먹이며 "다른 여자 때문에 그 사람이 떠난 거야"라고 말했죠. 나는 놀랐지만 감히 웃지는 않았어요. 그때 당신의 슬픔은 굉장히 날것이었으니까. 나중에 내가 물었죠. "그런데 케이트, 정말로 후미오를 두고 몇 명의 여자들을 만나러 갔었어요?" 그런 말로 당신의 마음을 정리하게 설득시킬 수는 없었지요. 당신의 슬픔과 당혹감은 순수했습니다.

케이트, 나는 당신의 너그러움에 감사하고 싶어요. 늘 나를 안으로 들이려 했던 것, 다른 이들에게도 그렇게 하자고 했던 것도 고마워요. 당신은 내게 특별한 여성들을 알게 해 주었지요. 아시겠지만, 내게 너무나 소중한 여성들도 그중에 있었고요.

당신의 친구가 된 것은 내게 특권이었습니다. 당신을 영원히 잊지 않을게요.

감사의 말

내 가족은 사랑과 응원으로 나를 축복했다. 25년을 함께해 온 고귀한 동반자 수전 L. 벤더, 사랑하는 아들 에어리얼 데이비 드 체슬러, 귀여운 손녀들, 그리고 놀라운 인내심과 지혜를 가진 그들의 엄마. 가장 소중한 친구 멀 호프먼, 조앤 카사모, 린다 클라크, 바버라 존스. 입양으로 맺어진 내 가족 셰릴 하우트, 타마라 하우트-바이스만, 그리고 그 배우자들과 자녀들.

내 열정의 어머니들이 있었음을 이 자리를 통해 고백한다. 내 에이전트 제인 디스텔, 담당 편집자 캐런 월니. 이 책은 전적으로 그들의 아이디어였다. 부디 이들의 기대를 내가 저버리지 않았기를 바란다.

큰 도움을 준 비서 에밀리 펠드먼, 기록 담당자 에블린 슈너먼에게도 감사를 전한다. IT팀, 특히 매트 그린필드와 보건팀 및 유지보수팀, 티나 도브세비지 박사에게도.

나는 1963년부터 1980년까지 수많은 여성 문제를 두고 대립과 연대를 반복하고, 다양한 페미니즘 작품을 출간한 페미니스트들의 이름을 적고 있다. 이들과 이들의 작품이 없었다면 나는 철저히 혼자였을 것이다.

시드니 애벗, 다이앤 슐더 아브람스, 마고 애들러, 시인 앨타, 보니 앤더슨, 루이 암스트롱, 티그레이스 앳킨슨, 낸시 아자라, 야밀라 아지제 바가스, 빌 베어드, 캐슬린 배리, 폴린 바트, 토니 케이드 밤버라, 주디스 바드윅, 로잘린 박산달, 프랜시스 비일, 에블린 토튼 벡, 잉그리드 벤지스, 제시 버나드, 루이스 버니코우, 바시마 카탄 베지르간, 캐럴린 버드, 보니 찰스 블러, 보스턴여성건강공동체(《우리 몸 우리 자신》), E.M. 브로너, 리타 메이 브라운, 수전 브라운밀러, 주전너 부다페스트, 샬럿 번치, 바버라 버리스, 샌디 버틀러, 폴라 캐플란, 바버라 체이스-리보드, 주디 시카고, 셜리 치점, 낸시 초더로, 루신다 시슬러, 조애나 클라크, 컴바히강공동체, 노린 코넬, 지나 코리아, 낸시 콧, 메리 데일리, 캐런 드크로, 칼 N. 데글러, 안셀마 델롤리오, 바버라 데밍, 다나 덴스모어, 토이 데리코테, 도로시 디너스타인, 클라우디아 드레이퍼스, 엘런 캐럴 두보이스, 록산 던바-오티즈, 앤드리아 드워킨, 바버라 에런라이크, 질라 R. 아이젠슈타인, 메리 엘먼, 디어드러 잉글리시, 린 팔리, 멀리사 팔리, 엘리자베스 워녹 퍼니, 슐라미스 파이어스톤, 엘리자베스 피셔, 엘리너 플렉스너, 엘런 프랭크포트, 조 프리먼, 메릴린 프렌치, 낸시 프라이데이, 베티 프리단, 레아 프리츠, 샐리 기어하트, 니키 지오반니, 셔나 글럭, 에밀리 제인 굿맨, 린다 고든, 비비언 고닉, 조앤 굴리아노스, 주디 그랜, 저메인 그리어, 수잔 그리핀, 커스틴 그림스타드, 베벌리 가이-셰프텔, 캐럴 하니시, 조이 하조, 버사 해리스, 미셸 해리슨, 캐럴린 G. 하일브룬, 낸시 헨

리, 다이애나 마라 헨리, 주디스 루이스 허먼, 셰어 하이트, 주디스
홀, 메리 하월(필명 애나 디미터 또는 마거릿 A. 캠벨), 도나 휴스, 엘
리자베스 제인웨이, 바버라 존스, 소니아 존슨, 질 존스턴, 게일 존
스, 에리카 종, 준 조던, 릴라 카프, 나오미 카츠, 유라테 카지츠카
스, 파멜라 키런, 플로 케네디, 맥신 홍 킹스턴, 앤 코에트, 래리 레
이더, 마이어나 램, 베티 레인, 거다 러너, 엘런 레빈, 오드리 로드,
바버라 러브, 엘리너 맥코비, 미지 맥켄지, 캐서린 맥키넌, 팻 마이
나르디, 진 마린, 델 마틴, 케이시 매카피, 앤드리아 미디어, 바버
라 메르호프, 파티마 메니시, 이브 메리엄, 낸시 밀포드, 케이시 밀
러, 진 베이커 밀러, 케이트 밀릿, 낸시 밀튼, 줄리엣 미첼, 엘런 모
어스, 체리에 모라가, 일레인 모건, 로빈 모건, 토니 모리슨, 폴리
머레이, 조앤 네슬, 뉴욕래디컬위민, 노모어펀앤드게임스No More
Fun and Games, 앤 오클리, 틸리 올슨, 윌리엄 L. 오닐, 일레인 페이걸
스, 팻 파커, 마지 피어시, 조지프 플렉, 레티 코틴 포그레빈, 알런
레이븐, 재니스 레이먼드, 버니스 존슨 리건, 레드스타킹스, 에블
린 리드, 로제타 레이츠, 수전 레니, 에이드리언 리치, 루비 로리
치-레빗, 필리스 로즈, 릴리 리블린, 루스 로젠, 프랜시스 D. 로스,
앨리스 로시, 조앤 L. 로스, 바버라 카츠 로스먼, 앨마 루트송(필명
이사벨 밀러), 실라 로보섬, 릴리언 브레슬로 루빈, 로즈메리 래드
포드 루애더, 플로렌스 러시, 조애나 러스, 다이애나 러셀, 케이시
새러차일드, 바버라 시먼, 로버트 사이든버그, 마사 셸리, 린 셔,
앤 앨런 쇼클리, 앨릭스 케이츠 슐먼, 바버라 스미스, 앤 스니토 존
스노드그래스, 밸러리아 솔라나스, 데일 스펜더, 우나 스태너드,
글로리아 스타이넘, 도로시 스털링, 멀린 스톤, 케이트 스위프트,

주디 사이퍼스, 샌드라 탠그리, 메레디스 택스, 캐슬린 톰슨, 샤론 톰슨, 앨리스 워커, 바버라 워커, 레노어 워커, 미셸 월리스, 폴라 웨이데거, 나오미 웨이스타인, 엘런 윌리스, 카산드라 윌슨, 모니크 위티그, 머나 우드, 로라 X, 주디스 진서.

1980년 이후부터 등장한, 아프리카계, 히스패닉계, 아시아계 미국인과 북미 원주민들도 있다. 폴라 건 앨런(1983), 글로리아 안잘두아(1981), 퍼트리샤 벨-스코트(1982), 베스 브랜트(1984), 셰릴 클라크(1986), 미셸 클리프(1984), 퍼트리샤 힐 콜린스(1990), 릴리언 코머스-디아즈(1994), 올리비아 에스핀(1999), 폴라 기딩스(1984), 베벌리 그린(1986), 에블린 브룩스 히긴보섬(1993), 벨 훅스(1981), 글로리아 T. 헐(1982), 재클린 존스(1985), 글로리아 I. 조셉(1981), 셰리 모라가(1981), 바버라 오모레이드(1986), 넬 어빈 페인터(1996), 게일 펨버튼(1992), 바버라 M. 포사다스(1993), 비키 L. 루이즈(1987), 바버라 스미스(1982), 주디 융(1999) 같은 작가들을 기억해 주기를.

이들 중 누구도 페미니즘 역사에서 지워지지 않기를 바란다.

옮긴이의 말

옮기기 쉬운 책은 없다. 번역가라면 대부분 동의할 것이다. 그러나 이 책, 필리스 체슬러의 《정치적으로 올바르지 않은 페미니스트》를 옮기는 동안 내가 느낀 괴로움은 번역 작업에서 처음 느껴보는 종류였다.

첫 번째 느낀 감정은 현실 직시에서 오는 당혹감이었다. 여든이 다 된 저자가 회고하는 50여 년 전의 이야기가 오늘날의 이야기와 크게 다르지 않았기 때문이다. 직장 상사에게 성희롱이나 강간을 당하고, 구애를 거절했다가 경력에 불이익을 받는 여성들, 치료사에게 성폭행을 당하는 여성 환자들, 남편에게 폭행을 당하는 여성들, 집단 강간을 당하고 신고했다가 경찰이나 변호사에게 2차 가해를 당하는 여성들, 종종 법정에서 가해 남성의 앞날만큼도 온정적인 시선을 받지 못하는 피해 여성들, 집회 도중 지나가던 남성들에게 이유 없이 폭력적으로 방해받는 페미니스트들, 밖으로는 '성 평등'을 마케팅하면서 안에서는 고용, 승진, 임금 지급에서 성차별하는 기업들은 그때도 있었고, 지금도 있다.

또 한 가지 감정은 미래도 현재와 다를 바 없을지 모른다는 공포였다. 과거와 현재가 비슷하고, 과거 진행형이었던 일들이 현재 실시간으로 일어나고 있다면, 우리가 도달할 미래도 결국 현재와 비슷한 것이 아닌가. 2세대 페미니스트들이 서로 대립하거나 후배 페미니스트들과 갈등하던 이야기를 번역하다 머리 식힐 겸 SNS에 접속하면, 지금의 페미니스트들 역시 책 속의 이들과 다를 바 없는 모습으로 갑론을박을 벌이고, 때로는 서로에게 그 어떤 외부의 적(?)보다도 더 가차 없는 공격을 퍼부으며 상처를 내고 있었다. 이거 다 50여 년 전의 선배 페미니스트들이 했던 것들인데…… 선배들의 미래는 곧 우리의 현재이니 우리의 미래가 조금이라도 멀리 가닿으려면 그들이 했던 시행착오를 우리는 되풀이하지 말아야 할 텐데…… 그런데 비슷한 전철을 밟고 있는 듯싶으니 오싹할 수밖에.

정말 '여자의 적은 여자'일까? 아니면 '자매애는 (모든 차이를 극복할 수 있을 만큼) 강한' 것일까? 글쎄, 진실은 두 문장의 중간 어디쯤을 배회할 테고, 우리는 후자를 지향한다고 할 수 있겠다.

'여자의 적은 여자다'라는 말은 여성혐오자들이 '여자들은 협력할 줄 모르고 서로를 미워하기만 한다'는 뉘앙스로 가져다 쓰는 말이다. 이 말을 체슬러가 한 것으로 알고 있는 경우가 있는데, 체슬러의 다른 작품 《Woman's Inhumanity to Woman》이 국내에서 《여자의 적은 여자다》라는 제목으로 번역되었기 때문이다. 하지만 체슬러는 이 말에 진저리가 난다며, '여성은 여성과의 친밀한 관계 없이는 단 하루도 살아낼 수 없고, 여성은 때때로 여성을 구원한다'고 썼다. 그러니 저 책의 제목도 '여자의 적은 여

자'라는 단언이라기보다는 '여자들은 때때로 왜 서로에게 잔인하
게 구는가'라는 질문에 가깝다.

후보자가 무장한 경호원까지 대동해야 할 정도로 분위기가
살벌했던 NOW 회장 선거라든가, 특정 인물에 대한 찬반을 묻기
위해 체슬러 앞에 불쑥 나타나 길을 막고 다짜고짜 대답을 종용
하던 낯모르는 여성들, 체슬러의 임신 소식을 듣더니 투쟁하기도
바쁜데 엄마가 되면 어쩔 거냐며 낙태 시술을 권하던 친구, 그리
고 체슬러가 《남자들에 관하여》라는 책을 썼다는 이유로 "당신은
페미니스트가 아니라고 결론 내렸다"고 일갈하던 동료 페미니스
트 철학자에 관한 일화 등을 읽다 보면 목덜미가 서늘해진다.

페미니스트 자매들의 관계는 왜 그리 달콤하면서도 살벌했
을까? 체슬러의 표현을 빌리자면, 당시 2세대 페미니스트들에게
는 심리적인 엄마도, 페미니스트 여성 선배도 없이, 그저 자매들
뿐이었다. 한마디로, 엄마 노릇을 할 다른 페미니스트들이 필요
했다는 것이다. 흔히 나를 무조건, 무제한 포용하고 이해하고 공
감하는 존재로 그리는 대상이 '엄마'임을 떠올리면, 불평등하고
부조리한 현실에 지쳐 벼랑 끝에 내몰린 여성들이 무의식중에 그
렇게 의지할 대상을 찾았던 심리가 이해되기도 한다. (그러나 사
실 그런 존재로서의 타자란 있을 수 없고 있어서도 안 된다.)

이에 덧붙여, 나는 그만큼 페미니스트들이 처한 현실이 녹록
지 않다 보니 모두가 심적인 여유가 없기 때문 아닐까 싶은 생각
도 했다. 언젠가 수입이 없다시피 하던 시기에 평소 좋아하던 뮤
지션의 내한 소식을 듣고 간신히 모은 돈으로 티켓을 사서 공연
을 보러 간 적이 있었다. 그날 나는 한껏 예민해져서는 내가 그 공

연을 원하는 방식대로 온전히 즐기는 데 방해가 되는 모든 것에 화가 났다. 내게 그 공연은 어렵게 얻은 너무 소중한 시간이었기 때문일 것이다. 이 책에서 체슬러가 의식 고양 모임에 7분 지각했다가 거기 모인 여자들에게 엄청난 비난과 따가운 눈총을 받은 이야기가 나오는데, 물론 엘리트 여성에 대한 선입견이나 질투 같은 것도 조금은 작용했을지 모르지만, 그 여자들에게는 간절한 심정으로 어렵게 모인 자리가 너무 소중했던 나머지, 그 시간이 조금이라도 잘려나가는 것을 너그러이 받아들일 여유가 없었기 때문이었을 수 있다.

우리는 모두 '여성'이라는 하나의 성별로 묶을 수 있는 집단 같지만, 사실 그렇지 않다. 직업, 나이, 건강 상태, 가족관계, 경제적 여건, 성적 지향, 종교, 개인적이고 특수한 경험 등 셀 수 없이 많은 요인에 따라 저마다 이해관계와 생각이 엇갈리고, 같은 페미니스트여도 사안별로 의견이 나뉜다. 연구와 토론으로 어느 정도 중지를 모아 볼 수도 있겠지만, 모든 사안에 대한 완전한 합일 같은 것은 영원히 불가능하다. 때로는 서로 도저히 적정선에서 타협할 수 없는 경우도 있을 것이고, 격렬한 논쟁이나 갈등도 불가피할 것이다.

그렇다면 우리는 어떻게 싸워야 할까? 체슬러는 NWHN의 공동창립자 바버라 시먼과 여러 사안에 대해 의견이 달랐지만 "이데올로기적, 정치적 분열이 주변을 휩쓸고 갔을 때도 우리는 서로를 꼭 붙들었다"고 했다. 치열하게 논쟁하되 끝까지 서로를 꼭 붙드는 것, 완전한 합일을 추구하는 대신 서로의 '다름'을 기꺼이 견디며 함께 있는 것, 이것만큼 중요한 내전 수칙이 또 있을까?

이 책을 번역하면서 생각을 바꾼 부분이 있다면, 여성의 종교에 관한 것이다. 여성으로서 기성 종교의 신앙을 가진다는 것에 대해 나는 매우 회의적이었다. 잔잔하게 깔린 여성에 대한 멸시와 혐오를 견디면서까지 소속될 가치가 있는 기성 종교가 과연 있는가 생각하면 늘 부정적인 결론에 도달하곤 했다. 젊은 시절의 체슬러도 비슷한 생각이었던 것 같다. 선배 페미니스트 벨라 앱저그가 페미니스트들에게 통곡의 벽에서의 기도 집회를 제안했을 때, 일종의 냉담자였던 체슬러는 "대체 (종교집회가) 페미니즘과 무슨 관련이 있냐"고 반문하며 의아해했다. 그러나 당시 여성 유대교인들은 자유로이 통곡의 벽 앞에서 기도할 수 없었음을 알고 나면 그 투쟁의 의미를 곧 짐작하게 된다. 신은 남성의 얼굴을 하고 있지 않으며 가부장제의 허락이나 도움 없이도 신(영성)을 찾을 권리가 여성에게 있음을 깨닫는 것은 여성이 자존감을 회복하고 성 평등을 향해 나아가는 데 중요한 출발점이 된다. (실제로 체슬러는 당시 통곡의 벽에서의 기도 집회 이후 신앙을 회복하고 그곳에서 만난 리브카 하우트와 평생 토라 공부를 하게 된다.) 페미니스트로서 비단 종교뿐 아니라 여성혐오에 오염된 기성의 모든 체계, 형식들을 거부하고 삭제하는 방식으로 싸워나갈 수도 있겠지만, 때로는 체슬러처럼 그것을 탈환하고 회복시키는 방식으로도 싸워나갈 필요가 있는 것이다.

체슬러는 여성학의 개척자이자 페미니스트 리더로서 종횡무진 활약했고 수많은 업적과 뛰어난 작품을 남겼지만, 가장 경이로운 부분은 그 어떤 진영 논리나 현실적 계산도 제쳐둔 채 도움이 필요한 여성의 편에 서서 그의 말을 믿고 그를 구해내기 위해 전력을 다했다는 사실이다. '한 영혼을 구할 기회는 절대 저버리지 않는 것'이 자신의 지론이라던 체슬러는 그것을 일생을 통해 실천했다.

그리고 책 후반부에 있는 '감사의 말'도 꼭 읽어 주시면 좋겠다. 이 책을 다 읽고 나서 여기에 나열된 이름들을 훑다 보면, 체슬러는 기어이 이 자매들을 호명하고자 이 책을 썼다는 생각이 들지 모른다. 진영 선두에서 조명을 받고 각종 매체에 이름이 실렸던 유명 페미니스트들 말고도 수많은 익명의 여성들이 여기까지 함께 걸어왔음을 기억하자고, 이룬 것이 있다면 모두가 해낸 것이라고, 체슬러는 말하고 싶었던 것 같다.

부디 이 책이 우리 시대의 ('정치적으로 올바르지 않은', 즉 완벽하지 않은) 페미니스트들에게 (선배들보다) 좀 더 잘 싸울 수 있는 영감이 되었으면 좋겠다.

정치적으로 올바르지 않은 페미니스트

초판 1쇄 발행   2021년 1월 11일

지은이   필리스 체슬러
옮긴이   박경선
기획편집   나희영
책임편집   염은영 이나연
디자인   김슬기

펴낸곳   (주)바다출판사
발행인   김인호
주소   서울시 마포구 어울마당로5길 17 5층(서교동)
전화   322-3675(편집), 322-3575(마케팅)
팩스   322-3858
E-mail   badabooks@daum.net
홈페이지   www.badabooks.co.kr

ISBN   979-11-89932-71-8   03300